铸魂育人 启智润心

2022年
旅游职业教育课程思政
案例集萃

中国职业技术教育学会智慧旅游职业教育专业委员会
浙江旅游职业学院◎主编

中国旅游出版社

项目策划：张芸艳
责任编辑：张芸艳
责任印制：钱　宬
封面设计：武爱听

图书在版编目（CIP）数据

铸魂育人　启智润心：2022年旅游职业教育课程思政案例集萃 / 中国职业技术教育学会智慧旅游职业教育专业委员会，浙江旅游职业学院主编. -- 北京：中国旅游出版社，2023.11

ISBN 978-7-5032-7233-2

Ⅰ. ①铸… Ⅱ. ①中… ②浙… Ⅲ. ①旅游教育－职业教育－教案(教育)－中国 Ⅳ. ①F592

中国国家版本馆CIP数据核字(2023)第225813号

书　　名：铸魂育人　启智润心——2022 年旅游职业教育课程思政案例集萃

主　　编：中国职业技术教育学会智慧旅游职业教育专业委员会
浙江旅游职业学院
出版发行：中国旅游出版社
（北京静安东里 6 号　邮编：100028）
http://www.cttp.net.cn　E-mail:cttp@mct.gov.cn
营销中心电话：010-57377103，010-57377106
读者服务部电话：010-57377107
排　　版：北京旅教文化传播有限公司
经　　销：全国各地新华书店
印　　刷：北京明恒达印务有限公司
版　　次：2023 年 11 月第 1 版　2023 年 11 月第 1 次印刷
开　　本：720 毫米 ×970 毫米　1/16
印　　张：28.25
字　　数：448 千
定　　价：59.80 元
I S B N　978-7-5032-7233-2

前言

习近平总书记2016年在全国高校思想政治工作会议上指出，要用好课堂教学这个主渠道，思想政治理论课要坚持在改进中加强，提升思想政治教育亲和力和针对性，满足学生成长发展需求和期待，其他各门课都要守好一段渠、种好责任田，使各类课程与思想政治理论课同向同行，形成协同效应。根据习近平总书记的讲话精神，专业课程和思政课程在思想政治教育方面都具有重要的责任。2019年，党中央、国务院颁布《关于深化新时代学校思想政治理论课改革创新的若干意见》，把思想政治教育贯穿人才培养体系，全面推进高校课程思政建设，发挥好每门课程的育人作用。

为了贯彻落实习近平总书记讲话精神和党中央、国务院文件精神，教育部出台了系列文件。其中，2020年教育部颁布的《高等学校课程思政建设指导纲要》提出，“必须抓好课程思政建设，解决好专业教育和思政教育‘两张皮’问题”。

在中国职业技术教育学会的指导下，智慧旅游职业教育专业委员会自2021年成立以来就高度重视旅游类专业课程思政问题，将课程思政案例的征集作为2021年度重要工作之一。根据中国职业技术教育学会《关于征集旅游职业教育课程思政案例的通知》（职教学会秘〔2021〕90号）、《关于公布旅游职业教育课程思政案例遴选结果的通知》（职教学会秘〔2022〕2号）等文件精神，来自全国的30多个案例入选旅游职业教育课程思政案例。本次案例征集活动的目的在于通过课程思政案例的征集，推动会员单位积极推进课程思政的探索，共享课程思政优秀教改成果，并促进会员单位之间的交流。本案例集萃是经专家论证、符合结项条件的案例成果汇编，是此次案例征集的最终成果。总体而言，本次案例征集主要在以下方面做了一些探索。

其一，案例主题的选择。思政元素一般来说主要包括以下内容：习近平新时代中国特色社会主义思想、社会主义核心价值观、中华优秀传统文化、红色文化、职业素养等。结合旅游类专业特点，本次案例征集主要集中在四个主题，即在课堂教学中落实文化自信、红色文化进课堂、传统文化进课堂、职业素质养成等。

其二，案例内容的选择。本次案例征集主要以一门课程为单元，试图推动教师在以下方面进行课程思政的探索：进行思政元素的挖掘及其内容体系的梳理，促进思政元素与专业教学内容的结合，进行思政内容教学改革等，并对成功经验及其成效予以总结。以一门课程而不仅仅是一堂课为案例单元，意图促进教师对专业课程思政进行系统性的思考和筹划，从而深化有关课程思政的研究与探索。

其三，文本结构的安排。每个案例的文本结构主要有以下特点：一是注重研究性。案例文本的第一部分要求对案例主题相关课程思政有关文献进行系统梳理，促进案例编写老师了解相关研究概貌。二是问题导向。案例文本的第一部分要求将本案例所要解决的教学问题进行梳理，并将本案例的基本教学理念进行介绍，为课程思政的探索及其实践奠定基础。三是系统性。本案例征集要求对一门课程的思政育人目标体系进行梳理，以促使案例编写老师对整门课程的思政元素及其内容结构进行系统性思考。四是点面结合。本次案例征集要求将一门课程的思政实施情况进行梳理，也尽量以一堂课为例，对该课程思政的具体实施过程予以展示，做到点面结合。

本次案例集萃按照“文化自信”“红色文化进课堂”“传统文化进课堂”“职业素质养成”“其他主题”五个主题分为五个部分。一些案例尽管可能包含一个以上课程思政主题，限于篇幅，本次案例集萃都将其归入与内容关联度最为密切的一个主题。

本次案例集萃由中国职业技术教育学会智慧旅游职业教育专业委员会秘书处组织落实，案例研究与出版由分支机构牵头单位浙江旅游职业学院提供全额资助。中国职业技术教育学会智慧旅游职业教育专业委员会叶志良教授、浙江旅游职业学院科研处处长朱倩倩教授负责案例征集活动的组织筹划，浙江旅游职业学院樊慧贤老师参与了案例征集活动。案例集萃文本编辑由浙江旅游职业学院科研处高职教育研究所李成军教授负责完成。在案例文本修改、汇编过程中，相关立项案例负责人给予了大力配合和支持，在此一并表示感谢。

中国职业技术教育学会智慧旅游职业教育专业委员会
浙江旅游职业学院
2022 年 6 月 6 日

目录

文化自信

编者按

习近平总书记指出，文化是一个国家、一个民族的灵魂……文化自信，是更基础、更广泛、更深厚的自信，是更基本、更深沉、更持久的力量。坚定文化自信，是事关国运兴衰、事关文化安全、事关民族精神独立性的大问题。

为了贯彻落实习近平总书记讲话精神，本次课程思政案例征集将课堂教学落实文化自信列为重要主题。一般认为，文化自信与专业教学结合有一定难度，如何挖掘专业教学中体现文化自信的内容是一个值得深入探究的问题。

本主题5个案例在将文化自信与专业内容及其教学结合等方面做出了一些探索，具体如下：

一是通过典型故事的教学，挖掘背后有关文化自信的精神理念。如《演绎百年铁路发展，汲取伟大精神力量——〈高速铁路概论〉课程思政案例》通过对京张铁路与京张高铁建设情况的比较，讲述了百年来中国铁路的沧桑巨变，最终由学生自主得出社会主义具有优势的观点等。

二是文化自信内容的教学体现学生循序渐进学习领悟过程。如《见证大国重器 礼拜屈子故里——〈定制旅游与产品设计〉课程思政案例》通过“知—导—演—体—悟—融”六步，逐渐深化对“三峡精神”和屈原的理解，激发学生有关中华传统文化自信的意识。《坚定文化自信·传承广西民族文化——〈广西导游〉课程思政案例》以“浏览阅读—感性体验—理性领悟—人生浸润—价值认同”的渐进式教学方法，将文化自信相关内容逐渐渗透，让学生体悟深化。《讲好中国故事，做活中国设计——〈中国旅游文化〉课程思政案例》教学内容通过“讲—做—研”三个阶段将文化内容的知识形态、物理形态、作品形态予以呈现，在这个过程中深化学生对于文化自信的意识，从而达到“活化”文化的目的。

三是通过问题和话题设计，让学生在讨论中理解并认同文化自信。如《文化铸魂，自信逐梦——〈旅游学概论〉课程思政案例》根据课程内容不同文化知识点，设计不同讨论话题，启发学生站在不同的角度思考问题，从而激发学生形成文化自信意识。

演绎百年铁路发展，汲取伟大精神力量

——《高速铁路概论》课程思政案例

所属专业：高速铁路客运服务

案例主题：文化自信

负　责　人：王丹丹

工作单位：河北旅游职业学院

参　与　人：高丽杰、黄玲、马磊、王丽丽

工作单位：河北旅游职业学院

一、案例简介

（一）案例实施背景

1. 政策背景

2019 年 9 月，中共中央国务院印发的《交通强国建设纲要》指出，要培育交通文明，推进优秀交通文化传承创新，加强重要交通遗迹遗存、现代交通重大工程的保护利用和精神挖掘，讲好中国交通故事。弘扬以“两路”精神、青藏铁路精神、民航英雄机组等为代表的交通精神，增强行业凝聚力和战斗力。伴随着交通强国战略的实施，做好交通文化的精神挖掘、讲好中国交通故事对高速铁路客运服务的专业教学提出了新的要求。

2. 课程背景

《高速铁路概论》是河北旅游职业学院高速铁路客运服务专业的专业基础课，课程以高速铁路系统的构成为载体，以成果为导向，结合学生面向的主要工作岗位、素质发展需要重构教学内容，共计 52 学时，开设于第一学期。参选作品选自模块一“一见倾心——初识高速铁路”中的第三个子任务“中国铁路的诞生与发展”，共计 2 课时。本次课程通过让学生演绎好、讲好中国铁路故事，将传统教学中的知识分散融入各个教学环节，逐层深化，使学生在学好专业知识的同时深刻感受中国铁路发展背后所蕴含的巨大精神力量，提升民族自豪感以及专业认可感。

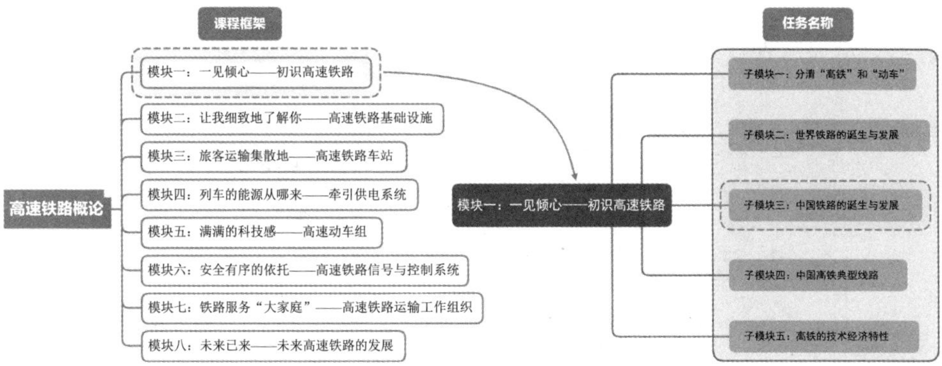

案例内容选取

（二）案例相关理论基础综述

根据高速铁路客运乘务专业国家专业教学标准中对学生素质目标的具体要求，紧跟国务院发布的《交通强国建设纲要》的政策导向，贯彻《中共河北旅游职业学院委员会“双立双成”教育行动计划》，落实高速铁路客运服务专业人才培养方案，充分挖掘教学单元“中国铁路的诞生与发展”中的思政元素，将传统的中国铁路发展史进行了拆解重构，分为铁路发展大事记（第一课时）以及中国高速铁路发展阶段（第二课时）两部分教学内容。

第一课时，重点选取了吴淞铁路（中国第一条营运铁路线路）、京张铁路（中国人自行勘测、设计、施工、建造的第一条干线铁路，第一批中国工业遗产保护名录）、成渝铁路（新中国第一条铁路，铁路进入西部地区的开端）、大秦铁路（中国第一条重载铁路）及青藏铁路（世界海拔最高的高原铁路）五条典型线路，让学生学习历史、挖掘精神、演绎故事，通过自主探究感受中国铁路从无到有的巨大变革。第二课时，重点选取了秦沈客运专线（中国首条客运专线）、京津城际高铁（中国第一条具有完全自主知识产权的高速铁路）、郑西高铁（世界首条建设在湿陷性黄土地区的高速铁路）、哈大高铁（世界首条建设在高寒地区的高速铁路）、京张高铁（世界首条智能高铁，冬奥专线）

等线路，让学生研究发展历程、探寻背后意义、讲述高铁发展，通过小组合作感悟中国高铁从弱到强的华丽转身。与此同时，课程内容设置上巧妙地选择了京张铁路与京张高铁，聚焦一字之差的两个“首条”，让学生更加直观地感受到了中国铁路乃至中国国力的百年巨变，提升学生的民族自信心，强化学生民族自豪感及专业认可感。

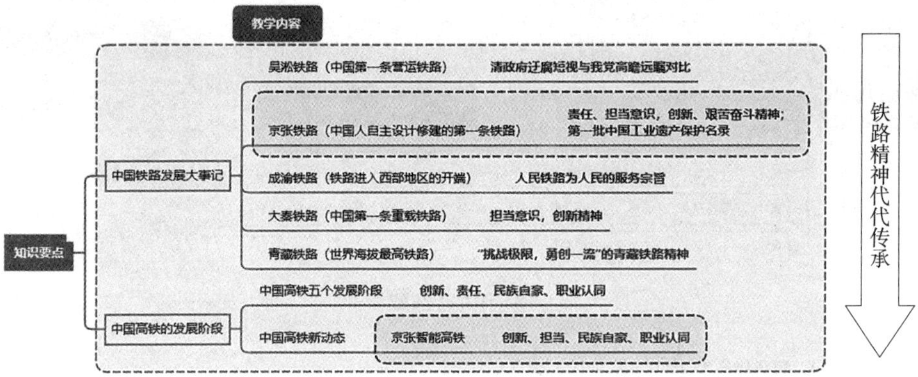

思政元素示意

（三）本案例所解决的教学问题

问题一：通过对新生入学问卷调查的学情分析，发现 86.4% 的学生选择本专业的原因为高速铁路在我国迅猛发展，从而带来的就业岗位增多。学生对于铁路行业的发展历程并不了解，对于铁路发展历程中涌现的典型事例和英雄模范人物也不清楚，对行业、专业的情感认可度还不够。

通过本次课程的学习，旨在使学生对铁路行业的发展、英雄模范人物、典型事例有更为系统的认知，更加直观地感受中国铁路乃至中国国力的百年巨变，更加深刻地感悟中国铁路精神的代代传承，激发学生的情感共鸣，提升学生对铁路行业、专业的认可度，体会人民铁路为人民的服务宗旨。

问题二：本课程作为学生在校期间学习的第一门专业基础课，学生对于本课程的学习体验将直接影响后续对于专业课的学习态度。而高职学生在先期的高中或职业教育阶段，学习中的获得感和满足感较弱，学习兴趣普遍不高，对专业课的学习投入度不够。

依据课前学情分析发现，学生更为偏爱合作、扮演、比赛等学习活动。因此，本案例基于成果导向进行教学设计，使学生在学习铁路发展史过程中以小组比拼的方式，演绎历史故事，讲述高铁发展，提升学习兴趣，并通过信息化教学平台对学习过程进行全面记录及评价，及时反馈，增强学生的学习获得感。通过对考核评价体系的重新构建，关注学生的成长进步，对于持续进步的学生给予额外加分奖励，实现增值评价，增强学生的学习满足感。

<table>
<tr><th colspan="5">考核评价</th></tr>
<tr><td rowspan="8">考核评价</td><td>评价环节</td><td>评价内容</td><td>评价方式</td><td>分值</td></tr>
<tr><td>预习情况</td><td>线上学习统计+教师评价</td><td>平台（100%）</td><td>20分</td></tr>
<tr><td>考勤情况</td><td>上课考勤（线上和线下）</td><td>平台（100%）</td><td>10分</td></tr>
<tr><td>互动情况</td><td>课堂互动环节</td><td>学生（50%）、教师（50%）</td><td>30分</td></tr>
<tr><td>课程输出</td><td>学生课后作业提交和教师评价统计</td><td>学生（60%）、教师（40%）</td><td>40分</td></tr>
<tr><td>成长奖励</td><td>连续三次成绩进步额外加5分</td><td>平台（100%）</td><td>（5）</td></tr>
<tr><td colspan="3">合计</td><td>100分</td></tr>
</table>

课程评价体系

问题三：学生存在学习能力差异，个人自主学习能力不强，在完成任务时无法准确把握学习重点、任务要点，导致自学效果不佳。

通过课前发布学习指南、教师原创微课、拓展资源、配套测验等学习资源，助力学生把握学习重点。通过课前发布学习成果的评价标准，引导学生关注任务、完成要点。通过组建学习小组，解决个人学习能力差异问题，通过小组互助，合作探究提升自学效果。

二、案例设计

（一）教学理念

（1）以“知识 + 技能 + 思政”新思维重构教学内容。课程内容的重构、思政元素的融入，课程目标的制定以“立德树人”为根本，全面贯彻落实课程思政理念，以中国铁路百年发展历史为脉络，以中国铁路人事迹为血液，围绕全面提高学生政治素质和综合能力的核心，将思想政治教育融入课程教学全过程。

（2）坚持以学习者为中心，以统一要求和个性发展相结合为原则，鼓励学生适应自身基础和学习特点实现个性化发展。本案例设计，以学生为主体，紧跟《交通强国建设纲要》的“做好交通文化的精神挖掘，讲好中国交通故事”的政策要求，增设了“演历史、讲发展”的学生主导环节，在满足基础要求的前提下，鼓励学生依据内容及自身特点进行创造及演绎，突出对学生的自主学习意识、小组协作能力、口语表达能力等职业素养的培育，充分调动学生学习的积极性和主动性。

（3）以成果为导向，教学设计和实施的目标是学生通过学习最后所取得的学习成果。本课程的设计主要围绕解决以下四个问题：一是学生学习成果：中国铁路发展历程中的典型故事演绎视频、课上形成并完善的中国高铁发展对应阶段的文字稿，以及课后撰写的心得体会。二是设立该成果的原因：全面结合国家专业教学标准中的素质要求，学校双立双成行动计划，专业人才培养方案中的课程目标，国家交通强国战略的政策导向，以及本次课程的授课内容、教学目标、学情分析等综合确立该学习成果。三是帮助学生取得成果的方式：课前提供辅助学习材料助力自学，提供评价标准引导关注任务要点，课中通过时间轴、思维导图帮助学生梳理内容，通过课后中国铁路百年发展史影片的观看撰写心得体会内化知识。四是获知学生是否取得学习成果的方式：学习成果可视化且可评价。

（二）课程教学目标

思政案例三维教学目标

（三）思政育人目标体系

本课程形成了“一主线、二课堂、三联动”的课程思政模式。教师将八个教学模块进行思政主题的提炼，整合为新时期铁路精神这一思政主线，通过思政元素进线上线下双课堂，在课程中采用“专业知识＋逻辑思维＋职业素养”三联动的方式，实现价值引领。

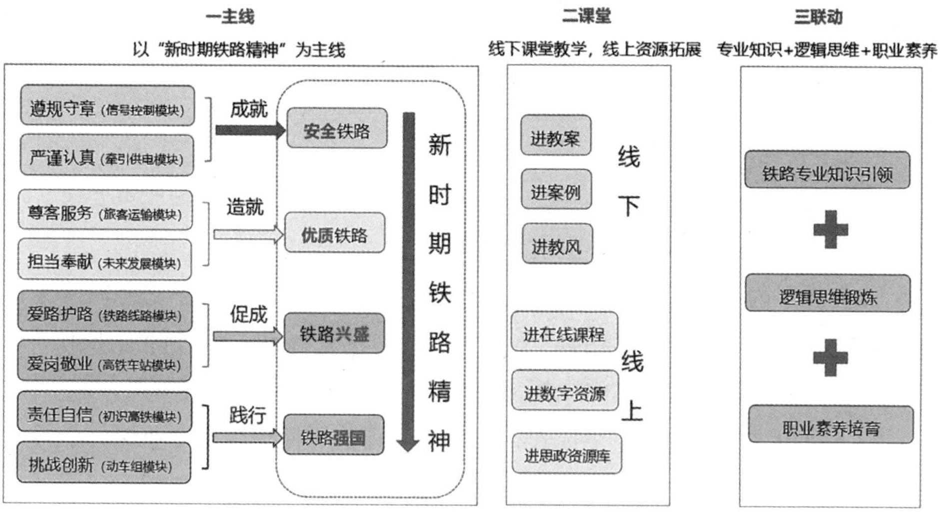

课程思政模式

结合教学目标，紧跟《交通强国建设纲要》政策要求，案例确立了“探发展、演历史、讲故事、悟精神”的教学模式。通过学生对中国铁路发展历史以及涌现的典型线路及线路背后的英雄模范人物的“探、演、讲、悟”，培育学生树立坚定的中国特色社会主义思想，激发民族自豪感，强化学生的民族自豪感及专业认可感。

（四）课程思政与专业教学内容的融合方式

1. 深度挖掘教学内容本身的思政内涵，优化思政内容供给，使思政融入如盐在水

通过教师团队对于课程教学内容的深度挖掘、对于授课案例的精心选取，持续关注、引入铁路行业发展的新动态，使思政元素自然融入学生学习过程。

2. 学生自主探究感受思政教育，创新思政教育手段，提升思政融入效果

通过学生对于学习内容的自主探究，启发、引导学生自主发现，创新思政教育手段，使学生在学习专业知识的同时自主感悟思政教育，提升思政融入效果。

3. 思政元素全方位渗透，使思想政治教育融入课程教学全过程

通过思政元素融入在线开放课程、资源库建设，融入线下教室布置、授课内容、授课方法手段、课后作业、评价标准等，使思政教育全方位渗透学生学习的全过程。

（五）特色与创新

（1）思政模式：创新了“一二三”的课程思政模式，并紧跟政策要求，增设了“演历史、讲发展”的学生主导环节。

（2）教学内容：巧妙选取了京张铁路与京张高铁，聚焦一字之差的两个首条，讲述了百年来中国铁路的沧桑巨变，利用京张高铁总设计师王洪雨“对话”京张铁路设计师詹天佑的视频，展现了铁路精神的代代传承。

（3）评价方式：关心学生成长，实现增值评价，使学生在专业课的学习中有获得感和满足感。

三、案例实施

➢课程思政实施情况

本课程依据课程的思政模式，遵循学生的认知规律和情感发展规律，结合教学内容及教学活动，针对课程思政目标，形成了课前唤醒、课中内化、课后实践的实施策略，通过思政元素的全过程贯穿式融入，强化对学生的思政教育效果。

➢课前自主探究（提前3天布置任务）

（一）实施措施

1. 小组探究

（1）教师提供典型线路关键词的二维码，并发布视频录制任务及评分标准；小组代表随机抽取二维码确定线路，合作探究线路背后的历史故事，演绎并录制视频上传。

（2）教师发布简答作业：典型线路建设背后的故事中蕴含了哪些精神？学生在学习通平台上完成简答作业。

（3）教师：查看视频及简答作业的完成情况，微调教学内容。

2. 个人自学

（1）教师上传中国高铁发展阶段的教学微课、拓展资源，并发布配套测验；学生学习微课，探究发展阶段，完成在线测验。

（2）教师查看学生学习进度及测验统计情况，微调教学内容。

（二）实施重点

（1）为学生提供详细的学习指南，使学生明确自主学习任务；提供充实的自学资源，使学生学习能够有的放矢；提供任务的评分细则，使学生明晰任务完成要点。

（2）打通与学生的沟通渠道，及时为学生进行答疑。

（3）教师分析学生的学习成果，微调教学内容，更好掌握课堂，提升学习效果。

（三）阶段性成效

通过视频录制情况可知，各小组对中国铁路发展中某一典型线路（即小组抽取二维码所对应典型线路）的背景故事有较为深入的挖掘，且 80% 的小组能够将蕴含的精神力量进行提炼并融入演绎过程，学生初步感受到老一辈铁路人的担当意识、责任意识及家国情怀。

通过测验统计结果可知，87.88% 的学生成绩达到 90 分以上，对中国高铁发展阶段有基本了解。但是学生对于高铁发展的第二阶段“国外技术引进和消化吸收”中的哪四家国外公司技术分别对应我国初期哪四种车型这一知识点仍掌握不佳，课上将对本内容进行更为详尽的讲解。通过学习，学生初步树立了民族自豪感及专业认可感。

➢课中协作学习（90 分钟）

（一）环节一：预习反馈（5 分钟）

1. 预习反馈环节实施措施

（1）看图猜线路游戏：教师展示典型铁路线路图及关键信息，组织学生抢答；学生回答对应的线路名称、建设时间及建设意义。

（2）记分员统计分数，抢答最多小组集体加分。

2. 预习反馈环节实施重点

（1）依据学生预习情况设置游戏中的线路图及关键信息，确保学生能够抢答，保证学生学习满足感的获得。

（2）招募记分员，游戏进行过程中注重激发学生的竞争及团队意识。

3. 预习反馈环节成效

（1）学生能够识别中国铁路发展过程中典型线路。

（2）激发了学生的竞争意识、团队观念，课堂氛围提升。

（二）环节二：历史演绎（15分钟）

1. 历史演绎环节实施措施

教师选取课前视频完成最好的一组以及“摇一摇”随机抽出两组进行现场演绎；被选小组进行故事演绎，其他同学观看并记录。

2. 历史演绎环节实施重点

（1）给予展示小组提前准备时间，演绎过程中教师注意记录。

（2）组织学生认真观看记录、准备问题，为后续的提问奠定基础。

3. 历史演绎环节成效

学生以观看表演的形式学习线路，学习兴趣、学习效果得到提高，并身临其境地感受线路背后蕴含的精神力量。

（三）环节三：互动点评（10分钟）

1. 互动点评环节实施措施

（1）教师组织学生对展示小组进行评价。

（2）教师进行纠错、补充、点评，逐步引导学生挖掘故事背后所蕴含的精神力量；未展示小组依据记录内容进行提问并点评。

2. 互动点评环节实施重点

（1）点评中对学生展示的优点进行表扬，保持学生学习的获得感。

（2）教师对展示的故事进行总结及补充，使观看表演的学生更好的理解线路背后的故事。

（3）巧妙地用问题引导学生，使其自主发觉故事蕴含的精神力量。

3. 互动点评环节成效

（1）通过学生提问、教师补充，完善线路建设背景知识，使学生对于线路有全面的了解和掌握。

（2）教师逐步引导学生挖掘故事背后的精神内涵，锻炼学生逻辑思维能力、口语表达能力。

（四）环节四：时间串线（15 分钟）

1. 时间串线环节实施措施

（1）教师播放线路视频片段；学生观看并对关键内容进行记录。

（2）教师将五条典型线路的建设时间、背景、意义及背后的精神内涵利用时间轴的形式进行串讲；学生聆听，思考并记录。

2. 时间串线环节实施重点

与学生互动，共同梳理线路关键信息，加深对于中国铁路发展历程中的线路、事件的记忆，提升学习效果。

3. 时间串线环节成效

学生从整体的角度掌握中国铁路从无到有的发展历程，突破教学难点，更加深刻地感悟精神内涵，激发学生的责任意识、担当意识，体会人民铁路为人民的服务宗旨。

（五）环节五：任务探究（10 分钟）

1. 任务探究环节实施措施

（1）教师组织学生以小组为单位选取线路图。

（2）发布小组探究任务：线路图为哪条高铁线路，属于中国高铁发展的哪个阶段，该阶段还有哪些标志性事件发生，并将上述内容整理为简单的文字稿，学生小组协作完成任务。

2. 任务探究环节实施重点

（1）教师在任务发布之初巡回指导，确保学生对于线路名称回答正确，从而为后续文字稿的形成奠定基础。

（2）教师提前给出文字稿的框架，确保学生的自主探究结果不偏离课程内容。

3. 任务探究环节成效

（1）通过探究，学生全面了解中国高铁发展阶段中的标志性线路。

（2）通过合作探究的方式，学生的自学能力和团队协作能力提升；通过识别铁路线路图，学生对于线路的敏感性提高，为后续课程奠定基础。

（六）环节六：小组比拼（10分钟）

1. 小组比拼环节实施措施

（1）未展示小组推选代表，利用形成的文字稿进行90秒小演讲，并进行小组比拼。

（2）未参与比拼学生观看、提问、评价，教师补充、评价。

2. 小组比拼环节实施重点

（1）教师对演讲过程进行记录，并引导学生挖掘精神内涵。

（2）组织未参与演讲学生进行记录。

3. 小组比拼环节成效

（1）通过演讲的方式，加深学生对于中国高铁发展阶段、典型线路的印象，提升学习效果。

（2）通过比拼的形式，更好地向学生传达中国新一代铁路人的创新与坚守、奉献和担当。

（七）环节七：梳理精讲（10分钟）

1. 梳理精讲环节实施措施

教师梳理精讲中国高铁发展的五个阶段及典型线路，并着重对课前测验中学生掌握不佳的高铁发展的第二阶段“国外技术引进和消化吸收”中的哪四家国外公司技术分别对应我国初期哪四种车型这一知识点进行详细讲解。学生依据教师所讲内容，通过组内互助的形式，利用共享文档完善环节六形成的文字稿。

2. 梳理精讲环节实施重点

（1）教师讲授过程中充分利用视频等资源、回顾小组比拼环节的关键信息，提升学习兴趣及学习效果。

（2）全部讲授完毕后，教师注意进行梳理和概括，使学生对中国高铁发展阶段有整体上的把握。

3. 梳理精讲环节成效

通过教师的总结提升，让学生对中国高铁发展阶段有全面的了解，进一步突出教学重点，更加深刻地感悟中国高铁从弱到强的华丽转身。

（八）环节八：主题问答（15 分钟）

1. 主题问答环节实施措施

（1）教师播放世界高铁历程变化视频、京张高铁总设计师“对话”詹天佑视频，讲授高铁发展新动态；学生观看视频、思考并记录。

（2）教师发布主题讨论：为什么中国仅仅用了数年时间就走完了世界高铁四十年发展之路，学生思考并作答。

（3）教师利用时间轴及思维导图，与学生共同进行课程总结。

2. 主题问答环节实施重点

（1）教师讲授中国高铁发展新动态过程中注意引导学生关注行业发展动态。

（2）主题讨论环节，教师注意利用学生的回答内容引导学生进一步思考，最终由学生自主得出社会主义制度优势这一答案。

（3）通过京张铁路与京张高铁的对比，注重引导学生关注中国铁路乃至是中国国力的百年发展变化。

3. 主题问答环节成效

（1）掌握了中国高铁发展的新动态。

（2）通过教师的梳理、总结，学生更加深刻地感受到了中国铁路从无到有、从弱到强的历史巨变，再次强化学生的民族自信心及自豪感，展现铁路精神代代传承。

➢课后巩固反思（课程结束后 2 天内完成任务）

（一）实施措施

学生观看中国铁路百年发展史影片，撰写心得体会，并完成综合测验；教师查看心得体会的完成情况并给予评价。

（二）实施重点

（1）将中国铁路百年发展史影片上传至学习通平台，便于掌握学生的观看情况。

（2）对学生的心得体会及时给予评价及评语，使学生感受到被关注，从而强化学习获得感，保持学习兴趣。

（三）阶段性成效

（1）学生进一步详细了解中国铁路百年发展历程，巩固学习成果，学生视野得以开阔。

（2）学生更直观地感受中国铁路乃至中国国力的百年巨变，体会其中所蕴含的伟大精神，巩固民族自信心，强化学生的职业归属感及专业自豪感。

四、不足与改进

不足：与学生沟通中获知，小部分学生因学习能力差异问题，无法充分地参与小组活动。

改进：依托教学平台，收集学习行为信息，形成多维学情画像；将组内互助纳入评价细则，对持续进步学生小组进行额外加分奖励，鼓励互助。

见证大国重器　礼拜屈子故里

——《定制旅游与产品设计》课程思政案例

所属专业：旅游管理
案例主题：文化自信
负 责 人：王玲
工作单位：湖北三峡职业技术学院
参 与 人：李风雷、刘勤、孔婷、王希娟
工作单位：湖北三峡职业技术学院

一、案例简介

近年来，高等学校思想政治教育工作得到国家层面的高度重视，教育部多次强调要把课程思政建设作为落实立德树人根本任务的关键环节，要求梳理专业课程中所蕴含的思政教育元素和思政教育功能，融入课程教学全过程，实现思政教育和知识传授、能力培养的有效统一；并要求用好课堂教学这个主渠道，提升思政教育的亲和力和针对性，满足学生成长发展需求。

此后，课程思政教学改革在各高校掀起热潮，高职院校也进行了广泛探讨与实践探索。基于中国知网数据库，以“职业教育”和“课程思政”为检索词，2013—2021 年搜索到相关核心文献共计 108 篇，其中，旅游类 7 篇。课程思政的研究文献呈逐年增长趋势，从现有文献资料来看，职业教育课程思政的理论研究主要集中在以下几个方面。

第一，课程思政教学理念研究：以陈华栋为代表，他从中国传统育人思想研究入手，采用历史分析的视角，对“课程思政”教学理念的形成及实施做了系统梳理，强调高职专业课程“课程思政”教学应用的系统性、科学性及有效性，提出对专业课程涉及的思想政治意识、教学方法、思政内容、实践框架要进行全面系统的分析，逐步增强专业课程教育者对“课程思政”教学实践理论知识的认知和理解。

第二，课程思政建设现状研究：以何勇、刘玲、史习明为代表，基于我国中东西部 319 名旅游类专业教师的问卷结果显示：旅游类专业教师对课程思政内容的提取主要集中在职业规范、职业意识、职业精神与职业道德以及行为规范、法律法规和社会主义核心价值观等方面，教学策略偏好多样化，他们认为旅游类专业课程思政建设还存在组织管理欠规范、教师认知不到位、专业课程内容与思政元素耦合度不高等问题，从而提出构建“大思政”协同育人机制、修订完善专业课程标准、提升教师思政育人理念、组建课程思政教学团队、建立思政课程评价考核机制等课程思政建议。

第三，课程思政育人机制研究：陈丽君、王敏建议结合政校企三螺旋共生共长理念，提升政校企协同程度，深化三边网络组织，加强三方耦合机制；梅鲁海则主张在育人实践中突出多学科互融与共建、育人主体间的协作创新以及企业文化教育，提出课程思政 + 产教融合协同育人机制，以促进区域经济产业链和职业人才价值链的跨界和协同发展。

第四，课程思政实施路径研究：刘桓、瞿晓理、王佳以 2020 年全国职业院校教学能力大赛 30 件优秀作品作为研究对象，通过数据分析，展示当前职业院校实施“课程思政”的三大路径：“中国精神”引领技能学习，“红色项目”驱动专业教学，“正向价值”规范职业行为，提出必须“立足职业素养，遵循知行规律，确定课程思政策略，把握价值体系”，才能推进课程思政建设；张小斌、吴小平主张从“双创”学科建设角度提炼课程思政元素，主要表现为：其一，学科功能要拓展，展现学生个体的创新能力、创业素养和思想政治素质等的相互融通与统一建构；其二，学科内容要强化企业家精神；其三，学科制度的设计要达成双创教育与课程思政的制度联盟，能使学生通过创业实践活动来体验主流文化和社会主义核心价值观。

高职院校课程思政的实施效果直接关系到人才培养的整体质量和学校的长远发展。在国家政策导向下，不少高职院校采取了系列措施，推进课程思政建设，成效显著，以旅游类专业课程思政为例：浙江旅游职业技术学院课程面点工艺以行业需求为引领，以职业能力为本位，建立了“两对一心，五味俱全”

课程思政体系，以面点对思政切入点，以面团对教学技术面，用价值核心连厨艺匠心，达到“真理之味、时代之味、青春之味、传统之味、幸福之味”的价值引领；成都航空职业技术学院课程“无人机飞行原理”采用“讲故事、忆战史、看事故、思得失”等方法，树立学生“三个敬畏，严慎细实”的航空职业素养和工匠精神，课程思政总体设计全面，案例教学充分体现了类型特征，行业特色鲜明。

高职旅游类专业课程突出应用性和实践性，以市场定专业、以行业定标准、以岗位定能力，在价值观和职业素养培育方面，与课程思政的内涵和外延高度契合。当前课程思政教学改革虽然取得了一定成效，但还存在对课程思政认识不到位、实施主体不清、教学方式固化、地方特色不突出等问题，需进一步开展有效的理论与实践探索。

本案例拟从以下三个方面解决课程思政教学中存在的问题：第一，解决思政元素与地方文化融合不深入的问题，设计具有本土特色的“课程思政地方方案”；第二，解决思政教育主体缺失问题，以学生成长需要为导向，关注学生从课程思政中的获得感，以生动通俗的案例讲解和师生互动的过程参与，启智润心，增强学生的体验感；第三，解决思政教育与教学形式结合不紧密的问题，以融媒体教学方式为主，丰富信息化手段，线上线下结合、课内课外结合，校内校外结合，提升思政育人效果。

二、案例设计

（一）教学理念

《旅行社管理》作为旅游管理专业的核心课程，将思政元素融入教学全过程，有助于培养学生成为具有家国情怀、具备专业知识、拥有专业技能、勇于社会担当、敢于创新创业的复合型旅游人才。本课程设计思路为：对接旅游管理专业人才培养目标，将旅行社企业典型工作任务转化为课堂教学内容，通过创设实训情境，以项目任务为载体，引导学生学习理论的同时完成实操项目训练，结合学生特点，引入三峡文化及旅游新业态主题学习，将职业素养、情怀塑造融入课堂知识传授与技能训练，激发学生热爱专业、认同行业，引导学生树立正确的人生观、价值观和职业观。

本案例选自《旅行社管理》课程项目三“开发设计旅行社产品”，以设计一天旅游活动为线索，串联三峡大坝国之重器红色文化、屈原故里端午习俗世界级非遗文化、屈原名人文化等三峡文化资源融入课堂教学，教学活动由课前知识积累、任务领取、课堂演练、课外实景体验、感悟分享、反思总结等教学环节组成，在教学模式上主要采用混合式教学，即线上线下结合、课内课外结合、校内校外结合，并借助第二课堂校外实践活动拓展教学空间，提升学生技能，坚定文化自信。

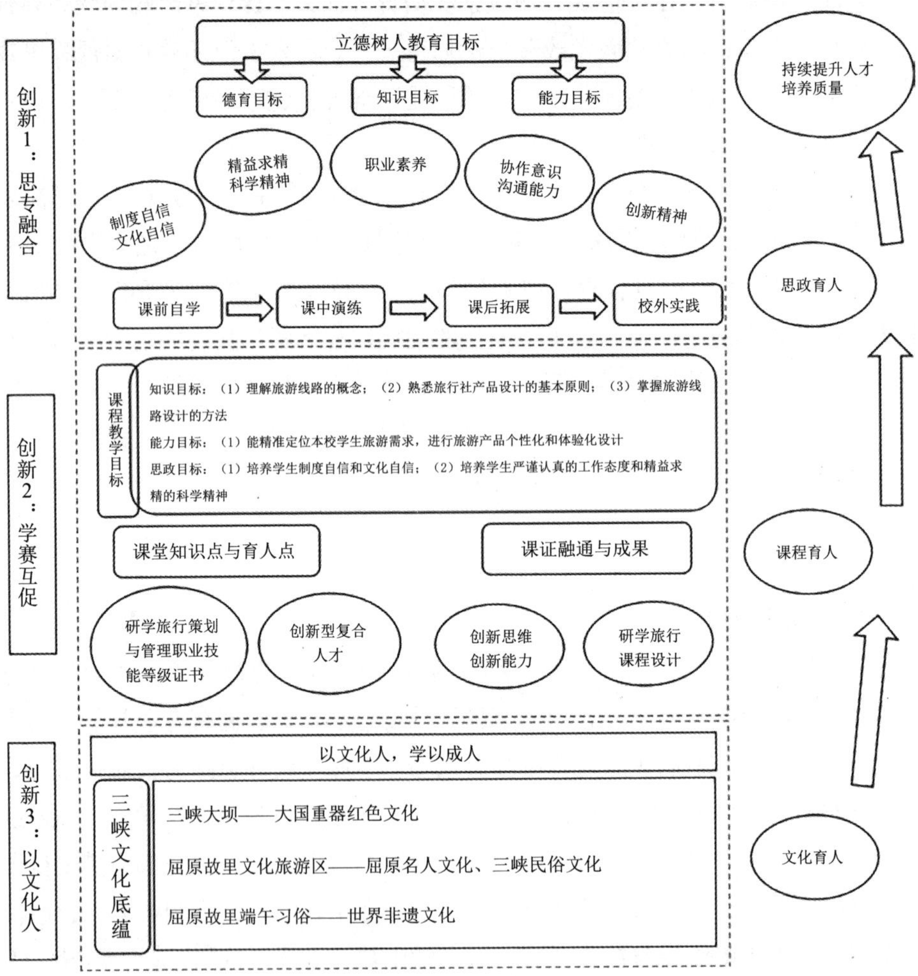

《旅行社管理》课程思政教学设计思路

（二）课程教学目标

本课程以《旅游管理专业人才培养方案》为依据，以职业标准和岗位能力为导向，引导学生全面了解旅行社发展现状及行业特点，掌握旅行社产品设计、销售、采购、接待等核心业务的操作流程和岗位技能，能胜任旅行社计调、外联、接待等重点岗位，成长为具备旅行社行业发展需要的复合型旅游人才。

本次案例立足学生成长需求，选择贴近当代大学生思想特点的内容，从学生感兴趣的事例出发——为本校同学定制宜昌本地游产品，围绕如何解决“提升旅游体验，满足人们日益增长的美好生活需求”这一命题，抓住国情教育和社会主义核心价值观教育这两个维度，模拟真实工作情境，将家国情怀、大国自信、文化浸润等育人元素渗透到教学设计，实现价值塑造、知识传授和能力培养的有机统一。

（三）思政育人目标体系

《旅行社管理》课程在全面梳理课程理论知识—关键技能点—育人价值的基础上，从文化自信、诚信教育、法治意识、职业素养四方面进行课程思政育人整体设计，具体育人目标体系如下表所示：

《旅行社管理》课程思政育人目标体系

核心育人价值	关键技能点	德育目标	能力目标	知识目标
制度自信 文化自信	旅行社招聘	通过分析我国人力资源内容，培养学生社会主义制度自信	能撰写旅行社招聘文案	了解我国人力资源的内容，掌握旅行社招聘文案的撰写方法
	设计旅游线路	引导学生挖掘宜昌文化旅游资源，培养中华优秀传统文化传承者和传播者	能设计宜昌旅游线路	掌握旅游线路的设计方法
	旅行社门市接待	弘扬传统文化，讲好三峡故事，坚定文化自信	能开展门市接待业务	掌握门市接待岗位职责及工作流程
	采购出境旅游服务要素	“一带一路”国际旅游合作，坚定制度自信	能协助办理出境旅游证照	掌握证照办理流程

续表

核心育人价值	关键技能点	德育目标	能力目标	知识目标
诚实守信爱岗敬业	旅行社面试	培养学生职业认同感	能正确分析旅行社性质及职能	掌握旅行社性质及基本业务
	业务洽谈	培养学生游客为本、服务以诚的职业素养	能面对面洽谈业务	掌握业务洽谈的方法
	采购交通服务要素	培养学生职业认同感	能采购交通服务要素	掌握交通采购的内容
遵纪守法规范操作	设立旅行社	培养学生协作意识和法治意识	能按政策规定申请设立旅行社	了解国家政策，掌握设立国内旅行社的基本条件和申办流程
	处理游客投诉	培养学生根据国家法规处理游客投诉的法治意识	能正确处理游客投诉	掌握旅游投诉处理的方法和流程
	设计旅行社产品	培养学生根据行业标准设计旅行社产品的法治意识	能根据行业标准设计旅行社产品	了解和掌握设计旅行社产品应遵循的基本原则
严谨认真精益求精	调研旅行社企业	培养学生求真务实、严谨认真的职业态度	能分析旅行社经营范围和基本业务	了解和掌握旅行社性质、特点及基本类型
	调研旅游市场	实践出真知，培养学生求真务实的工作态度	能设计旅游市场调查问卷	掌握旅游市场调研的方法

（四）课程思政与专业教学内容的融合方式

本次教学课程思政融入方式主要为：（1）问题导入，引发思考：引入问题，创设情境，找准切入点融入思政元素（如三峡工程蕴含的大国工匠案例、屈原忧国忧民故事等），启发学生思考，提升学习主动性。（2）分组协作，激发潜能：成立项目小组，实行任务分工，设计问卷，回收资料，数据分析，制作方案，设计文案，培养团队协作意识、沟通能力和创新精神。（3）交流分享，情怀塑造：在思维互动、碰撞的过程中，形成开放互助的学习氛围，以实景体验、项目分享等客观行为增强对传统文化的主观认同，丰富思政教学内涵，体现育人价值。

（五）特色与创新

第一，对接专业，聚焦产业，思专融合，提升学生旅游从业者的责任担当和使命感。基于人才培养定位和课程定位，着眼国家发展战略，融合传统文化、专业技能、职业素养和思政素养，培养学生爱祖国、爱家乡的家国情怀和民族自豪感，助力学生职业发展，成长为中华优秀传统文化的传承者和传播者。

第二，立足人才培养，课证融合，学赛互促，将研学旅行策划与管理职业技能等级证书知识有序融入教学过程，推动专业课程和企业认证共生共长，将研学课程大赛技能点融入教学内容，以赛促学，提升学生职业素养和解决实际问题的能力。

第三，以文化人，学以成人，校内传授技能，校外体验感知，将屈原名人文化、三峡大坝国之重器红色文化、屈原故里端午习俗非遗文化等三峡区域特色文化资源融入课堂教学，课前利用超星学习平台实现线上预习与测试，课中借助主题讨论、抢答等线上活动进行课堂互动和任务分配，课后依托企业进行实景教学，思政教育贯彻始终，启发学生饱含三峡情、充满三峡味、富有三峡心，讲好三峡故事，打造三峡文化传承团队，延续城市文脉。

三、案例实施

《旅行社管理》课程教学内容选取旅行社实际工作任务所需的知识、能力和素养要求，遵循学生职业能力培养的递增规律，构建了 5 个模块、10 个学习项目、14 个实训任务的课程内容框架，挖掘其中的思政元素，有机融入教学过程，依据具体课程内容、学生特点和思政元素的呈现方式，选择任务驱动、案例分析、情景模拟、专题讨论、实景体验等多种教学方法，提升育人效果。以“开发设计旅行社产品”学习任务为例，具体实施具体如下。

（一）教学内容设计

旅行社产品设计基本原则，引入百里荒案例，引导学生分析百里荒“三峡坝上草原　避暑康养天堂”旅游产品定位的政策背景：国务院《健康中国 2030 规划纲要》提出“推进康养旅游产业”，加强学生对热点时政的关注；强调市场性和特色性是旅游产品保持持久生命力的重要因素，引导学生关注旅游市场需求，增强社会责任感，使学生理解随着物质生活水平的提高，产品设计需满足人民群众日益增长的对美好生活的需求，这是身为旅游人的责任和担当；列举本地旅游资源，引导学生关注宜昌具有特色的旅游文化，增强传统文化认同感；设计旅游线路，以屈原昭君非遗旅游线路为例，强调线路编排要突出主题，具有时代感和富有吸引力，引导学生善于观察，勤于思考，激发其创新思维。

教学内容设计展示

（二）教学方法与手段

本次课程采用了演示讲授法、案例教学法、实景体验法和小组协作法等教学方法。

演示讲授法：由教师主导，讲解旅行社产品设计的基本原则和线路编排要求及流程。

案例教学法：通过分析本地旅游资源，提升学生学习兴趣，加深产品设计的理解，注重案例的育人性、新颖性与趣味性，增强学生对传统文化的理解和认同。

实景体验法：带领学生前往三峡大坝，亲身体验“三峡工程是国之重器”的深刻含义，感受“中国巨变，以匠心智造，以中国速度领跑”的民族自豪感；带领学生走进屈子故里——屈原故里文化旅游区，通过拜谒世界四大文化名人之屈原，了解其生平、成就及后世影响，体验三闾刺绣、峡江皮雕、峡江草编、古法酿酒、石柱制墨、传统制艾等屈子故里非遗项目，感受世界级非遗——中国端午习俗的文化魅力，激发学生中华优秀传统文化自信。

小组协作法：引导学生成立小组，围绕某一主题，实行任务分工，先行资料收集，进行数据分析，展开项目活动，培养学生实践能力、协作意识和沟通能力。

（三）课堂教学实施案例

本次课程一共分为 10 节课（校内 4 节，校外 6 节），通过 4 段 6 步教学法予以实施，“4 段”即课前自学—课中演练—课后拓展—课外实践，“6 步”即知（知识积累：课前问卷设计，了解本校学生旅游需求，查阅网上资料，分析本地旅游资源分布情况）—导（超星平台发布学习任务：“我为宜昌来代言”——为本校学生定制本地游产品）—演（讲解新知，解重点，释难点）—体（深入实践，亲身体验）—悟（所思所悟，分享交流）—融（情感交融，主动传播，坚定文化自信）。具体教学实施如下：

1. 课前自学

（1）知识目标——熟悉本地旅游资源，掌握问卷设计的方法。

（2）能力目标——能收集旅游信息，能分析调查数据。

（3）德育目标——培养自主学习能力和小组协作意识，培养传统文化认同感。

教师在超星学习平台发布本次课程学习任务："我为宜昌来代言"——为本校学生定制本地游产品；学生通过已掌握的知识发布调查问卷，分析数据，了解本校学生旅游需求；上网查阅资料，熟悉本地旅游资源；完成课前测试。

2. 课中演练

（1）知识目标——熟悉旅行社产品设计的基本原则，掌握旅游线路设计的方法。

（2）能力目标——能根据本校学生旅游需求设计本地游产品。

（3）德育目标——培养小组协作意识和创新精神；坚定制度自信和文化自信。

通过"两坝一峡"旅游产品荣登2020年中国文旅榜这一典型案例，引导出旅游产品保持长久生命力的重要原因：产品设计和开发必须符合市场规律。在此基础上提出问题：本地旅游资源的特色在哪里？在学生自由讨论的过程中，师生共同总结宜昌旅游特色：屈原昭君故里，三峡水电名城，宜昌既有三峡山水自然风貌，又有屈原昭君名人文化，山水资源禀赋优异，文化底蕴深厚。在此基础上确定本次项目主题：选取本地最有代表性的两大5A级旅游景区——三峡大坝和屈原故里，设计一日游旅游线路。

知识点拆解：本次课主要知识点包括旅行社产品设计的基本原则、设计旅游线路、编制活动日程等，根据课前测试情况，明确教学重、难点。教学重点：掌握旅游线路编排方法。教学难点：把握产品设计的原则并能运用到线路编排中。

旅游线路编排：首先，引入旅游线路的概念，说明旅游产品最重要的表现形式就是"旅游线路"，重点介绍旅游线路的编排方式——流线型、环型和辐射型，展示宜昌人文地图，引发学生讨论：如果设计宜昌非遗主题旅游线路，该如何编排？再结合屈原故里文化旅游区端午习俗之旅这一典型案例，详细解说流线型、环型和辐射型旅游线路的区别，让学生体会流线型旅游线路往往只有一个起点，一个终点，从起点开始，终点结束；而环形线路是一种闭合的旅游回路，起点和终点统一重合；辐射型旅游线路则是一个起点，多个终点，有多种选择。在该知识点的讲解过程中引导学生能够通过对非遗主题旅游线路的设计感受宜昌厚重的人文历史，引导学生爱上宜昌，乐意成为宜昌文化旅游的传播者。

产品设计的原则：市场性原则——结合百里荒"三峡坝上草原　避暑康养

天堂”案例，分析产品设计必须适应国内外旅游业发展的趋势和旅游者的需求，引导学生了解康养旅游作为新型旅游业态，已经上升为国家战略，让学生了解热点时政，理解旅游产品也必须与时俱进，紧跟市场需求的变化和国家政策创造性地引导消费；突出特色原则——特色是旅游产品具有吸引力的根本所在，强调特色的主要表现是新、奇、异、美，并以荆州方特主题公园为例，分析其文化属性，荆州方特基于荆楚文化符号设计了《楚乐》《屈原》《火烧赤壁》等文化娱乐项目，带来耳目一新的视觉感受，引导学生理解文化是旅游产品的灵魂所在。紧接着教师对学生发出提问：列举生活中不符合新奇异美的反面设计案例，在学生讨论后，教师总结并重点解读：特色虽然表现为新奇异美，但不等于标新立异，引导学生正确理解生活的美，强调旅游从业者的责任和担当，做好城市文明宣传，传播正能量。

3. 课后拓展

（1）知识目标——掌握旅游线路编排顺序。

（2）能力目标——能设计三峡大坝、屈原故里一日游旅游线路。

（3）德育目标——培养严谨认真、精益求精的职业态度，培养主动传播优秀传统文化的社会责任和担当。

分小组讨论制作方案，形成设计初稿，校外实践后修改产品设计文案，要求图文视频并茂，并上传超星学习平台，小组互评、老师评价、校外实践指导老师参与评价，形成多元评价体系。

4. 课外实践

（1）知识目标——熟悉三峡大坝和屈原故里旅游资源；掌握旅游线路编排的方法。

（2）能力目标——能设计三峡大坝、屈原故里一日游旅游线路。

（3）德育目标—培养小组协作意识和创新精神，坚定制度自信和文化自信。

带领学生前往三峡大坝，亲身体验“三峡工程是国之重器”的深刻含义，理解三峡工程是治理和开放长江的关键性骨干工程，是我国治水史上的壮举。登上 5A 级旅游景区——坛子岭，鸟瞰三峡工程全貌，体会毛主席诗句“截断巫山云雨，高峡出平湖”的豪迈情怀；站在 185 平台，感受大坝的雄伟壮丽；

漫步截流纪念园欣赏人与自然的完美结合，体会大坝建设者追求卓越的“三峡精神”，通过分组实施任务，解说大坝，现场拍摄讲解视频，激发学生“中国巨变，以匠心智造，以中国速度领跑”的民族自豪感。

带领学生走进屈原故里文化旅游区，通过拜谒世界四大文化名人之屈原，了解其生平、成就及后世影响，参与礼拜屈原、礼成诰舞仪式，观摩以古民居、峡江石刻及古索桥为代表的峡江文化，体验三闾刺绣、峡江皮雕、峡江草编、古法酿酒、石柱制墨、传统制艾等屈子故里非遗项目，感受世界级非物质文化遗产——中国端午习俗的文化魅力，激发学生中华优秀传统文化自信。

（四）阶段性成效、不足及改进方向

1. 阶段性成效

第一，线上线下混合式教学，课程思政见成效。采用线上微课自学、线下课堂教学、在线测试讨论、课外实践探索的混合教学模式，将思政元素有机融合教学过程，线上学习提前发布任务清单，保证学有所依；课堂教学根据学情确定重难点，凸显学生主体；在线讨论围绕特定主题，及时解答学生疑惑；课外实践理实一体，增强学生主动学习、积极思考，提升了学生职业素养。

第二，以社会热点和典型案例为切入点，激活思政课堂。通过讲授康养产业、夜游经济、研学旅行等文旅产业新业态，引导学生关注时事，借用时政资源涵养学生家国情怀；从身边熟悉的典型案例开展课堂教学，增强学生参与感。

2. 不足

课程思政体系构建有待完善，思政话语理论色彩过浓。

3. 改进方向

发挥思想政治课和专业必修课协同育人的引导作用，做好课程思政整体设计；思政内容选取要符合学生年龄阶段和学习程度且贴近生活的案例，话语形式要生活化、趣味化、场景化，满足当代大学生对话语内容多元化的诉求，提升思政教育润物无声的效果。

四、案例成效或经验总结

本次案例教学围绕红色旅游、康养旅游、研学旅行等热点话题，对接旅游管理专业人才培养目标和《旅行社管理》课程标准，坚持“以学生为中心”，关注学生成长需求，通过授课教师的言传身教将思政教育元素与专业知识有机融合，实施线上与线下、课内与课外、校内与校外相结合的育人方式，逐层渗透、步步深入，引导学生在耳濡目染中认知世界、勇于探索，提高了人才培养质量，主要体现为以下几方面。

第一，对接专业，聚焦产业，思专融合，提升学生旅游从业者的使命感和责任担当。课程中引入热点文旅话题，从国家重大发展战略、产业政策、本地文旅资源等角度，增加课程的知识性和人文性，引导学生关注国家发展，课堂上以案例分析、任务驱动及情境带入等方式，对旅游活动进行实际模拟，将体现社会主义核心价值观的诚实、守信、爱岗、敬业等思政元素悄然渗透其中；第二课堂校外实践，引导学生感悟生活、锤炼意志，感知职业的意义和价值，达成知行合一，深入理解旅游行业职业道德和职业精神，增强服务意识和社会责任，提升职业认同感。

第二，立足人才培养，课证融合，学赛互促，学生综合素养和解决问题的能力显著提高。将 1+X 研学旅行策划与管理职业技能等级证书知识有序、合理地融入课程教学过程，依托《旅行社管理》课程超星学习平台，结合旅游管理专业教师企业实践基地，进行线上线下混合式教学，有效推进学习互动、技能训练和考核评价，提高了学生综合素养和解决实际问题的能力。2021 年组织旅游管理专业学生 40 人参加研学旅行策划与管理 1+X 认证考试，39 人通过，通过率 98%；带队参加首届湖北省大学生研学课程展示大赛，荣获一等奖及二等级各 1 项，学校荣获团体奖和优秀组织奖。

第三，以文化人，学以成人，校内传授技能，校外体验感知，将屈原名人文化、三峡大坝国之重器红色文化、屈原故里端午习俗非遗文化等三峡区域特色文化资源融入教育教学全过程。

今后改进思路：第一，继续强化信息化学习平台，整合“学习强国”、中国大学慕课等学习平台优质资源，引导学生主动、积极学习行业政策及专业知识，培养新时代大学生关心社会发展、关注国家大事，塑造理想情操，树立社会责任感；第二，细化思政点考核评价，针对基础知识、自学能力、创新能力、人文维度（学生课堂思政感悟）、价值取向等教学目标，细化考核方式、考核内容及考核权重，构建多维度的课程思政评价指标，提升育人质量。

坚定文化自信·传承广西民族文化

——《广西导游》课程思政案例

所属专业：旅游管理

案例主题：文化自信

负 责 人：刘庆

工作单位：广西国际商务职业技术学院

参 与 人：班克庆、莫颖、许娟、苏毅

工作单位：广西国际商务职业技术学院

一、案例简介

包括案例实施背景、案例相关理论研究及实践探索综述、本案例所解决的教学问题等。

（一）案例实施背景

2021 年 8 月，习近平总书记在中央民族工作会议中指出，要做好新时代党的民族工作，要把铸牢中华民族共同体意识作为党的民族工作的主要内容，铸牢中华民族共同体意识，就是要引导各族人民牢固树立休戚与共、荣辱与共、生死与共、命运与共的共同体理念。2021 年 11 月，党的十九届六中全会通过的《中共中央关于党的百年奋斗重大成就和历史经验的决议》指出，党坚持和完善民族区域自治制度，坚定不移走中国特色解决民族问题的正确道路，坚持把铸牢中华民族共同体意识作为党的民族工作主线，巩固和发展平等团结互助的社会主义民族关系，促进各民族共同团结奋斗、共同繁荣发展。

习近平总书记在 2021 年 4 月到广西民族博物馆考察时强调，广西是全国民族团结进步示范区，要继续发挥好示范带动作用，各民族共同进步共同繁荣发展是中华民族的生命所在、力量所在、希望所在，在全面建设社会主义现代化国家的新征程上，一个民族都不能少，各族人民要心手相牵、团结奋进、共创中华民族的美好未来，共享民族复兴的伟大荣光。

在习近平总书记多次强调民族团结的大背景下，广西作为全国民族团结进步示范区，要让广西的新青年理解现在八桂大地的美丽富饶，是 12 个世居民族为代表的各族人民用勤劳、勇敢、智慧浇灌出来的，文化认同是民族团结的根脉，做好民族文化的传承和传播，助力民族团结，促进各民族像石榴籽一样紧紧抱在一起。

因此本案例选取《广西导游》课程内容，融入课程思政，开展教学。《广西导游》是面向高职旅游管理专业的一门专业性必修课。这门课主要讲授的是广西的历史、地理、文化、经济、特产以及广西各市的主要概况和主要景点。通过本课程的学习，学生可以深入了解广西基本概貌，学习作为广西文化旅游从业人员必需的基础知识，提高讲解业务能力，提升职业素养，树立正确的国家观、历史观、民族观、文化观，成为高素质的文化旅游从业人员。

（二）案例相关理论研究及实践探索综述

少数民族文化、少数民族非物质文化遗产等内容是当前少数民族地区课程思政的一个热点，从高中的中学教育到高职教育都在探索民族文化融入课程思政的途径。经过实践探索，同类课程基本以铸牢中华民族共同体意识为主线，依托教学内容，梳理少数民族地区蕴含的丰富文化资源，将中国特色社会主义新时代理论贯穿教学全过程，紧密结合教学一线的实际需要，学习“挖掘、融入、教育者先受教育”的方法论，引导学生思考，潜移默化地对学生的思想意识、行为举止产生影响，探讨新时期思政教育融入旅游管理专业教学的具体方法和途径。在具体的教学实施过程中，以任务驱动作为教学导入，教师示范教学，让学生通过自主探究开展学习，同时设置分组式合作学习方式，促进个人提升的同时，增强学生团队合作能力，通过作品展示，激发学生成就感，最后由师生完成作品评价，把学生由基础的感官认知上升为意识认知。当然在实施教学中也还存在思政元素融入教学的力度不够，思政元素和专业教学在人才培养的良好互动上不足，挖掘学生感兴趣的知识点不足的情况。创新思政课程模式，推动民族地区职业教育特色发展，为民族特色产业、文化产业发展提供人才支撑，民族文化课程思政要素的挖掘和课程开展形式还依旧是今后研究的一个热点。

（三）本案例所解决的教学问题

本案例选择教材《广西导游》的内容来进行课程思政设计，力求解决专业知识和思政元素的有机集合，通过学习广西地理、历史、文化、经济、旅游景点等方面内容，让学生全面掌握广西各民族文化，自然引入我国民族区域自治制度的重要意义、民族平等、实现共同团结奋斗、共同繁荣发展的意识，发挥专业课程的思政功能，引导学生在追求个性化发展中注意与当前国家发展、社会进步保持一致，铸牢中华民族共同体意识。

在课程教学过程中，突破原有的课程模式，探索创新教学互动模式，解决课程思政教学方式单一的问题。本案例具体实施过程中采用学生现场拍摄视频的教学方法，让学生沿着习近平总书记的足迹到广西民族博物馆，通过现场拍摄讲解视频充分展现广西12个世居民族相互交往、交流、交融的发展历史，展现多民族聚居、多元化文化的内容，自主探究学习和教师指导学习有机结合，增强同学的课程参与度，增强感性体验，让学生在了解广西璀璨的民族文化过程中，不仅成为民族文化传播者，增强民族自豪感、坚定文化自信，而且成为民族团结进步的维护者，自觉地参与到促进民族团结进步的事业中，进一步铸牢中华民族共同体意识。

二、案例设计

（一）教学理念

通过学习广西民族传统文化，发挥教育“以文化人”的独特优势，将教育与价值观培养有机集合，引导学生将个人发展与国家、民族的命运结合起来，投身于社会进步的历史洪流，成为社会主义事业的合格接班人。采用大班教学、小组研讨和学生独立学习相结合的方式，以“浏览阅读—感性体验—理性领悟—人生浸润—价值认同”的渐进式教学方法，化解学生在学习中的知识障碍和畏惧心理，帮助学生掌握广西民族文化概况，培养学生的家国情怀。通过课程教学，架起民族文化与人生的桥梁，为学生的健康成长保驾护航。

（二）课程教学目标

围绕“立德树人”的目标，通过学习广西民族文化概况，引导学生正确认识文化自信，民族文化的发展与国家、民族命运之间的密切关系。正如习近平总书记所指出的，科学技术可以从国外引进，但是民族精神必须自己培育。传承民族文化是事关民族精神建设的一件大事。本课程的思政目标是提升学生文化涵养，发挥文化传承作用，提升文化认同，坚定文化自信，强化对中华优秀传统文化的认同，全面提升学生的人文素养。本课程以帮助学生深入了解广西民族文化概况，引导学生自觉传承民族传统文化，增强学生民族自信心、自尊心和自豪感，启迪学生热爱祖国、热爱民族文化为总体目标。

1. 知识目标

熟知并传承广西传统民族文化的基本精神，熟悉广西世居民族的服饰、饮食、民居、节庆等文化特点及习俗，领会广西民族在艺术、文学、体育等方面的文化精髓。

2. 能力目标

能吸收传统民族文化的智慧，感悟传统文化的精神内涵；能掌握学习民族文化的科学方法，养成学习传统文化的良好习惯；能从文化的视野分析、解读当代社会的种种现象。

3. 素质目标

培养学生对民族文化的热爱崇敬之情，增强学生的民族自尊心、自信心、自豪感；提高学生文化素养，培养爱国主义感情，形成积极的人生态度和正确的价值观。

（三）思政育人目标体系

本课程在思政育人内容上安排了传统文学、传统艺术、民俗等知识，以传递人文精神和科学精神为基本价值取向，开阔学生视野，开拓学生思维，陶冶学生情操，丰富学生人文知识。培养学生汲取民族传统文化精髓，学会处理人与人、人与社会之间的关系，帮助学生形成良好的个性、健全的人格，促进其职业生涯的发展。《广西导游》课程不仅从智育方面传授广西民族文化基础知识，更要从德育层面提高学生的传统文化素养，坚持以文育人、以文化人，弘扬中华民族文化精神。因此《广西导游》课程思政育人的总体目标就是要深度挖掘提炼广西民族文化所蕴含的思想价值和精神内涵，科学合理拓展课程的广度、深度和温度。让学生通过学习，丰富学识，增长见识，塑造品格。《广西导游》课程中的教学内容可以融入的思政元素主要在以下几方面：

1. 传承和弘扬中华民族优秀传统文化

结合专业内容融入中华优秀传统文化素养和民族文化习俗，有助于学生在理解专业知识的同时，深入体悟中华民族优秀传统文化，增强学生对民族文化的认同感，从而陶冶情操、温润心灵。

2. 增强文化自信、厚植家国情怀

以文化自信为维度对当代大学生进行家国情怀的培育，将增强他们对中华民族文化的高度自信，激励学生不惧风雨，激发历史使命，创造精彩人生。通过课程学习，引导学生传承民族文脉，提升对本土文化的认知，将爱自己、爱家乡和爱国家有机融为一体。

（四）课程思政与专业教学内容的融合方式

根据上述的思政育人目标体系，紧密联系专业知识，形成“德融课堂”。

德融课堂

授课内容	思政融入点
广西地理	热爱祖国、热爱家乡，厚植家国情怀
广西历史	传承和弘扬中华民族优秀传统文化，增强文化自信
广西文化	传承和弘扬中华民族优秀传统文化，增强文化自信
广西经济	热爱祖国、热爱家乡，厚植家国情怀
广西物产	热爱祖国、热爱家乡，厚植家国情怀
广西旅游景点	传承和弘扬中华民族优秀传统文化，增强文化自信

（五）特色与创新

（1）采用“学教并重”的教学设计在理论、方法和过程上兼取以“教”为中心和以“学”为中心，既突出学生的主体地位，又重视教师的主导作用，对学生的知识技能、创新能力和健康情感与价值观培养都有好处。按照这种理论和方法设计出来的教学，在保留“传递—接受”的条件下，让学生更多地去主动思考、主动探索、主动发现，形成一种新的教学模式，即“主导—主体”教学模式。“学教并重”的教学设计可以根据教学内容和学生的认知结构情况灵活选择“传递—接受”的教学策略，对学生的学习特征进行分析并促进知识的迁移，便于考虑情感因素（即动机）的影响。

（2）从知识、能力、素养这三个维度，组织课堂教学和课后练习，同步实现价值塑造、能力培养、知识传授三位一体的教学目标，教学方法接地气，课堂互动感强，学生参与度高。

（3）明确了课程的价值目标，提高了育人效果，对于培养学生的家国情怀和社会责任感、增强文化自信等有积极的教育作用。

三、案例实施

内容要求：包括实施的措施、时间、阶段，每个阶段实施的重点，阶段性成效、不足及改进等。

本门课程通过把知识点和思政元素深入融合，以“传承民族文化，增强文化自信”为宗旨，把课程每一个章节的学习内容划分六个阶段，环环相扣。每个阶段如下：

（1）情景创设。通过不同的“广西故事”引入，引起学生对广西的地理、历史、文化、经济、物产、旅游景点的兴趣，激发强烈的热爱家乡的情怀。

（2）信息资源提供。通过视频、图文等丰富的教学资源，帮助学生进一步了解广西的地理、历史、文化、经济、物产、旅游景点，激励学生要以文化自信守护广西民族文化的根脉。

（3）自主学习。学生阅读教材，设置学习知识点表格，总结课程教学知识点，帮助学生深入了解广西民族文化，激发他们的民族热情，提高文化自信。

（4）协作学习。通过进行小组活动，激发学生参与技能实践训练的兴趣，提升表达的自信和对民族文化传承的自信。

（5）学习效果评价。设置课堂学习效果评价表，反映学生学习情况，验收学习效果，提高教师教学水平和学生学习质量。

（6）强化练习。通过课后拓展训练，对课程学习内容进行进一步巩固，将传承民族文化自信延伸至日常环境下的学习行为，固化热爱家乡的热情。

以《广西导游》课程第三章“广西文化”第一节“民族文化”为例，案例实施具体做法如下：

➢第一阶段：情境创设（时间：10分钟）

【实施的重点】兴趣是最好的老师。旅游管理专业的学生心中都有一个“导游”梦想。采用提问法和角色扮演法，为学生预设一个“导游”角色，帮助学生进入接团准备的知识储备环节。

问题1：假设同学们即将担任广西民族博物馆讲解员为游客朋友进行讲解，需要做哪些知识准备？

问题2：2021年4月27日上午，正在广西南宁考察调研的习近平总书记来到广西民族博物馆，你知道他参观游览了哪几个展厅，看到了什么展品？

问题3：请听音频《山歌年年唱春光》，你知道这是广西哪个少数民族演唱的歌曲吗？

【阶段性成效、不足及改进】通过以上3个问题，将学生引入课堂教学的中心。在回答这3个问题的过程中，同学们会发现原来广西民族文化丰富多彩，实际上自己对广西民族文化了解不多，因此，学习欲望油然而生。

➢第二阶段：信息资源提供（时间：10分钟）

【实施的重点】播放习近平总书记到广西民族博物馆参观壮族文化展、观看三月三“歌圩节”壮族对歌等民族文化活动的新闻报道视频。为学生介绍习近平总书记参观壮族文化展，观看三月三“歌圩节”壮族对歌等民族文化活动展示，了解促进民族团结进步和民族文化保护传承等情况。习近平总书记强调，广西是全国民族团结进步示范区，要继续发挥好示范带动作用。各民族共同团结进步、共同繁荣发展是中华民族的生命所在、力量所在、希望所在，在全面建设社会主义现代化国家的新征程上，一个民族都不能少，各族人民要心手相牵、团结奋进，共创中华民族的美好未来，共享民族复兴的伟大荣光。鼓励学生把广西民族文化传承好，把中华文化弘扬好、发展好，为建设新时代中国特色社会主义壮美广西贡献力量。

向学生现场展示非物质文化遗产：壮族天琴、瑶族铜鼓和苗族蜡染。

壮族天琴

瑶族铜鼓

苗族蜡染

【阶段性成效、不足及改进】通过观看视频，介绍新闻故事的背景，激励学生要以文化自信守护广西民族文化的根脉。

➤第三阶段：自主学习（时间：20 分钟）

【实施的重点】采取文本细读法，文本细读是阅读教材最常用的方法之一，但是很多学生没有耐心细读，总是贪多求快，往往欲速不达。通过组织学生阅读教材第三章“广西文化”的第一节“民族文化”的内容，填写广西少数民族代表文化概况对比表，采用比较法，将广西世居的壮族、瑶族、苗族和侗族的民俗风情进行对照研究，帮助学生深入了解广西民族文化。

学生填写的广西少数民族代表文化概况对比表如下：

广西少数民族代表文化概况对比表

	壮族	瑶族	苗族	侗族
传统艺术				
传统民居				
传统工艺				
传统医学				
传统体育				
传统饮食				
传统节日				

【阶段性成效、不足及改进】文本细读和比较法可以激发学生学习的参与热情，环环相扣，引导学生一步一步深入课本知识的探索中，逐步了解广西主要民族的传统艺术、传统民居、传统工艺、传统医学、传统体育、传统饮食、

传统节日，让学生与历史、文化对话，提高他们的历史责任感和文化使命感，激发他们的民族热情，提高文化自信，帮助他们在思想上成长和人格上成熟。有待改进之处在于课堂教学中的互动，特别是教师讲授中的学生深度参与感有待增强。

➢第四阶段：协作学习（时间：25 分钟）

【实施的重点】将全部学生分为 12 个小组，进行“民族服装”课堂秀的小组活动。教师提前准备广西世居 12 个民族的服装，在该阶段授课过程中给每组发放 1 个民族的服装。请各小组根据教材第三章“广西文化”的第一节“民族文化”中关于民族服饰的内容，编写一段 1 分钟的讲解词，介绍该民族的服饰特点，各小组准备时间为 10 分钟。接下来，依次按照壮族、汉族、瑶族、苗族、侗族、仫佬族、毛南族、回族、京族、彝族、水族、仡佬族的顺序，各个小组轮流上台展示和解说民族服饰。

学生身着侗族服装进行“民族服装”课堂秀展示

【阶段性成效、不足及改进】综合运用小组讨论和展演方式，加深学生对民族服饰的理解，锻炼学生的交流能力和表达能力，学生的课堂参与感大大提升。随着课程的挑战难度增加，学生切身体验深度学习的魅力同步递增，进一步坚定学生弘扬民族文化的信心和决心。有待改进之处在于教师指导学生进行分组活动、同伴交流分享的针对性和有效性有待增强。

➢第五阶段：学习效果评价（时间：10 分钟）

【实施的重点】学生对本节课程学习效果进行自评和互评。给每位学生发放学习效果评价表，对自己的学习表现进行评价。课堂学习效果评价表如下：

课堂学习效果评价表

学生姓名：　　　　　　　学号：

评价方式	评价内容				
	评价项目	评价等级			
		A	B	C	D
学生自评	对本次课知识的兴趣	浓厚	较浓厚	一般	弱
	本次课独立思考的习惯	强	较强	中	弱
	体验到学习成功的喜悦	多	较多	一般	少
	理解别人的思路，与同伴交流的意识	好	较好	一般	弱
	在知识、方法等方面获得收获的程度	高	较高	一般	低
同伴互评	本次课发言次数	多	较多	一般	少
	参与小组活动表现	好	较好	一般	差

【阶段性成效、不足及改进】通过明确评价内容和评价标准，设计评价表格，搜集和分析学生学习情况，可以从中找出问题所在，明确改进要点和步骤，提高教师教学水平和学生学习质量。有待改进之处在于教师指导学生进行评价方式的适切性有待增强。

➢第六阶段：强化练习（时间：5 分钟）

【实施的重点】布置课后作业：个人讲解视频拍摄。学生利用课余时间前往广西民族博物馆选择一个展品进行讲解，并拍摄视频，上传到课程教学资源库，由教师和学生共同评分，选出“最佳讲解”作品。

【阶段性成效、不足及改进】通过布置课后作业强化学习效果，这个阶段的学习，引导学生深入思考自身的职业发展，明确职业发展的核心力是专业的知识技能储备和正确的职业价值观。

四、案例成效或经验总结

包括实施总体效果与成果、经验总结，以及今后的改进思路和注意事项等。

（一）实施总体效果与成果、经验总结

1. 将课程思政融入专业教学全过程，实现全方位育人

《广西导游》课程以职业素养培养为目标，将思政教育融入课堂教学建设中，注重全方位地提升学生的职业素养。教学过程中，教师除了课堂传授知识，同时注重提高学生的审美能力、专业技能以及沟通能力。课堂上，同学们通过结成小组的形式，实现相互帮助和共同进步，增强学生的团队意识，共同营造良好的学习环境；课堂外，充分利用“互联网+”教学资源库构建交流学习平台，通过行业动态、主题学习等多样模块的设计丰富专业课程思政的形式，有效激发学生自主学习的兴趣；实践中，实施实境式教学，以学生自主设计为主导，增强学生自身体会，学以致用，提升学生的职业素养，真正做到全方位育人。

2. 将民族文化融入思政教育，展现文化自信

民族文化是一个民族适应自然环境和社会发展而形成的智慧结晶，广西少数民族众多，文化风俗也异彩纷呈。本案例通过将不同民族的民俗文化资源融入高校思想政治教育中，展现“壮美广西”优秀传统文化，对丰富思想政治教育的内涵，传承与发展中国的主旋律，坚定文化自信的神圣使命，强化学生对课程的认同以及广西民族传统文化的传承和创新有着重要意义。

3. 将“课程思政”教学目标融入教学设计和学生学习任务中，强化课程考核

把“课程思政”作为课程设置、教学大纲核准和教案评价的重要指标，落实到课程目标设计、教学大纲修订、教案课件编写各个项目中，贯穿于课堂授课、活动组织、实践演练各个环节。优化课程考核标准，坚持以学生为中心的教育教学理念，采取形成性考核评价，确保“课程思政”教育教学改革质量。

（二）今后的改进思路和注意事项

1. 优化教学设计，打造专业课程思政教学体系

立足新时代旅游行业特点，基于习近平新时代中国特色社会主义思想和党的十九大精神，把立德树人作为育人体系的根本任务，优化教学设计，打造专业课程思政教学体系，融入思想道德教育、文化知识教育、社会实践教育各个环节，实践“三全育人”理念，把思想政治工作贯穿实践育人全过程，建立起课内与课外、校内与校外、线上与线下全要素融合的立体化育人体系，做到全员、全过程、全方位育人。

2. 专业与思政达到融会贯通，组建专业基础课思政教学团队

专业课教师应注重把专业教学的知识体系转化为思政教学价值体系的专业情怀，组建专业基础课思政教学团队，提升专业教师课程思政建设的意识和能力，强化课程的顶层设计，深化各个具体环节的实践探索，把思政元素植入专业理论知识课程，实现专业知识课中有德育，知识传播中强调价值引领、在价值传播中凝聚着知识底蕴，促进思政教学教育与专业基础课相融合、与专业学术研究相融合、与学生实践活动相融合。专业课教师应坚守与传播人间正道，把德智体美劳的种子播撒到学生心田，激发学生向上向善的美好愿景。总结课程思政的经验，凝练教学模式，促进教师、学生和课程共同发展。

讲好中国故事，做活中国设计

——《中国旅游文化》课程思政案例

所属专业：旅游管理
案例主题：文化自信
负 责 人：李征
工作单位：长春职业技术学院
参 与 人：曲航、李兆元、李婷、张颖新
工作单位：长春职业技术学院

一、案例简介

（一）课程概述

《中国旅游文化》课程是面向旅游专业学生的专业基础课程。课程是对中国旅游历史地理知识的巩固、补充、提升和深入，是从旅游服务的视角对中国文化的重新梳理，对各种旅游景观背景文化的深入学习，深入挖掘各种景观背后蕴藏的深厚文化内涵，为旅游专业课程的学习奠定丰厚的文化基础。

“文化自信是更基础更广泛更深厚的自信。”如何通过《中国旅游文化》课程让学生在以后的导游岗位、旅行线路设计岗位、研学指导师岗位讲好中国故事，弘扬中华文化，就需要在课程中讲清楚中华文化的基本特征，以及其在人类文明中的独特发展贡献，讲清楚中华文化的独特性，讲清楚中华文化的优秀基因。因此，课程基于职业行动导向，以旅行社中导游、旅游策划师、旅游研学指导师、旅游文创产品设计等关键岗位的核心素养为基础，以岗位中的核心素养为出发点，结合吉林省旅游实际需求，重新建立课程体系，将传统的知识讲解，整合为包括中国文化的魔力、服饰文化、建筑文化、饮食文化、民俗文化、文学艺术文化和吉林省旅游文化专题 7 个旅游文化专题。

课程体系如下：

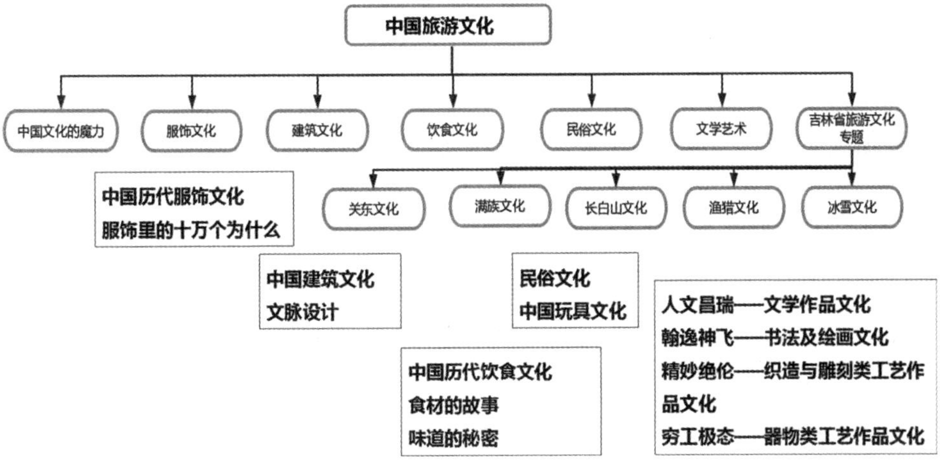

课程体系

为了立足所学，脚踏实地地进行课程思政，真正做到讲好中国故事，做好中国设计，在课程中通过“一讲、二做、三研”的方式，让学生讲在吉林大地上，让中国旅游文化“活”起来。

（二）案例实施背景

习近平总书记在 2014 年就指出“我们要坚持道路自信、理论自信、制度自信，最根本的还有一个文化自信”。教育部也随即发布了《完善中华优秀传统文化教育指导纲要》，要求把中华优秀传统文化教育融入学校课程和教材体系，有序推进中华优秀传统文化教育。

中国旅游业正在实施“第一步”发展战略，即从粗放型旅游大国向比较集约型旅游大国转型，到 2030 年将发展成为较高集约型旅游大国。随着公众民主意识和文化意识的觉醒，对更高层次的精神文化生活的追求和对中华优秀传统文化的关注度也越来越高。

高职院校旅游管理专业更需要抓紧时势，将专业建设、课程建设结合中国旅游业的发展国情，培养学生的文化自觉与文化自信，通过文化自信提高学生的就业、谋业和创业能力，走出具有专业特色的发展道路。

针对旅游管理专业的专业特点，结合“课程思政”的内涵，旅游管理专业课程思政方式包括两个方面的意义：

第一，在专业教学中，通过旅游业的客体（学生）的日常学习和熏陶，增强和培育学生的爱国情怀、法治意识、社会责任、文化自信、人文精神等。

第二，让学生作为未来行业的参与者，能通过讲解和设计的方式，让中国的旅游文化“活”起来，让参与旅游的消费者也同时感受文化，增强文化自信。

（三）案例理论与实践研究

2020年6月5日，具有里程碑意义的《高等学校课程思政建设指导纲要》发布，纲要明确：要把思想政治教育贯穿人才培养体系，全面推进高校课程思政建设，发挥好每门课程的育人作用，提高高校人才培养质量。我国学者从高职、职业本科和普通高等教育等各个教育类型和教育层次都对课程思政进行研究。其中对具体某一门课、某个（类）专业，甚至文理分科的某一课程的思政元素的挖掘与探索实践是近几年学者关注的热点。而关于“课程思政”是立德树人、协同育人的策略与路径的研究是学者关注的另一热点问题。对于高职旅游类专业课程思政改革方面的研究也日渐增多。

（四）本案例所解决的教学问题

1. 解决了如何将正确的中国旅游历史观与文化观融入课程与岗位的问题

通过结合学生在以后的导游岗位、旅行线路设计岗位、研学指导师岗位核心能力，在课程中讲清楚中华文化的基本特征，以及其在人类文明中的独特发展贡献，讲清楚中华文化的独特性，讲清楚中华文化的优秀基因。加深学生对中国自然旅游资源和人文旅游资源内涵的认识和理解，培养学生的审美鉴赏能力、讲解服务能力、旅游线路开发与设计等能力等，提高学生的综合文化素养的同时，帮助学生树立正确的中国旅游历史观和文化观，将学生培养成为肩负传播中国文化、讲好中国故事、做好中国旅游线路设计的青年旅游工匠人才。

2. 解决了如何将本地旅游资源融入课程思政的问题

本课程服务于本地旅游产业的深度发展，立足“文化自信”的课堂思政基调，通过带领学生从火车站一路走一路进行建筑讲解和拍照整理资料的方式，让学生了解长春建筑特点。解读本地文化旅游资源的优势，凝练旅游文化的特色，着力培养学生的文化感知能力、解读能力以及提供体验型旅游文化的创新能力与意识。

3. 解决了如何将劳动课程内容和审美课程内容与思政相融合的问题

学生通过不同主题，应用不同的劳动课程内容，如在中国文化的魅力项目中，将中国传统玩具进行梳理复制，进行二次创作。如三个冬枣就可以做成的推枣磨玩具等；在饮食文化项目中，学生通过白泥将茶文化的“壶里乾坤大，杯里日月长”做成文创产品。通过创新实验劳动课程内容，更深刻地感受到文化自信。

4. 解决了如何立足科研以问题为导向凝练思政内涵的问题

本课程通过校级应用技术项目——基于满族民俗的旅游文创产品设计研究，依托学院文旅融合创新应用技术研发与服务中心，借助真实旅游企业平台，将学生在课程中的线路设计与文创产品进行生产性转化，挖掘了学生的职业潜能，转化为企业产品。并通过应用技术项目结合吉林省中小学职业体验，让文化自信在青年和少年间传承。

二、案例设计

（一）课程教学目标

1. 提高旅游文化素养

文化自信背景下，高职学生除了单纯的职业技能外，更需要综合文化素养的提高，才能吸引行业企业及旅游者的好评。特别是高职旅游专业的学生就业方向基本集中在本省区域，因此除常规的旅游文化课程内容教学外，更应将地方旅游文化多种形式融入课程，引导学生聚焦地方文化资源，走出去，做起来，将传统旅游业态向旅游文化深层内涵发展，打造结合旅游、文创、审美、心理学等的综合型旅游文化课程。

2. 培养文化产品创新设计能力

文旅深度融合发展下，《中国旅游文化》课程将研究从文化角度上提高景区或旅游资源的影响力。在趋同的传统商务环境中，利用地域文化的特异性打造设计具有独特吸引力的文创产品名片，如满族扎染、满族剪纸、吉林美食等，带动其辐射圈内更多的旅游企业发展，其创意方式与文化推广均可融入课程模块中，使学生更能适应市场及行业需求。

3. 培养科技与文化融合的综合能力

“文化自信”为旅游行业明确了文化导向、法律地位及从业规则，在此基调下，旅游文化课程将进一步培养学生使用好网络与科技这一工具，符合时代科技文化发展的需要。如最近的“网络红人”李子柒，就是将中华优秀传统文化、乡村文化通过网络这一新媒体加以传播，不但在微博等国内媒体上，更在 Facebook、Twitter 等国外媒体上影响巨大，获得国内外一致好评。这种视频制作、后期渲染、网络推广、网络营销的方式都将融入《中国旅游文化》的课程环境中，学生通过文案撰写、视频制作、网络推广，强化对优秀传统文化的认同感，同时也能通过该旅游网络文化的设计与制作能力的培养进一步提高专业素质。

4. 培养创意旅游文化能力

现今景点及旅行社在利用传统的自然景点门票收入外，需要不断设计并推出符合旅游者需求的各类文化旅游活动，如各类文化节庆、旅游演出、民居民俗体验等，课程将其纳入旅游创意文化的教学培养，通过创意包装使不同的乡村旅游点都能找到各自的独特经济来源与带动点，避免无效同业恶性竞争，还能利用创意文化设计实现特色化整体发展，提高企业的创意竞争力。

（二）思政育人目标体系

通过重新构建的课程体系，以及讲、做、研的教学设计，学生第一阶段深入理解中华文化的优秀基因与独特性，建立文化自信；第二阶段结合吉林省红色旅游景点，让学生感受红色基因与传统文化的同频共振；第三阶段通过劳动课程与审美课程设计融入，培养学生创意设计能力；最后将实际科研项目和职业体验项目融入课程，将学生培养成为在地文化的守护者、旅游行业的青年工匠。

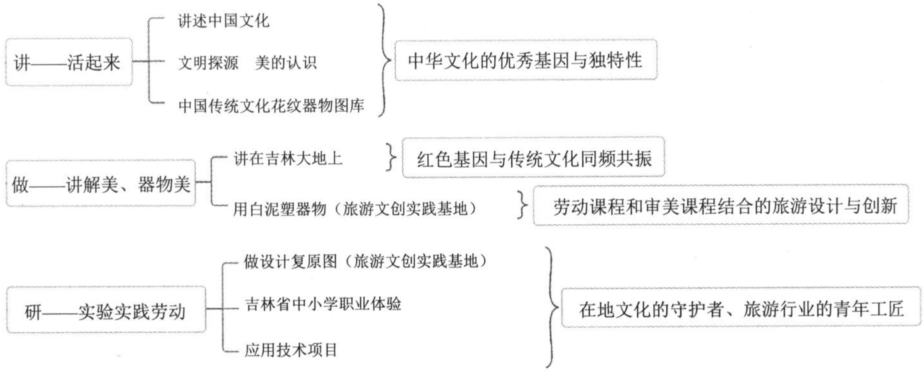

思政育人目标阶梯

（三）课程思政与专业教学内容的融合方式

课程思政与专业教学内容的融合方式设计

教学周	授课内容	课程思政切入点	实施策略	课程思政教学成效
1	中国文化的魅力	通过讲解文化四个层次中的物态文化、制度文化、行为文化和心态文化引入三层理念： （1）中国文化源远流长，影响深远 （2）吉林风光美如画，人杰地灵 （3）做好导游，守护在地文化，牢记社会主义核心价值观	案例:（1）讲好中国故事，传播中国文化——中国民俗玩具推枣磨的故事。 （2）家乡美——守护在地文化，冰天雪地也是金山银山——查干湖冬捕文化 （3）青年杰出导游文花枝	学生深刻地感受到中国文化的魅力，立志成为在地文化的守护者、旅游行业的青年工匠
2~3	服饰文化	（1）中国历朝服饰赏析 （2）中华服饰文化的独特性 （3）梳理中国传统服饰花纹	文化思辨：为什么中国历朝历代服饰有所变化，而世界其他国家服饰的多元性没有这么明显 中国传统花纹资源库梳理：方胜纹、十二章纹等	学生更好地理解多元一体的共同点以及中华文化的独特性，将传统花纹古为今用

续表

教学周	授课内容	课程思政切入点	实施策略	课程思政教学成效
3~4	建筑文化	（1）梳理中国建筑的特点 （2）通过历史、建筑、文化遗产感受中国各个城市文化脉络 （3）中国屋顶的神兽 （4）走长春路面，观察长春建筑	实际设计：任选一个中国的神兽，总结其特点，讲解一个相关的故事，构图设计一款相关的旅游纪念品并讲解理念。 走在长春的路上：通过从火车站一路走一路进行建筑讲解和拍照整理资料的方式，了解长春建筑特点	学生希望用自己的知识和本领在家乡所在地创造新的辉煌
4~5	饮食文化	茶文化——壶里乾坤大，杯里日月长	创新劳动实践：学生通过白泥将茶文化的“壶里乾坤大，杯里日月长”做成文创产品	理解中华文化的优秀基因与独特性
5~6	民俗文化	民俗文化多样性	旅游景区规劝游客文明行为设计：借助各旅游景区传统古典礼仪，劝说游客文明旅游；在西安城墙上，用唐代礼仪劝说游客文明旅游	古为今用
7~8	文学艺术	人文昌瑞——文学作品文化 翰逸神飞——书法及绘画文化 精妙绝伦——织造与雕刻类工艺作品文化 穷工极态——器物类工艺作品文化	作品赏析与云讲解	中华文化的基本特征以及其在人类文明中的独特发展贡献，讲清楚中华文化的独特性
9~10	冰雪文化	家乡美——守护在地文化，冰天雪地也是金山银山	冰雪旅游线路设计——路书软件设计	用知识进行实践设计
11~12	关东文化	红色基因与传统文化同频共振	师生们通过走进长影旧址博物馆、伪满皇宫博物院等地，实地探寻文化、讲解文化，通过旅游志愿服务为家乡文化服务	红色基因与传统文化同频共振
13~14	满族文化	吉林省中小学职业体验	师生创建满族民俗体验馆，感受服饰文化民俗之美	青年工匠精神

（四）特色与创新

1. 创建层次丰富、内涵多元的实践探索劳动课程内容

包括在旅游文创基地进行文化产品设计，走在吉林大地上进行实地讲解，利用旅游云讲解馆，虚实结合。

2. 劳动课程内容和审美课程内容与思政相融合

将中国传统玩具进行梳理复制，进行二次创作，如三个冬枣就可以做成的推枣磨玩具等。

3. 充分利用吉林省红色旅游资源，让红色基因与传统文化同频共振

在长影旧址博物馆、伪满皇宫博物院等红色旅游资源地进行实地讲解。

4. 立足科研，以问题为导向凝练思政内涵

中国有坚定的道路自信、理论自信、制度自信、其本质是建立在5000多年文明传承基础上的文化自信。通过应用技术项目和吉林省中小学职业体验，让文化自信在青年和少年间传承。

三、案例实施

（一）实施策略

在课程16周中，每个项目中根据课程内容融入不同的思政内容。

1. 课程初期思政内容融入

在课程初期，讲解中国文化的魅力，通过三个层次让学生理解：

（1）中国文化源远流长，影响深远。引入案例，讲好中国故事，传播中国文化——中国民俗玩具推枣磨的故事。

（2）吉林风光美如画，人杰地灵。引入家乡美——守护在地文化，冰天雪地也是金山银山——查干湖冬捕文化案例。

（3）做好导游，守护在地文化，牢记社会主义核心价值观。引入青年杰出导游文花枝的案例，感受榜样的力量。

2. 课程中期结合课程内容的不同，以多层次、内涵多元的方式融入思政

（1）创新劳动实践。学生通过白泥将茶文化的“壶里乾坤大，杯里日月长”做成文创产品。

（2）红色基因与传统文化同频共振。师生们通过走进长影旧址博物馆、伪

满皇宫博物院等地，实地探寻文化，讲解文化。

（3）美育教育与云讲解结合。通过作品赏析与云讲解相结合的方式，让学生感受人文昌瑞——文学作品文化，翰逸神飞——书法及绘画文化，精妙绝伦——织造与雕刻类工艺作品文化，穷工极态——器物类工艺作品文化。

（4）实践课程内容。

第一，旅游景区规劝游客文明行为设计。借助各旅游景区传统古典礼仪，劝说游客文明旅游。在西安城墙上，用唐代礼仪劝说游客文明旅游。

第二，走在长春的路上。通过从火车站一路走一路进行建筑讲解和拍照整理资料的方式，了解长春建筑特点。

（二）方法手段

（1）虚实结合，张口动手。通过章节学习地图进行学习导航，利用主题讨论任务进行分组学习。结合文化系列微课和主题思辨任务引导学生自主学习理解基本知识，通过在线测试和学生自主思维导图的绘制，检测所学。最后通过互动式教学视频和小组主题互动任务进行知识的应用和提升。同时，根据专业特点和课程特点，对学生的视频收集和文化讲解进行平台展示。

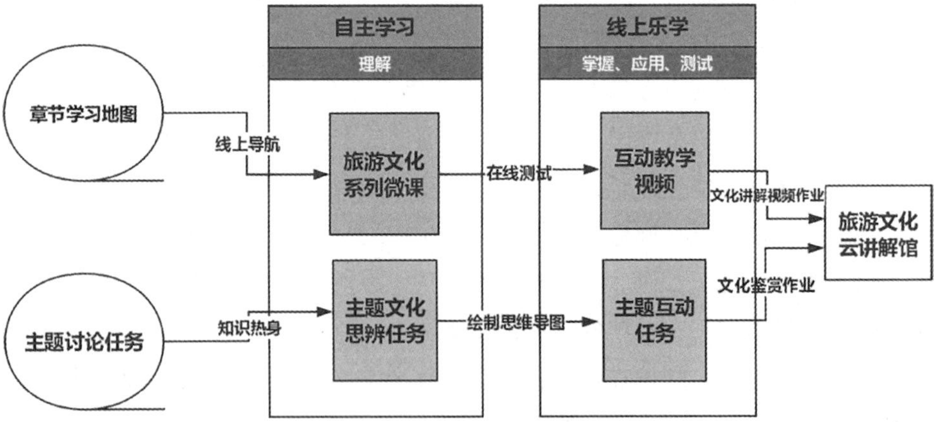

长职旅游文化云讲解馆

（2）充分利用红色旅游资源，开设旅游文化相关的红色讲解比赛。

荣誉证书
HONORARY CREDENTIAL

廖棋宇同学：

2021年长春职业技术学院学生技能大赛高职组"'红动吉林'红色故事讲解大赛赛项"比赛中，荣获个人赛**一等奖**。

指导教师：李征

长春职业技术学院
二〇二一年十二月三十一日

2021"红动吉林"红色故事讲解大赛学生获奖证书

（三）实施过程

（1）"四有"课堂，让旅游文化讲解"活"起来。"四有"课堂（有趣——视频采访、自媒体主播、文化展演；有用——实现学生价值观引领、培养学生责任感和使命感；有效——企业软件真实设计；有产——学生设计进入企业线库，学生文化展演云展示馆展出），实现参与度高的有效课堂，引领学生树立正确的历史观、国家观、民族观和文化观。

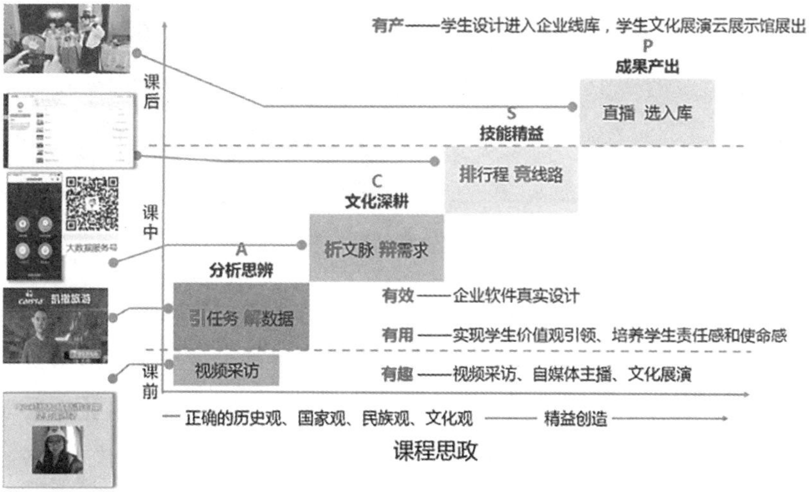

"四有"课堂

（2）讲在吉林大地上，充分利用吉林省红色旅游资源，让红色基因与传统文化同频共振。师生们通过走进长影旧址博物馆、伪满皇宫博物院等地，实地探寻文化，讲解文化。

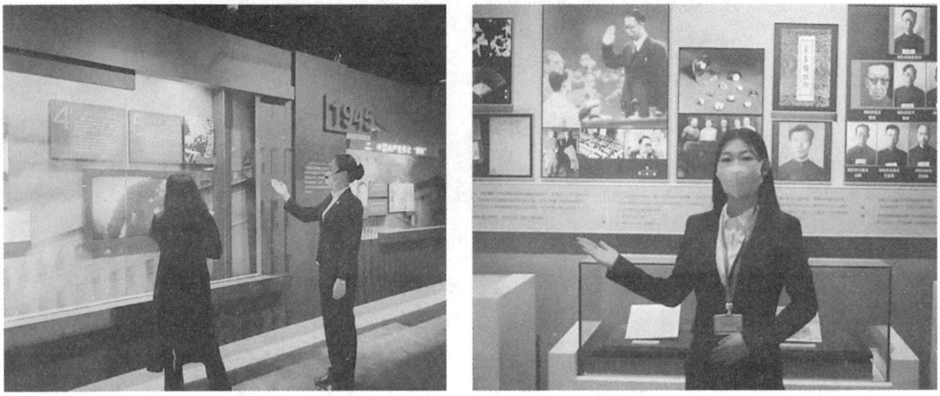

2019 级贾灿悦同学被聘用为长影旧址博物馆讲解员

学生实地参观讲解伪满皇宫博物院

（3）创新实验劳动，用白泥做依托进行旅游文化展现，并对作品进行设计图复原，让中国旅游文化在生活中“活”起来。将对于中华文化的认识与美的认识，通过泥塑与二次创作进行展现。并将二次创作作品设计稿化，反馈给旅游文创企业。

学生在课堂上进行白泥创作

（4）将中国文化讲解与吉林省中小学职业体验相结合，让中国旅游文化在少年心中“活”起来。师生将旅游文化的文化美通过多种形式展现给中小学生，让他们更深入地理解中华传统文化，增强文化自信。学生们通过向中小学生讲解展示，青年与少年之间在中国旅游文化上同频共振，共同理解了中国文化的美。

（5）校企融合，产学研融合，让中国旅游文化在实践生产中“活”起来。通过校级应用技术项目——基于满族民俗的旅游文创产品设计研究，传承好历史文化遗产，让在书里的文化遗产活起来，形成旅游文创产品，丰富全社会历史文化滋养。依托学院文旅融合创新应用技术研发与服务中心，借助真实旅游企业平台，将学生在课程中的线路设计与文创产品进行生产性转化，挖掘学生的职业潜能，转化为企业产品。

四、案例成效或经验总结

（一）阶段性成效

1. 学生职业能力提升明显

（1）学生线路优选入库录提高。通过“四有”课堂，学生在课堂中主动学、乐于学、善于学、做中学、研中学、勤于学，对比学生前后学习成绩进行教学评价，均有大幅提升，学习成效明显。与企业合作，进行线路设计优选入库，企业优选线路入库率达到 50%，线路设计合格率达到 90%，入库线路 300 条以上。

（2）学生走出校门，多次为校史馆、长春伪满皇宫博物院、长春雕塑公园等景区进行讲解与服务，服务人数达到 500 人次以上。

2. 立足科研，以问题为导向凝练思政内涵，有良好的生产性产出

依托学院文旅融合创新应用技术研发与服务中心，借助真实旅游企业平台，将学生在课程中的设计与融媒体定制产品进行生产性转化，挖掘了学生的职业潜能，转化为企业产品。如将中国传统玩具进行梳理复制，进行二次创作。结合中国传统文化完成设计 30 个。其中基于满族民俗的展柜设计获得实用新型专利。团队项目基于满族民俗文化文创产品设计与研究立项校级应用技术项目。

3. 延伸 2015 年、2016 年国家旅游局万人英才计划——实践服务英才计划，为长春、吉林两市乡村旅游进行志愿服务，走在吉林大地上，为家乡服务

在国家旅游局万人英才项目基础上，坚持与学生年年走出去，走在吉林大地上，结合关东文化，为乡村旅游企业设计创意包装，使不同的乡村旅游点都能找到各自的独特经济来源与带动点，避免无效同业恶性竞争，持续志愿服务已达六年，让学生通过行动本身，理解青年工匠的坚持与在地文化守护的决心。

旅游志愿服务

（二）案例实施经验

本课程根据课程内容恰当融入课程思政，以多层次、内涵多元的方式融入思政，并能将思政与劳动教育和美育有机结合。充分利用吉林省红色旅游资源，让红色基因与传统文化同频共振。立足科研，以问题为导向凝练思政内涵。通过讲解中华文化与文化基因，让学生对中华文化有了更加明确和直观的认识。通过思辨练习，让学生有明辨的能力。通过不同文明比较，让学生更加深刻地体会和感受到中华文化的独特性，增强对中华文明的理解，增强道路自信和文化自信。

文化铸魂，自信逐梦

——《旅游学概论》课程思政案例

所属专业：旅游管理
案例主题：文化自信
负 责 人：陈婉月
工作单位：新疆职业大学
参 与 人：靳春红、马俊
工作单位：新疆职业大学

一、案例简介

（一）案例实施背景

2018年教育部颁布《旅游管理类教学质量国家标准》，将《旅游学概论》指定为旅游管理类专业的基础核心课程。从其内容上来讲，《旅游学概论》作为旅游专业的入门课程，是学生系统接受旅游学科基础知识、宏观认识和把握旅游活动、全面了解旅游行业，并为后续专业课程学习打下理论基础的重要课程。这一阶段是学生的专业启蒙重要时期。因此，从其功能上来讲，这门课的意义不只是引导学生专业知识入门，更在于为学生打开旅游世界大门，充分地激发学生专业领域探索欲和职业认同。

习近平总书记指出，文化是一个国家、一个民族的灵魂。文化兴国运兴，文化强民族强。没有高度的文化自信，没有文化的繁荣兴盛，就没有中华民族的伟大复兴。文化自信，是更基础、更广泛、更深厚的自信。发展旅游必须坚持文化自信，旅游活动是中华文化传播的重要方式，旅游人才是中华文化的传播者。以“文化自信”为《旅游学概论》课程思政主题，以培育具有“传播中华文化，助力旅游强国”情怀的旅游人才为课程思政总目标，使学生在专业课学习的同时，意识到自身的使命感与责任感，并在国家与个人前途中正确的定位自身，找到自身发展的方向。

（二）案例相关研究综述

1. 旅游学概论课程思政教学相关研究

《旅游学概论》已有课程思政教学成果颇为丰富，在中国知网输入“旅游学概论课程思政”，共有 16 篇相关文献。学者分别从《旅游学概论》课程思政教学改革措施、思政教育元素、教学实践、教学模式等方面进行了阐述。何勇（2018）提出教师可以从自身引领示范、课程内容选取、单元教学设计、网络媒体应用、多种资源开发等方面实现《旅游学概论》课程的思政育人，并在文中对每一章节的思政目标进行了梳理。金媛媛、杜向锋（2020）从思政教育目标、挖掘思政教育元素、选择思政教育载体、开展思政教育活动、组织思政教育评价五个方面对《旅游学概论》进行了课程思政整体设计，提出了专业课教师做好“课程思政”的关键点。毕砚馨（2020）以云南国土资源职业学院开设的《旅游学概论》为例，探索专业课课程思政建设的实践，提出专业课的思想政治育人目标，探索教学方法，并对《旅游学概论》课程思政教学进行评价，提出意见建议。

2. 文化自信融入思想政治教育相关研究

文化自信融入思想政治教育相关研究主要有两个方面：一是文化自信融入某一门课程的课程改革实践探索。如张迪等（2021）提出了基于文化自信的中医护理学课程思政教学改革框架与实践路径，以提高学生的中医药文化认同、文化自觉与文化自信。宓胜杰等（2021）深入阐述文化自信在高校思政课程中的重要作用，通过与河北非遗文化相结合的创新模式研究，把思政教育更好地融入专业创新课程，提高大学生思想政治觉悟。二是文化自信育人的内涵和实现路径研究。何定龙（2018）对习近平“文化自信”思想及其对青年教育的意义进行了论述，提出“文化自信”的“文化”应该包含中华优秀传统文化、中国革命文化、社会主义文化、共产主义理想等内容。文化自信是在学习和认知、创新和发展、彰显和交流等过程中形成的自信。齐梅（2019）分析了文化自信的内涵，阐述了文化自信在学校思想政治教育中的重要性，探索了文化自信在学校思想政治教育中的作用，最后讨论了文化自信视域下学校思想政治教育的路径。姜彦杨（2020）认为高校思想政治教育培育文化自信的内在基础是重视大学生文化知识的学习与积淀，基本要求是培养大学生形成正确的文化价值观，努力方向是提升大学生的文化创新能力。

综上所述，对大学生文化自信的培育要在学习和认知中不断增强，在交流和创新中得到进一步发展。

（三）本案例所解决的教学问题

课程开设于大一第一学期，多数学生对于"旅游"的认知还停留在游客层面，本着对旅游活动本身的兴趣，选择了这个专业，但对于未来从事的具体工作和自身发展目标是混沌的。从学生层面上来说，普遍存在文化修养不高，对纯理论课兴趣不足等问题；另外，导游员负面报道频繁，导致旅游行业一线从业人员社会认可度不高，这在一定程度上会影响学生的专业认同感和自信心。从课程层面上讲，课程理论性强，学生理解有难度；教学方法以教师讲述为主，师生之间、生生之间缺乏有效互动。因此，本案例所解决的教学问题有以下四个方面：学生主动学习中国旅游文化的兴趣不足，文化修养不高。学生的文化自信心和职业认同感不足。课堂缺乏有效互动，教育无法真正贴近学生的内心，引起共鸣，难以实现深层次的价值引领。只重视课程的学习，忽视学生的个体性差异和长远发展引导。

二、案例设计

（一）教学理念

《旅游学概论》课程思政改革，采用以学生为本的教学理念。课程整体设计中，从学生的心理发展规律出发，充分考虑学生对旅游行业的认知情况，设计旅游者、旅行社从业者、旅游管理决策者三个角色，引导学生从不同的身份和视角换位思考，专业知识、专业技能学习和思政培育深度随角色转换层层递进发展。

课程内容设计中，将知识与情感相融合，引导学生关注行业发展，认识中国文化的博大精深和中国成为旅游大国的成就与经验，通过培育学生的文化自信心和文化自觉性，使学生在学习专业课的同时，意识到自身的使命与责任，引领学生找到自身发展的方向，成长为具有"传播中华文化，助力旅游强国"

情怀的旅游人才。

在课堂实施中，以学生为课堂主体，融入热点案例，用问题和任务启发引导学生，增进师生之间有效互动。

（二）课程教学目标

1. 知识目标

（1）掌握旅游、旅游者、旅游资源、旅游业等相关概念。

（2）了解旅游的发展历史、现状及发展趋势。

（3）熟悉旅游业对社会经济、文化、环境的影响。

（4）理解旅游业可持续发展的含义和目标、实现途径。

2. 技能目标

（1）能够运用旅游学知识分析和解决旅游实践问题。

（2）具有采集使用信息、分析归纳、总结交流经验的能力。

（3）能用所学的专业术语表达自己对某些问题的分析及见解。

（4）能够利用所学知识调查旅游资源，并能对旅游资源进行分类。

（三）思政育人目标体系

通过提升学生的文化自信，实现培养具有“传播中华文化，助力旅游强国”情怀的旅游人才作为课程思政的育人总目标。从培育方式上来说，文化自信是在学习和认知、创新和发展、彰显和交流等过程中形成的自信。因此，具体实施过程按照课程任务不同角色分为三个阶段。初入学，多数学生对于旅游的认知停留在游客层面，因此第一角色为旅游者，通过引导学生学习中华文化，树立文化自信；第二角色为旅行社从业者，作为中华文化的交流和传播者，彰显文化自信；第三角色为旅游管理决策者，要学会从更高层面看待问题，引导学生守正创新，坚定文化自信。

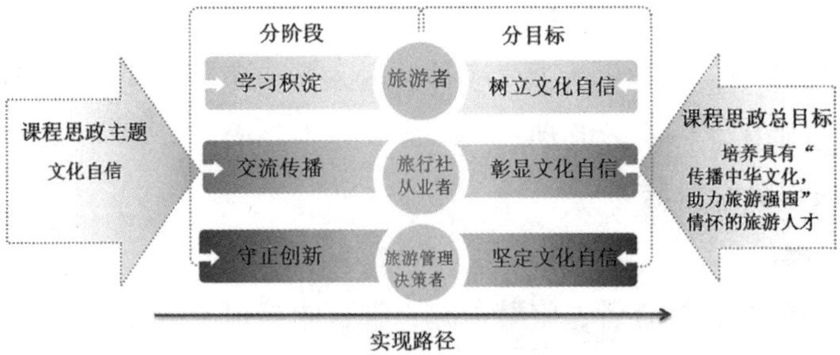

思政育人目标实现路径

（四）课程思政与专业教学内容的融合方式

根据学生认知情况，以旅游者、旅行社从业者、旅游管理决策者三个角色划分课程内容。在课堂中以角色为导向，带入项目任务，用问题引导专业教学内容，着重培育学生的文化自信心和文化自觉性。在整个教学过程中，教师为主导，学生为主体，使学生变被动学习为主动参与，积极动手动脑完成任务，通过教师引导、点拨、归纳，学生掌握理论知识，提高综合能力，达到知识、实践、情感相融合。

课程思政与专业教学内容的融合方式设计

角色	文化自信培育	任务	问题引导	章节	学习内容
旅游者	学习积淀，树立文化自信	探寻中国历史旅游名人	什么是旅游	旅游	旅游与旅游发展的历史沿革
		世界那么大，你想去哪里？先做一份旅游攻略吧	我能去旅游吗	旅游者	旅游者的定义，旅游者形成的条件
			我为什么去旅游		旅游的动机
			想去就可以去吗？时间、地点如何选择		旅游者的流动规律
			我想去什么样的地方旅游	旅游资源	旅游资源的分类
旅行社从业者	交流传播，彰显文化自信	如何满足旅游者的需求？试着设计一个旅游行程	我提供什么产品	旅游业	现代旅游的种类
			我提供哪些服务		旅行社
			安排哪种交通工具		旅游交通

续表

角色	文化自信培育	任务	问题引导	章节	学习内容
旅行社从业者	交流传播，彰显文化自信	如何满足旅游者的需求？试着设计一个旅游行程	让游客住哪里呢		旅游饭店
			安排旅游购物店吗		旅游商品
旅游管理决策者	守正创新，坚定文化自信	调查家乡旅游业发展状况	如何发展旅游	旅游业的影响	旅游业的经济、社会、文化、环境影响
				旅游业的未来	旅游业的可持续发展，旅游业的发展趋势

（五）特色与创新

1. 特色

使文化自信的培育不仅具有文化底蕴，更具有实效性和亲和力，让大学生于无形中感受文化所蕴含的丰富情感，增强大学生对文化自信的理论认同、情感认同，提高课堂的吸引力，打破传统理论课对理论的抽象剖析和单调生硬的“满堂灌”形式，丰富课程的文化底蕴，从“观光式”教育逐步转变为“沉浸式”教育，达到润物无声的育人效果。

2. 创新

一方面，以旅游者、旅游社从业者、旅游管理决策者三个角色划分教学内容，构建沉浸式体验场景，启发学生站在不同的角度思考问题、解决问题，激发学生的主动学习热情。另一方面，注重文化体验情境的创设，激发课堂活力，通过创设体验情境并运用多样的手段，以大学生易于学习、乐于接受的方式，将教与学相结合、知识与情感相融合、思想和文化相融通，形成师生双向互动。最后，鼓励大学生以参观讲解、小组讨论、案例分析、调查研究、情景模拟等多样形式代替传统的论文作业和书面考试。

三、案例实施

（一）实施措施

1. 完善课程思政融入设计

完善课程标准中的课程思政相关内容与要求，在教材、教案、讲义中融入课程思政资源，将学生理想信念教育、成才目标教育、职业道德教育等贯穿其中，形成“角色导向＋任务驱动”的教学模式。

课程思政切入点和融入设计

角色	文化自信培育	章节	学习内容	课程思政切入点	课程思政融入设计
旅游者	学习积淀，树立文化自信	旅游	旅游与旅游发展的历史沿革	中国旅游发展历史中的旅游名人	1. 活动：观看张骞出使西域、郑和下西洋、马可·波罗游记等旅行家的纪录片，感悟中华文化在历史上的辉煌 2. 活动：讲述近代爱国人士康有为、严复等出国考察旅行和求学的事迹，引导学生思考文化自信对于国家和民族发展的重要意义
		旅游者	旅游者的定义，旅游者形成的条件	旅游者产生的条件	案例分析：中国目前已成为世界第一大客源国，这背后的原因是什么？引导学生认识正是因为中国特色社会主义道路和制度，使得人民生活水平得到快速提高，我们今天才能拥有想走就走的旅行
			旅游的动机	旅游动机的分类	任务：引导学生站在“旅游者”的角度思考，“我”在旅游中的权利和义务，特别是作为中国形象的体现者，中国故事的传播者和中华文明的代言人
			旅游者的流动规律	影响旅游者的流动规律	案例分析：结合我国近年在世界各地的冲突、灾害、骚乱中对持有中国护照的公民和侨胞帮助撤离及保护安全事件，讲解国家政策、军事、政治、社会对旅游者流动的影响。并通过中外对比引发学生思考，正是因为背后有强大祖国的保护，旅游者才能开开心心出游、平平安安回家，树立身为中国公民的自豪感和自信心
		旅游资源	旅游资源的分类	红色旅游资源、自然旅游资源、人文旅游资源、旅游资源的特点	1. 活动：诗词中的名山大川。通过文人墨客的诗词，探索中国灿烂的民族文化和广阔的自然景观，培养审美意识和文化内涵 2. 活动：中国古典园林赏析。观看中国古典园林纪录片，体悟中国古代劳动人民的建筑智慧、中式建筑美 3. 观看红色旅游资源视频，了解革命历史，构建爱党爱国的理想信念 4. 小组讨论：旅游资源具有不可再生性的特点，尤其是自然旅游资源，讨论中国古代天人合一思想对当今爱护环境、保护环境的启示

续表

角色	文化自信培育	章节	学习内容	课程思政切入点	课程思政融入设计
旅行社从业者	交流传播，彰显文化自信	旅游业	现代旅游的种类	红色旅游	1. 活动：红色旅游景点参观 2. 任务：自选一个红色景点进行汇报讲解。讲好中国故事，弘扬传承红色精神，担负起彰显和交流中国特色社会主义文化的历史使命
			旅行社	文明旅游与文明服务	1. 案例分析：搜集旅游者不文明行为的相关报道，分析如何引导旅游者文明旅游，做中国文明的代言人 2. 案例分析：展示劣迹导游和最美导游的故事案例。引导学生的价值取向，培养具有良好思想品德、较强的社会责任感、荣誉感、进取精神和服务精神的旅游人
			旅游交通	飞机、高铁	案例分析：旅游交通对游客出行行为的影响。C919 大飞机、中国高铁等代表着中国速度、民族制造，从而增强民族自信心和自豪感
			旅游饭店	旅游饭店的分类	1. 调查研究：我最想住的中国民宿 2. 情景模拟：向游客推介特色主题酒店。关注我国旅游饭店民族品牌的崛起，树立学生对于旅游行业的自信心和对职业的热爱
			旅游商品	工艺美术品、特产	1. 活动：观看纪录片《非遗里的中国》。关注中国风物特产特别是陶瓷、刺绣、漆器等闻名世界的手工艺名品的发展和传承 2. 情景模拟：模拟向游客推介特色旅游商品。树立弘扬中华传统文化的意识
旅游管理决策者	守正创新，坚定文化自信	旅游业的影响	旅游业的经济、社会、文化、环境影响	旅游业发展对地方的影响	1 案例分析：分析旅游业发展对国民经济的贡献，增强职业认同感 2. 活动：针对旅游业发展的利弊，进行辩论 3. 调查研究：调研家乡旅游业发展状况，并提出相关建议 4. 汇报展示：自己设计制作一条宣传家乡旅游的视频发送在视频社交软件上。培养学生探究能力和创新意识，热爱家乡、建设家乡的情怀
		旅游业的未来	旅游业的可持续发展、旅游业的发展趋势	低碳旅游、旅游创新	1. 小组讨论：不降低旅游质量的前提下，在旅游基础设施保障、旅游产品研发、旅游服务提供等旅游生产以及在旅游六要素的旅游消费环节中如何降低碳排放 2. 设计“新疆礼物”活动，调查、了解本地旅游商品，并提出自己的创意和想法 3. 指导学生参加全国导游技能大赛、全国大学生红色旅游创意策划大赛等职业技能竞赛活动，培养创新精神，增强学生职业技能水平

2. 改革教学方法

依据本课程的课程思政融入理念，确定每个教学情境的思政元素并设计融入内容，力求以学生感兴趣的方式，将思政元素无痕融入教学内容当中。结合课程授课情境的具体内容，采用了案例分析、问题讨论、热点现象讨论等方式，将典型案例、社会热点、关键问题等融入教学，通过学生自我参与、自我发现，实现对学生的价值引领。

为增强授课的效果，培养学生的实践能力，根据课程内容和高职学生的特点，采取多种课堂教学方法，综合运用任务驱动法、案例教学法、课堂讨论法、调查研究法、讲授法、情境教学法等不同教学方法，多采用参与式、互动式教学，吸引学生参与学习，增加学生学习动力，让学生在参与中体验思政元素，增强课程思政育人效果。

3. 丰富教学手段

运用多种媒介，多形式、多角度向学生传递知识。一是利用职教云、学习通等学习平台开展教学活动，提高学习效率，增进交流。二是播放视频资源，引导学生欣赏祖国的秀美山川和灿烂的文明，培养民族自豪感。三是学生通过中国旅游网、新疆旅游网查找国家及地方旅游发展的最新统计数据、旅游发展的最新成就，培养学生对行业的关注，明确自身发展方向。

4. 创新教学评价

课程评价采用过程性评价与期末考试相结合的方式多元评价教学效果，并将课程思政育人效果评价计入过程性考评，在评价中增设态度情感评价，占最终考评成绩的20%，以检验课程思政的育人实效。

5. 整合教学资源

在教学过程中，收集完善教学素材，形成符合课程思政建设要求的《旅游学概论》课程资源库。

（二）课程思政融入教学环节案例

案例名称：第二章第三节“旅游者的流动规律”。

课程思政融入设计：结合近年在世界各地的冲突、灾害、骚乱中，我国对持有中国护照的公民和侨胞帮助撤离及保护安全事件，讲解国家政策、军事、政治、社会对旅游者流动的影响。并通过中外对比引发学生思考，正是因为背后有强大祖国的保护，旅游者才能开开心心出游、平平安安回家，树立身为中国公民的自豪感和自信心。

教学过程：

1. 课程导入

【课堂讨论】：网络流行语："世界这么大，我想去看看！"作为一个旅游者，是什么决定了你想看？是什么决定了你能看？是什么决定了你想看就能看？

答案可归纳为：想看——需求和动机；能看——可自由支配的收入水平、闲暇时间；想看就能看——护照、签证和安全等。

2. 知识点学习

【案例分析】看一看中国领事服务网的安全预警，你能说说影响旅游者流向和流量的还有哪些因素吗？

（1）军事。

《提醒中国公民近期谨慎前往叙利亚大马士革、暂勿前往叙利亚其他地区》（来源：中国领事服务网）。

战争是发展旅游业的天敌。旅游者外出旅游是以人身、财物的安全为前提条件的。军事行动将会使旅游者望而却步，改道前往其他安全国家和地区。

（2）政治。

《再次提醒中国公民近期谨慎前往喀麦隆极北大区，暂勿前往喀麦隆西北、西南大区》（来源：中国领事服务网）。

国与国之间政治关系的变化也会影响两国旅游业的发展，使旅游者的流向发生变化。具有一定政治目的的恐怖活动也会影响旅游者的流向与流量。

（3）社会。

《提醒在瑞典的中国公民注意安全》（来源：中国领事服务网）。

即便是瑞典这样的发达国家，治安也并不是我们想象中的那么好。稳定的社会环境、热情好客的人民能够吸引外国旅游者前来观光游览。相反，对外国旅游者不友好的态度，充满敌意的言行会把旅游者吓跑。

（4）政策。

《持普通护照中国公民前往有关国家和地区入境便利待遇一览表》（来源：

中国领事服务网）。

开放边境，互免旅游签证，方便旅游者前来观光游览。

3. 课程思政案例融入

实施步骤一：引入。

展示中国护照与美国护照图片。持中国护照能去的地方非常少，甚至前些年还经常在网上看到这样的内容，美利坚合众国护照上写着：不管你身处何方，美国政府和军队都是你强大的后盾。而中国的护照上面写着：请严格遵守当地法律，并尊重那里的风俗习惯。这是谣言，实际上各国护照内容大致相同。

美国护照上写的是：The Secretary of State of the United States of America hereby requests all whom it may concern to permit the citizen/national of the United States named herein to pass without delay or hindrance and in case of need to give all lawful aid and protection. 翻译：美利坚合众国国务卿在此请相关人士给予该美国公民 / 国民通行便利及在需要时提供合法的帮助与保护。

中国护照上写着：中华人民共和国外交部请各国军政机关对持护照人予以通行的便利和必要的协助。

实施步骤二：设问。

中国护照都可以干什么？播放《战狼 2》吴京举红旗通过交战区片段，并讲述影片原型的撤侨事件。《战狼 2》中，这个镜头打动了好多人。电影结尾，一本中国护照出现在了银幕上，护照上写着这样一句话：无论你在海外遇到了怎样的危险，请你记住，你的背后有一个强大的祖国。

虽然真正的护照上虽然没有这句话，但它说的是事实。当你在国外遇到麻烦，能给你安全感的，还是那一本中国护照。现在的中国护照，还不能带你去世界上任何一个地方。但是，当战争和灾难来临时，它能从任何一个地方接你回家！祖国这几年，一直在为遍布在全世界的中国公民保驾护航。比电影里的非洲营救更刺激。这本护照的含金量，不在于它能免签多少国家，而在于危急时刻能带你回家！

播放中国撤侨新闻图片。2015 年年初，也门内战爆发，安全形势急剧恶化。当时，美、英、法、德等十多个国家关闭使馆，要求本国公民自行撤离也门。中国选择派出中国海军护卫舰，动用武装力量，把中国公民从炮火纷飞的也门安全接回家。中国撤侨圆满结束后，美国公开承认，无法帮助在也门的美国公民离境，希望他们从海上乘坐外国船只离境。中国护照最大的含金量，是远在他国时祖国给的安全感。

也门撤侨刚过去，同年 4 月，尼泊尔又发生了特大地震。一时间，中国游客，常驻尼泊尔的华企、机构人员，数千名中国公民被困在了加德满都国际机场。这一次，中国又是第一时间调派数十架飞机，把滞留在机场的中国公民安全带回了家。其他国家的人们还在惶恐之中，最先撤离的又是中国人。“地震发生后，中国飞机第一个到尼泊尔接回中国游客。只有中国的飞机到了，而且是国航、南航、东航的飞机都到了。”“落地通关，看到‘欢迎回家’四个字的时候，激动哭了……”

2016 年新西兰地震，中国救援飞机第一时间抵达，手持中国护照的中国游客，在全世界人民羡慕的眼神下，第一时间离开了那座“孤城”。

2011 年利比亚战乱，中国调动了 182 架次中国民航包机、5 艘货轮，动用了 4 架军机，租用 20 余艘次外籍邮轮，把 35860 名中国公民从利比亚安全接回了家。这次撤侨，堪称中国政府最大规模的国家行动，仅是数字就足以惊人。

类似的事件还有很多，2006 年 4 月所罗门骚乱，撤出 310 名侨胞；2006 年 4 月东帝汶骚乱，撤出 243 名侨胞；2006 年 7 月黎以冲突，撤出 167 名中国公民；2006 年 11 月汤加骚乱，撤出 193 名侨胞；2009 年 1 月海地地震，撤出 48 名中国公民；2010 年 6 月吉尔吉斯斯坦骚乱，撤出 1299 名中国公民；2011 年 2 月埃及局势紧张，撤出 500 名中国公民。

实施步骤三：总结升华。

当然，热爱旅行的人，还是会忍不住羡慕别国的护照免签地可以那么多。但祖国也在努力，让中国护照能送你去更多的地方。每一年免签地数字的增长，就是最好的证明。更重要的是，祖国也在逐步强大，让远在异国的你成为越来越有自信的中国公民。相信未来的中国护照，能够带我们去更多更远的地方。

最动人的一句话不是我爱你，而是无论你在哪里，只要你有危险，我一定会倾尽所有，赶到你身边，这是我的祖国，中国！中国护照不一定能够把你带到世界上任何一个地方，但是中国的护照能把你从任何一个地方接回来！

（三）实施时间、阶段、重点和成效

1. 学习梳理阶段：2021 年 1 月 1 日—3 月 31 日

阶段实施的重点：通过查阅相关文献，对文化自信的概念、内涵进行学习梳理。通过学习梳理的过程，确立本课程文化自信融入的相关内容和理念。

阶段实施的成效：课程内容重构。参照专业人才培养方案，依据课程思政建设理念，调整课程素质目标，对课程内容进行重构，确立了基于文化自信主题三个阶段和旅游者、旅行社从业者、旅游管理决策者三个角色的课程体系。

2. 设计实施阶段：2021 年 4 月 1 日—2022 年 1 月 30 日

阶段实施的重点：调整课程目标，梳理思政元素，融入课程设计，组织教学，实施教学评价。对应课程标准完成单元教学任务方案的制订并进行教学实践，完成相关教学资源的收集整理。

阶段实施的成效：课堂参与度提升。教学模式改革取得成效，启发引导式教学模式，激发学生主动学习热情。学生主体得以实现，课堂参与积极性明显提升。

3. 总结创新阶段：2022 年 2 月 1 日—6 月 30 日

阶段实施的重点：整理已实施的相关过程材料，进行总结分析。

阶段实施的成效：根据分析结果，结合教学效果，进行了相关调整，形成了较为独特的课程思政体系。

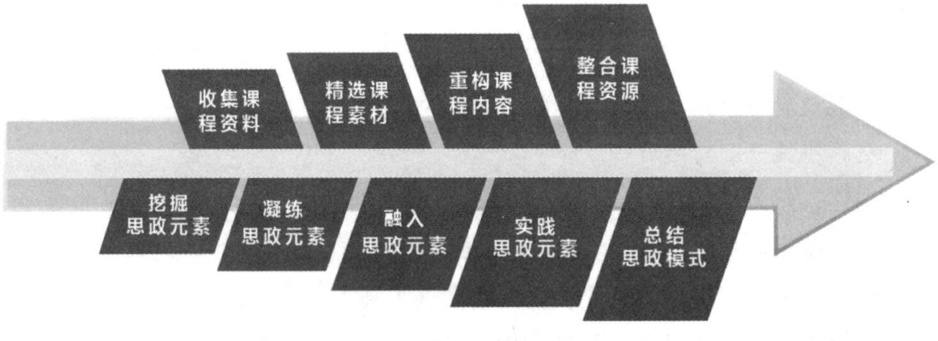

课程思政体系

（四）不足及改进

1. 课程思政教学融入素材不够丰富

目前，课程思政文化自信主题尚处于探索阶段，思政主题相关教学内容的挖掘还不够深入，教学融入的素材还处于持续搜集整理阶段。后期继续通过查阅文献资料，利用学习强国、新华网、求是等官网，持续搜集相关内容素材。

2. 课程思政教学效果评价标准不够完善

如何更好地将课程思政的效果可视化、可测量是课程思政建设过程中的一个难点，该课程目前采用过程性评价与期末统一考试相结合的方式，通过学生的行为表现，将课程思政育人效果评价计入过程性评价，但行为变化的评价，易受主观判断的影响，如何更客观地评价课程思政育人效果，是后期努力的主要方向。

四、案例成效或经验总结

（一）实施总体效果与成果

1. 实施总体效果

第一，教学方面，教学模式改革取得成效，学生主体得以实现。改变以往学生被动听课的局面，增进了师生之间有效互动，学生的课堂参与率明显提升。

第二，学生思想认识方面，学生主动学习中国旅游文化的兴趣浓厚；更加关注行业发展，对未来职业规划逐渐清晰。专业认同感得到提升，积极参加各类竞赛，并取得了多个奖项。

第三，教师队伍综合素质明显提升，在教学和专业实践中成果丰富。

2. 成果

科研：相关教改课题立项 1 项，发表教改论文 2 篇。

教学成果：课程主讲教师被评为教学能手，该课程荣获学校第二届课程思政教学设计大赛一等奖。

实践成果：主讲教师指导学生参加全国大学生海南自贸港旅游创新大赛作品“柒 Qi 环岛游”获得西北区特等奖、优秀指导教师奖、优秀组织奖、优秀团队奖。主讲教师连续两年参加“清风满天山”电视讲故事大赛获得校级一等奖，同时荣获自治区高校组二等奖，自治区讲好身边的民族团结故事视频作品一等奖。教师团队 2 人分别获得 2022 年新疆导游大赛金奖、铜奖、网络人气一等奖。

（二）经验总结

要达成课程思政育人效果，实现深层次的价值引领。一定要使教育真正贴近学生的内心，引起情感的共鸣。具体可以从三件事上着手：感兴趣的事、刚发生的事、激起情绪的事。

首先，关注青年人感兴趣的事物，并结合到课堂中。比如在教学实施中，不妨借鉴当下青年人中最火爆的游戏“剧本杀”，以角色 + 任务的形式构建沉浸式体验场景，启发学生站在角色的角度思考问题、解决问题，激发学生的主动学习热情。其次，刚发生或者正在发生的热点事件，学生普遍关注度比较高，容易引起共鸣。最后，课程思政的内容要想打动学生，首先要能打动自己。平时遇见能激起自己强烈情绪、有课程思政价值的视频和文字资源都可以作为素材保存。比如本课程思政环节展示，就是主讲教师看到《战狼 2》热映后的一篇有关中国护照的网文，当时泪流满面难以自已，真实地感受到了祖国的伟大和内心的自豪，之后将这个案例和感情带入到课堂当中，也引起了学生强烈的情感共鸣。

（三）改进思路和注意事项

在课程资源建设方面，要加强课程案例、可视化资源的收集，丰富学生课堂。

在师资队伍建设方面，教师参加课程教学相关培训，提升可视化教学资源制作能力。组织教师听课，学习优秀教师的教学方法。教师参加教科研培训，加强交流学习。

在课程建设方面，进行信息化教学改革，尝试自建在线课程。

红色文化进课堂

编者按

习近平总书记指出，红色资源是我们党艰辛而辉煌奋斗历程的见证，是最宝贵的精神财富。红色血脉是中国共产党政治本色的集中体现，是新时代中国共产党人的精神力量源泉。推进红色文化进课堂对于赓续红色血脉具有重要的意义。

本部分案例共有5个，在促进红色文化进课堂方面做出了一些有益尝试，具体如下：

一是将课堂搬到红色景区，促进红色文化与专业的融合。如《回溯百年根脉，感受爱国初心——〈模拟导游〉课程思政案例》选取代表性的遗址景观资源，深层次挖掘“国共重庆谈判”这一历史事件中的思政元素，让学生按照“重走毛主席在重庆的43天”的内容主题，走进景区进行现场教学，重温国共合作历史、传承革命精神。

二是通过红色资源的虚拟展示，让学生在讲解和练习中领会和体悟红色文化。如《三法分析、数据驱动——〈景区讲解服务〉课程思政案例》通过语音对比软件、文本分析工具的运用，对学生红色景区讲解的文本内容、语音等信息进行分析，对学生红色文化讲解内容的精确性、情感表达的感染性进行量化反馈，以提高教学效果。如《搭建数字展馆，体验红色之旅——〈研学旅行专业〉课程思政案例》依托数字化红色旅游资源场馆，把研学旅行专业的课程思政建设深度融入基于虚拟仿真体验式的“红色之旅”红色研学基地教学过程和活动之中，把红色主题思政内容通过课前、课中和课后全过程融入教学之中。

三是在实践任务教学中渗透红色文化。如《红色印记·寻见初心——〈民宿设计〉课程思政案例》以实际工作任务为引领，以民宿设计5个实践项目为载体，让学生在学习项目的实践中，结合各自特点渗透红色文化。如《传承红色基因，融入职业精神——〈旅游电子商务〉课程思政案例》在案例、实践、比赛当中融入红色资源、革命精神、职业精神、爱国主义等思政内容。

回溯百年根脉，感受爱国初心

——《模拟导游》课程思政案例

所属专业：旅游管理
案例主题：红色文化进课堂
负 责 人：梁入月
工作单位：重庆城市管理职业学院
参 与 人：罗纪红、杨雨卓、王章郡、卢霞
工作单位：重庆城市管理职业学院

一、案例简介

（一）案例实施背景

立德树人是中国特色社会主义教育事业的根本任务，2016年习近平总书记在全国高校思想政治工作会议上就强调，要用好课堂教学这个主渠道，各类课程都要与思想政治理论课同向同行，形成协同效应，让学生成为德才兼备、全面发展的人才。2020年6月，教育部印发《高等学校课程思政建设指导纲要》（以下简称《纲要》），再次指出要紧紧抓住课程建设“主战场”、课堂教学“主渠道”。

模拟导游课程作为旅游管理专业的一门核心实践课程，主要培养学生从事导游工作所需具备的导游服务能力，讲解能力，处理问题、事故及游客特殊要求的能力，分析与解决问题能力，创新能力，学习能力以及良好的职业素养。而导游作为一种社会性的职业，身处复杂的工作环境，又担负着宣传文明旅游意识和传递文化审美的社会责任。在导游培养过程中融入课程思政元素，要注重唤起学生的家国情怀、文化自信，在具体工作过程中，要提升其安全意识、服务态度，并树立诚实守信的职业道德，将基本素养与导游职业素养融入导游

专业课程的学习中，润物于无声。

（二）案例相关理论研究及实践探索综述

近年来，在模拟导游课程中融入思政视角的研究越来越多。如叶晨曦提出要结合旅游专业实践实习和教学活动，潜移默化地让学生热爱祖国关注家乡，加强专业素养培养；张芬从课堂交流、教学设计、知识讲解及评价考核等方面入手总结了在导游业务课程中落实课程思政的实践研究；杨曦以“模拟导游”课程为例，在教学实践过程中融入了工匠精神、雷锋精神和航天精神等思政元素；李远航指出在导游专业课程学习中还应重视网络教育的开展，使学生在互联网平台就可以获取专业知识、职业素养；唐欣然等则对照导游业务课程内容与育人理念，整理出导游业务主要章节思政教育元素的教学设计思路；何珍也认为把思想政治教育的核心内容分解到专业课程的各个章节，充分体现专业课程在理论教学和实训教学环节的育人功能；刘亚军等在此基础上构建了完整的融入思政教育元素的授课内容体系表，明确了课程各教学模块相对应的思政内容。但学者们的研究基本没有打破导游业务课程原有的结构体系，只是把课程思政融入原来的分章系统上。

《纲要》指出，要根据不同专业学科的特色和优势，深入研究不同专业的育人目标，深度挖掘、提炼专业知识体系中所蕴含的思想价值和精神内涵。因而教学目标的制定要基于专业人才的培养方案，也要对接导游工作岗位的要求，结合立德树人的根本教育任务在旅游行业的具体体现，因此本案例从“如何建立教学主题与专业特征之间的联系”入手，以 1945 年毛泽东等领导人同蒋介石的重庆谈判为依托，将景区导游真实的工作标准纳入课程内容，将爱党爱国教育、旅游行业价值观教育等思政元素与景区导游的实际工作内容有机融合，课前布置典型工作任务，让学生实地走访桂园、红岩村、宋庆龄故居等相关遗址景观，营造仿真的学习情境，并拍摄导游带团场景还原小视频，通过任务驱动，点明“重走毛主席在重庆的 43 天”的主题，帮助学生明确教学目的，引导学生实地走访重庆具有代表性的遗址景观，帮助学生进一步了解中国共产党历尽艰难、攻克难关，为争取和平所做出的努力和贡献。学生通过对各遗址景观资料的搜集整理以及导游词的创作讲解训练，能够充分认识到作为导游员在讲解中要传递的价值观念，加深对祖国大好河山尤其是对地方区域历史文化的热爱，培养民族自信，传承革命精神，从而讲好中国故事，传播地方文化。

（三）本案例所解决的教学问题

本案例通过设置课前储备、课中教学、课后拓展等流程，突出教学重点、突破教学难点，尤其是以训练学生带团技能，培养学生职业精神为核心。在教学过程中，教师注重以工作过程为导向，对接职业标准和要求，教学过程与导游实际带团工作过程相一致，学生通过完成情景模拟导游带团任务，着力解决从以教师知识讲授为主转为学生模拟实操和思维训练为主的问题，学生从被动接收到主动探索，以完成工作任务为主线，全面推进教学过程的实施，力求在真实的工作场景中实现“教、学、做”合一，通过“做”这一成才路径，反复训练成就匠人精神，再通过“教”的辅助引导，总结反馈跟进，最后让学生形成自主求学意识，能够亲自用脚步去丈量人民城市的发展道路，回溯建党百年的精神根脉，去感受爱国兴邦的涌动初心，真正发挥“行走的党课”的力量，让课程思政理念渗入整个教学过程，达到“学”的根本目标。

二、案例设计

（一）教学理念

本案例坚持贯彻“教学做”理念，深度融合课程思政与专业教学内容。将模拟讲解、在线投票、知识必答、视频纠错、小组互评、教师点评等环节融入课前、课中、课后等教学过程，使学生对国共和平谈判的历史有了进一步了解，对导游带团中的应变处理技能有了深刻的认识，同时培养了学生的爱党爱国情怀、讲好中国故事的素养和全心全意为游客服务的理念，提升了学生进行导游服务的责任感和使命感。学生通过完成导游词创作、现场模拟讲解，讨论如何接待和服务等任务，提升了导游职业素养和带团技能。

（二）课程教学目标及思政育人目标体系

深耕专题内容，结合学情分析，明确教学目标及重难点。首先，对照课程思政总体设计思路，找出本案例的思政元素，然后对照人才培养方案、课程标准、景区讲解内容和学情分析，确定本单元的教学目标。一是知识目标：了解“重庆谈判”历史及相关遗址景观知识；熟悉导游词的创作；掌握导游讲解技巧与带团技能等导游工作必需的基础知识、基本的专业知识和有益的拓展知识，知行合一，形成合理的导游知识结构。二是能力目标：能搜集整理资料并创作导游词；能进行流畅的现场讲解；能够独立完成导游带团工作任务，满足游客在旅游过程中的个性化需求，并能灵活解决带团中的意外突发事件，成为“会讲解，可带团，能应变”的全能型导游。三是思政目标：回溯建党百年的精神根脉，培养爱党爱国、热爱家乡的历史荣誉感；学会讲好中国故事、传承革命精神、传播地方特色文化；树立游客至上、服务至诚的旅游行业核心价值观。本案例的教学重点为现场模拟导游讲解，教学难点为景区导游词创作及导游带团技能实践应用。

（三）课程思政与专业教学内容的融合方式

本案例课前包含“教师推送毛泽东重庆谈判的43天实录资料；发布相关遗址景观，学生分组自主选择；分小组分别走访景区，创作导游词并准备模拟讲解；分小组拍摄场景还原视频”等教学内容，依托“各遗址景观的历史资料介绍，展示重庆作为历史文化名城的魅力”等思政载体，融入“用脚步丈量人民城市的发展道路；回溯建党百年的精神根脉；感受爱国兴邦的涌动初心”等思政元素。

本案例课中包含“每组学生代表上台模拟导游讲解，在线打分投票选出最佳导游；教师设置主题历史知识必答题目；播放导游带团过程中的纠错视频，抢答纠错；小组互评、教师点评、感悟分享”等教学内容，依托“遗址景观导游词讲解；带团技能及突发事件处理”等思政载体，融入“爱党爱国、热爱家乡的情怀；讲好中国故事、传承革命精神、传播地方文化；游客至上、服务至诚的旅游行业价值观”等思政元素。

本案例课后包含“作业：导游讲解及服务工作关键项；在QQ群与学生沟通、答疑”等教学内容，依托“作业点评、课程总结”，融入“积极进取、认真探究的工作态度”的思政元素。

（四）特色与创新

一是案例定位清晰明确。本案例紧扣“立德树人”的根本育人目标，立足历史文化名城重庆具有代表性的遗址景观资源，深层次挖掘“国共重庆谈判”这一历史事件中的思政元素，将教学主题确立为“重走毛主席在重庆的43天”，同时与专业特征有机结合，让学生走出课堂、走进身边的景区，用脚步丈量人民城市发展的道路，使学生不仅能掌握专业基础知识，提升自身的导游服务技能，而且能够通过实践实训，重温国共合作历史、回溯和平民主文脉、传承革命精神，形成爱党爱国、思想端正、乐观向上的健康心理，进而能够更好地成长为综合性的旅游人才。

二是教学设计层次分明。根据学情分析，学生普遍对体验式、互动式等学习方法较为认可，而且比较注重职业定向型学习，因此本案例在设计中特别注重把握课程思政"共情共育"的原则，采用"双融合"（教师与学生）与"三联动"（课前、课中、课后）的混合式教学模式，设立了任务派发、实地走访、成果展示、学习记录、成果分析、教学评价等环节，充分发挥了教师与学生的双主体作用，既积极调动了学生的学习积极性、主动性和探索精神，又有效激活了教师对学生的启发与引导。

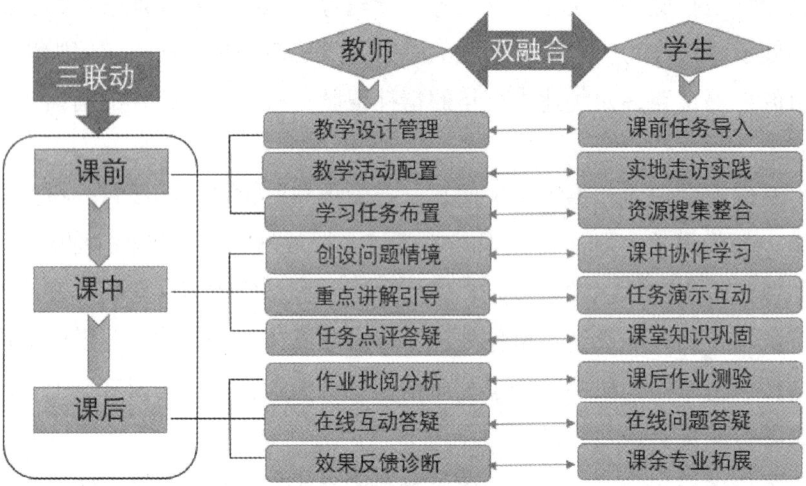

混合教学模式

三、案例实施

（一）课程准备阶段

教师层面：提前一周推送毛泽东重庆谈判的 43 天实录资料；发布相关遗址景观（红岩村、宋庆龄故居、桂园、林园、特园、苏联使馆、国民政府军事委员会礼堂等），学生分组自主选择。

学生层面：学生接收情景演练任务，分小组分别走访景区，搜集素材，进行导游词创作，并准备模拟讲解；储备本专题知识链接；分小组从食、住、行、游、购、娱等方面拍摄场景还原视频。

实施重点及难点：学生对服务规程和标准理论的认知程度以及学生的实践操作能力如出发前的准备工作、景点参观游览服务等。

阶段性成效：通过任务驱动，引导学生实地走访重庆具有代表性的遗址景观，帮助学生进一步了解中国共产党历尽艰难、攻克难关，为争取和平所做出的努力和贡献。让学生能够亲自用脚步去丈量人民城市的发展道路，回溯建党百年的精神根脉，去感受爱国兴邦的涌动初心，真正发挥“行走的党课”的力量。

不足及改进：课前教师未充分了解学生进行实践操作的能力储备情况，大部分学生对实践实训有很大的期待，对导游形象塑造、导游词的撰写、导游讲解方法和导游带团技巧比较感兴趣，但是学生对导游的认识还停留在浅层次的理论阶段，对导游的实际操作技巧还有待提升。根据学生暴露的问题，在今后的教学中教师可以提前开展问卷调查以及发起理论测试以进一步明确教学的重难点。

（二）课堂教学阶段

1. 课程导入：点明“重走毛主席在重庆的 43 天”的主题

阶段性成效：通过生动讲解毛泽东的生平及国共谈判的历史背景，帮助学生明确教学目的，激发学生的家国情怀，引导其树立大局意识、奉献精神。

不足及改进：仅通过教师的口头阐述，未能全面立体地展现当时的真实历史，在今后的教学中可以通过其他可视化手段，再现党的领导人为尽一切可能争取和平，为在争取和平的过程中揭露美国帝国主义和蒋介石的真面目而做出的艰辛努力。

2. 教学具体实施

（1）教学活动一：现场模拟讲解。

教师层面：展示现场讲解评分标准；宣布评分渠道与规则（全班同学通过云课堂进行在线打分投票，选出大家心目中的最佳导游，课程结束后统一进行结果公布和总分核算）。

学生层面：各小组分别选派学生代表上台完成现场模拟讲解，同时播放实景图片 PPT；全班学生通过云课堂进行在线打分投票。

实施重点及难点：致欢迎词及为游客提供标准化与个性化相结合的模拟讲解。

阶段性成效：学生通过对各遗址景观资料的搜集整理以及导游词的创作讲解训练，能够充分认识到作为导游员在讲解中要传递的价值观念，加深对祖国大好河山尤其是对地方区域历史文化的热爱，培养民族自信，传承革命精神，从而讲好中国故事，传播地方文化。

不足及改进：学生情感比较丰富，已具备基本的价值判断，但对未来职业发展与国家发展前途之间的辩证关系认识还较为模糊。在今后的教学中，可以适当增加教师的演示环节，教师通过引入真实工作任务，采用示范教学法和案例教学法实施教学。

（2）教学活动二：知识转盘。

教师层面：整理与专题相关的问题；转盘随机抽取 3 个小组，对应小组抽派 1 名同学回答问题，教师公布正确答案并简要点评。

学生层面：被抽取的小组选派 1 名同学再随机抽取 1 个题目进行简答，回答正确即由所在小组得 5 分；记录员做相应评分记录。

实施重点及难点：考查学生课前知识储备及实地走访过程中捕获知识细节的能力。

阶段性成效：帮助学生进一步了解重庆谈判的历史，体悟重庆谈判的历史意义，为讲好中国故事、传播地方文化打好扎实的历史知识基础，也帮助学生充分认识到作为导游员在今后的职业讲解中要传递的正确价值观念。

不足及改进：问题设置较为单一，有就思政而思政的导向，今后的教学中应充分设置涵盖食、住、行、游、购、娱六要素的大旅游逻辑主线，构建围绕导游工作场景的知识题库。

（3）教学活动三：视频纠错。

教师层面：纠错视频播放；教师随机抽选除拍摄视频小组外的学生回答视频中导游的失当行为。

学生层面：学生观看视频；举手抢答视频当中导游的失当行为，每回答正确一处失当行为即由所在小组得 5 分（视频提供小组成员不参与本轮抢答）；记录员做相应评分记录。

实施重点及难点：游客在景区游览活动中特殊要求的处理方法，游客在旅游过程中患病的处理方法，游客不当言行的处理方法等旅游事故的应变技巧。

阶段性成效：通过模拟带团实践，帮助学生强化责任意识，独立应对复杂的外部环境，提高职场安全与健康意识；使学生具备高尚的职业道德素养，把“游客为本，服务至诚”的旅游行业核心价值观时刻铭记于心，从而激发学生的专业认同感、职业认同感和行业认同感。

不足及改进：只让各小组内部成员完成角色扮演和设计演练，未充分考虑学生较强的集体荣誉感和竞争意识，在今后的教学中可以采用各小组轮流扮演游客和导游的方式，模拟旅游纠纷发生的情况，由各小组轮流派出代表，在不知情的情况下融入表演小组的情景中，面对随机发生的旅游纠纷问题进行现场反应和应对，教师再对各小组的情景模拟情况和现场反应能力，尤其是相关法律法规运用情况进行现场考核，并根据比例测算学生成绩。

3. 教学小节：教师点评

教师层面：教师公布每段视频的正确答案并简要点评。

学生层面：对照教师点评查漏补缺，进一步夯实实践基础。

实施重点及难点：教师讲评案例处理步骤以构建基本的应对知识框架。

阶段性成效：教师通过归纳点评，培养学生自我解析、自我诊断、自我完善的再学习能力，使学生真正做到深入社会实践，培养能动手会操作、实战型的专业技能人才。同时，在不同任务情境实践中引导学生关注现实问题，树立正面的价值取向，加强思政教育。

不足及改进：这一环节只设计了教师点评的环节，而忽略了学生之间的交流互动。在今后的教学中，既有教师主观评价，又要给学生充分展示的平台，让学生把心得体会及经验分享出来供大家相互参考及学习，从而使学生在学习—竞技—交流过程中将所学的理论知识转化为实践中的应用理解，强化知识记忆，提升应变能力。

（三）教学拓展阶段

教师层面：布置课后思考及讨论题（同学们认为在导游讲解过程中以及服

务工作中的关键注意事项有哪些，并说明理由；如果面对中学生研学团、商务团、老年团等不同类型的游客，导游讲解应该如何设计侧重点）；教师利用云平台与学生互动答疑；教师利用云平台发放相关内容的测试题。

学生层面：利用云平台的互动答疑板块，回答教师提出的课后思考题，学生之间展开讨论。

实施重点及难点：选取多样化和与时俱进的课程思政载体和元素。

阶段性成效：综合运用多种信息化手段，组织学生对相关知识点和技能以及职业素养进行讨论分析，检验学生对相关知识和技能的掌握情况，将课堂的时空打破，利用云平台发布任务、互动答疑，将课堂内外智能交互，达成移动式、开放式学习。同时通过课后思考讨论题的拓展，学生进一步挖掘“重庆谈判”这一历史事件背后所蕴含的精神内涵，借历史今昔对比，传达祖国统一、两党同心、中华太平、民族复兴的和平愿景，加强游客对国家和民族的认同感。

不足及改进：面对信息技术迅猛发展的时代特点，未能全方位打破课堂时空限制，在今后的教学中，教师可以引导学生根据习得的知识和技能，拍摄制作一段完整的参观游览服务综合演练视频，并进一步利用好微课、动画、云平台资源库等形式，形成丰富的数字化资源，帮助学生实现自主化学习、碎片化学习。

四、案例成效或经验总结

（一）实施总体效果与经验总结

在教学理念方面，本案例设计学生实地走访的课前任务，既能考查学生搜集整理素材的能力，还能锻炼学生撰写欢迎词的能力，紧接着让学生在自己创作导游词的基础上进行现场模拟讲解，最后还让学生自己拍摄情景还原纠错视频，做到了真正秉承以学生为主体、教师为引导的教学理念，最大限度地发挥了学生的主观能动性，让学生在轻松愉快的氛围下学习。

本案例紧扣“立德树人”的根本育人目标，立足历史文化名城重庆具有代表性的遗址景观资源，深层次挖掘“重庆谈判”这一历史事件中的思政元素，将教学主题确立为“重走毛主席在重庆的43天”，同时与专业特征有机结合，让学生走出课堂、走进身边的景区，用脚步丈量人民城市发展的道路，使学生不仅能掌握专业基础知识，提升自身的导游服务技能，而且能够通过实践实训，重温国共合作历史、回溯和平民主文脉、传承革命精神，形成爱党爱国、思想端正、乐观向上的健康心理，进而能够更好地成长为综合性的旅游人才。

在教学过程方面，本案例教学主要以任务驱动为基础，结合模拟展示、角色扮演、在线投票、随机答题、举手抢答、小组讨论等形式，要求学生主导、全程参与，引导学生根据项目任务，合理分工，取长补短，互相学习。通过学生展示、小组竞争等形式进行实践实训，充分发挥学生的主体作用，易于被学生接受，与教学内容产生共鸣，激起学生更深一层次的学习兴趣，为探究新知过程的学习打下基础，同时也增强学生团结合作、大胆尝试、敢于竞争的意识。课程结束时，教师与学生共同点评、讨论感悟，营造了和谐愉悦的课堂气氛。课后还有作业测试、在线答疑、专业拓展等内容。这样的设计可以帮助学生理清思路，避免直接灌输，将理论真正运用于实践实训中，切实提升学生的学习效果，并培育学生积极进取、认真探究的工作态度。

（二）今后的改进思路

本案例在教学中也有一些细节的处理不够细腻，比如在现场模拟讲解环节，每个小组只选派了一位同学展示，这有可能影响其他未展示学生的积极性。在以后的教学过程中，可以每次课前三分钟安排不同的学生进行展示，既锻炼了学生实际讲解水平，又给每位同学提供了公平的展示平台。

在今后的教学中，团队将整合更多的育人资源，将培养学生的知识目标、能力目标、育人目标有机结合起来，不断改进教学方法，在教学实践中继续培养学生爱国、敬业、专注、创新的职业精神和一丝不苟的工作态度，全面提高学生的综合素质。

三法分析、数据驱动

——《景区讲解服务》课程思政案例

所属专业：旅游管理

案例主题：红色文化进课堂

负 责 人：徐春燕

工作单位：宁波东钱湖旅游学校

参 与 人：杨君毅（执笔）（工作单位：浙江省衢州工商学校）、黄芳（工作单位：宁波东钱湖旅游学校）、张良斌（工作单位：宁波东钱湖旅游学校）、刘可晗（工作单位：云和县中等职业技术学校）

一、案例简介

（一）背景分析

《“十四五”文化和旅游发展发展规划》重点提出，要“讲好中国故事为本，大力发展红色旅游”，同时，疫情的反复，对实地旅游造成了不小的冲击，虚拟旅游在此过程中得到了发展。针对以上两种情况，培养能够讲好中国故事、在自媒体平台上传播的旅游人才具有极强的现实意义。但在传统的旅游讲解教学过程中，存在着讲解评价主观判断、讲解过程无法记录等问题。因此，本次案例从语言心理学出发，通过文本分析分析讲解词本身的情感，利用语音分析分析学生发音停顿情况，辅以AI表情测算，测算表情得分，并利用统计软件统计人员评价，最终实现数据驱动的旅游讲解精准传递。

（二）文献综述

1999年，江西省首次提出“红色旅游”概念，首次推开了红色旅游概念研究的大门；2004年1月，由江西发起并联合七省市签订了共同发展红色旅游的《郑州宣言》，宣告了红色旅游将成为旅游发展的新动力；同年，国务院颁布

《2004—2010年全国红色旅游发展规划纲要》，社会各界对红色旅游的关注开始与日俱增，相关学术研究也逐渐升温，研究成果层出不穷。目前，国内关于红色旅游的理论研究成果比较丰富，应用研究也日渐丰富，为红色旅游资源的进一步开发和可持续发展积累了宝贵的经验。但由于红色旅游的概念和所涉及的旅游客体范围，关于红色旅游与红色讲解的研究基本上只局限于国内。

红色讲解服务质量，是建立在景区导游讲解服务质量之上，属于景区解说系统范畴。而最早关于景区解说系统研究的国家集中于欧美发达的旅游国家（David，Stephen W，2001），其中第一次将景区解说系统引入旅游景区的是美国黄石公园（Madin E，Fenton D，2004）。我国将景区解说系统纳入景区规划系统则是20世纪90年代，吴必虎（1991）指出，景区解说系统分为自导式和向导式两种，其中景区向导式解说系统主要依赖于导游讲解服务。

从2004年以来，红色旅游的研究成果数量和质量方面都出现了跃升的态势，主要集中在景区开发规划、景区营销、景区产品、游客满意度等方面，涉及红色讲解服务质量的文章相对较少，对红色旅游景区内导游讲解服务质量研究的专门文章更为稀少。比较有参考价值的，刘红梅、张海燕（2013）等从红色旅游讲解与红色文化传承的角度进行研究；胡志毅（2016）借鉴遗产旅游讲解的相关研究成果，提出了红色旅游景区“四元”讲解模式。

语言心理学作为一种研究方法，是研究语言表达成像的一种常用手法，特别是在以语言为主的课程教学中非常适用。如吴春花（2019）研究了语文教学中存在的语言力量问题，将自主判断的语言力量通过心理表现更加客观化。李茜（2018）研究了英语有效阅读问题，验证了阅读文本心理也可传递到表述中。陈虹、严小萍、朱红英等（2016）通过研究积极心理学视域下的积极语言研究，发现了积极情感的表述能更好地传递积极心理，从而更好地影响听众感觉。朱佳佳（2019）通过研究音乐的传递影响心理，证明了传递过程的好坏影响人们对于事物的喜好。还有一大批教师通过研究语言传递的心理对孩子的治愈作用，更好地说明了良好的语言表达能够达到极佳的状态。

但在研究过程中，大量的教学都集中于接受方的感受，而不是输出方的训练，对于输出方的训练讲述有限，对于对红色精神的传输效果质量的研究也相对较少。同时在研究方法上，往往采用心理学的方法，缺乏定量的测算，缺乏一定的实验性。

（三）问题聚焦

1. 红色讲解过程中缺乏情感的有效评价

情感的传递，是“语言（7%）+语调（38%）+面部表情（55%）”的组合体。也就是说，要准确把握情况，就需要在语言、语调和面部表情三个方面做文章。“三法分析”正是从文本、语音、表情三个方面入手，以文本分析、语音分析、表情分析三种分析方法为主体，借助文本得分数据、语音音强波动数据、表情数据三种数据为数据根本。通过文本分析分析讲解词本身的情感，利用语音分析分析学生发音停顿情况，辅以AI表情测算，测算表情得分，并利用统计软件统计人员评价，最终实现数据驱动的旅游讲解精准传递。

究其原因是因为，“后疫情时代”催生了红色旅游新的发展方向，旅游人才需要更多地实现“虚拟—现实”双向讲解。特别是“红色资源”的活化，更需要红色情感的传递。而但在以往的实践中，被培养者在讲解训练中往往存在着“无法准确判断讲解内容蕴含的情感态度、讲解过程中讲解情感传递是否到位、讲解节奏把握不准、自我训练过程无法判断自身讲解的好坏”的问题；而在评价方面也存在着评价方式以培养者个人主观经验评价为主，缺乏科学的评价手段。

2. 红色资源在课堂中的有效利用

传统的课堂是利用图片、多媒体等形式让红色资源进入课堂，或是邀请讲解员进入课堂讲解红色精神，缺乏红色资源高质量进入课堂的方式。本次课程，为了更好地让红色资源和红色精神进入课堂，采用了“虚拟红色资源”“实地红色资源”两种方式进入课堂，并让学生在课堂中真实接待游客，感受红色精神的输出与传承，让学生在虚拟与现实的双重体验中更好地理解红色精神。

二、案例设计

（一）教学理念

1. 核心理念

“以红色文化为根本、以红色精神为内涵、以红色故事传播为途径”共育

“重文化、知内涵、会传播”的红色旅游讲解人才。

2. 理念提出背景

《中共中央关于制定国民经济和社会发展第十四个五年规划和二〇三五年远景目标的建议》中提出，发展红色旅游和乡村旅游。以讲好中国故事为着力点，创新推进国际传播，加强对外文化交流和多层次文明对话。而以“讲故事”为手段打造旅游目的地形象，已成为一种国际通行的旅游目的地营销方式。旅游目的地营销机构常通过多种媒介向目标群体传输旅游目的地叙事，以打造和巩固更为积极的旅游目的地形象。“讲好故事”是实现旅游目的地品牌化的重要途径，旅游目的地叙事中的积极情节和正面形象是吸引游客到访的利器，如何更好地塑造和传播旅游目的地叙事是业界和学界广泛关注的重要议题。

《“互联网＋旅游”推动旅游业高质量发展的意见》也提出，引导旅游景区开发数字化体验产品并普及景区电子地图、线路推荐、语音导览等智慧化服务。因此，将景点讲解人员培养成“讲好故事”的核心人物。利用线下讲解，语音导览，云旅游讲解多种方式讲好中国故事，传播好中国声音，展示真实、立体、全面的中国故事。综上，培养具有“故事挖掘能力＋旅游讲解能力”的景区讲解人员，将是旅游讲解人员培养的新方向之一。

（二）课程教学目标

依照评价指标体系，通过“讲解听众数据”分析被培养者的讲解效果，进而验证学生的学习效果。帮助被培养者树立讲解自信，落实知识、技能与素养三维教学目标，解决讲解效果无法量化评价的问题。

（三）思政育人目标体系

课程思政的本质是立德树人，理念是协同育人，结构是立体多元即实现知识传授、价值塑造和能力培养的多元统一，方法是显隐结合，思维是科学创新。基于此，建立了以立德树人为内核，协同育人为指导，以红色故事作为知识点的思政融入，以红色精神作为价值观的思政融入，以红色讲解技巧作为技能思政融入，共造“宣传红色故事，理解红色精神，培养讲解能力”为目标的思政育人体系。

（四）课程思政与专业教学内容的融合方式

1.“校企合作、产教融合”两衔接，共剖人才培养症结

秉持校企合作、产教融合，学校与企业（红色景区）合作研究，全方位剖析人才培养质量的症结所在，共同制定职业院校红色讲解人才的培养目标及其规格，共同拟定课程教学标准。

2.“课程—师资—基地—评价”四路径共培人才

校企共建共育，着力从“课程”“师资”“基地”“评价”等方面培养职业院校红色讲解人才。开设《红色讲解与红色研学》特色课程，邀请红色景区讲解员团队与学校教师一起参与授课，围绕“红色讲解内容及其创新”“红色讲解技巧及其拓展”组织教学内容。打造“学校—景区”理实一体、虚实一体的实训基地，创设教学情境，实施专题讲座、理论教学、现场教学、体验式教学等相结合的教学模式。

3.“培育、竞赛、应用”一体增强辐射能力

做到“育、赛、用”贯通，助力全市在职导游培训，参与讲解志愿者培训，在职业院校、红色景区、市文旅部门等多个层面开展红色讲解导游比赛，以赛促训，提升景区讲解员素质，促进其他导游人员红色讲解素养的提高。

（五）特色与创新

1.红色景点讲解教学手段创新

红色景点讲解教学手段创新一览

工具	呈现效果	解决问题
		用于制作教学使用的虚拟景区讲解点，方便学生在教室内完成讲解词讲解

续表

工具	呈现效果	解决问题
 文本分析工具	分析结果： 积极情绪：26 条，占比 47.27% 中性情绪：15 条，占比 27.28% 消极情绪：14 条，占比 25.45% 其中，积极情绪分段统计结果如下： 一般（0～10）：14 条，占比 25.45% 中度（10～20）：4 条，占比 7.27% 高度（20 以上）：8 条，占比 14.55% 其中，消极情绪分段统计结果如下： 一般（-10～0）：4 条，占比 7.27% 中度（-20～-10）：6 条，占比 10.91% 高度（-20 以下）：4 条，占比 7.27%	利用文本分析工具，用于分析讲解词中涉及的积极情绪内容与消极情绪内容
语音对比软件	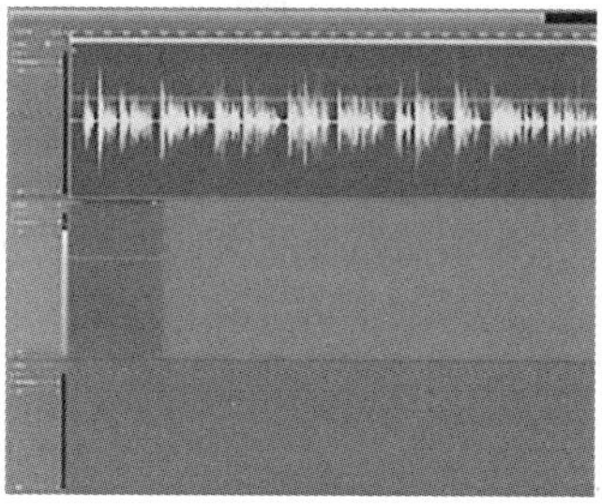	语音分析工具，记录学生每次讲解的语音、语调、节奏、声线大小的变化
表情分析与记录软件		记录学生校外云讲解的情感变化、内容传递、情感传递的状况，并且可以通过多次录制完成任务

2. 红色景点讲解实施路径创新

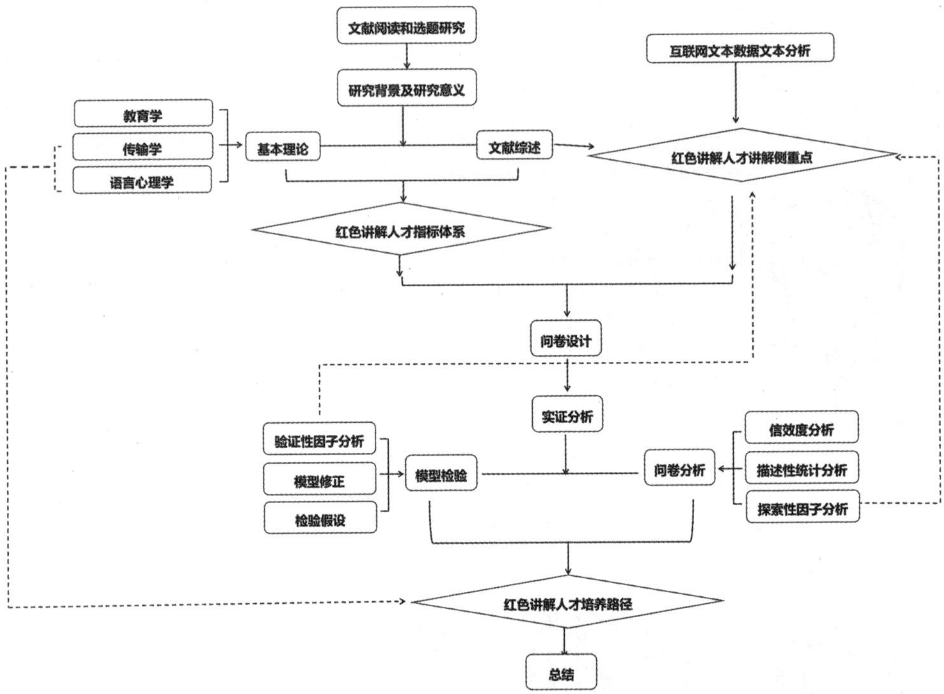

红色景点讲解实施路径示意

3. 红色景点讲解评价维度创新

红色景点讲解评价维度创新一览

阶段	评价内容	评价载体	评价标准	评价主体	所占权重（%）	信息化手段
课前	基础知识点	微课学习	微课练习作业	系统答案自动评价	10	学习通教学平台
		录音作品	情感评分表	教师	10	学习通教学平台
课中	讲解情感分析	课中练习视频作业	讲解的语音、语调、停顿，与讲解员的差异度	教师	20	语音分析软件 文本分析软件

续表

阶段	评价内容	评价载体	评价标准	评价主体	所占权重（%）	信息化手段
课中	讲解情感分析	讲解的仪态展示	导游面试评分表	教师	10	AI 表情控制视频拍摄记录
				学生	10	
	现场讲解	现场讲解	讲解综合评分表	教师	10	
				馆长	10	
				讲解员	10	
课后	讲解综合情感传递	讲解视频	调查问卷＋讲解评分表	观看视频的观众	10	结构方程

4. 红色景点讲解评价量表创新

红色景讲解评价量表创新一览

	简述	非常不符合	不符合	一般	符合	非常符合
个人讲解陈述方向	讲解人说话清晰，让人舒适	1	2	3	4	5
	讲解人说话缓慢，让人舒缓	1	2	3	4	5
	讲解人说话响亮，让人听清	1	2	3	4	5
	讲解人控制声调，让人舒适	1	2	3	4	5
	讲解人控制音质，让人悦耳	1	2	3	4	5
引言	观点一开始加以阐明而且贯穿于讲解的后面部分	1	2	3	4	5
	对阐释的主题进行了介绍并明确了讲解的方向	1	2	3	4	5
个人条理性	个人讲解本身很有条理性，包含了引言、主体和结论部分	1	2	3	4	5
	通过适当的背景辅助，向受众阐明了结构编排	1	2	3	4	5
个人内容	事实与事例非常详细，准确而适当	1	2	3	4	5
	所引用的理论描述准确，运用恰当	1	2	3	4	5
	分析、讨论和结论与实例、事实和理论之间有明确关联	1	2	3	4	5

续表

	简述	非常不符合	不符合	一般	符合	非常符合
个人形象	讲解人员彬彬有礼	1	2	3	4	5
	讲解人员讲解过程不手忙脚乱	1	2	3	4	5
	讲解人员适当闪亮登场	1	2	3	4	5
	讲解人员头发整齐	1	2	3	4	5
	讲解人员着装合理	1	2	3	4	5
	讲解人员不佩戴不合适的首饰	1	2	3	4	5
个人讲解特色	讲解人使用富有表现力、适当的身体语言	1	2	3	4	5
	讲解人与受众保持眼神交流	1	2	3	4	5
	讲解人在规定时间内完成讲解任务	1	2	3	4	5
	讲解人并没有讲解太久，给予了一定空间让人遐想	1	2	3	4	5
	讲解人适当地使用幽默和趣闻使陈述变得更生动而可信	1	2	3	4	5

三、案例实施

（一）实施策略

1. 教学实际问题解决策略

本课程，以真实工作任务为驱动，基于“故事内容分析”“情感传递方法”“云讲解特点”这三项核心能力，采用“体验式教学434”策略。

“体验式教学434”具体内容：“四环—三评—四维”。

四环：以真实工作任务为驱动，建立“导—学—研—展”四个环节，逐级递升，最终达到“能讲—会讲—有情感—能传承”的目的。

三评：评价围绕“故事内容评价—讲解基本功评价—‘云讲解’特色”三个角度展开。

四维：提升学生的讲解词背诵能力、讲解词语音情感传递能力、讲解词（语音—形象）传递正确能力、讲解词云讲解特色能力。

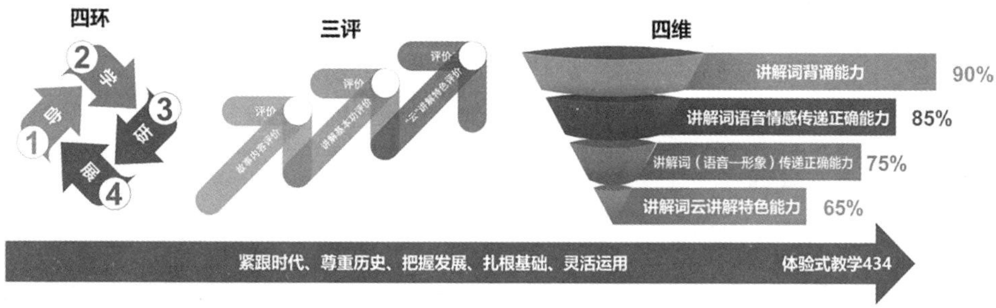

“体验式教学434”策略

以当地的烈士革命纪念馆的红色旅游景点为对象，根据学生的认知特点和规律，通过创造实际的或重复经历的情境和机会，呈现或再现、还原教学内容，使学生在亲历的过程中理解并建构知识、发展能力、产生情感、生成意义的教学观和教学形式。

2. 课程思政融入策略

课程思政的本质是立德树人，理念是协同育人，结构是立体多元，即实现知识传授、价值塑造和能力培养的多元统一，方法是显隐结合，思维是科学创新。因此，需要对课程思政进行素材选择、素材导入、素材应用，以融入素材目标与课程目标。

（1）课程思政素材选择。根据课程内容与学生自身特点等因素，本课程选取了“家国情怀和文化自信”“价值观与行为引导”两个思政主题。并结合革命烈士事迹陈列馆真实展示的抗战篇章、抗洪篇章、抗震篇章中所呈现的抗战精神、抗洪精神、抗震救灾精神、英雄主义等思政元素。

（2）课程思政素材导入。针对不同的素材，采用了不同的导入方式，包括课前直接导入、知识点导入、知识拓展导入、训练导入等，具体导入环节看实施过程。

（3）课程思政教学目标。通过挖掘课程自身蕴含的思政元素，在知识传授中强调价值引领；在价值传授中凝聚知识底蕴；在训练中切实感受思政底蕴，实现“重红色精神理解、明红色奋斗历史、强红色宣传技艺”的教学目标。“重红色思想理解”，要求学生正确理解红色精神，如“军民团结、艰苦奋斗”“不怕艰难险恶”“改变作风、提高素质”“艰苦奋斗、勇于开拓”“谦虚谨慎、戒骄戒躁、艰苦奋斗”等；“明红色奋斗历史”，既要了解夺取红色政权的奋斗历程，又要了解为了维护红色政权我们付出的努力。“强红色宣传技艺”，要将红色故事更好地宣传出去，需要提升自身宣传讲解能力。

（二）实施过程

1. 红色讲解环境创设

为了更方便地将红色资源进入课程，也为了实现“训练即实战”，对学习场景做了全新的创设，构建专属的红色资源进入课堂环境。在教学资源上，按照革命烈士事迹陈列馆实际展馆，制作了虚拟革命烈士事迹陈列馆训练场景。让学生在模拟训练中感受讲解氛围、感悟红色精神。通过体验与反思，形成并构建知识体系，发展能力，产生情感，进而开展二次提升教学实践。通过循环体验实践，学生能够自行完成训练、反复与调整的学习过程。

虚拟革命烈士事迹陈列馆训练场景

2. 学生训练数智化驱动

（1）文本分析把握文本情感。以烈士陵园纪念馆的讲解词为基础，借助文本分析工具，将整篇讲解词分为6个板块，共4986个字。

通过段落分布情绪得分情况，学生能够自主判断该内容的讲解的情感态度如何，分数越高，积极情绪越强烈。反之，负面情感越强烈。

（2）语音分析把握语音变化。文本本身的数据情况，给语音的训练提供了教学依据。但语音训练的过程，依旧存在着单次语音训练无法记录、语音情况无法及时反馈的情况。基于这些问题，采用了语音分析软件。借助金牌讲解员的录音轨道与语音分析软件，记录学生每次讲解的语音、语态与节奏变化，并与金牌讲解员进行对比，连接点越多，匹配程度越高。教师也可根据每位学生的频次、音强、音高的情况与文本分析的情绪相对应，进而判断学生现阶段的讲解情况，并进行有针对性的指导。同时学生也可根据记录下来的数据明确知晓自身的薄弱项，进行有针对性的训练。可以快速提升学生的情感表达能力，突破利用语音、语调、语态的合理运用传递情感的难点。该环节可以实现基础较差的学生一体化培养，快速提高能力。但是针对优秀的学生，需要更多的尝试与计算。

（3）借助表情数据，实现情感一致。借助表情分析，结合文本与语言数据，利用表情的分数变化，可以极大程度地控制感情表达。表情分析的实时记录功能帮助教师捕捉学生表情变化，让教师更有针对性地辅导学生。根据所呈现的分数，并依据文本分析所得的得分数据，时刻调整自己的表情，从而更好地传递出情感。同时搭配口诀“挺胸抬头姿庄重，面迎游客有笑容；指示用掌勿用指，多少适度避讳清；眼为心苗架桥梁，关注游客巧沟通；音量宜因环境定，人数场地重要性；语速二百为适中，难度对象来调整；音调抑扬有顿挫，情有其中可共鸣；有声无声需并重，优秀讲解方可成”对自身训练进行调整，有效解决讲解情感与文本情感一致性的问题。

借助“文本分析、语音分析、表情分析”三法分析，辅助教师重点解决学生在讲解过程中的“无法准确判断讲解内容蕴含的情感态度、讲解过程中讲解情感传递是否到位、讲解节奏把握不准、自我训练过程无法判断自身讲解的好坏”的问题；在此过程中，学生的讲解能力得到极大的提升。

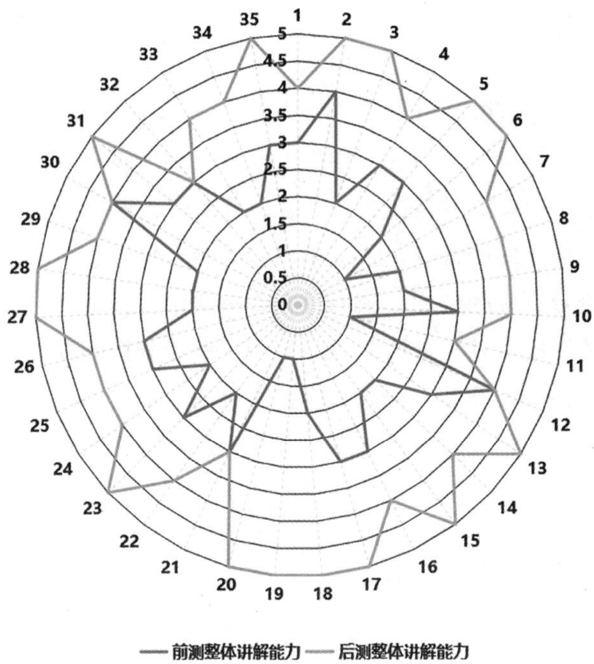

35 名学生前调整体讲解能力对比

3. 虚拟讲解获得讲解自信

学生在“三法分析”训练后，达到表情控制与语言控制基本合理，通过创设模拟讲解场景，进入模拟讲解环节。学生体验讲解线路走向、讲解内容情况等讲解空间场景，在模拟体验中通过自身讲解获得讲解经验，并根据在场同学反馈获得讲解自信。

在模拟讲解过程中，学生可以感受讲解效果提升带来的成就感，看到更多优秀同学的讲解情况。学生通过感知、体验、模仿、互学可以降低讲解的难度，提升讲解能力，减少相互之间的讲解差异，解决学生在实施过程中产生的无力感及低效的状况。在此过程中，通过自身讲与同学讲，将红色故事的内容更加牢记于心，对红色精神体会得更加深刻。

4. 实战讲解训练场景——验证训练效果

实战讲解场景由烈士陵园博物馆校企联合基地真实提供。通过实战讲解，可直观检测和验证学习结果。博物馆浓厚的思政环境构建的氛围，让学生体会到了红色政权在奋斗与维护时的不易。并且学生通过真实环境的针对性训练与针对性讲解，可以快速优化自身讲解效果，通过自主探究、逐渐摸索、建构学习反馈，实践能力进一步提升，同时发现和解决学习中的问题并掌握知识和技能，最终提炼个人化的讲解经验，提升个人化的讲解效果。

5. 课程思政融入

本课程选取了“家国情怀和文化自信”“价值观与行为引导”两个思政主题，并结合革命烈士事迹陈列馆真实展示的抗战篇章、抗洪篇章、抗震篇章中所呈现的抗战精神、抗洪精神、抗震救灾精神、英雄主义等思政元素。在不断的训练和讲解中，感受烈士们吃苦耐劳的精神、面对困难勇敢抗争的精神。

四、案例成效或经验总结

（一）助推教师专业能力提升

本次教学课程的实施为授课教师的专业成长与职业发展带来了积极正面的影响。在教科研方面，根据“三法分析、数字驱动”的模式，拓展并形成了相对应的课题，并锻炼了专业教学能力。

依托“三法分析、数字驱动”模式形成的课题一览

课题名称	负责人	类型	资助项目 / 获奖情况
《金牌导游人才一体两翼三阶培养模式研究与实践》	徐春燕 张良斌	课题研究	2021 年度文化和旅游部职业教育提质培优行动计划入选项目
《区域旅游资源融入专业人才培养的实践研究》	徐春燕	课题研究	宁波市人民政府教学成果奖三等奖
《中职旅游专业“三位一体化”实训模式的研究与实践》	徐春燕 张良斌	课题研究	宁波市课题一等奖
《金牌导游人才“一体两翼三阶”培养模式研究与实践》	张良斌	课题研究	2020 年度教科规划成果一等奖
《构建“景区大课堂”培养六大旅游服务能力的实践研究》	黄芳 张良斌	课题研究	省职成教优秀教科研成果一等奖、宁波市教学成果奖（职成教类）二等奖
《基于 POA 理念的混合教学 SWOT 分析及应用探究——以中职旅游英语课程为例》	黄芳	课题	宁波市职成教课题评比三等奖

续表

课题名称	负责人	类型	资助项目 / 获奖情况
《“三圈共融、五步浸润”红色基因育人机理实践探究》	黄芳 张良斌	课题	宁波市首批红色教育专项课题
《“云旅游红色景点讲解人才”培养策略探究》	杨君毅	课题	衢州市教育科学研究领导小组办公室
《“诗画浙江 · 百县千碗”VR 讲解人才培养——以衢州地区“百县千碗”产品 VR 讲解为例》	杨君毅	课题	浙江省成人教育与职业协会
《“诗画浙江 · 百县千碗”VR 高技能讲解人才培养——以衢州地区“百县千碗”产品 VR 讲解为例》	杨君毅 黄芳	课题	中华职教社（黄炎培首届职业教育规划课题）
《情感传递，词情与共——烈士革命纪念馆讲解词情感传递》	杨君毅	教学竞赛	2021 年浙江省信息化教学设计与说课三等奖
《三法分析，数据驱动，共造数智化传播体系》	杨君毅	教学竞赛	2021 年浙江省多彩课堂三等奖

（二）助力学生学习能力锻炼

学生化身讲解员进行现场讲解

从红色资源进入课堂的学习开始，学生不断学习的过程中，也在将学习到的知识与技能运用到实际当中，实现了“红色精神的高质量输出”。学生为来自县各部门、村镇的参观者讲解当地的革命历史。此外，代表退役军人事务局参与英烈讲解员大赛获得优胜奖。

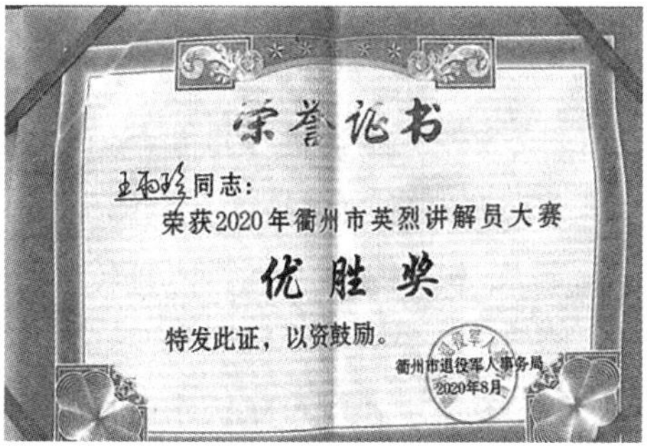

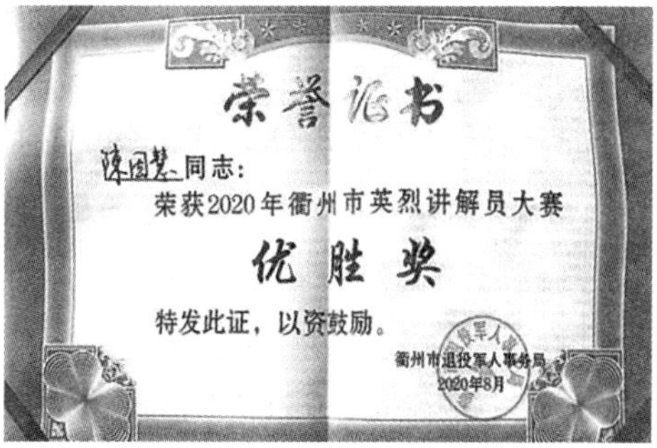

荣誉证书

根据学生在讲解过程中收集的385名人员的“群众听感数据”，结合“SOR模型”验证学生将技能运用在实际环境中的情况。从数据反馈来看，学生在实际讲解过程中，讲解过程停顿有序，讲解时间和讲解节奏适当，讲解语音吐字清晰，准确地传递了红色情感。实验证明，运用三法分析、数据驱动，能够有效地辅助教师达成辅导学生讲解训练的教学目标。

（三）助长红色基因渗透

习近平总书记说过，加快构建中国话语和中国叙事体系，打造融通中外的新概念、新范畴、新表述，更加充分、更加鲜明地展现中国故事及其背后的思想力量和精神力量。而以陈列馆深厚的文化传承，创设浓厚的思政教育氛围，可以激发学生爱国主义情怀，使学生从照本宣科的讲解者，变成红色基因的传承者与宣讲者。

1. 红色基地开拓

该项目的研究实现了走出校园、拓展空间、对外交流，尤其是对接学校所在地的红色资源这个“新课堂”。地方红色教育基地在场地建设、资源挖掘以及呈现方式上均有较高的水平，对于地方红色文化的总结凝练提升也比较到位，能让参与教育的师生在身临其境中潜移默化地受到熏陶，自觉从地方红色历史中汲取成长的精神力量，增强前进动力。

2. 红色导师培育

地方上有许多经历过革命战争的老战士，也有社会主义建设与改革开放时期锤炼出来的先进典型人物，将他们请进校园现身说法，让在校师生接受精神洗礼、汲取前进动力，拓展校红色教育的深度与广度。

3. 红色传媒创新

当前已进入全媒体时代，各类新媒体已经成为教育工作的最重要载体。因此，学校要转变开展红色教育的传统观念，主动将红色教育拓展至网络空间，开辟新媒体红色教育网上课堂，同时善于将新媒体宣传与传统媒体宣传相结合，打造红色教育网上网下两块阵地，营造在校园里和网络上随处可见、随时可学的良好红色教育氛围，让红色精神融入师生生活、让红色基因汇入师生血脉，在思想的同频共振中发挥出红色教育的最佳效果。

（四）助能教育改革创新

"三法分析、数据驱动"在技能端的反馈都有了数据支撑，但是对于学生情感态度与价值观的反馈较少。因此，在后续的工作中，会收集学生每次讲解后的感受。形成讲解员情感库，进而采用聚类方法的凝聚子群分析，分析学生的情感态度与价值观，并采用建构主义的方法，分析学生"技能表现层"与"思想核心层"的内容，形成建构主义的二维空间，并探究是否有"中间层"形成三维空间，进而实现理论创新。

红色印记·寻见初心

——《民宿设计》课程思政案例

所属专业：室内艺术设计

案例主题：红色文化进课堂

负 责 人：杨娜

工作单位：四川艺术职业学院

参 与 人：杨育红、虎利雯、许俊婕、徐彬

工作单位：四川艺术职业学院

一、案例简介

（一）案例实施背景

优秀的设计不仅要体现出安全性、实用性和审美性，还要体现出文化内涵和人文关怀等，比如生态保护、可持续性发展、文化传承与保护、服务国家战略等。而在以经济为主导的社会发展趋势中，设计逐渐沦为商业获利的工具，失去了对人的关怀和对社会、环境发展的责任感。资源、环境、发展的不均衡等都是目前人类面临的共同问题，在教学过程中，引导学生对这些问题进行深入的思考和讨论，使他们对这些问题形成自己的认识，进而将这些认识和思考融入自己的设计。《民宿设计》正是探讨设计与自然环境、与文化、与旅游、与乡村的关系以及讨论设计师的职业道德伦理的一门课程。作为新时代的设计人才，需要回归根本，从更大的服务社会的角度看待设计，也要从设计的角度反思设计伦理道德，这样才能成为一名优秀的设计师，才能创造出优秀的、造福社会的设计作品。

作为设计专业的院校，培养的学生大部分都将成为未来的设计师，这些设计师将在不同的设计领域工作，他们将参与、负责的设计项目，有可能对未来

人们的生活方式、生活质量、生活环境等产生重大甚至根本性的影响。《民宿设计》课程在人才培养中可以很好地担负课程思政的功能，结合艺术设计专业特色，课程内容更加关注国家大事、社会时事，结合爱国主义教育和社会主义核心价值观教育，把握历史性及区域性文化资源、美育培育等目标，进行专业教学内容中思政元素的挖掘，充满正能量。

（二）案例相关理论研究及实践探索综述

艺术设计教育教学不仅应当让学生们具备设计相关的专业知识和技能，更应当注重帮助学生们树立正确的职业道德观，培养学生们的社会责任感和人文精神，后者作为德育的一部分更为紧要，影响也更加深远。《民宿设计》是高职院校室内设计专业学生的专业核心课程，它具有很强的实践性和应用性，在整个室内设计专业体系中占据主导地位。本课程案例教学思路及实践探索主要从以下几个方面来展开：

1. 聚焦国家战略，以乡村振兴发展为重要目标进行专业的发展

以民宿的个性化、特色化要求挖掘当地历史、文化和民俗，启发文化创意理念，融入本地文化元素；引导学生在民宿设计中加入新的理念、传播新的生活方式，对乡村文化、艺术审美、生活方式、文明传播发展起到示范效应、提升作用，以促进乡村文化的嬗变和振兴。这样的课程设计既具有强烈的针对性，又有必要的现实关照，可以达到润物细无声的思想政治教育效果。

2. 着力锻炼设计思维，为学生创设团队合作的学习情境

在教学过程中，结合红色文化、精准扶贫，从校地合作和高职院校学生参与当地乡村建设的方式进行分析、研究，并以红色革命老区民宿改造项目进行设计实践，针对革命老区区域特色、红色文化及精准扶贫的开发策略进行深入研究，培养学生团队合作精神和良好的意志品质，构筑职业院校室内艺术设计专业学生参与当地民宿项目设计的实践模式体系。

3. 注重品德教育，提升学生文化素养

专业学习与品德教育相辅相成，为了更好地实现专业人才培养目标，在《民宿设计》课程中以提升学生文化素养、职业道德和专业学习兴趣为重点。通过课程的学习，使学生掌握民宿设计的基本规划原则、特色分类以及对民宿设计功能分区、民宿软装陈设的设计运用能力等，提高对各地域和主题民宿设

计作品的艺术欣赏和评价能力，并能独立地完成民宿设计项目。

4. 增强学生使命感，传承和弘扬红色文化

结合日常生活和红色文化、长征精神，让学生真切感受到民宿文化来源于生活、服务于生活，提升学生的人文素养、职业道德、就业能力以及创新创业能力，培养学生对传统文化的热爱之情，增强学生学好民宿设计的使命感和责任感，传承和弘扬传统文化。

（三）本案例所解决的教学问题

（1）通过课程案例讲授，让学生了解民宿的历史、文化、表现形式及其艺术特色，掌握民宿行业现状和民宿发展趋势。

（2）通过调研、考察、测量、指导等教学手段，使学生初步掌握民宿设计选址的要点、民宿设计原则、筹建规划原则、装修设计要点等内容。

（3）通过翻转课堂、信息技术、实地调研、小组讨论等多样的教学方法，贴近高职学生的生活实际，使知识传授与价值观教育同频共振，使人文教育与思想教育和谐共融。发挥了传统文化的育人作用，在春风化雨、润物无声中把学生培养成德才兼备的设计人才。

二、案例设计

（一）教学理念

让“思政”贯穿整个教学过程，让立德树人“润物无声”，让课程凸显育人价值。

（二）课程教学目标

1. 知识目标

（1）掌握民宿设计的概念、类型及民宿选址。

（2）了解民宿设计的发展状况及最新动态。

（3）掌握民宿设计中元素的寻找、提取及应用与创新。

（4）掌握民宿设计中空间的布局、色彩运用、装饰材料运用、照明及软装设计原则。

（5）全面掌握民宿设计项目的设计程序和完整工作过程。

2. 能力目标

（1）能熟练地收集设计前期所需的基础资料并进行分析。

（2）具备创新思维的理论知识并能结合专业学习熟练应用。

（3）具备较强的实地调研分析、设计规划能力。

（4）具备独立进行民宿设计和表达的能力。

（5）能够通过文字、图片清晰准确地阐述自己的设计方案思路。

（6）能根据设计项目组织团队进行设计任务，有团结协作解决问题的能力。

（三）思政育人目标体系

（1）践行“绿水青山就是金山银山”的“两山”理论。

（2）具备“乡村振兴，守住乡愁”的社会责任感。

（3）养成严谨的工作作风、诚信经营的职业道德，并树立匠人精神。

（4）坚定文化自信的理想信念和社会主义核心价值观。

（5）培育不断进取的创新精神。

（四）课程思政与专业教学内容的融合方式

《民宿设计》教学内容中蕴含有丰富的思想政治元素，在课程中结合社会主义核心价值观的“爱国、敬业、诚信、友善”等方面进行设计，将民宿设计理念与中华传统文化相结合，坚持立德树人和以文化人相统一，有效发挥专业课的育人功能。教师在教学中可结合《民宿设计》课程教学的自身特点和“课程思政”的规律，灵活运用各种教学手段，把《民宿设计》教学中的思想政治教育落到实处，力求挖掘其蕴含的思想政治元素，将“课程思政”的核心——社会主义核心价值观融入教学大纲、教案、课堂等教育教学的各个环节，使“思政课程”与民宿设计教学有机结合起来，实现职业教育。

例如，在课程教学中，针对民宿设计的发展背景，主要从知识点的来源与发展、技术应用、产业与市场与社会生活的关系，从发展背景中发掘思政元素、知识内涵的价值观、哲学、思想、思维、逻辑、情感；在民宿选址学习中，践行“绿水青山就是金山银山”的“两山”理论，帮助学生树立正确的文化意识观念，对民宿地域文化、中国传统文化进行梳理；针对民宿规划设计原则的教学进行爱国教育、友善教育及德育的促进；针对预算报价环节，主要是在材料选择及工程报价方面加强学生的诚信教育和友善教育，可以借助一些相关案例对学生品行进行培育，从而深刻地认识到诚信在人与人交往中的重要性；在设计方案修改优化过程中，精益求精，敬业工作。而在此基础上，可以强化学生的诚信教育、敬业教育、友善教育与和谐发展教育等方面的思政教育，从而通过找到其契合点，最终促进学生对课程思政模式的适应。

（五）特色与创新

本案例以实践教学为切入点，打破了传统的学科理论体系框架，以项目或任务为主线，使教学演变为一个连贯的、实际可操作的业务训练，实现课程教学的“项目化、任务化、实践化”。同时，在项目、任务的教学中，将课程与思政进行融合，充分体现课程的“思政性”。为此，“民宿设计”课程的教学设计结合专业人才培养目标，紧紧围绕“乡村振兴、红色旅游”而展开。在教学过程中，突破学科限制，突出实际工作环境现状与红色文化背景，让学生在教学实践活动的基础上掌握知识，增强课程内容和职业岗位能力要求的关联性，提高民宿行业的敏感度和创新创业能力，为学生从事民宿行业相关工作奠定基础。本课程以专业能力分析和专业标准确定课程的专业能力，以课程“思政”教学为目标，以实际工作任务为引领，以民宿设计实践项目为载体，据此展开设计五个学习项目：民宿背景分析、民宿选址、民宿特色分类、民宿规划设计、民宿软装设计。这些项目蕴含着“两山”理论、乡村振兴、文化自信、匠人精神、创新精神及社会主义核心价值观等“思政”元素。整个教学内容从单纯的技能设计学习层面提高到艺术文化学习的层面，通过创设一定的实践文化情境，增加文化内涵，弘扬民族文化，培育民族精神，加深对设计的社会作用的认识，树立正确的文化价值观。

三、案例实施

（一）课前教学准备阶段

（1）安排学生课前通过文献资料查阅或网络调研了解民宿设计、红色文化、乡村振兴等相关的内容。

（2）收集整理有关文化主题的民宿设计作品和案例。

（二）课中教学实施阶段

（1）在“民宿背景分析”章节教学时，以乡村振兴的案例为背景，融入我国乡村振兴发展战略的内容，结合乡村民宿的行业现状和民宿发展趋势，丰富乡村旅游的专业内涵。通过案例、图片、视频、小电影、微信、提问、讨论等多种教学方法和新媒体，把抽象的“思政”结合到专业课程教学内容中，引发学生的知识共鸣、情感共鸣。在课后，让学生组成团队，开展乡村民宿调研，形成调研报告，分组交流，让学生在社会实践活动中真正体验到民宿为乡村振兴带来的巨大变化，增强乡村振兴意识。

（2）在“民宿选址”章节教学时，设计提问导入：民宿一般会建在什么地方，它们对地理位置和自然环境有什么要求，民宿选址是否需要考虑周边居住人口与交通等问题。学生简单回答后，教师有意识地讲解习近平总书记的“两山”理论的起源、背景，分析在乡村振兴中的意义、价值，让学生领会“两山”理论的精神，了解国家乡村振兴发展战略。在案例分析中，分析完所选民宿案例的合理性之后，师生共同归纳出影响民宿选址的环境景观要素：风景佳、视野好、房屋朝向、山环水绕……最后进行单元项目学习总结时，进一步引导学生牢固树立践行“两山”理论、乡村振兴发展理念，护美绿水青山，换来金山银山，从而实现“绿水青山相依相随，人与自然和谐共生”。

（3）在“民宿特色分析”章节教学时，强调结合本土地域文化，民宿的灵魂在文化、功能在生活，万变不离生活功能，不改文化灵魂。乡村有了历史才有生命，有了文化才有灵魂，有了乡愁才有我们精神栖息的家园。在此章节的教学中，以红色文化为代表，针对某一革命老区，让学生通过文献资料查阅或网络搜集红色文化的相关历史知识及其长征中发生的动人故事，感悟长征，体会党领导下的红军革命英雄主义精神。然后结合当地的红色文化、长征精神，分析这些区域选址在民宿产业对乡村振兴、脱贫攻坚、红色文化传承中的重要影响以及营运现状对红色文化民宿的特点进行分析与讨论。通过创设红色文化情境，增加文化内涵，弘扬民族文化，培育民族精神，加深设计对社会作用的认识，树立正确的文化价值观。

（4）在“民宿规划设计”章节教学时，引导学生明确“极致的细节”“参与感互动”“讲情怀的故事”的三大核心理念。首先，告诉学生在进行民宿规划设计时不能采取标准化布置，而要将硬件设施和服务细节做到极致，让每个住客都能从设计中的每一个小小的细节里感受到民宿主人的良苦用心，感受到家的温暖。其次，在民宿设计规划中，从区位论的角度研究主题民宿在特定场所或空间的组织优化问题，分析气候因素、自然环境因素、文化因素及社区因素等。进一步提出：所有的设计元素造就了最终完整的作品。包括室内家居、装饰艺术、设计符号、造型特点、材料选择及施工工艺等，都要结合主题元素做到在细节上取胜，细节成就完美。同时，在整个民宿规划设计过程中，引导学生充分尊重人性需要，具有专业化意识，才能将民宿业安全、卫生、舒适、方便的基本特性与主题民宿特有的人气、地气、文化紧密结合，为学生养成严谨职业态度和工作作风奠定基础，“树立匠人精神，铸就精彩人生”。

（5）在“民宿软装设计”项目教学时，突出注重创意，强调“一店一品，一宿一格”。倡导创意设计，让每个民宿都能体现经营者对乡村生活的诠释，融入设计者对乡村生活的感悟，满足入住者对乡村生活的诉求，从而实现民宿主题的多样化、住所设计的个性化。在对“民宿软装设计”项目进行学习时，强调因地制宜地将在地文化元素转化为可感知、可触摸、可体验的硬软件产品，为主题民宿注入艺术性、时尚化的美学灵魂。在学习中培养学生的爱国主义情怀和美学情趣，建立文化自信。

（三）课后教学评价阶段

1. 构建“五位一体”的评价体系

本课程案例教学评价模式主要以学生自评、项目组互评、教师评价、设计师点评与业主选评的方式，结合“课程思政”的教学改革，构建“五位一体”的竞争性课程评价考核体系，从职业能力、职业素养等多维度进行评价，实现知识传授、技能训练与素养提升的有机统一，形成课程评价考核机制以及常态化的持续改进机制。

《民宿设计》课程的教学考核，倡导过程性考核、关注评价的多元性，结合课堂提问、学生作业、课程实践、项目设计等考核及考试情况，综合评价学生成绩。围绕“融入乡村振兴，担当社会责任”的课程思政大背景，实施课程作业改革，注重培育学生实践运用能力和创新意识。在每一个章节教学完成后，布置相应的课程单元小作业，例如，如何选择合适的民宿地段与区域；如何通过投入合适的成本与设计，让效果最大化，营造一个极具特色且舒适的民宿空间；主题民宿如何表达等。在进行一系列单元小作业实践的基础上，最后形成期末课程考核大作业——红色文化民宿设计方案，作业课程结束后对学生进行综合评价。通过这样的学习方式，学生学习兴趣浓、成就感高，设计能力明显提升，设计效果令业主满意，同时也提高了学生的获得感和成就感。

2. 突出课程思政的考核评价

《民宿设计》课程在评价中，不论是课程单元小作业，还是最后的民宿设计方案大作业，始终突出“思政”考核元素，并使其在考核评价指标中占据一定比例，以促进学生的职业素养及职业能力的提升，从而启发学生树立担当社会责任的意识，激发他们的爱国情怀。

四、案例成效或经验总结

（一）实施总体效果与成果

《民宿设计》课程改革实施三年多来成效明显，在传道授业解惑和提高学生专业能力的同时帮助学生树立正确的人生观和价值观，增强学生的专业认同感，提高学生的职业素养。把立德树人根本任务贯穿到教学全过程，从“课程思政”的角度把青年人的大局意识向国家政策的层面上引导，树立正确的政治文化意识观念，提高学生的社会责任感与担当意识，进一步创新了课程教学形式、革新了课程教学内容。将中国传统文化艺术形式与课程进行融合，适应引导学生价值观、文化观的正确建立，建立民族自豪感，也使之学生能够正确认识传统文化、民俗文化的魅力并将其传承，让他们有更全面的认知，以传统文化为创作的内容，促成学生对传统文化的感知和认识。

《民宿设计》“课程思政”改革，以点促面使得整个专业学生的思想认识、学习能力、学习态度和学习兴趣等方面都有所提升。近年来室内艺术设计专业共有95位学生通过专升本考试进入本科院校学习；超过260人次获得省级以上学科竞赛奖项。《民宿设计》课程于2020年入选四川艺术职业学院课程思政示范课，同年入选四川省高等学校省级“课程思政”示范课；2021年《民宿设计·红色文化旅游民宿设计》获全国文化艺术职业院校和旅游职业院校“学党史　迎百年”课程思政展示优秀案例。该课程的教学实施得到了校内师生以及校外同行专家的高度关注和认可。通过本次课程建设实践，教师团队得到了很大锻炼和提升。学生的能力在实践及教学中得到锻炼，思维在实践中发展，个性在实践中张扬，更好地促进了同学之间相互学习、相互交流、团结协作，让更多的学生获得了传统文化、红色文化再教育，从单纯的设计学习层面提高到艺术文化学习的层面。更加系统地了解了社会主义核心价值观的内涵与实质，让学生能更加深入地了解中国传统文化、民族文化的博大精深与传承的重要性。

（二）经验总结及改进思路

《民宿设计》课程在教学中，巧妙整合影视作品、优秀案例、本土文化等教学资源，引导学生体验“红色”情境、唤醒“红色”情绪、升华“红色”情感，帮助学生在元素寻找和元素提取的同时，有机汲取“红色”精神。从真正意义上实现道德情感、人生理想的熏陶和提升，培养积极健康的世界观、人生观和价值观。虽然我们在建设“课程思政”教学的过程中取得了一些教学成效，但与“课程思政”建设的要求还有一定距离，我们今后还需改进思路进一步做好以下几方面的工作：

（1）采用教材渗透、课堂教学融入形式，有利于改进思政课建设，提升教学效果，也有利于加强大学生的革命传统教育，进一步坚定学生的理念与信念。

（2）要深入贯彻“以学生为中心”的思想，在课堂教学设计上精益求精，做到层层预设学情，明确学生会什么、有什么不会、每堂课程的教学目的是什么，做到心中有数，以达到最后的教学效果。

（3）课堂教学中要正确处理老师与学生、教学内容与设计的关系，做到不拘泥于教案、不丧失主导作用、不遗忘主体灵动。

（4）加强多种思政题材、文化主题及多元性学习，丰富自身多元的知识结构体系，努力在教学实践中做到学以致用。

（5）自觉反思每一次教学工作及内容，认真记录自己的精彩与失望，积累案例与心得，反馈交流，不断完善。

传承红色基因，融入职业精神
——《旅游电子商务》课程思政案例

所属专业：智慧旅游技术应用、电子商务、旅游管理
案例主题：红色文化进课堂
负 责 人：柳青
工作单位：山东旅游职业学院
参 与 人：唐志国、宋佳、张琳琳、王伟亚
工作单位：山东旅游职业学院

一、案例简介

（一）案例实施背景

在“互联网＋旅游业”背景下，旅游电子商务正处于高需求快发展时期，移动互联网时代更是为旅游电商提供更加快捷的服务供给。《“十四五”旅游业发展规划》中指出，要拓展旅游消费领域，推动旅游电子商务创新，促进线上线下旅游消费优势互补、融合发展。我国旅游电商相关企业约有 60 万家，疫情常态化下，掌握旅游电子商务的新型人才需求数量巨大。《旅游电子商务》课程，既有理论知识传授，又有实践能力培养，同时蕴含有大量的思政教育元素，为培养爱党爱国、有家国情怀、有理想信念、有专业知识与职业素养的复合型旅游应用人才奠定坚实基础。通过本课程的学习，使学生掌握电子商务的基础知识，了解旅游电子商务的基本技术，了解旅游电子商务所处的社会和法律环境，掌握旅游电子商务实践应用。教学对象为高职智慧旅游技术应用、电子商务和旅游管理专业二年级学生，学生思维活跃，喜欢创新，旅游专业基础知识较好，对专业课与自己未来工作的关联度比较感兴趣。

团队组建是来自专业教师、思政教师、行业导师的全员师资队伍，梯队建设合理。主持人承担过文化和旅游部“双师型”师资人才培养项目，团队成员获得“山东学校优秀思政课教师”等荣誉称号。

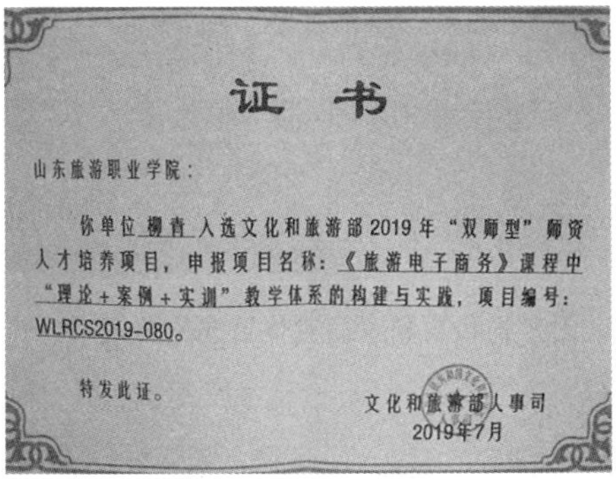

证书

山东旅游职业学院：

你单位柳青入选文化和旅游部2019年"双师型"师资人才培养项目，申报项目名称：《旅游电子商务》课程中"理论+案例+实训"教学体系的构建与实践，项目编号：WLRCS2019-080。

特发此证。

文化和旅游部人事司

2019年7月

文化和旅游部 2019 年“双师型”师资人才培养项目证书

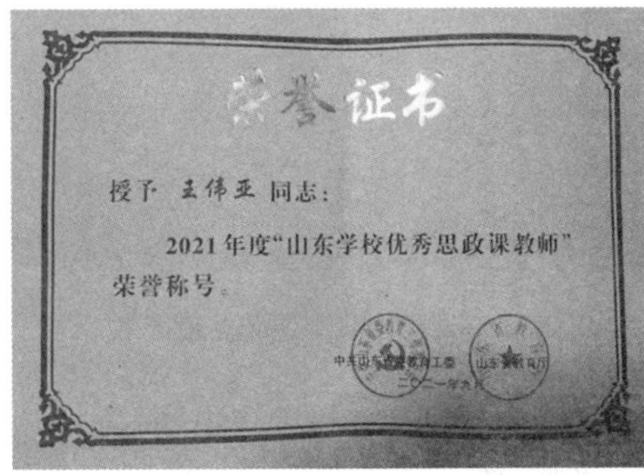

荣誉证书

授予 王伟亚 同志：

2021年度“山东学校优秀思政课教师”荣誉称号。

山东学校优秀思政课教师荣誉证书

（二）案例相关理论研究

在课程思政的发展理念和建设方面，国内学者做了大量研究，但细化到旅游专业和电商专业的课程思政研究还比较少，且多集中于理论研究，缺少实证研究。庞振华（2021）、文求实（2020）、李立威等（2021）等在电商专业层面探讨了课程思政教学改革的举措，包括更新教学理念、建立多元化教学内容、采取先进的教学方法、与系部党建工作结合等，旨在进一步提升高职院校电商专业思想政治教学水平，培养出具有高综合素质的专业型人才。陈磊等（2021）在确立旅游电子商务课程思政教育目标的基础上，梳理了旅游电子商务课程思政映射点。

本案例理论实践双结合，思政课题结硕果。立项课题《高职院校基层党支部党建引领下的“三全育人”路径研究》及《新时代高职院校基层党建工作质量提升的路径研究》等。团队相关理论研究近三年获得山东省教育科学研究优秀成果二、三等奖，山东省高校优秀科研成果三等奖，优秀论文一等奖 2 项、二等奖 1 项等。

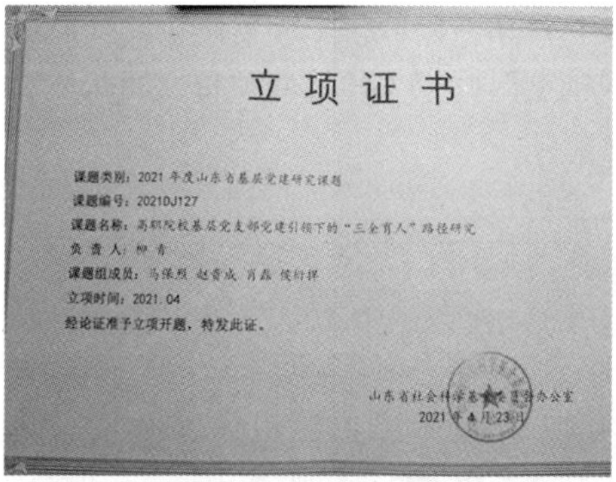
立项证书

课题类别：2021 年度山东省基层党建研究课题

课题编号：2021DJ127

课题名称：高职院校基层党支部党建引领下的"三全育人"路径研究

负责人：柳青

课题组成员：马保烈 赵贵成 肖磊 侯衍祥

立项时间：2021.04

经论证准予立项开题，特发此证。

山东省社会科学基金规划管理办公室

2021 年 4 月 23 日

山东省基层党建研究课题立项证书

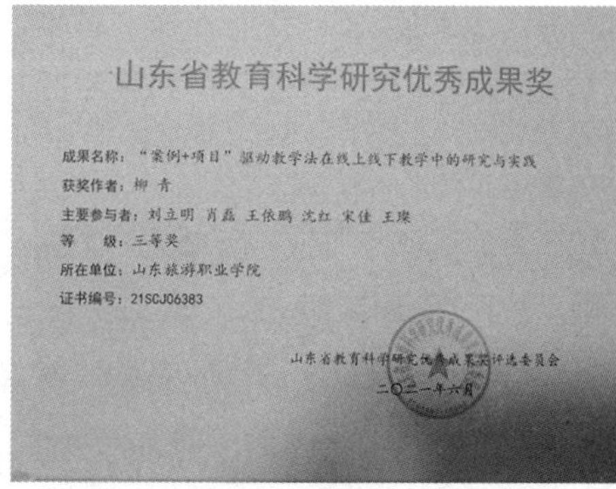
山东省教育科学研究优秀成果奖

成果名称："案例+项目"驱动教学法在线上线下教学中的研究与实践

获奖作者：柳青

主要参与者：刘立明 肖磊 王依鹏 沈红 宋佳 王琛

等　　级：三等奖

所在单位：山东旅游职业学院

证书编号：21SCJ06383

山东省教育科学研究…评选委员会

二〇二一年六月

山东省教育科学研究优秀成果奖证书

（三）案例实践探索综述

很多学者以一门专业课程为例进行课程思政的实践探讨。陈美璘（2020）以《酒店管理概论》课程为例，从课程思政的教学目标与融入点的角度，探索了旅游专业课的课程思政实践。桂林学院旅游管理专业自 2019 年起通过深入红色旅游景区开展实践教学，将专业课程特点与思政元素紧密结合。刘组（2021）以旅游电子商务运营课程实验为例，探索了应用型本科旅游管理专业实训课程改革与实践。马欢、孙宜龙（2020）、曾婷（2020）、陈晓琴（2021）等对《电子商务概论》课程归纳了改革路径，即组建教师团队，构建完善的课程思政教学体系，设计课程思政教学内容。

在实践探索上，本案例引入红色旅游创意策划大赛和第一、第二课堂融合项目，打通"学—做—研—赛"。例如，在讲到旅游攻略主题时，带学生参观李清照纪念堂、辛稼轩纪念祠和解放阁，以家乡名人为榜样，在实践活动中穿插课程思政。团队成员近年来获得山东省高校思政课教学比赛三等奖、山东省职业院校应对疫情优秀教学案例二等奖、山东省研学旅行大赛奖项等。学生近年来获得山东省高校宪法演讲比赛三等奖、跨境电商创新实践大赛全国总决赛一等奖、挑战杯山东省大学生创业计划竞赛铜奖等优异的比赛成绩。

山东省高校宪法演讲比赛三等奖获奖证书

跨境电商创新实践大赛全国总决赛一等奖证书

（四）本案例所解决的教学问题

（1）构建《旅游电子商务》课程思政建设总体设计。科学设计专业课程的建设目标、建设任务、建设内容，进行课程大纲的修订、思政元素的挖掘，形成《旅游电子商务》课程思政主题和主线，建立确实可行的完整课程思政设计。重点解决课程思政元素和融入路径、课程思政评价体系和保障机制的问题。课程思政融入路径包括：案例、实训、职业经理人进课堂、职业角色体验方案实践项目，组织开展第二课堂活动，参加各类大赛，开展景区实践活动、红色旅游主题推广、乡村旅游电商助力乡村振兴。

（2）实施"案例教学法＋项目教学法＋情景模拟法"的教学方法。对接课程思政目标，构建由时事新闻、企业人物传志等类型多元的思政素材案例；围绕知识目标与课程思政目标，引入真实项目需求，以项目为主线、教师为引导、学生为主体推进项目实施；设置旅游业从业者、旅游者、试睡员、网红、旅游达人等多元角色，融合文明旅游、红色旅游、旅游扶贫等专题构建场景，提升学生学习的积极性、主动性。这些教学方法的有机融合，保障了课程育人效果。

二、案例设计

（一）教学理念

（1）多维元素融思政，思政育人全过程。课程中，如春风化雨般融入包括文明传承、红色文化、乡村振兴、爱国主义、抗击疫情、信息安全、职业素养、劳动精神、工匠精神等多方面思政元素。把思政内容融入线上和线下教学，以全方位、全角度、全过程的融通思想指导我们的课程教学活动。

（2）课程团队双建设，思政技能同提升。推动以课程思政为目标的课堂教学改革，要发挥专业教师课程育人的主体作用。定期带领团队成员集体备课，认真打造每一节课、每一个知识点，细致地把思政要素融入知识和技能的讲解之中，以技能带思政，以思政促技能，达到互相促进提升的目的。团队积极参加课程思政学习培训，集体学习和个人培训相结合，汇报讨论提高团队课程思政水平。

（3）将课程思政改革建设落到实处。融合课程知识学习与价值引领，从教学目标、教学内容、教学方法三方面有效落实课程思政改革建设。结合科学的育人措施，培养高素质、高质量的综合性人才，让学生在专业领域和思想政治方面同向同行。

（二）课程教学目标

1. 知识目标

（1）了解旅游行业发展知识和技术现状，掌握旅游电子商务基本知识和法规。

（2）掌握旅游网络营销的方法和技巧、旅游网店设计与经营的相关知识。

（3）掌握旅游电子商务网页制作、网站维护与开发的相关知识。

（4）掌握酒店客房、景区门票、度假产品的线上预订的流程和注意事项。

2. 能力目标

（1）具有多渠道获取旅游市场信息、使用旅游电子商务平台的能力。

（2）具备旅游电子商务网站、网页和多媒体制作操作能力。

（3）具备对旅游信息和数据搜集、处理和管理的能力。

（4）具备旅游网络营销以及能够使用微信、微博、抖音等媒体进行景区网络营销的实践操作能力和网络零售应用能力。

3. 素质目标

（1）具有良好的思想品德、较强的社会责任感、荣誉感和进取精神。

（2）养成独立思考问题、自主探究、分析问题、解决问题的学习能力。

（3）崇德向善、诚实守信、爱岗敬业，具有工匠精神、职业能力和素养。

（4）能够进行有效的沟通协调、分工协作，具有团队协作能力。

（三）思政育人目标体系

（1）充分挖掘疫情防控中的思政元素融入课堂教学，突出疫情防控知识、爱国主义、信念与信仰、敬畏生命、责任与感恩等教育。

（2）提炼课程中蕴含的文化和价值观，“爱国、敬业、诚信、友善”的社会主义核心价值观将其转化为个人品格，强化家国情怀。

（3）树立互联网安全意识，提升学生对我国企业信息化发展的荣誉感，增强民族自信心和使命感。

（4）通过完成 ERP 业务全流程实践，培养学生 ERP 工程师的工匠精神，提高专业综合素质。

（5）应用旅游市场网络营销方法，推广红色旅游主题产品，让学生能够铭记历史，继承和发扬革命先辈优秀的爱国主义精神和品质。

（6）遵守和熟悉旅游行业法律法规，培养诚实守信职业道德，提升职业素养和服务意识，加强学生职业精神和职业信念的培养。

（7）提高动手能力和团队协作能力，体现团结友善，增强团队合作意识。

（四）课程思政与专业教学内容的融合方式

（1）案例融入。将教学过程中的知识点用最新的工作案例和经典教育案例代替，将选择的教学案例以喜闻乐见的形式呈现，融入爱国教育、集体观念、民族优秀文化，来增强学生的民族自豪感。在进行景区的网络营销实践时选择红色景区，弘扬中国共产党的革命精神。

（2）实践融入。在实践活动当中穿插爱家乡、爱国主义方面的课程思政。例如，暑期带学生参观台儿庄大战纪念馆，在实践活动当中穿插了革命精神和爱国主义方面的课程思政。

（3）比赛融入。以全国大学生红色旅游创意策划等大赛为平台，聚焦山东省红色旅游资源，创新红色研学旅游线路设计和红色旅游景区微视频拍摄推广，通过“挑战杯”山东省大学生创业计划竞赛培养学生创意精神，并为家乡做贡献。

学生研学实践

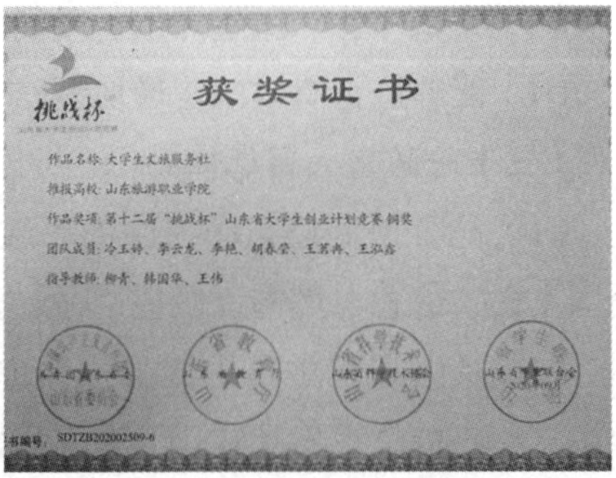

山东省大学生创业计划竞赛铜奖

（五）特色与创新

深入将思想政治教育和专业教学有机融合，在案例、实践、比赛当中融入红色资源、革命精神、职业精神、爱国主义方面的课程思政。通过举办“红色精神”为主题的电子商务创新创业赛事，打造关于旅游电子商务课程中思政相关主题网页，教师在课堂教学和第二课堂中深入挖掘思政元素，并建立阶段性培养考核制度和综合考评反馈机制。将思政元素融入数字化资源中，包括学习通 App 省级精品资源共享课程《旅游电子商务》、学银在线开放课程《旅游电子商务》、多媒体课件、网络营销案例库。

三、案例实施

案例实施措施一览

阶段	时间	实施重点	阶段性成效	不足及改进
一、挖掘思政元素	2021 年 1 月	挖掘主要思政元素：职业道德、爱国主义情怀和社会主义核心价值观、集体主义、红色文化、乡村振兴、抗击疫情、职业道德、中国传统文化、劳动精神、工匠精神、团结和友善等	《中华人民共和国电子商务法》的相关知识，使学生在从事旅游电子商务工作时知法、懂法、守法，遵守职业道德，按照规定运营。通过我国电子商务的快速发展取得的成绩，提升对我国科技实力的自信心，增强四个自信、民族自豪感。在景区电子商务中，加入脱贫攻坚、乡村振兴发展的可喜成果，网络营销中加入创新思维、明礼诚信、合理使用网络，保证旅游电子商务网站网络安全，培养美育、安全法律、网络安全、信息安全和自我保护	改进：思政元素数量罗列较多，缺少相互之间的增进关系。思政元素划分重点和非重点，重点思政元素要层层递增地融入

续表

阶段	时间	实施重点	阶段性成效	不足及改进
二、确定思政目标	2021年1月	把握“十四五”规划中提出的中国发展的整体目标，依据专业定位和专业特色，制定了《旅游电子商务》的课程思政教学目标、改进了人才培养方案以及教学大纲和教案	概括了8个思政目标，分散到每节课中1~2个思政目标。结合知识目标、能力目标和素质目标，增加每节课的思政目标。在授课的时候，不仅考虑专业知识的教学，同时能对专业知识素材所蕴含的思想政治教育元素进行深入挖掘，构建课程思政一体化教学目标。专业课思政目标以培育科学精神、爱国情怀和职业道德为主线	改进：挖掘提炼专业知识体系中所蕴含的思想价值和精神内涵，科学合理拓展专业课程的广度、深度和温度
三、选择融入路径	2021年1月	融入课堂教学各环节，课程思政作为课程设置、教学大纲核准和教案评价的重要内容，落实到课程目标设计、教学大纲修订、教材编审选用、教案课件编写各方面，贯穿于课堂授课、教学研讨、实验实训、作业论文各环节	课堂教学中，利用案例式、以问题为导向的启发式、项目设计等教学方式，启发学生主动思考。教师设定典型案例，融合思政元素，学生采用辩论演讲、项目报告等方式来提高学习主动性及兴趣。以电子商务行业负面案例为融入点，培养诚信意识。在实训模块融入课程思政，如旅游电子商务交易实训任务，融入网络安全、法律法规。通过顶岗让学生对酒店、景区及旅行社电子商务相关工作职责有较为深入的了解，培养爱岗敬业和职业素养。积极参加各类竞赛，培养学以致用的科学精神和创新意识	改进：深入推进现代信息技术在课程思政教学中的应用。围绕课堂思政主线，指导人才培养方案修订和完善，使之更适应新知识与技能，以及学生心理发展需求
四、建设在线课程资源	2021年2月	深入挖掘思政教育资源，优化课程思政内容供给，将这些内容融合到课件中，录制成微课，设计到线上的讨论、作业和试卷中	从课程体系、教学大纲等多方面进行精心设计，根据每节课的知识点，构建与之相适应的课程思政案例，并建立思政案例资源库。建设线上课程尤其是结合思政课程的资源。校内校外互融通，企业培训资源补充到课程在线资源中。形成课内课外、线上线下全方位的专业教育与思政教育资源	改进：探索多种思政展示平台和模式，引领学生使用手机App、公众号推文、新媒体平台等多种学习交流
五、线上线下混合式教学	2021年3—6月	统筹线上线下教学资源，大力推进混合式、问题式、案例式教学改革	思政进课堂，引发了课堂教学的深入改革，通过线上线下双管齐下，打通课前、课中、课后思政教育的全时通道。本课程经过一学期的实践，初步在旅游管理专业学生间树立了良好的口碑和稳定的思政教育效果	改进：以课程为单位建思政案例库具有狭隘性，可以按专业建思政案例库

续表

阶段	时间	实施重点	阶段性成效	不足及改进
六、第二课堂	2021年5—6月	广泛组织开展大讲堂、社会实践、志愿服务等活动，将“读万卷书”与“行万里路”相结合，构建双课堂协同育人机制	组织和引导学生积极参与和体验教学活动，促进价值观内化。山东旅游职业学院暑假开展党史在山东活动，同学们通过拍摄图片和视频、设计旅游线路、讲解红色故事景点等活动展示16地市红色印记。思政融入课内与课外，显性与隐性教育相结合	改进：丰富第二课堂的内容，用好网络，增强课程思政的传播力、吸引力和感召力
七、课程评价	2021年7月	采取线上评价与线下评价相结合，教师评价与学生互评相补充，知识评价与思政评价于一体的考核评价体系，重点考核学生的技能和品性。课程评价体系分为过程性评价和综合素质总评价两部分	在过程性评价中针对学生学习过程中“德、能、勤、绩”等多方面表现进行考核，主要体现在课堂表现、出勤率、实验报告等考核；在综合素质评价中重点考核学生在掌握专业知识技能的过程中，是否树立了正确的价值观、世界观和人生观。旅游电子商务课程融入课程思政教育，从多方面培养了学生立德树人、诚实守信、自主创新的正确三观，帮助他们提高灵活运用理论结合实际的能力，培养勇于发言、独立思考的精神	改进：从教学内容、教材选择、教学方法、教学效果等方面加强对课程思政效果的综合评价，自评和他评相结合
八、教师培训	2021年8月	教师通过学习强国和专题培训进行学习和提升，把握党和国家的政策方针舆论导向，加强思政技能双融通，提高师德师风素养	教师业务能力速提升，科研奖励倍增收。专业课教师提高自身政治素养，技能融思政，思政促技能，提高了自身业务素质和师德师风的建设水平。通过集体备课，打造一支技能和思政双过硬的主力军，实现全员、全方位、全过程的课程思政实施保障	改进：继续加强课程思政的教学科研工作，探索多角度项目研究、课题申报和实践探索
九、推广示范	2021年9月至今	由点到面全员参与，对外开展课程思政教学能力培训，大力推广课程思政建设先进经验和做法	围绕爱国主义、家国情怀、文化素养、法治意识、道德修养、工匠精神和职业道德等重点内容，在教学体系、课程教学、教学方法、教师发展、教学质量监控等方面推广课程思政建设经验	改进：线下到线上扩大受益面，打造省内课程思政教学标杆
十、第2期线上线下混合式教学	2021年9月至今	围绕我校办学理念，制订线上线下相依托，课前、课中、课后相贯穿，思政理实践相结合的课程思政实施方案，构建了思政全方位融入的课程实施体系	课堂思政实施效果显著。在课程思政教育之下，学生在技术技能和理论掌握上更为扎实和丰富，学习积极性更高，教师不断挖掘多种思政资源，课堂更加丰富，企业对学生的整体能力更加满意，对学生的德行评价更高，学生的就业率显著提升。学生家长反响很高，认为学校办学扎实，思路清晰，培养的学生思想硬、技能高、素质好。该课程实施过程中，团队成员全员参与，涵盖课程专业教师、教辅管理人员和专职思政教师	改进：构建公共基础课、专业课、实践课“三位一体”，分层次、立体化的课程思政教学体系，继续探索适合的教学模式、方法和手段

课程思政教学实施情况

思政元素	思政融入教学章节内容	思政教学融入路径	课程思政教学成效
一、职业道德与法律意识	旅游电子商务概述、旅游电子商务安全	结合时事案例导入，采取小组讨论、辩论赛、企业家进课堂、经理角色扮演多种形式	学生认识到遵守和熟悉旅游行业法律法规的重要性，培养学生具备正确的职业观，精进服务技能
二、服务意识与工匠精神	酒店电子商务、旅行社电子商务、景区电子商务、旅游电子商务客户关系管理	分角色扮演服务客户；操作 ERP 业务全流程实践，让学生总结工匠精神的内涵，小组汇报；增加课程内思政内容作品设计大赛，互赏互评，找缺点、改问题、查漏洞、熟技能	整个课堂上都积极参与讨论，极大地提高了学生的学习兴趣，培养了学生的服务意识和精益求精的工匠精神。培养学生 ERP 工程师的工匠精神，提高专业综合素质
三、红色教育、爱国主义教育	景区电子商务、旅游电子商务网站的建设、旅游电子商务网络营销	在进行景区电子商务讲解、网络营销实战和网站建设时，选择红色资源作为案例和实践对象，突出红色革命精神。在实践活动中穿插历史教育、爱家乡、爱国方面的课程思政	推广了红色旅游主题产品，传播相关的革命历史知识，弘扬了中国共产党的革命精神，感染和激发学生的爱国情怀。以家乡名人为榜样奋发图强，培养学生爱家乡，投身家乡建设的情怀
四、家国情怀与和价值观	景区电子商务、旅游电子商务网络营销	利用“中国后疫情时代”“绿色青山就是金山银山”等话题引导学生发表自己的观点。开展红色研学旅游线路设计比赛和红色旅游景区微视频拍摄推广等实践活动	合理嵌入时政议题，增强课程思政的时代特征。让学生了解国家技术实力、中国文化，增强四个自信，并勇于创新，主动践行社会主义核心价值观
五、信息安全意识	旅游电子商务网站的建设、旅游电子商务安全	让学生搜集网络不安全、信息泄露的案例，并分析原因和危害	帮助学生树立互联网安全意识，认识到国家信息安全的重要性，提升学生对我国企业信息化发展的荣誉感
六、团队合作与沟通能力	旅行社电子商务、旅游电子商务网站的建设、旅游电子商务网络营销	通过项目驱动，引领学生完成小组任务，锻炼其团队与沟通能力	在小组活动中锻炼了沟通合作能力，培养了集体观念。提高动手能力和团队协作能力，增强了团队合作意识

续表

思政元素	思政融入教学章节内容	思政教学融入路径	课程思政教学成效
七、自我规划与抗压能力	项目实施后的自评与互评的评价模式	通过学生自评与互评完成评价过程，明确个人职业发展目标	通过自评锻炼学生自我反思意识，互评帮助学生勇于面对压力，为个人职业发展不断努力
八、疫情防控奋斗奉献	旅行社电子商务、景区电子商务	国内外疫情对比，观看防控视频，向疫情逆行者致敬，发表感想	增强了信念与信仰，学生更加敬畏生命，感到肩负的责任，负重前行，懂得感恩

四、案例成效或经验总结

（一）实施总体效果与成果

《旅游电子商务》教学团队积极探索课程思政实践路径，将“思政元素”有机贯穿教学内容，融合第一、第二课堂，充分发挥课程育人效能，课程知识、能力、价值目标与思政目标同向同行，充分发挥专业课程主渠道育人功能。从课堂内外表现和课程考核过程来看，学生的知识水平提高明显，学习技能和方法有较好的提升，课程思政的教学效果已呈现，学生人才培养效果良好。

（1）起到较好的示范辐射作用。《旅游电子商务》被评为首批山东省职业教育课程思政示范课程，为其他专业课程体系开课程思政建设起到了良好示范作用。本课程思政建设项目基于超星尔雅（MOOC）平台持续推进课程资源开发，课程示范教学包被150所单位广泛使用，为省内外其他院校同类课程教师提供教学资源。主持人在山东省职业教育教学名师工作坊直播讲堂主讲的《一线教师如何进行专业课的课程思政》，全国累计在线观看人数8500余人次。

（2）教科研成果丰硕。万名旅游英才计划——“双师型”教师培养项目：《旅游电子商务》课程中“理论+案例+实训”教学体系的构建与实践；山东省教育科学“十四五”规划课题：电子商务专业课程思政改革研究与实践；山东省教育教学课题：新旧动能转换背景下工匠精神融入旅游职业教育研究；山东省文化和旅游厅课题：充分用好红色资源开展高校党史学习教育研究；山东省教育厅职业教育教学改革研究项目：旅游类精品在线开放课程建设路径和应用研究等。

示范教学包引用情况

名师工作坊直播海报

（二）经验总结

选择思政元素方面，深挖本课程自身特色和优势，提炼课程中蕴含的文化和价值观，将其转化为家国情怀、个人品格和科学观的具体内容，实现《旅游电子商务》课程与思想政治理论课同向同行，形成协同效应。这门专业核心课程融入旅游法治意识、职业素养教育、爱国教育、红色旅游、乡村振兴等思政元素，在教学过程中潜移默化地传递情感态度价值观。

改革课程评价方面，加强对学生课堂内外、线上线下学习的评价，在评价内容上增加思政效果评价，将学生的政治思想、精神素养、道德情怀、团队精神等纳入课程考核，从偏重结果的终结性考核转变为关注学习过程的形成性考核，落实到课堂测试、课后作业、中期检查、期末考试中，明确各过程考核环节的成绩权重和评分标准，完善学生学习过程监测、评估与反馈机制。

（三）改进思路

采用线上线下、双元育人的混合式教学模式，专业紧密对接产业，实现了产教融合。录制更多融入课程思政的微课，完善“学银在线”课程资源，以期向更多的旅游业基层从业人员、校外学生免费开放，为切实提升旅游业从业人员综合素养发挥效力。

拓展第二课堂项目开发，通过“红色旅游线路设计”“旅游促乡村振兴”等实践项目，有效促进课程实践项目成果的社会效益。进一步增加课程思政题材作品的创作，指导学生用高尚的品格和扎实的技术安排自己的学习计划、进行职业规划。

注意课堂上，课程思政时间和专业知识教学时间之间的分配，增加了课程思政环节，就要优化教学设计，注重课程思政的融入点和知识点技能点有机结合，达到课程思政潜移默化。

加强校企课程思政建设交流，引入企业参与课程建设的同时，要求企业注重学生品性、品德的建设。

搭建数字展馆，体验红色之旅

——《研学旅行专业》课程思政案例[①]

所属专业：研学旅行服务与管理

案例主题：红色文化进课堂

负 责 人：丁国浩

工作单位：浙江旅游职业学院

参 与 人：邓德智、刘建明、徐先奎、卢璐璐

工作单位：浙江旅游职业学院

一、案例简介

（一）案例实施背景

习近平总书记在全国高校思想政治工作会议上强调，要用好课堂教学这个主渠道，各门课都要守好一段渠、种好责任田，使各类课程与思想政治理论课同向同行，形成协同效应。近年来我国各高校纷纷行动，对课程思政问题进行了不懈的理论和实践探索，取得了一系列重要成果，高校课程思政建设初见成效。如何进一步把红色旅游资源所蕴含的丰富思政育人元素有机深度地融入各门课程教学之中，构建具有旅游特色的课程思政体系，是每位旅游教育工作者应该深入思考的一个重要问题。

研学旅行在国内是近年来兴起的一种教育创新形式和旅游教育的一个新兴专业，其发展迅速但仍处在初级阶段，面临着一系列的发展瓶颈和问题。其中，如何处理好"旅"与"学"以及"学"与"育"之间的脱节和矛盾，是推动研学旅行及其专业健康发展的关键问题。

① 本案例是2022年浙江省教育厅高校课程思政教学研究项目"基于数字化红色展馆的研学旅行专业课程思政教学研究"的阶段性研究成果之一。

当前，随着党中央对红色基因传承与红色资源开发的高度重视，各地正掀起一股红色旅游新热潮，红色旅游方兴未艾。可以说，红色旅游与研学旅行的深度融合发展正当其时，这既是研学旅行发展的重要内容和领域，也是解决其专业发展问题的重要途径和方法。因此，深入研究和探索红色旅游资源深度融入研学旅行的课程思政教学问题无疑具有更加重要而深远的理论意义和实践价值。

浙江旅游职业学院是一所以旅游教育为特色的省部共建高水平职业院校。作为中国特色高水平高职学校和专业建设单位、全国旅游类唯一国家优质专科高等职业院校、国家示范性骨干高职院校，在结合自身的学科平台优势和现实资源基础上，建设了一个集各类红色旅游资源于一体的综合性数字化“红色之旅”主题展馆。

浙江旅游职业学院“红色之旅”主题馆在充分挖掘全国各类红色旅游资源的基础上，以数字化展示的方式，利用多媒体、声、光、感应投影、动感体验、跟随移动屏讲解、VR体验等技术手段，充分展现全国各类红色主题的旅游教育教学资源。作为全国高校首个“红色之旅”主题展馆，本馆致力于打造红色文化和党性教育的基地、爱国主义教育的示范窗口以及思想政治理论教学的全景式虚拟仿真实验室，也是浙江旅游职业学院开展学生红色研学旅行教育和课程思政建设的一个重要基地和平台。

“红色之旅”主题馆的建设和使用，为本案例的实施和探索创造了重要条件。正是在此基础上，浙江旅游职业学院逐渐探索形成了基于红色旅游资源场馆的虚拟仿真体验式研学旅行课程思政教学的实践案例和相关成果。

（二）案例相关的理论研究及实践探索综述

红色研学旅行的相关理论和实践是本案例探索的理论与实践基础。红色研学旅行是以红色旅游资源为载体的研学旅行，而传统的红色研学旅行是以实地的红色旅游为基本形式和载体的一种实践性教学。目前，关于红色研学旅行与本案例相关的研究主要体现在以下几个方面：

一是关于红色研学旅行的作用意义、组织实施及存在问题的研究。主要研究红色研学的重要意义（吴涛，2017；陈如平，2018；王叶，2021），以及红色研学实践发展的现状、问题与对策等（刘庆伟等，2018；郑珊珊等，2018；王伟年，2019；何锹渝，2020；王晶，2021）。

二是红色研学旅行的课程开发研究。研究者普遍认为，红色研学旅行的课程开发在目标上应落实立德树人作为根本任务，在内容上应深挖历史题材和红色内涵，在实施上应强调以学习者为中心的主动性、开放式、探索式学习，注重研究性、体验性和情境性教学等（王凯圆等，2021；车云等，2021）。另外，具体的相关研究主要包括课程、活动及产品的设计策划等（陈胤丹，2017；范妮娜，2019；成宏峰，2019；吴珂，2019；田甜，2019；官长春，2020；王玉功等，2020；韩一武，2020；胡晨曦，2020；辛海超，2021）。

三是关于各地红色研学资源开发和基地建设问题的相关研究。其中，红色研学的资源开发主要涉及开发模式、路径、评价、可持续发展、吸引力提升策略等（陈晓艳，2019；刘卿文等，2019；朱丽男，2019）；而基地建设主要涉及其类型要素、建设与管理服务措施等问题（李倩等，2018；秦潇潇，2019；付金梅，2021）。

以上关于红色研学旅行的相关研究和探索成果，为本案例提供了重要的基础和借鉴，但目前的研究大多是针对红色旅游目的地的传统研学旅行研究，而对基于红色旅游资源场馆在信息技术支持下的红色研学成果甚少，同时由于高校研学旅行专业开设的时间较短，因此对于在课程思政背景下的研学旅行相关研究也很少，这为本案例的探索提供了更为广阔的研究与创新空间。

（三）本案例所解决的教学问题

研学旅行（包括红色研学旅行）专业教学是一个较为复杂的教学实施过程，它所涉及的要素较多，需要有一个系统有效的组织实施体系作为保障。由于我国的研学旅行事业尚处在初级阶段，各个地方和高校的发展水平不平衡，目前还存在着以下几个影响研学旅行专业教育教学发展的主要问题和矛盾需要认真加以解决：一是研学旅行专业教育的实践实训问题；二是研学旅行实践活动的安全保障问题；三是研学旅行活动的资金保障问题；四是研学旅行教育的基地建设问题；五是研学旅行活动的人员组织和管理问题；六是研学旅行有效的课程设计与实施问题等。

从课程思政的角度来看，本案例的实施有助于解决红色研学的实践教学和实训教育基地的建设问题，有助于解决红色研学旅行活动的组织实施和人员管理问题，也有助于解决红色研学旅行的课程设计及其有效落实，起到促进研学旅行课程教学与虚拟仿真红色旅游资源的有机融合，从而推动研学旅行课程思政的有效开展。

因此，本案例在深入探索红色旅游资源深度融入研学旅行课程思政教学的同时，也致力于努力解决研学旅行专业发展中存在的以上几个重要问题，并就进一步促进红色研学旅行的发展进行相关的经验积累和实践探索。

二、案例设计

（一）教学理念

本案例作为基于红色旅游资源场馆的虚拟仿真体验式研学旅行课程思政教学探索案例，是把虚拟仿真的体验式教学方法和理念深度融入红色研学旅行教学之中，坚持“价值引领、虚实结合、旅学并济、教学相长”的教学理念。

所谓“价值引领”，就是要坚持育人为先，加强对学生进行思想价值的引导，培养学生良好的思想道德品质和政治法律等素养，让学生成为一个全面发展的人；所谓“虚实结合”，就是要把真实的研学旅行教育与虚拟的红色旅游资源及其思政元素相结合，积极开展课程思政教学；所谓“旅学并济”，就是要把研学旅行教育的“旅”和“学”“学”和“育”能够很好地融合起来、统一起来，从而有效推动研学旅行专业教育的健康发展；所谓“教学相长”，就是在研学旅行专业的教育教学过程中要充分发挥教师和学生的两个主体性、积极性，教与学两方面相互促进，共同提高，不断进步。

本案例在这一理念指导下，把红色研学与研学旅行课程思政建设相结合，积极探索在课程思政背景下的研学旅行教育教学的发展模式和具体实施体系。

（二）课程教学目标

本案例以研学旅行的专业核心课程《研学旅行指导师实务》为课程载体，该课程的具体教学目标包含知识目标、能力目标和职业素养目标三个方面。

1. 知识目标

通过本课程的学习，使学生认识到研学旅行是融社会调查、参观访问、亲身体验、集体活动、同伴互动、文字总结为一体的综合性社会实践课程；研学旅行课程由前置课程、体验课程、拓展课程构成；研学旅行辅导员是集研学导师、导游、安全员于一体的综合性岗位。

2. 能力目标

通过本课程的学习，使学生基本掌握研学旅行课程设计与开发、一日课程行程方案设计与实施、研学辅导员工作实施流程等，能按照确定研学旅行主题、选择环境、调研和设计活动、课程演练和节点控制、课程实施和评估研学旅行课程设计开发的步骤进行研学旅行课程的设计；能按照研学辅导员工作流程的要求完成研学任务的组织与实施。

3. 职业素养目标

通过此课程的学习，使学生对相关的旅游资源和旅游文化有更深一步的认识，便于应用在研学旅行课程的开发和研学过程中的使用和讲解；并逐渐掌握能够从事中小学课外实践指导、研学旅行导师、研学旅行课程开发、研学活动策划、研学基（营）地接待、研学旅行营销推广、研学旅行安全管理等方面相关的基本技术和技能。

（三）思政育人目标体系

根据研学旅行管理与服务专业的人才培养目标，研学旅行人才的培养目标和市场对专业人才的素养要求，我们可以从个人素养、知识储备和职业能力三个方面来构建和培养。本案例从课程思政的视角来看，学生这三方面的能力素质具体应该包括以下一些目标要求，这也是本课程的思政育人目标体系：

个人素养方面，培养学生具备良好的思想政治和道德素质，并具有良好的人文素养、职业道德、创新意识、团队精神以及精益求精的工匠精神等。

知识储备方面，让学生更加深入了解红色文化和革命历史，对红色旅游资源具有较丰富的知识储备，并掌握对各类红色资源进行解读和介绍的能力。

职业能力方面，让学生掌握红色研学旅行的具体活动策划和课程设计，具有红色研学活动的组织实施、教育引导和管理服务的能力。

（四）课程思政与专业教学内容的融合方式

本课程把基于红色旅游资源的红色研学活动与研学旅行专业课程建设相结合，充分利用浙江旅游职业学院“红色之旅”馆的红色旅游资源优势，把研学旅行专业的课程思政建设深度融入基于“红色之旅”馆的虚拟仿真体验式红色研学基地教学过程和活动之中，努力实现本案例课程思政与专业教学内容的深度融合。

具体而言，在教学过程上实现课前、课中和课后的全过程融入；从教学形式上要实现理论教学、实践教学和拓展教学的全领域融入；在内容上是通过体验式教学、情景式教学和案例式教学的方式，实现课程思政与专业教学的内嵌式融入，实现课程思政元素与专业教学内容的全景式、全过程和全要素的深度融合，努力培养在研学旅行领域全面发展和具备高水平专业技能的高素质人才。

（五）特色与创新

本案例探索具有以下几个重要的特色与创新：

一是把虚拟仿真的体验式教学理念和方法深度引入研学旅行及课程思政的教学之中。

二是通过红色文化研学旅行的教学内容实现了研学旅行的专业教学与课程思政教学的深度融合，两者既相互融合又相互促进。

三是通过建设数字化红色旅游资源场馆的方式，创新了研学旅行的教育教学途径，既为研学旅行专业发展奠定了实践实训的重要基地，也为研学旅行的课程思政教学提供了重要平台，促进了研学旅行的专业建设与课程思政的融合发展。

四是在课程思政与专业教学内容的融合方式上，通过以红色研学为主线，以案例教学、情景教学和体验教学为基本手段，探索实现了课程思政与专业教学内容的全景式、全过程和全要素的深度融合方式。

三、案例实施

研学旅行管理与服务专业是教育部公布的高等职业教育2019年增补专业之一，教育部新增这一专业反映了旅游市场的人才需求变化，而推进研学旅行专业人才的培养也成为迫在眉睫的重要任务。研学旅行管理与服务作为一个新兴专业，它的专业建设和课程建设都亟待进一步加强和完善。

研学旅行管理与服务专业的专业核心课程主要包括《研学旅行概论》《研学旅行指导师实务》《研学旅行课程设计》《研学旅行教育理论与实践》《研学旅行基（营）地服务与管理》《研学旅行安全管理》《研学旅行市场营销》《研学旅行政策与法规》等专业课程。本案例主要以《研学旅行指导师实务》课程作为课程思政探索实施的主要课程载体。

（一）实施措施

本案例以浙江旅游职业学院的“红色之旅”主题馆作为主要的教学基地和平台，以红色研学作为基本教学内容和主线，以案例式教学、情景式教学、体验式教学作为基本教学方法和手段，把红色主题的课程思政内容通过在教学过程上的课前、课中和课后的全过程融入；从教学形式上的理论教学、实践教学和拓展教学的全领域融入，探索课程思政与专业课程教学的全景式、全过程和全要素融合方式，努力实现研学旅行专业课程与课程思政教学深度融合发展。

（1）在教学过程上，把教学过程分为课前、课中和课后三个环节。其中，课前主要是给学生设置与红色旅游相关的教学主题和任务，指引学生主动查阅相关的背景资料，进行知识准备，激发学生的学习主动性和积极性；课中教学过程中以学校“红色之旅”主题馆为教学平台，以红色旅游景区作为教学案例，以可视化的虚拟仿真体验式教学为基本手段，结合具体的课程内容展开教学，积极提高学生的教学体验感和参与度；在课后要求学生对上课的教学内容和感受进行总结提炼，形成一份知识性与思想性相融合的红色主题研学报告，并组织学生相互交流，如有必要还可以组织学生参加实地的红学研学实践，进一步巩固和提高学习效果。

（2）在教学形式上，把本课程教学分为理论教学、实践教学和拓展教学三个部分。其中，理论教学部分，结合研学课程教学内容，融入红色文化和革命历史教育，让学生对红色旅游资源具有较丰富的知识储备，初步形成学生对红色文化的认知认同；实践教学部分，积极围绕红色主题，充分发挥浙江旅游职业学院“红色之旅”主题馆资源集中和虚拟仿真体验感强的资源技术优势，积极开展基于红色资源场馆的基地实践教学活动，逐渐形成学生对红色文化的情感认同；拓展教学部分，主要是在前面课程教学的基础上，积极鼓励学生参加具体的实地红色旅游研学考察与实践活动，提升学生对红色文化的实践认同。

（3）在融合方法方式上，把研学旅行专业课程内容与红色研学主题深度融合，充分发挥学校“红色之旅”主题馆的资源和技术优势，以案例式教学、情景式教学、体验式教学作为基本方法，实现课程思政与专业课程教学的全景式、全过程和全要素融合。

（二）实施时间

本案例课程《研学旅行指导师实务》是研学旅行管理与服务专业大二学生的核心专业课程，因此本案例课程思政实践也主要针对研学旅行管理与服务专业的二年级学生进行。作为研学旅行专业二年级学生，他们经过大学一年的学习，对研学旅行专业已经有了更加深入的认识和了解，也具备了更全面的专业基础知识和专业技能储备，对《研学旅行指导师实务》及其课程思政内容的学习将全面提高研学旅行专业学生的思想素质、理论水平和实际的专业能力。

（三）实施阶段及其重点

本案例的所依托的专业课程是《研学旅行指导师实务》，该课程对研学旅行指导师的职责和工作进行了全面的解读，主要包括以下几部分内容：一是研学旅行指导师概述及其职业素养问题；二是研学旅行的课程设计及其实务；三是对学校、旅行社和基（营）地三类研学旅行指导师的操作与实务；四是关于研学旅行指导师常见问题的预防和处理。作为一门核心专业课程，本课程坚持理论教学与实践教学相结合，同时积极鼓励和组织学生参与具体的实地研学旅行考察与活动，作为拓展教学的重要形式。

结合研学旅行的专业课程的具体教学内容和基本教学形式，我们把本案例教学的具体实施过程主要分为三个阶段：

第一阶段主要是以理论教学的形式，将专业课程中的研学旅行指导师概述及其职业素养的相关内容向学生讲解。在这一过程中，积极结合红色研学的相关案例和红色旅游的基础知识和职业道德相关的课程思政内容进行教学，把专业课程的知识性内容和课程思政的思想性内容有机融合起来，对学生进一步学习本课程进行知识储备、价值引导和思想教育。

第二阶段坚持理论教学与实践教学相结合，把专业课程中研学旅行的课程设计及其实务，以及三类研学旅行指导师的操作与实务的相关内容对学生进行教学，这是本课程教学的主体性内容。在这一过程中，同样是紧密结合红色研学旅行的相关主题和案例进行教学，尤其是结合“红色之旅”主题馆内丰富的红色文化和旅游资源，让学生参观学习“红色之旅”馆内收集的全国各地经典红色旅游景区的视频资料和红色主题 VR 资源，让学生在线上实景体验式参观浙江嘉兴南湖、贵州遵义、陕西延安、江西井冈山、河北西柏坡五大革命纪念馆，还有大量红色演艺、红色故事、红色文创、历史人物回顾等红色资源，让学生充分体验虚拟仿真的“红色之旅”相关研学活动和过程。同时结合课程教学要求，让学生围绕红色主题，在实景体验相关红色旅游资源基础上进行红色研学旅行的课程设计和研学旅行的方案设计，利用“红色之旅”主题馆开展多种形式的实践实训活动，实现研学旅行专业课程教学与红色主题课程思政内容的深度融合。

第三阶段主要是引导学生在之前教学的基础上，结合学生的红色研学旅行课程设计和研学旅行方案，集中组织开展几次不同类型的实地红色研学旅行活动。同时积极鼓励学生自主开展或参与更多的实地红色研学旅行考察和活动，以此作为拓展教学内容。在这一过程中既可以深化学生对专业课程中研学旅行指导师常见问题的预防和处理等相关教学内容的理解和认识，又能让学生在实际的红色研学旅行活动中更好地达成本课程的教学要求及其课程思政目标。

此外，在教学内容与思政元素的融合上，本案例把具体的教学内容与育人目标和思政元素进行了全面的梳理，形成了较为完整的课程思政教学体系，具体内容如下表所示：

课程思政教学体系

大纲目录	教学内容	育人目标	思政内容（红色资源）
第一章：研学概述	研学指导师的概念与分类、职业形象与职业鉴定等	工匠精神、思想道德素质等	融合红色教育、红色场景等
第二章：职业素养	研学指导师的职业精神与知识储备	职业道德、人文素养等	融合红色故事、历史、人物等资源
第三章：课程设计	研学课程概述与课程设计要素分析	深入了解红色文化和革命历史，掌握红色研学旅行的具体活动策划和课程设计等	融合经典红色旅游景区资料、具体的红色旅游线路资源等
第四章：研学实操	各类研学旅行的操作流程与注意事项	红色研学的具体实施，具备对各类红色资源进行解读和介绍的能力等	融合线上实景体验式参观资源、红色 VR 资源等
第五章：问题预防与处理	研学旅行流程中的实际问题预防与处理等	团队精神、创新意识等	融合红色研学旅行体验教学等
第六章：实践与总结	具体的研学旅行实践与总结	红色研学活动的组织实施、教育引导和管理服务的能力等	融合红色研学旅行实践教学和扩展教学等

（四）阶段性成效、不足及改进措施

1. 阶段性成效

首先，在开展研学旅行专业的教育教学实践中，把红色旅游资源融入研学旅行专业教学无疑是一条探索专业课程与课程思政相融合的一个重要方向。

其次，本案例的特色和创新在于通过建设“红色之旅”主题馆的形式集中红色旅游资源，作为开展红色研学旅行教育的重要基地和开展课程思政教学的重要平台。

最后，本案例的优势在于实现了研学旅行专业教学中的红色资源集中、成本节约、安全高效、全面展示、全程融入，促进了研学旅行专业课程资源的建设及其课程思政教学的开展。

总体而言，本案例开展的基于红色旅游资源场馆的虚拟仿真体验式研学旅行专业的课程思政教学活动受到了广大师生的普遍欢迎，学生反响热烈，收到了非常良好的专业课程建设和课程思政教学相互融合、相互促进的效果。

2. 存在的不足和改进措施

首先，要注意到红色研学旅行及其专业性教学只是众多研学旅行（教学）活动中的一种类型，并不能把红色主题的研学旅行完全取代其他类型的研学旅行的教学内容，而只能作为一个典型的代表性类型来开展研学旅行相关专业课程的具体例证性教学载体。

其次，本案例基于红色旅游资源场馆的虚拟仿真体验式研学旅行教学活动并不能取代真实的实地研学旅行的实践考察活动，而更多的是作为一种“虚拟的”“体验性”“仿真性”的研学旅行的专业课程和课程思政的有效教学模式。

因此，在具体的研学旅行专业教学过程中，要注意加强对不同类型的研学旅行活动之间的差异性教学问题，同时，也要结合实际开展一些真实的实地研学旅行实践来强化研学旅行专业的课程建设和教学发展问题。

四、案例成效或经验总结

（一）总体效果与相关成果

由于“研学旅行管理与服务”专业于 2019 年 10 月才正式列入《普通高等学校高等职业教育（专科）专业目录》，因此，本案例在浙江旅游职业学院实

施的时间并不是很长。但是经过一个多学期的实践和探索，浙江旅游职业学院逐渐形成了基于学校两大展馆（“红色之旅”主题馆和旅游博物馆）的研学旅行专业教学实践的相关经验和成果。

其中，本案例基于学校数字化“红色之旅”主题馆的虚拟仿真体验式研学旅行专业课程思政相关教学活动尤其受到了广大师生的普遍欢迎和好评，这对于促进学校研学旅行专业的课程建设，推动研学旅行专业课程思政教学发展，激发学生的学习兴趣，提高学生学习的主动性和积极性，提升学生的思想素质、实践能力和专业技能，促进研学旅行专业学生的更全面发展都有非常重要的意义和作用，起到了非常良好的示范引领效果。我们将进一步加强本案例相关的实践探索，以期取得更大成效，并积极申报相关的教学成果。

（二）经验总结

第一，强化红色旅游资源与研学旅行专业课程思政内容的结合是本案例的重要基础。

第二，强调基于红色旅游资源场馆的研学旅行专业课程思政教学是本案例的重要特色。

第三，强调基于数字化信息技术的虚拟仿真体验式课程思政教学是本案例的重要创新。

第四，强调以红色研学为主线，强化案例教学、情景教学和体验教学是本案例的重要方法。

第五，强调专业课程发展与课程思政建设的深度融合、相互促进是本案例的重要目标。

（三）今后的改进思路和注意事项

目前，本案例的课程思政探索主要是在研学旅行专业的《研学旅行指导师实务》课程中进行教学试点，在未来的教学实施过程中，我们将把本案例相关的教学经验和成果在研学旅行专业的其他课程中逐步展开实践应用和进一步探索，打造更加全面的研学旅行专业课程思政体系。同时，在本案例实施过程中要注意处理好以下几个问题：

首先，正如前面所述，不同类型的研学旅行活动之间是存在一定的差异性的，不能用红色研学旅行这一种类型完全取代其他不同类型研学旅行的教育教学，这需要在教学过程中对学生进行适当的引导、说明和解释。

其次，单纯的虚拟仿真体验式的旅学旅行教学也不能全面取代真实的实地考察等研学旅行实践活动，这也需要在研学旅行的拓展教学过程中对学生进行积极的引导和弥补，鼓励学生积极进行实地的研学旅行实践。

最后，课程思政教学并不是要取代或者替代各门专业课程的课程教学，因此在具体的教学中还要注意加强对本案例没有涵盖的专业课程内容的教学工作。

传统文化进课堂

编者按

习近平总书记指出，中华优秀传统文化是中华民族的精神命脉，是涵养社会主义核心价值观的重要源泉，也是我们在世界文化激荡中站稳脚跟的坚实根基。为了贯彻落实习近平总书记的指示，我们将传统文化进课堂作为课程思政重要主题之一。本主题共有案例 12 个，在落实传统文化进课堂方面进行了以下方面的探索：

一是挖掘传统文化中的某些专业内容。如《传东方智慧，品华夏文化——〈管理学概论〉课程思政案例》把许多源自欧美的管理学理论、管理方法与工具进行挖掘，发现与中国文化基因相似的内容，激活课程的德育功能，推动学生进行一场有传统文化情怀的深度学习。

二是在专业教学过程中将传统文化因素融入。如《传承优秀传统文化，提升创新创造能力——〈果酱画制作〉课程思政案例》在中、西餐的创作烹饪过程中，自然融入我国优秀文化元素，把弘扬和传承优秀传统文化与培育学生的专业技能有机融合。如《厚植文化自信　讲好中国故事——〈旅游英语听说〉课程思政案例》将传统文化元素渗入专业教学内容，引导学生讲好中国故事。《创设绝美体验·赋能中国服务——〈顾客体验设计与管理〉课程思政案例》通过挖掘酒店设计、酒店服务的传统文化元素，深化学生的传统文化认同。《纵横融入、多维实践——〈中餐宴会设计与管理〉课程思政案例》在“纵向”课程内容融入、横向教学过程融合中，将传统文化因素渗透到宴会知识与设计教学的各个环节。

三是以专业课程教学为载体，推进传统文化的学习，让学生感受传统文化魅力。如《绘就幸福和谐，绣出匠心本色——〈民间绣活〉课程思政案例》通过让学生练习刺绣，让学生体会民族文化魅力，感受民族文化精神。《和静怡真·传承国饮——〈中华茶艺〉课程思政案例》通过各朝代茶艺技法的学习、练习，以茶育人，以礼养德，帮助学生深刻感悟中华茶道精神。《古城新韵，自在正定——〈地方导游讲解〉课程思政案例》按照“探、研、写、讲、导”五个教学步骤，深入挖掘正定古城历史文化资源，宣扬地域传统文化、弘扬中国精神。《以茶育人，匠心筑梦——〈谷文昌精神与流香茶〉课程思政案例》将中国传统茶文化融入课堂教学和作品呈现中，在茶艺自创过程中，深化学生对茶艺、茶道文化的领悟。《清泉泡出神韵，茶道彰显文化——〈中国茶与传统文化〉课程思政案例》通过学习中国茶文化源流及基本常识，掌握茶道和中国传统的制茶工艺，加深学生对传统文化的认同感。《非遗进课堂，针尖育学生——〈遂宁文化〉课程思政案例》通过文化感受、文化体验、文化实践、文化创新四个阶段，让学生不断深入了解遂宁非遗观音绣文化，深化学生的传统文化认同感。《弘扬中华茶艺，传递茶人精神——〈茶艺与茶文化〉课程思政案例》通过茶艺课学习，以茶为载体，弘扬和谐文化，以茶育人。

传东方智慧，品华夏文化

——《管理学概论》课程思政案例

所属专业：旅游管理

案例主题：传统文化进课堂

负 责 人：程小康

工作单位：上海旅游高等专科学校

参 与 人：梁志华、刘堂、袁丁、王育峰、沈莉

工作单位：上海旅游高等专科学校

一、案例简介

（一）案例实施背景

习近平总书记在2016年全国高校思想政治工作会议上强调，要坚持把立德树人作为中心环节，把思想政治工作贯穿教育教学全过程，实现全程育人、全方位育人，各类课程都要与思想政治理论课同向同行，相互配合、深度融合，形成协同效应。作为管理类的基础课，《管理学概论》具有应用范围广和涉及范围广的特点，需要从不同类型的管理实践中抽象概括出具有普遍意义的管理思想、管理原理和管理方法，是一门非常综合的学科；并且作为专业基础课是在大一开设，是大学生价值观塑造的最好时期，有必要进行课程思政教育。

本课程以"四史"内容、中华优秀传统文化为根基，以社会主义核心价值观为教育导向，以政治认同、国家意识、文化自信为重点的教学体系设计，把许多源自欧美的管理学理论、管理方法与工具在教学中提炼出中国文化基因，将其转化为社会主义核心价值观，从而指导学生将其所学服务于中国特色社会主义建设和实现中华民族伟大复兴中国梦的宏伟目标中，既激活了课程的德育

功能，也推动了学生进行一场有中国情怀的深度学习。

“中国传统文化中的管理思想 ”为《管理学概论》中“早期的管理思想和管理实践”中的内容，授课时长2课时。课程内容递推式开展，主要围绕“早期管理实践—西方早期管理思想—中国传统文化中管理思想阐述”展开，主要包括：早期管理实践举例；西方早期管理思想归纳，帮助学生了解和掌握西方早期管理思想发展脉络，包括时间发展阶段和领域发展特点；中国传统文化中的管理思想阐述，从管理理念启示、管理伦理启示、管理实践启示三个方面进行。

（二）案例相关理论研究及实践探索综述

1. 案例相关理论研究

对于《管理学概论》课程思政相关理论研究截至目前还不太丰富，归纳起来主要为:《管理学概论》课程应与思政相融合，创新教学设计，实现理论与实践相结合、显性教育与隐性教育相融合的全方位育人机制（赵雅萍等，2019）；课程思政建设是新时代加强和改进高校思想政治工作的有效途径，高校思想政治工作的开展，不但需要思政课教师的直接引导，而且需要所有专业课教师将专业知识与思想政治相结合，促进学生的全面发展（陈幼红，2020）；高校教育工作者以及管理者应将智慧教学环境作为背景，把立内嵌入社会主义核心价值观念的内容，不仅能够使学科发展所具备的前沿性特点得到体现，还能够对学生日后的发展提供指导，促进管理学课程与思政课程协同向前，获得长远发展（闫志龙，2021）。

本次案例涉及的中华优秀传统文化中的管理思想相关理论研究，归纳起来主要体现在以下几个方面:（1）管理理念层面：人才至上、和谐共生、以人为本。人才至上理念体现了识人与用人的核心思想。“周公吐哺，天下归心”，成就伟业者，无不是尽力聚天下英才而用之者；一个成功的管理者，未必是能力最强者，却是善于识人用人者。中国传统文化推崇“中和”的理念，将和谐视为一种理想的状态，即和谐共生理念。“天时不如地利，地利不如人和”“天下熙熙皆为利来，天下攘攘皆为利往”，以人为本理念，要求管理者的一项重要任务就是调动被管理者的积极性，使之积极行动起来，为了某一目标而努力奋斗。（2）管理伦理方面：重义轻利、义利统一，诚信至上、言行一致，自强不息、敬业奋斗。“义利之说，乃儒者第一义”，体现了重义轻利、义利统一的伦理精神；“民无信不立”，体现了诚信至上、言行一致的道德观念，自先秦时代起，中国人便认为诚信是人人都应该具备的基本道德之一，也是为人处世应该遵循的基本原则之一；自强和奋进的精神，数千年来一直激励着中华民族取得一项又一项光辉成就。（3）管理实践方面：宽严并济、赏罚分明、知己知彼。在社会治理层面，儒家倡导施行仁治，以仁爱之心进行治理或实施管理；韩非曾说：“奖一劝百，罚一惩众”，体现了赏罚分明实践思想；《孙子·谋攻篇》：“知己知彼，百战不殆；不知彼而知己，一胜一负；不知彼不知己，每战必殆”，对于管理者而言，决策无疑是一项关键的工作，管理者如何科学决策、选择最佳方案、达成最佳目标，全面搜集和掌握信息至关重要，要做到知己知彼。

2. 实践探索综述

在教学过程中，教学团队成员以丰富的图文和视频资源，以小组讨论的形式，探讨制订大学学习中短期计划、旅游从业人员职业道德的重要性、回顾伟人事迹，分析领导者应具备的素质和权利来源、“十三五”和“十四五”规划制定、人与人有效沟通等内容，和学生一起重温中华优秀传统文化和“四史”内涵；通过践行红色旅游文化节、我们的节日——传统文化节日进校园具体活动，使所学知识与实践相结合。通过实践探索，团队成员取得了一些感悟：首先，作为教师我们需要热爱教育事业，把为国家培养文化自信、道路自信、专业知识扎实的社会主义接班人作为自己的伟大使命，为之奋斗终生；其次，作为专业课教师我们自身要提高政治素养、文化素养、专业素养，在教学中要言行一致，为学生树立良好的榜样；最后，专业课教师要充分挖掘课程中的思政元素，并“润物细无声”地融合到课程当中，决不能生搬硬套。

本次课程，主要是和学生一起探讨儒家、道家、墨家、法家、兵家的和为贵、效法、因变制胜、法治优于人治等中国古代管理哲学思想，并把这些中国古代管理思想运用于红色旅游文化节、我们的节日——传统文化节日进校园具体实践中，取得了3次市级荣誉实践结果。

（三）本案例所解决的教学问题

在教学过程中，由于教材主要是介绍西方早期管理实践和管理思想，对于中国传统文化中蕴含的管理思想介绍不够全面，学生对优秀传统文化理解不够，难以系统性地将传统文化中的管理思想贴合课程内容，更难以运用于实践当中。为了较好地解决这一问题，本案例以中国传统文化中的管理思想作为思政元素，全面深刻阐述中国古代管理哲学思想，提升学生的管理理论水平和实践运用能力，通过阐述中华优秀传统文化中蕴含的管理思想，让学生们了解到早在几千年前中国古代先贤们就已经对管理工作进行了研究，比西方管理理论的发展早很多年，以此树立学生们的文化自信和对优秀传统文化的热爱。

二、案例设计

（一）教学理念

中华优秀传统文化对于现代管理而言具有重要价值，这些价值既体现为理念层面的人才至上、和谐共生、以人为本；又表现为伦理层面的重义轻利、义利统一，诚信至上、言行一致，自强不息、敬业奋斗；同时，宽严并济、赏罚分明、知己知彼等理念还为具体的管理实践提供了必要指导，助力提升管理成效，达成管理目标。因此，教学团队成员在课程教学中践行以人为本理念，把培养和造就社会所需要的合格人才作为出发点，关注学生的进步和发展，确立学生的主体地位；把社会学、心理学、旅游概论等学科相关知识融入管理学当中，构建完善的知识结构体系；践行全面发展理念，把促进每一个学生在德、智、体、美、劳等方面的全面发展与完善，造就全面发展的人才作为根本，通过案例研讨、小组讨论和实践操作等方式，促进学生全面发展；践行创造性理念，以可测性和可量化作为手段，科学地定量与定性分析课程教育效果，比如践行了多少实践项目，申报或获得了多少市级荣誉等，把过程与结果相结合，全面反映学生的学业成就与教师的工作表现。

（二）课程教学目标

通过学习，学生能够熟悉管理理论的先驱者的贡献，如查尔斯·巴贝奇和中国春秋战国时期百家争鸣、百花齐放时代人物；能够了解著名的早期管理实践，如金字塔的建造、古罗马帝国的管理、中国长城的修建等；能够理解古代的专业化分工思想等早期管理思想，特别要理解儒家、道家、墨家、法家、兵家等中国古代管理哲学思想。通过学习，学生能够运用所学管理理论观点和思想指导自身对待事物的决策能力，提升综合判断能力与职业生涯规划能力，能够激发学习热情，扩大知识面的广度与深度。通过学习，学生能够热爱中国传统文化，自觉在学习生活中树立文化自信，养成良好的世界观、人生观和价值观。

（三）思政育人目标体系

《管理学概论》整个课程的思政育人目标是以“四史”内容、中华民族优秀传统文化为根基，将思政元素融入管理学基本原理教学当中，以培养学生综合管理能力、分析判断能力和决策能力，对大学生品格培养、专业基础能力提升和树立正确世界观、人生观和价值观起到启迪作用。本课程思政育人目标包括：达到引导学生树立学习目标，珍惜时间，不虚度光阴，成为具有良好旅游从业人员道德的新时代大学生；引导学生树立社会主义理想信念，为中国梦而坚定不移地奋斗终生；引导学生践行社会主义核心价值观，树立文化自信的目的。本思政案例既承接了课程前四章中国共产党发展史和海尔腾飞所体现的管理内涵，又引出了后面管理职能部分关于领导基本职能有关激励的内容，形成了一个连续统一的闭环

（四）课程思政与专业教学内容的融合方式

本课程教学过程贯穿“懂文化、用实践、提内涵”三部曲，实现课程思政的价值传递。在思政元素的选择上，以知文化为基础，以树立文化自信和核心价值观为核心，激发学生的敬业精神和爱国情怀，提升学生的综合素质。思政点选取注重“贴近学生生活”“结合社会热点”“深度融合专业知识”“关注思想道德意识提升”四个原则，主要思政教学融入点如下表所示：

主要思政教学融入点

教学内容	思政融入点	教学方法
中西方早期管理实践活动	中国长城修建蕴含的长期规划、创新引领、重于实践的中国古代管理思想	榜样示范法、讨论式教学法
西方早期经济学家的管理思想	中国古代经济活动蕴含的量入为出、量出为入的经济管理思想	案例教学法、讨论式教学法
中西方管理思想	儒家、道家、墨家、法家、兵家的和为贵、效法、因变制胜、法治优于人治等中国古代管理哲学思想	启发式教学法、情景模拟法、问卷调查法

（五）特色与创新

（1）教学模式创新。教学模式改变传统的课题章节授课方式，适当地采用分组讨论形式或以讲座形式开展。

（2）多种教学方法运用。传统口授式讲课法与交互式讨论教学相结合；采用案例教学法，从实际案例让学生对“四史”和中华优秀传统文化深入了解；就一个话题给定学生几个研究方向，分组进行研究的课题研究教学法。

（3）多媒体技术使用，激发学生学习兴趣，制作一整套多媒体教学 PPT 课件，做到图文并茂，增强学习效果。

（4）运用网络教学资源和硬件设备，扩展教学空间，促进自主学习。

（5）运用校内校外红色资源，增强校外企业资源使用率，开展学生实践能力和创新能力培养。

三、案例实施

教学团队依据学校和旅游管理专业培养高素质应用技能型旅游人才目标，结合《管理学概论》培养学生综合管理能力、分析判断能力和决策能力的课程目标，教学团队以“四史”、中华优秀传统文化为根基，分别在 32 个学时中向学生展现共产党成立史（最牛的创业团队），党的奋斗目标，改革开放时的内外部环境，中华优秀传统文化中关于社会责任的思想内容，中国长城建设的早期实践和传统文化当中体现的管理哲学思想，中华优秀传统文化中体现的人文关怀思想，现阶段国家是如何进行战略管理、是如何建立学习型政党的，改革开放是如何展示人力资源管理的，“十四五”规划是如何开展的等思政元素，将其融入课程教学每一个章节中，让学生在学习专业知识的同时，激发当代大学生的爱国情怀和践行社会主义核心价值观，对他们展示客观真实、栩栩如生的思想内涵；并辅以红色旅游文化节、我们的节日——传统节日文化进校园等活动，增强学生管理学知识的理解和运用，树立正确的人生观、价值观。

本次课程以中国长城的修建和中国传统文化中的管理思想（儒家、道家、墨家、法家、兵家）为思政要素切入点，具体开展《管理学概论》第五章“早期的管理思想和管理实践”课程思政教学活动。

（一）教学目标

1. 课程教学目标

（1）教学目的与要求。

了解到一些著名的中外早期管理实践，以及一些知名的管理先驱者及其管理思想，并了解管理历史演变的历史背景，系统全面地认识和把握管理发展规律。

（2）教学重点与难点。

重点：著名的早期管理实践，早期的管理思想，管理理论的先驱者。

难点：古代的专业化分工思想，查尔斯·巴贝奇的贡献。

2. 课程思政育人目标

设计思路：通过引入中国长城的修建和春秋战国时代儒家、道家、墨家、法家、兵家等中国古代管理哲学思想，自然地达到思政育人效果。

思政育人目标：激发学生的民族自豪感和创新精神，培养学生实践运用能力，树立文化自信。

育人主题：价值树立、文化自信、创新精神。

（二）实施过程

1. 著名早期管理实践（30 分钟）

这部分内容在介绍金字塔的建造、古罗马帝国的管理、罗马天主教会的管理、威尼斯兵工厂的管理实践等西方著名早期管理实践后，以提问方式引出中国长城的修建，单独用 20 分钟左右来探讨中国长城的修建过程，以小组讨论的形式总结其所体现的管理内涵。

引问：大家知道中国的最著名的早期管理实践是什么吗？

思政案例：长城是中国古代人民智慧的结晶，是中华民族的象征；因长度逾万里，故又称作“万里长城”。据记载，秦始皇使用了近百万劳动力修筑长城，占全国人口的二十分之一。当时没有任何机械，全部劳动都得靠人力，而工作环境又是崇山峻岭、峭壁深壑，十分艰难。春秋战国时期，诸侯各国为了防御别国入侵，修筑烽火台，用城墙连接起来，形成最早的长城。以后历代君王大都加固增修。长城东起河北省山海关，西至甘肃省嘉峪关，从东向西行经 10 个省份。长城的总长度为 8851.8 公里，其中人工墙体长度为 6259.6 公里，壕堑和天然形成长度为2592.2公里。

提问：中国长城修建过程是如何体现长期规划、创新引领、重于实践的管理思想的?

措施：以小组讨论方式总结中国长城修建所蕴含的管理思想。

思政要素：创新精神、勇于实践和千里之行始于足下的朴素的管理伦理。

重点：如何理解长城修建过程中所蕴含的管理伦理观念，这一方面需要教师通过图片、视频等丰富的教学材料，向学生们加以阐释。

阶段性成效、不足及改进：通过引入中国长城的修建案例，学生们了解到，在当时的建筑和交通条件下，如此浩大的工程，体现了当时中国古代高超的组织管理水平和能力，激发了学生们对中国古代管理实践活动的兴趣，如学生们会去了解都江堰、兵马俑等管理实践活动。通过中国长城的修建案例，学生们了解到，中国古代先人们敢于实践、善于管理的管理伦理和来源于生活的创新精神迸发。

这个案例实施过程中不足之处在于，有时不能把控好，会增加课程这一部分的教学时间，后续需要加强课堂管控。

2. 早期的管理思想（45分钟）

这部分内容在介绍完古巴比伦王国的《汉穆拉比法典》、尼古拉·马基雅维利的管理四原则和西方早期经济学家对管理思想的贡献后，重点介绍我国早期的经营、用人、专业化分工、理财等管理思想，单独用35分钟左右以提问方式引出中国传统文化中管理思想的分类，以启发式、讨论式方法引导学生们去总结中国传统文化管理思想，树立文化自信。

引问：中国是世界上公认的四大文明古国之一，中华民族悠久的历史积累了丰富的管理实践和许多影响深远的管理思想和管理理论，这些理论和实践都是对人类文明社会的进步与管理的发展的重要贡献。大家知道中国传统文化中有哪些管理思想吗?

思政案例：

（1）儒家思想。

①民本思想。民本思想强调管理活动要“以民为本”，重视人的因素，提倡“德治”和“仁政”。孔子在《论语》中说：“鸟兽不可与同群，吾非斯人

之徒与而谁与”，这一观点反映了孔子提出的人与兽不同、人与人同类的自觉意识。

②中庸。中庸是儒家管理思想的基础，中庸的本意是讲对事不偏不倚，折中与调和，孔子在《雍也》中说，“中庸之为德也，其至矣乎，民鲜久矣！”。过去有些人总把中庸理解为保守、妥协、守旧的代名词，其实中庸思想体现了儒家认识事物的“过、中、不及”的三分法。儒家主张要把握住“过”和“不及”两个极端。中庸思想启发人们去认识在管理工作中存在着一个“度”的问题，如用财有度、用人有度、处理人际关系有度等，这一观念对现代管理活动是颇具借鉴意义的。

（2）道家的管理思想。

老子是道家学派的创始人，著有《老子》一书，又称《道德经》。“道”解释为“万物之奥”，“德”解释为“孔德之容，惟道是从”；这就是说，道为本，德为器，道制约德，德说明道。《道德经》这部书有丰富的管理思想，既有“治国”，又有“用兵”；既有宏观调控，又有微观权术。无为而治的管理原则，道家最高范畴是道。道本义指道路，后来引申为法则、规律的意思。老子把道作为宇宙本源，认为万物都由道派生出来，自然无为成为老子的宇宙法则，自然界是无为的，道法自然也是无为的，人循道也要无为，于是无为就成为老子及其道家管理的最高原则。

（3）墨家的管理思想。

墨家站在劝说当权者治国的立场，阐述有关管理思想主要是针对当时社会的现实问题，有着丰富的内容和值得借鉴之处。

管理目标——民富治国。统治者治理国家的目标是政治清明、法纪井然、国富民众、民富国治；墨家把富国和消除民困的“三患”即“饥者不得食，寒者不得衣，劳者不得息”作为努力的目标。墨子认为谋划天下大事是：“亲贫，则从事乎富之；人民挂，则从事乎众之。”

人际关系——兼相爱，交相利。墨家认为，人际关系中有两个根本对立的原则，实际上是指阶级之间物质利益的对立；统治者维护封建等级制，损民以自立，以致全社会都处于“交相别”的对立中。所谓“兼相爱”，即是长幼贵贱皆爱。

用人之道——尚贤。墨家主张用人唯贤，“不辩贫富、贵贱、远迩、亲疏，贤者举而尚之，不肖者抑而废之”，这是“为政之本”。用贤前要先根据人才能力的大小授官，贤人一旦录用，就要使他们有职有权，“任之以事，断予之令”。

（4）法家的管理思想。

法家是战国时期形成的一个重要学派，它是代表当时新兴地主阶级的一个政治派别。在历史上先秦法家对封建地主阶级经济生产关系的产生、国家的统一以及封建中央集权制的建立起过重要的积极作用，主要代表人物有李悝、吴起、商鞅、韩非等，以法治国的行政管理思想是法家的突出体现。法治思想在春秋时期就产生了，到了战国时期，由于“变法”迭起，法治便成为一种时髦的风尚，搞变法维新，不讲法治是不行的。于是李悝的《法经》便应运而生了，这实际上是我国历史上第一部较完备的封建成文法典。法家以法治国思想的主要内容是严刑厚赏，意思是强调刑法、注重赏罚；这里需要指出的是，法家的“法治”观念和国家主义是密切相关的。法家强调富国，却又主张“民弱”“民愚”“民贫”“民怯”等；法家认为民弱则国强，“故有道之国，务在弱民”，所以法家以法治国的目的是要达到“富国强兵”，而不是“富民”。

（5）兵家的管理思想。

信息管理思想。先秦兵家的军事论著中特别重视信息管理在用兵作战中的决定性价值，它的著名论断是“知己知彼，百战不殆”。兵家认为，高质量的信息必然具备两个方面的特征——客观真实性和全面精细性。

目标和决策管理思想。“全胜而非战”的管理心理目标，是以孙武为代表的先秦兵家提出来的，如《孙子兵法》提出“全国为上”，即在保全双方利益的基础上获得完全的胜利，而是“全胜”目标的最好诠释。孙子的决策心理思想以“全胜而非战”为目标，以全面的信息管理为前提，包含有三条原则：“善之善者”的优选原则、“践墨随敌”的调控原则、“奇正相生”的变化原则。

人力资源管理思想。人是管理的出发点和归宿点，尤其是能否对作为人中精英的人才进行有效管理，关乎事业的成败得失；对此，古代兵家有非常深刻的认识，所谓“举贤授能，不时日而事利”“古之圣人谨人事而已”“贤人所归，则其国强，圣人所归，则六合同”等都把能否选拔、任用贤才能士看作关系到事务能否顺利进行的头等大事，甚至国家的强弱兴衰也与此密切相关，这其中包含了人员的甄选和培训、人员的激励、人员的组织等内涵。

提问：中国传统文化管理思想可以归纳为几个方面，分别有什么特点？

措施：以小组讨论方式分类归纳中国传统文化管理思想，总结各自特点。

思政要素：和为贵、效法、因变制胜、法治优于人治等中国古代管理哲学思想，树立文化自信。

重点：如何理解中国传统文化中特别是春秋战国时期各个学派观点中所蕴含的管理思想，这一方面需要教师以丰富的教学材料，辅以思辨性哲理，向学生们加以阐释。

阶段性成效、不足及改进：通过介绍中国古代春秋战国时期各家学派观点，让学生们了解到各学派的核心观点，也让他们了解到中华优秀传统文化对于现代管理的重要借鉴价值，这些价值既体现为理念层面的人才至上、和谐共生、以人为本；又表现为伦理层面的重义轻利、义利统一，诚信至上、言行一致，自强不息、敬业奋斗；同时，宽严并济、赏罚分明、知己知彼等理念，还为具体的管理实践提供了必要的指导，助力提升管理成效、达成管理目标。

通过中国传统文化中管理思想的介绍，学生们能够理解古代的专业化分工思想等早期管理思想，特别要理解儒家、道家、墨家、法家、兵家等中国古代管理哲学思想；通过学习，学生能够运用所学管理理论观点和思想指导自身对待事物的决策能力，提升综合判断能力与职业生涯规划能力，能够激发学习热情，扩大知识面的广度与深度；通过学习，学生能够热爱中国传统文化，自觉在学习生活中树立文化自信，养成良好的世界观、人生观和价值观。

这个案例实施过程中不足之处在于，对于中国传统文化特别是春秋战国时代各学派观点的总结是否完整，是否贴合教材对于中国古代经营、用人、专业化分工、理财等管理思想，后续会进行深入研究，加强这一方面的理论知识和实践知识。

3. 管理理论的先驱者（15 分钟）

介绍西方管理理论的先驱：查尔斯·巴贝奇、安德鲁·尤尔、亨利·普尔等。

四、案例成效或经验总结

本案例向学生们生动展示了中华优秀传统文化中蕴含的管理思想，这些古代智慧既有哲学思想、人文精神、道德理念，更有关于社会管理和治理的经验，对于促进现代社会发展具有重要的参考借鉴价值。课后，学生们表示，会深入去学习中华优秀传统文化知识内涵，把中国古代智慧结合到现在所学的管理课程中来，更要运用于实践当中。在实际教学过程中，本案例能够较好地反映出《管理学概论》第五章“管理与管理学”教学重点和要求，即“理解中国古代早期的管理实践和管理思想”，能够较好展现中国古代管理思想；学生对中华优秀传统文化也很感兴趣，能够较好地参与课堂讨论当中。当然，由于中华优秀传统文化中的管理思想内容很多，无法很深入细致地进行阐述，只能列举一些代表性的思想，后续教学过程中需要丰富完善案例内容，更多地寻找到教学视频及图片，以更加丰富多彩的形式把课程思政元素展现给学生。

《管理学概论》课程建设了以日常小组项目完成质量，学生价值观、行为转变，以及理论知识理解深度三个主要方面的考核评价机制。在近5年的教学当中，旅游管理专业学生基本掌握了管理学原理基本概念、原理，并运用于实践实习当中，在大量的相关旅游企业调研当中得到了较好的反馈，并以此为基础，开展并形成了学院特色品牌活动——红色旅游文化节，获得了2019年上海市落细落小落实社会主义核心价值观典型案例荣誉，2020年度上海高校“三全育人”综合改革市级示范创建项目典型案例立项，2021年度“四史”网络文化建设入选市级终评并入围全国第五届“一节一推选活动”等荣誉，示范辐射到上海乃至长三角地区。作为一门专升本必考科目，旅游管理专业学生通过率较高，专升本率占整个学校专升本率接近30%。课程负责人以此为基础申报成功了1个市级课程，5个校级课题，作为重要参与人，参与了5项部级课题，并发表了7篇文章，参编一本著作。

传承优秀传统文化，提升创新创造能力

——《果酱画制作》课程思政案例

所属专业：烹饪工艺和中职西餐

案例主题：传统文化进课堂

负 责 人：王岳

工作单位：三峡旅游职业技术学院

参 与 人：高小芹、石久宁、叶永鹏、倪姝伟

工作单位：三峡旅游职业技术学院

一、案例简介

果酱书画盘饰就是用食用果酱在餐盘上创作美观漂亮的书画图案，用以装饰菜肴的一种技艺表现方法。这一技法的流行源于西餐西点中酱汁的使用，一般在西餐制作结尾装盘的环节，既为了调味又达到美化菜肴的目的，常将用于调味的酱汁淋在盘边形成一定的图案，供客人用餐时蘸食。随着中西餐的日趋融合，中餐菜肴也开始用果酱书画图案进行装饰，而成为新流行的一派装盘表现技法。特别是近些年，很多高档中西餐厅和酒店宾馆为了提高菜品层次大量应用果酱书画盘饰艺术，所以相应专业人才需求大幅提升。从 2021 年秋季学期开始，我们烹饪教研室在烹饪专业人才培养方案中增设《果酱画制作》课程。该课程是西餐烹饪专业（中职）和烹饪工艺专业（高职）的一门专业发展课，其中中职西餐烹饪专业是 4 学分，64 课时，在中职三年级第一学期开设；高职烹饪工艺专业是 3 学分，48 课时，在大三第一学期开设。因为我国果酱画盘饰艺术运用于中餐装盘盘饰起步较晚，果酱画盘饰专业技法理论还不完善，相关书籍和文献都比较少，而且论述过于浅层化，上《果酱画制作》这门课程的学生几乎是零基础。那么如何让烹饪专业的教学与书画美术课相融合是摆在

烹饪专业老师面前的第一个问题。

根据教育部印发的《高等学校课程思政建设指导纲要》，高等院校要深入贯彻落实习近平总书记关于教育的重要论述和全国教育大会精神，贯彻落实中共中央办公厅、国务院办公厅《关于深化新时代学校思想政治理论课改革创新的若干意见》，把思想政治教育贯穿人才培养体系，全面推进高校课程思政建设，发挥好每门课程的育人作用，提高高校人才培养质量。随着教学体制不断改革，高职院校都在探索课程思政工作建设，探索在非思政专业课程中如何融入思政课程，有效发挥教书育人效能，是高职院校教育的重点研究课题。在传统的烹饪教学过程中，过于重视学生理论和技能的培养，忽视学生理想信念、职业精神和优秀道德品质的引导。而学生在毕业后所从事的职业又与饮食卫生和营养健康相关，这也说明了其职业道德培养的重要性。所以，在烹饪专业教学中，培养学生的烹饪技能、基本常识，融入思想政治内容，促进学生正确价值观和人生观的培育，是在烹饪专业教学中融入课程思政的关键所在。如何在烹饪专业教学中融入课程思政是摆在烹饪专业老师面前的又一个课题。

在思政课程建设上，三峡旅游职业技术学院的教师们一直在尝试突破传统的说教模式，进行教学创新。当前的在校生大部分都是“00后”，他们思考力强、知识面广、现实感弱、个性鲜明。作为烹饪专业的学生来说他们更关注的是烹饪技艺的学习以及未来的就业，对于传统的思政说教模式他们内心多半是抵触的。如果将思政元素强行贴合教学，或者生搬硬造的传统式思政说教，则很难达到一定的教学目的。为此，我们从学生的实际发展需求出发，从学生喜闻乐见的社会经济热点出发，并且在开设果酱书画课程的初期坚持从“岁寒三友”中的梅花等简单植物绘画入门，介绍它们的特点与代表的寓意（中国传统文化、红色文化与社会主义核心价值观等思政内容），指导学生学习构图和颜色调配，让学生围绕主题，运用所学技法自由发挥创作。通过本课程的学习，让学生从中国风的本土性特点展开，对传统文化有一个深刻的再认识，使其作品创作自觉或不自觉地带有中国传统文化的痕迹。同时学生了解到中国传统文化是不能忽视的，中国传统文化的艺术给养赋予了果酱画盘饰更多的艺术样式和更多的发展方向，强调果酱画盘饰的中西融合发展不只是作为一种艺术表现形式，更是对我们民族文化自信的体现。本案例以《果酱画制作》课程项目二

“花卉类果酱画盘饰实训”中“红梅果酱画盘饰作品创作”为例，展示教师如何将课程思政融入非思政专业课程，并且将烹饪专业的教学与书画美术课完美融合。既提高了同学们学习的积极性，又收到了良好的教育教学效果。

二、案例设计

（一）教学理念

本课程充分发挥学生的主观能动性，促进学生德智美劳全面发展，注重教学过程中知识向能力的转化。通过本课程的学习，学生在掌握基本技能的同时提升对中国传统文化的兴趣与爱好，并与之产生共鸣。在中、西餐的创作烹饪过程中，自觉地、自然地将我国优秀文化元素融入作品，体现我国优秀文化的精髓，把弘扬和传承优秀的传统文化与培育学生的专业技能进行有机融合。提高学生的文化素养，引导学生树立文化自觉与文化自信，实现知识、能力与素养在教学过程中的相互作用与辩证统一。

（二）课程教学目标

1. 知识与技能目标

了解果酱画盘饰的特点、作用和绘制原理；熟悉绘制果酱画盘饰的常用原料和工具；掌握果酱画盘饰的绘制方法和技巧。

2. 过程与方法目标

通过绘制果酱画盘饰，培养学生的审美能力，学会探究中国传统文化的过程，并学会自主学习的方法。

3. 情感态度与价值观目标

能够通过对优秀传统文化的提炼和对果酱装饰图案的创新，使得菜肴更具有观赏性，并迅速提升菜肴的档次；领悟中国传统文化内涵，滋养家国情怀，落实“四个自信”，尤其是文化自信，促进红色资源进课堂、进课程，推动优秀传统文化传承弘扬，加强职业素养培育；培养学生坚韧不拔、不屈不挠、奋勇当先、自强不息的精神品质。

（三）思政育人目标体系

本案例以《果酱画制作》课程项目二“花卉类果酱画盘饰实训”中“红梅果酱画盘饰作品创作”为案例。通过本课的学习，让学生掌握花卉类中红梅果酱画盘饰的基本绘制方法和技巧并熟练运用。能够通过对优秀传统文化的提炼和对果酱装饰图案的创新，使得菜肴更具有观赏性，并迅速提升菜肴的档次。将优秀传统文化融入果酱画盘饰当中，通过作品传递我国独特的艺术表达方式，弘扬和传承中国优秀的传统文化，提高我国饮食文化的竞争力与影响力。

本案例在思政教育方面结合红梅的特点与代表的寓意，挖掘思政教育目标如下：

（1）通过课前观察和了解红梅的特点，学习其坚韧不拔、不屈不挠、奋勇当先、自强不息的精神品质。

（2）通过讲解红梅代表的寓意，引入革命先烈江姐的故事，将红色资源带入课堂，激发学生爱国主义情怀。

（3）通过学习红梅花朵和枝干的画法及诗句搭配，让学生了解中国传统写意国画的运用，增强其民族自豪感和文化自信。

（四）课程思政与专业教学内容的融合方式

课程思政教学以专业课程为基本载体，将德育与智育有机结合，贯彻落实“立德树人”的根本任务，解决专业教育和思政教育“两张皮”的问题。根据学生对象的特点，借助具体的教学内容、主题竞赛和教学手段，发挥学生的主体作用，创造性地开展情感、态度、价值观引导。内容上主要是在课堂教学中落实“四个自信”，尤其是文化自信，促进红色资源进课堂、进课程，推动优秀传统文化传承弘扬，加强职业素养培育。方法上，有机融合，寻找合适的渗透德育的结合点，不与教学内容脱节，并且两者要结合得自然，进行得适度，同时不能喧宾夺主，要让学生自己在学习、思考和时间创作的过程中，很好地完成专业知识和技能训练，并自愿进行德育的学习。

在课前预习阶段，教师就布置任务让学生观察红梅的特点以及可以搭配红梅的诗句，通过查询相关信息的过程，引导学生自发思考，学习红梅的精神品质。课中，通过专业知识与红梅寓意的结合，学习中华优秀传统文化，增强学生文化自信，从而激发爱国热情。课后通过以赛代考和任务评价的方式，调动学生学习的积极性、主动性和创造性，培养学生重基础、重实践、重创新和重思政，从而增强职业素养培育。具体的课程思政与专业教学内容融合方式如下表所示。

红梅果酱画盘饰作品创作课程思政案例设计

设计主线	课程知识点	课程思政切入点	融入意图
课前预习		红梅的精神品质	学习红梅坚韧不拔、不屈不挠、奋勇当先、自强不息的精神品质
课程导入		名人力量、红色资源进课堂	增强文化自信和爱国情怀
理论教学	中西餐酱汁的使用对比	洋为中用	增强民族自豪感
	红梅花朵和枝干的画法及要领	中国传统写意国画的运用	优秀传统文化的传承以及文化自信
	红梅的艺术表现力及搭配合适的诗句	中国传统写意国画的运用以及红梅所表现出来的精神	优秀传统文化的传承以及文化自信
实践教学		优秀作品的榜样力量	职业素养得到培育
任务评价		个人自评、小组互评、老师点评	充分调动学生学习的积极性、主动性和创造性

（五）特色与创新

通过借鉴西餐西点中酱汁的运用，坚持洋为中用、开拓创新，让学生在学习红梅果酱画盘饰的过程中，对中国传统文化，尤其是中国写意国画有了一个深刻的再认识，并认识到其中的伟大之处，使其作品自觉或不自觉地带有中国传统文化的痕迹，这种隐性的思政思想是本门课程的特色之处。目前，果酱画盘饰制作课程在高职烹饪专业学校里还很少见，大都是作为兴趣班的形式进行培训，而且培训时更注重技巧的教授，对于中西融合、中国传统文化对果酱画盘饰制作的提升在以往的课堂教学中是没有出现过的，这是本节课程的创新点。

三、案例实施

（一）教学目标

通过教师的讲授和演示，让学生掌握以红梅为原型的果酱画盘饰绘制方法和技巧，能够熟练运用所学技能，将不同的草木绘制果酱画盘饰，从而引导学生树立高尚情操和文化素养以及正确的价值取向，培养高洁伟岸、谦虚谨慎的品质，提升创作创新能力。

（二）教学重难点

重点：红梅花朵和枝干的画法及要领。

难点：红梅的艺术表现力。

（三）教学方法

讲授法、演示法、示范教学法、练习法。

（四）教学过程

1. 新课导入（10分钟左右）

播放年轻人喜欢的歌手肖战所唱的经典歌曲《红梅赞》的MV，播放后，简要讲一讲这首歌的创作背景和革命先烈江姐的故事（引入红色文化资源）。

红色文化是中国共产党在领导我国人民进行革命、建设和改革发展等伟大斗争实践中形成的具有先进科学优秀的思想文化体系，其象征的灵魂便是坚定的理想信念、远大的梦想目标和为了实现梦想艰苦奋斗的精神。而本节课的学习创作主体——梅花，是中国十大名花之首，与松、竹并称“岁寒三友”，通常在百花凋零的隆冬绽放，以其高洁、坚强、谦虚的品格激励人们奋发前行。红梅象征坚韧不拔、不屈不挠、奋勇当先、自强不息的精神品质。它在寒冷的冬天绽放花朵，没有绿叶的衬托，表现出一种高洁孤傲的寓意。在任何困难面前努力克服，表现出坚韧不拔、勇往直前的精神追求，所以，梅花就是红色文化灵魂的一种写照。学生作为祖国的未来，承载着发展和进步的希望，借梅花来宣扬爱国主义精神，鼓励学生为此奋斗，主动承担发展祖国的责任。

2. 讲授理论并演示（15分钟左右）

根据红梅的外形特征，在绘制果酱画盘饰时，可依次绘制：枝干—花朵—花瓣—花蕊—题字。在绘制过程中将常用技法穿插讲授，包括挤、点、抹、推、画、勾、描、涂等。这些技法与我国传统写意国画技法很相似，其在描绘红梅外貌形态时通常运用简练概括的笔墨，忽略物象的严谨造型，注重描绘物象的意态神韵，不强调环境对物体光色变化的影响，倡导一种表现主义的艺术趣味。果酱黏稠，在瓷盘上利用指腹果断地抹出大面积造型，摒弃某些局部描写是最常用的一种技法。这些技法既避免了严谨的造型和写实的光影给学生带来的绘画难度，又概括、简练、迅速地表现了物象。

演示操作步骤：

（1）用黑色果酱画出枝干。

（2）将黑色果酱涂在内测，推抹出枝干主体效果。

（3）勾画一些较细的枝平，推抹枝干细节。

（4）用红色果酱点出梅花位置。

（5）大的花瓣用手指抹出来形状，小的花瓣借助棉签抹出形状。

（6）用黄色果酱勾画出花蕊。

（7）完善构图，使其效果更真实自然。

（8）在合适的位置题字写诗句，如毛泽东的《卜算子·咏梅》（风雨送春归，飞雪迎春到。已是悬崖百丈冰，犹有花枝俏。俏也不争春，只把春来报。待到山花烂漫时，她在丛中笑），又如元代王冕的《墨梅》（吾家洗砚池头树，朵朵花开淡墨痕。不要人夸颜色好，只留清气满乾坤）。

诗画结合是中国传统绘画艺术的独特审美和宝贵传统，任一内容题材经过配诗入画后，都会起到画龙点睛的作用。这些题诗把思想情感与画面形象巧妙地结合在一起，会使观者兴趣盎然，发人深省，趣味无穷。而且同一果酱画题材，配上不同的题诗从而表现了不同的情感，寄托了不同的寓意，扩展了果酱书画的思想容量。

3. 引导实践（15 分钟左右）

以小组为单位，结合本堂课学习的相关知识和任务，引导学生自行绘制一幅果酱画盘饰作品，并在绘制完成后进行任务评价。

在这个环节阶段，因材施教，因势利导，以一种宏观的教学思路启发学生，采用隐性的思政模式，使学生对中国传统文化、民族艺术产生兴趣。同时给学生一个宽泛自主的空间，激发学生民族文化自信力和自豪感。对于学生中有共性的问题集中讲解，让学生在互相观摩和交流中取长补短；个别指导则有助于帮助学生分析具体问题，解决困惑。

4. 任务评价（5 分钟左右）

评价内容主要分为个人评价、小组评价和教师评价三部分，最终评价结果可计入学期考核的平时成绩。

果酱画盘饰任务评价

实训日期			姓名	
评价内容	个人评价	小组评价	教师评价	改进措施
线条轮廓				
色彩运用				
整体布局				
产品效果				
作品内容				
教师建议				

发挥任务评价对教学的反馈作用，突出学生的主体作用，实现从注重知识传授向重视学生能力和思政素质培养的转变。结合果酱画盘饰教学的实际情况，充分调动学生学习的积极性、主动性和创造性，培养学生重基础、重实践、重创新和重思政。同时配合学校“清廉文化进校园”活动，举办了以清廉为主题的全校果酱画大赛，深入挖掘廉政文化资源，培育学校廉政教育特色，使学生职业素养得到提升，又使学生在潜移默化中接受廉洁教育和思政教育。

（五）阶段性成效

果酱画盘饰作品制作，以菜品为媒介，将中国传统绘画元素、诗词歌赋意境美感以及陶瓷文化、盆景拼装技法相融汇，运用到菜肴的制作和形式表现中。运用中国绘画的写意技法和中国盆景的拼装技法，反映中国古典文学的意境之美，呈现出情景交融、虚实相生，活跃着生命律动的韵味和无穷的诗意空间，实现菜肴色、香、味、形、滋、养、意的美食艺术与欣赏者精神世界的高度融合、完美统一。仅以红梅果酱盘饰作品创作实训教学实践为例，我们经过总结认为，“果酱书画制作”课程至少带来了以下五个方面成效：

第一，激发学生学习兴趣的“鸡汤”。俗话说，兴趣是最好的老师，在教学中我们深切体会到大多数学生对果酱画盘饰课程学习兴趣浓厚，学习积极性普遍增强，都能自觉地参与到作品制作活动中来。他们制作的一些作品完全出乎老师的意料，学生学习也非常认真，都有很大的收获，为班级制作作品展增加了一抹亮色。

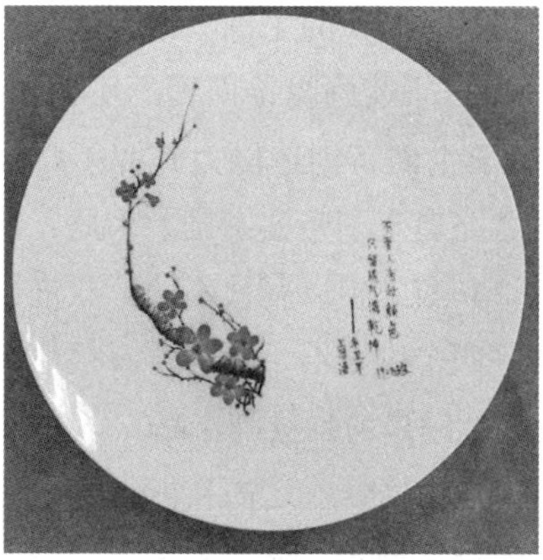

王思语同学的作品

李思玥同学的作品

田亚芳同学的作品

钟心杰同学的作品

第二，思想品德教育渗透的“良方”。立德树人是学校教育的根本任务，在课堂教学中落实“四个自信”，促进红色资源进课堂进课程，推动优秀传统文化传承弘扬，加强职业素养培育，创造性地开展情感、态度、价值观引导是新时代高职教育工作者的使命担当。通过一堂堂果酱画盘饰制作课程的学习与实训，让学生在提高烹饪技能的同时，传承红色基因和革命先烈崇高精神力量，享受中华优秀传统文化熏陶，增强了文化素养和审美能力，有效也提升同学们的互助合作意识，为厚植青年学子们的社会主义核心价值观发挥了润物细无声的积极作用。

第三，开发创新创造潜能的“翅膀”。创新是时代的主题，培育学生的创新创造意识和能力是高职教育的重要课题。通过果酱画盘饰课程的实训教学，让学生运用所学技法自由发挥，为培育高职学生创新创造能力开辟了广阔空间，也为他们今后走上工作岗位，开启人生之路奠定了坚实基础。为此，在果酱画盘饰课程的实训教学中，我们还专门设计和实施了以赛代考的形式进行考核评价改革，主要从题材、技法、效果和秩序四个维度给予评价，有效地调动了同学们创作的积极性，并产生了一批富有创意的果酱画盘饰作品。

第四，促进修身增技提能的“桥梁”。为社会培养输送高技能人才，让学生在理想的就业岗位上大有作为是高职教育的神圣职责。做菜先做人，创业要技能，通过果酱画盘饰课程的实训教学，让学生增进专业技能，提升从业本领，进而养成精致的作风，为培育一大批新时代德艺双馨的“餐盘画师与厨艺巧匠”搭建了平台，架设了一座通向幸福美好生活的稳固桥梁。因为果酱画盘饰的学习，不少学生被省内高端宾馆酒店争抢预定，为学生今后的职业发展打造了良好的阶梯。

第五，传承和推广中华优秀传统文化的“使者”。通过果酱画课程学习，举办了以清廉为主题的全校果酱画大赛，成为三峡旅游职业技术学院创建清廉学校的一道亮丽的风景，推动了学院清净校风、清正教风、清新学风的形成。

（六）不足及改进

通过课堂上的观察和作业的反馈情况发现有一小部分学生学习兴趣不高，学习比较被动，学习自主能力较差，美术专业基础差异较大，因此，课堂上要顾及学生的学习兴趣和个体美术基础的差异。果酱书画是一门艺术实践的课程，学生不仅需要对画面构图和美感的理解，同样需要动手绘画实践，理论的知识掌握起来比较简单，但艺术的沉淀以及技法的熟练则是一个逐步积累的过程，需要增加临摹国画的过程。通过临摹国画让学生逐步掌握构图要点，懂得通过绘制物象的“姿势”来突出食物主体，为以后的果酱画盘饰创作打下坚实的构图基础。

四、案例成效与经验总结

通过本门课程的学习，大部分同学学习的积极性很高，而且在思政教育方面收到了良好的效果。一直以来，作为烹饪专业的学生来说他们更关注的是烹饪技艺的学习以及未来的就业，认为思政教育、美学教育、红色文化等离他们都比较遥远。但通过本课程的学习，学生对中国传统文化有了一个深刻的再认识，并在他们的作品创作中自觉或不自觉地带有中国传统文化的痕迹。同时学生也了解到虽然果酱画源自西式烹饪，但中国传统文化也不能忽视，中国传统文化的艺术给养赋予了果酱画盘饰更多的艺术样式和更多的发展方向，强调果酱画盘饰的中西融合发展不只是作为一种艺术表现形式，更是对我们民族文化自信的体现。在课后的调研发现，果酱画制作课程不再是枯燥乏味的，也不仅仅是一门专业发展课。同学们能够感受到老师在传授专业技能的同时也将德育思想在潜移默化中传授给大家，提升了同学们的修养，更重要的是同学们民族认同感更强。这种课程有助于学生建立正能量的价值观，比单纯的思政课更易于接受。教研组在制定其他烹饪专业课教案时，也有意识地挖掘或者增加课程思政元素，把红梅果酱画盘饰作品创作课程案例中的成功之处推广开来，让学生在愉悦和放松的心情下提高技艺、提升思想。

首先，本门课程学生理论知识掌握得较好，但在具体实践创作过程中有一部分同学完成的不是特别理想。果酱画制作从理论的理解到实践绘制有一个渐进过程，在这个学习过程中，临摹国画是必不可少的。通过临摹，学生能逐步掌握构图要点，懂得中国国画的基本技法，给初学者打下坚实的基础。在以后的课程安排中，中国传统绘画艺术课程应该要纳入烹饪类专业人才培养方案。其次，课程思政建设是一个长期过程，其建设的成效如何需要制定科学合理的评价体系。学校可以组建有教务处、教学单位、马克思主义学院等多部门组成的专家组对实际教学过程中的课程思政环节予以指导，一起完善制定出更为科学合理又可量化的评价体系。最后，思政元素的内容可以更加深入挖掘，形式可以更为多样化，特别是要结合“00后”学生爱看的抖音、B站、MOOC等新媒体，在短时间内既要培养学生的思想品德，又要帮助他们打下坚实的专业基础，这样，当他们走上岗位后才能成为企业和社会要求的技能型人才。

课程思政是一种突破传统创新教学理念，不能简单地理解为在专业课程上或者课堂结束后进行思政元素的引申和靠拢，而是要在整堂课当中将思政元素融入专业知识之中，实现思政和专业学科体系间的相互交融，做到一加一大于二的效果。教师在专业课程中要善于结合学科文化特点，在学科专业的性质和本位不变的基础上，因势利导，在生产实践课程学习中巧妙地融入思想政治教育元素，让学生以专业为基础，从中引发和专业相关的问题，从而达到思政教育的目的，并将学习到的知识运用到社会实践当中。总而言之，让专业课程充分发挥全方位育人功能，帮学生树立正确的世界观、人生观、价值观，提升未来职业的理想信念和职业道德，为党和国家培养德智体美全面发展的社会主义建设者和接班人，这才是思想政治教育的意义所在。

厚植文化自信　讲好中国故事

——《旅游英语听说》课程思政案例

所属专业：旅游管理
案例主题：传统文化进课堂
负 责 人：黄美娟
工作单位：珠海城市职业技术学院
参 与 人：梁绮琳、谢晴韵、王林
工作单位：珠海城市职业技术学院

一、案例简介

（一）案例实施背景

课程思政是新时代高校思想政治工作的新理念新模式，而课程是思政元素的重要载体。除了传统的思想政治理论课程，其他任何一门课程都在传递价值、塑造价值。2016 年 12 月，习近平总书记在全国高校思想政治工作会议上强调“各门课都要守好一段渠、种好责任田，使各类课程与思政课同向同行、形成协同效应”。在珠海城市职业技术学院“十四五”发展规划中，明确提出了“实施‘课程思政’改革，推进‘三全育人’”是重要的建设任务之一。因此，学校围绕立德树人的根本任务，开展了各级各类课程思政课题的研究，大力、积极推进课程思政高质量建设。在这个背景下，《旅游英语听说》课程开始了对落实课程思政的有效途径的探索，并取得了一定的成效。

（二）相关探索

本课程的教学团队认真研究和落实 2020 年教育部印发的《高等学校课程思政建设指导纲要》，抓准抓实，根据课程的特色和优势，找准课程思政建设的切入点，深度挖掘和提炼课程中所蕴含的思想价值和精神内涵。

专业英语课程长期被视为一门仅仅是学生进行外语学习与训练的课程，注重培养学生听说读写译等方面的语言技能，过程中同时让学生了解一些外国文化习俗。因此当其他课程纷纷开始实施课程思政的时候，很多人不看好专业英语课程，认为此类外语课程很难成为优秀的思政育人课程，很难在课程思政方面大有作为，而学生也认为自己只需要学习专业英语知识就行。但教学团队经过研讨，认为外语课程也可以很好地发挥育人功能。首先，外语课堂也能唱响主旋律，传播正能量。外语课程落实课程思政，有助于引导学生在中西方文化的学习和比较中树立正确的价值观，学会客观看待中西方文化差异，增强价值判断能力，坚持“四个自信”，不卑不亢，自觉抵制国外不良思想的渗透。其次，外语课程落实“课程思政”，能让课程从以前重点关注外国文化输入能力的培养，转向更重视本国文化输出能力的培养，促成中国传统文化、历史进程、伟大变革等与英语教学的相互融合，从而让学生未来在国内的涉外场合中，或通过留学、旅游、工作走出国门、走向世界时，有能力成为“中国文化”的传播者、“中国故事”的讲述者以及“中国形象”的维护者。

《旅游英语听说》是珠海城市职业技术学院面向旅游管理专业学生的一门专业必修课，聚焦导游职业能力的训练与养成。通过将外语教学和职业教育有机结合，为学生夯实英语技能基础，使他们成为适应旅游行业全球化竞争的国际化、复合型旅游专业人才。在还没有实施课程思政之前，课程以导游的工作流程为依据，设置若干工作项目或任务，然后开展英语导游词和情景对话的一系列语言训练，重点关注学生对语言形式与导游职业技能的掌握，而对其中涉及的历史文化知识、国家社会面貌等方面都是点到为止。另外，英语教师的专业背景和语言优势使得他们比较关注西方文化，并在潜意识里认为学生在其他课堂上已经了解了很多中国文化的内容，因此每当教学内容涉及中西文化对比的时候，英语教师都倾向于把更多的时间放在西方文化的介绍上。在实施课程思政后，教学团队对课程标准进行了修订，并重新撰写了课程教案，把思政教育融入教材、融入课程教学大纲、融入课堂、融入评价考核体系中。课程注重因课制宜，注重结合学科特点把家国情怀、社会责任、职业道德、法治意识、历史文化等思政元素潜移默化地融入知识传授和能力培养之中。

（三）本案例所解决的教学问题

本课程虽然已经开始了一些初步的课程思政探索，但如何更好地挖掘《旅游英语听说》课程的育人功能，尤其是探索课程如何赋予学生展现中国人民美好生活、增强文化自信、破解不善抵制与歧视、传播中国话语的能力，是本课程教学想要解决的重要问题。

中国传统节日文化丰富多彩、形式多样，具有鲜明民族文化特征，体现了社会历史文化长期积淀凝聚的过程，拥有丰富的文化内涵和精神核心，是中华优秀传统文化的重要组成部分。而其中的春节作为中华民族最隆重的传统佳节，它的起源、习俗等都蕴含着深邃的中国文化底蕴。越来越多的外国游客选择在春节期间来到中国游玩，感受浓郁而热烈的传统中国年味。他们之中的很多人将会依赖导游来认识中国。因此，导游成为旅游跨文化交流中最重要的角色，他们的翻译与讲解的内容和水平会直接影响到海外游客对中国春节文化的认知与理解。

本案例聚焦中国传统节日——春节，具体阐述了《旅游英语听说》课程是如何在训练学生的专业英语知识与技能的同时，让专业英语成为他们日后传播中国文化、发出中国声音、讲好中国故事的利器。

二、案例设计

（一）教学理念

本课程的教学设计主要遵循以下四个原则：一是凸显“职业特色”，重视学生“用英语做事”的能力，学习情境以任务驱动的模式引入；二是以“适度够用”为原则，教师挑选与情景任务高度相关的教学材料，化繁为简，减轻学生负担；三是思政元素与学科知识深度融合；四是善用新技术、新媒体，尊重年轻人的话语体系。

（二）课程教学目标

本课程旨在让学生掌握导游工作场景中的常用词汇、句型和表达方式，提高英语听说技能和旅游工作与社交能力。同时，通过本课程的学习，学生能提高职业道德素养，树立服务意识和责任意识，增强文化自信和爱国情怀，并有能力成为“中国文化”的传播者和“中国故事”的讲述者。

1. 知识目标

（1）掌握不同导游服务工作场景中的英语听、说方面的语言知识（词汇、词语搭配、句子、恰当表达等）。

（2）熟悉导游服务工作的内容、基本原则与方法。

（3）了解国际游客接待的基本礼仪常识与规范等。

2. 能力目标

（1）能把英语应用到各个导游服务工作的环节和场景，完成导游工作任务。

（2）能使用英语为旅行团或旅行者提供合规范、高质量的导游服务。

（3）能用英语应对导游工作中常见的各种问题。

3. 思政育人目标

（1）增强学生的家国情怀和文化自信；坚定通过讲解和服务来传播中华文化和讲好中国故事的决心。

（2）培养学生懂文化、知礼仪，热爱旅游事业，尽职敬业；引导他们立足本职工作，刻苦钻研业务，不断进取。

（3）培养学生严于律己、遵纪守法的职业道德和法律意识；引导学生自觉遵守国家法律法规，严格执行导游服务质量标准。

（三）课程思政与专业教学内容的融合方式

在把思政元素嵌入课程教学时，教学团队十分注重课堂形式的多样性和话语传播的有效性，努力做到课程思政与专业教学内容有机融合，避免生硬说教，避免出现课程思政与专业教学“两张皮”的现象，真正切实地让学生在掌握专业知识的同时接受“润物细无声”的德育教育。如在导游“介绍中国传统节日——春节”的情景任务中，除了掌握与主题相关的英语表达，教师还组织学生对其中一些习俗的由来进行课堂讨论，加深学生对中华优秀传统文化的理解；讲到春运现象的时候，教师通过播放视频让学生了解我国高铁的发展和卓越成就，从而增强学生的民族自豪感。

另外，在课程实施上，教学团队把授课过程中涉及的情感、态度、责任感、团队意识、价值观等因素引入课堂讲授、小组活动、情景模拟、实践训练等教学环节中，引领学生素质能力的全面提升。

（四）特色与创新

本课程深入分析学生的学习需求、心理特征、成长规律和价值取向，对标《高等学校课程思政建设指导纲要》，以专业知识学习为主线，促成思政元素与学科知识的深度融合。教师在创设导游任务情境之初，就已经把思政育人内容巧妙地设计成主任务下面的一个个子任务，而不是讲授完教材中的词汇、句子和对话，然后再补充相关的文化知识。例如，学生要完成“介绍中国的传统节日——春节”这一情景任务，不是念对话、背课文就可以通过。教师会先布置若干个难度适中的子任务，包括介绍农历的含义、介绍春节的习俗、介绍新时代人们庆祝春节的新方式、了解春节的节日食品及其寓意等，并通过教师提供素材和学生自主网上搜索相结合的方式，让学生在课前初步学习语言知识的同时，增强对中国传统节日文化的了解，然后教师在课堂教学中提供机会让学生在情境中进行反复的语言演练，在实践中同时实现知识的习得与文化的熏陶，最终完成介绍中国春节的任务，达到教学目标。

三、案例实施

教学团队根据导游的工作情景，为《旅游英语听说》课程设计了旅行社接待、酒店住宿、团队用餐、中国传统节日与习俗等 12 个主题，并依据学科特点、学生未来所从事工作的职业素养，结合中国特色社会主义伟大实践以及社会热点，充分挖掘育人元素，并促成这些元素与学科知识的融合，尤其关注学生讲好中国故事的能力的培养。如在团队用餐的情景任务中，教师除了引导学生遵守导游服务标准，强化规范意识，在服务工作中充分发挥主观能动性，更注重增强学生对中国传统饮食文化的认知和认同感，能主动并准确用英语介绍中国美食和中国饮食文化。又如在“处理突发事件”当中有陪同外国游客就医的任务情景，教师除了引导学生树立安全健康意识和对游客的同情心和同理心外，更注重增加学生对中国医疗资源和抗疫成就的了解，鼓励学生用好“语言”这个利器，用事实真相消除国际社会对中国的医疗服务水平、对中国抗疫情况的误解和偏见，积极弘扬社会正能量。

在实施教学时，课前教师创设相关情景，以任务来驱动学生自主尝试。教师设计一系列子任务和课堂练习；课中学生在教师的引导下，完成各项子任务，获得所需知识和技能；课后师生共同总结和反思，完善主任务。教师及时给予反馈，并组织学生自评和互评，布置拓展任务。

中国传统文化已经成为实现文化自信的重要载体，而中国传统节日是中国传统文化的精华，是维系国家统一、民族团结和社会和谐的重要精神纽带，天然应该成为优质的课程思政资源。下面以“介绍中国传统节日——春节”为例，展示课程思政如何融入《旅游英语听说》课程，从而提升课程育人功能，增强育人成效。

（一）学情分析

1. 授课对象

本案例的授课对象为学校旅游管理专业大学二年级学生。学生通过《全国导游基础知识》《旅游学概论》等课程的学习，已经具备了一定的旅游专业基础知识，了解导游的工作流程和职责；学生能够进行简单的日常生活英语情境对话，但对导游工作情境使用的英语表达掌握得很少，实际应用能力薄弱。

2. 学习态度及特征

本班学生总体上态度端正、认真，思维活跃，重视专业英语的学习，但以功利性学习为主，不关注学科知识背后的文化内涵。他们大多数喜欢短图文、直播、小视频等信息呈现方式。智能手机在他们手里既是信息交流工具，更是生活和学习的平台。学习目标不明确，不关注语言的产出。对英语学习普遍有不好的体验，存在畏难情绪，尤其害怕长篇对话和复杂的词汇和句型，需要教师提供充分、精准的支持。

3. 教学方法

本案例的教学以学生为主体，充分发挥教师的脚手架作用。通过头脑风暴、角色扮演、课堂讨论、集中讲授等教学活动提高教学的互动性和趣味性，增强学生学习的积极性，寓教于乐。

课前教师创设导游介绍中国春节的情境，以任务来驱动学生自主尝试。然后教师通过分析任务，决定教学内容以及专业知识和思政元素的融合方式。教师根据内容设计一系列循序渐进的子任务；课中学生在教师的引导下，完成各项子任务，并综合运用知识和技能，最终完成介绍春节的任务。课后师生对学生任务情况进行评价，完成巩固作业或拓展任务。

本课程还利用课堂派平台进行信息化教学。课前发布相关教学材料和任务；课中通过课堂派管理课堂，呈现教学内容，并与学生展开实时互动；课后布置相关任务，监控学生的进度和完成质量。

（二）案例实施的阶段、实施重点与育人成效

案例实施的阶段、实施重点与育人成效情况

时间	阶段	实施重点	育人成效
课前	布置任务："向外国游客介绍春节"	1. 让学生尝试完成任务并提交作业，录音上传 2. 教师针对任务，改编教材，搜集、筛选与任务紧密相关的教学资源和材料 3. 教师查看学生作业，了解学生遇到的困难，记录共性问题 4. 根据课程思政的要求，深挖思政育人元素，设计教学活动，确定教学方法	让学生对新课的学习主题、目标和内容有大致了解，同时培养学生的自学能力
课中	春节的日期	通过微课，让学生了解公历、农历的起源；重点讲授农历的英语表达	让学生领略到了古人因时耕作、顺时而作、因时而息的伟大智慧，加深民族情感，增强文化自信
	年兽的故事	接龙讲故事："年兽"的故事。教师展示图片和词汇提示，学生口头讲故事	通过讲述传统节日故事，学生理解了古代人民对自由幸福生活的向往和不屈不挠的奋斗精神以及与恶势力作斗争时不畏艰险、勇往直前的精神
	春节的习俗	1. 听力练习："春节的习俗"。听一段话，使句子补充完整。例：On the arrival of New Year, every family will paste red-color _______.（答案：couplets） 2. 课堂汇报：用英语介绍家乡的一项特色春节习俗	通过对春节习俗的讨论，学生认识到了隆重讲究的春节节日仪式体现了中国人民勤劳质朴、尊老爱幼、团结友好等优良品质。日益丰富的春节文化生活彰显国民幸福，处处体现人民对优秀传统文化和美好生活的认同和文化自信；介绍家乡的特色春节习俗能激发学生对家乡的热爱，对本土文化的认同和对美好生活的珍惜

续表

时间	阶段	实施重点	育人成效
课中	现代人庆祝春节的新潮方式	1. 课堂英语微辩论：传统红包还是电子红包，探亲拜年还是外出旅游 2. 传统文化与现代科技融合的优秀案例：微信红包	课堂辩论引发学生对于传统文化与现代科技、与新民俗的碰撞的辩证思考。让学生正确面对传统文化的转变，认识到传统和现代虽然存在着一定的冲突，但传统文化的传承和发展也要顺应趋势，也要创新思路，满足群众个性化多样化需求，才能推动传统文化融入当代生活，营造传承和弘扬中华优秀传统文化的良好社会氛围
	春节的节日食品及其寓意	1. 课堂头脑风暴：春节的节日食品有哪些，春节食品的寓意是什么（如饺子寓意“招财进宝”；年糕寓意“年年高升”） 2. 课堂活动：以短视频或直播的方式进行“我为家乡带货”活动（宣传家乡特色春节美食与春节旅游产品）	节日食品蕴含着中国人民对未来生活的期盼、祈祷和奋斗不息的决心。本环节着重引导学生感受我国劳动人民的美好愿望、智慧和创造性。推介家乡特色节日食品或春节旅游产品是用活泼新颖的方式引导学生热爱家乡事物，关注家乡发展
	我国春节假期的放假规定、春运现象；高铁的发展与成就	1. 了解改革开放以来我国节假制度的演变（“大、小礼拜”“双休”“黄金周”“两大五小”新黄金周模式、带薪休假制度） 2. 学会介绍中国特有的文化现象——春运（产生原因、春运特点、春运时间、文化意蕴等） 3. 观看中国高铁相关视频，了解中国高铁的发展和成就，学习介绍高铁的相关英语表达	让学生了解到我国实行改革开放之后，社会、经济发展迅速，人民生活水平不断提高，休闲娱乐需求增加，节假制度的演变体现了政府保护传统节日，促进旅游消费，尊重民意，关注民生；同时也让学生从春节独特的春运现象中感受到中国人民心怀家乡、重视亲情的真挚情感。中国高铁发展是一段励精图治、砥砺前行的奋斗历程，取得了举世瞩目的成就。中国高铁的介绍能激发学生为祖国的飞速发展而感到骄傲与自豪的情感
课中	春节期间酒店、交通、餐饮、景点等情况	课堂讨论：教师展示一份国外旅行网站给春节期间去中国游玩的游客的温馨提示，让学生对里面的内容进行更正、优化和补充	引导学生关注社会现象，培养学生的生活观察能力；引导学生做到及时为游客提供准确的旅游信息和周到、细致的服务，从而提升职业本领和爱岗敬业、细致认真的服务意识

续表

时间	阶段	实施重点	育人成效
课中	春节期间国家的疫情防控政策以及充满正能量的抗疫故事	1. 介绍春节期间国家的疫情防控政策（“外防输入、内防反弹”“倡导就地过年”“五有一网格”“动态清零”“人、物、环境同防”等） 2. 讲述感人的、充满正能量的抗疫故事	社会重大事件发生之时往往也是共情产生之时。这个子任务能让学生直面时代课题，产生情感共鸣，增强学生的政治认同与家国情怀；引导学生日后在对外交往中能理直气壮讲述、诠释和弘扬中国抗疫精神，展现和维护中国负责任的大国形象，传播中国之治的独特魅力，消除国际误解与偏见
课后	完成情景任务和拓展训练；完成调查问卷	1. 学生完成任务：向外国游客介绍春节 2. 拓展训练：向外国游客介绍中国另一个传统节日 3. 完成调查问卷，检验课程思政的成效	节日是民族文化的瑰宝，每个民族都有其传承的节日，这是民族凝聚力的维系。情景任务和拓展训练都引导学生更多地关注中国传统节日，增强文化自信

（三）不足及改进

本案例教学虽然在每个阶段都取得了一定的育人成效，但仍然存在一些不足：

1. 专业教师的课程思政实践能力有待提高

教学团队里虽然有思政教师的参与，也实现了协同备课。但在实际的操作中，教师的课程思政实施经验不足，导致学科知识和思政元素的融合有时还是显得生硬，或是因为进度没掌控好，错过一些契合学科知识的优质思政资源。因此，教学团队需要加强课程思政的研讨，常常开展对校内外优秀课程思政案例的研究和学习，并积极申报相关课题，开展相关教学研究。

2. 学情分析不充分

培养“讲好中国故事”的能力不是简单的事情。在实际的教学过程中，部分基础薄弱、学习能力不足的学生会出现课堂参与度和任务完成的质量都不高的现象，甚至导致他们产生挫败感和畏难情绪。下一步教师需要通过对学情和对完成任务所需要的知识和能力进行分析，针对不同水平的学生设置不同难度的任务，从而更好地落实课程思政，让课程思政教育覆盖每一位学生。

3. 评价机制需要完善

本课程的评价包括对学生学习过程的评价，包含回答问题、参与讨论、完成任务的积极态度等方面；对学生学习结果的评价主要针对学生对介绍春节的相关英语表达的掌握，用英语解答游客的问题的能力等方面。另外，还将传播中国文化、职业素养和社会责任意识和服务意识等思政元素作为考核内容。但是，这些评价指标中有的是不容易量化和定期评价的。目前来看，课后的调查问卷结构简单，内容粗糙。下一步需要制作严谨细化的评价量表如任务评价表、团队合作评价表、思政表现评价表等，并明确操作标准，完善评价机制。

四、案例成效或经验总结

（一）实施总体效果与成果

本案例的教学落实了《高等学校课程思政建设指导纲要》，思政工作落地见效。问卷调查结果显示，大部分学生表示“感受”到了专业课程当中的思政元素，并认为在专业课程中落实课程思政“很有必要”，能有助于他们形成正确的价值观，增强民族自豪感和社会责任感。2020 年 12 月，《旅游英语听说》成功申报成为校级课程思政示范课程，并开展了思政素材库和案例库的相关建设工作。提炼的若干案例通过了学校验收，为广大教师提供了有益参考，提升了外语课程落实课程思政改革的价值与影响。

在对课程思政的探索中，教学团队的思政意识和思政能力都得到了质的飞跃，并逐渐摸索到符合学科特点和学生成长规律的课程思政的路径和方法。课程思政已成为教师们的自觉行动，成为课程思政建设坚定的拥护者、实践者和推动者。2021 年 5 月，教学团队凭借《旅游英语听说》课程的案例教学成果，获得校级教师教学能力比赛三等奖。

（二）经验总结及今后的改进思路

本案例的教学是对外语课堂落实课程思政的一次有益的探索，在探索的过程中总结了一些经验。

首先，实施课程思政要细化过程，形成一套详尽的实施方案，减少教师的随意性。实施课程思政时教师并不可以自由发挥，所有思政元素都必须是经过研讨和审核的，并能和学科知识有机融合。既要避免简单、机械地插入思政话题，又要防止教师提供有误导性的“非思政育人元素”，带来负面效应。

其次，教师要有效改编教学材料，抓好课程思政工作的良好契机。课程思政也要“蹭热度”，积极回应时代、青年人的诉求。课程思政元素的选取应紧扣时政热点以及引发学生热烈讨论的社会事件。教师还需要经常与学生沟通谈心，了解学生们关切的热点、焦点和思想动态，使课程思政有的放矢，创造更多的“共情之时”，为培育时代新人提供精准支持。

最后，要创新教学方式，善用学生喜闻乐见的载体。单纯的理论讲解很难调动学生的课堂积极性，而生动有趣、丰富多样的教学形式能让课程鲜活起来，能让课程思政变得立体起来。例如，在讲到春节传统食品时，除了在课堂上介绍春节食品及其寓意，还组织学生用时下最流行的带货方式如短视频拍摄与发布、直播等来宣传家乡节日美食和旅游产品。学生热情高涨，主动学习并反复练习用英语在小视频或带货直播中对产品进行描述和介绍。总之，在新时代的信息传播环境下，教师也要与时俱进，改变观念，主动拥抱和善用新技术、新媒体，这样才能使思政元素的深厚内涵融入课堂，融入年轻人的心。

绘就幸福和谐，绣出匠心本色

——《民间绣活》课程思政案例

所属专业：旅游管理

案例主题：传统文化进课堂

负 责 人：毕露

工作单位：恩施职业技术学院

参 与 人：罗民健、莫玉鹤、周妮、周银菊

工作单位：恩施职业技术学院

一、案例简介

（一）案例实施背景

中国是一个多民族国家，地域辽阔，地域文化、民族文化是中国的宝贵财富，也是整个世界的文明精髓。中国民俗文化的保护虽一直在号召，但传承发展力度不够。目前，关于民俗文化传承的研究很多，尤其是在学校教育层面也逐渐引起了关注。恩施土家族苗族自治州是湖北省唯一的少数民族自治州，聚居了土家族、苗族、侗族等 28 个少数民族，少数民族人口占全州总人口的 54.7%。恩施土家族苗族自治州在漫长的发展过程中保留了历史悠久的民族民俗文化。其中，民间土苗刺绣手工艺呈现出了恩施民族文化特点，是重要的历史文化遗产之一。恩施州作为湖北省唯一的少数民族聚居区域，具有浓厚的地方特色和民俗文化特色，恩施职院作为恩施州唯一的一所高等职业技术学校，更要担当起民俗文化保护的责任。我们应利用专业优势，结合恩施民族文化发展和旅游发展，开拓专业特色，打造特色课程，激发学生传承民族文化、弘扬民族精神的历史责任与担当。

2011 年，恩施州宣恩县民间绣活（土家族苗族绣花鞋垫）被省人民政府公

布为第三批省级非物质文化遗产名录。旅游管理学院于2017年8月申报并着手建设民间绣活（土家族苗族绣花鞋垫）大师工作室，聘请民间绣活（土家族苗族绣花鞋垫）制作技艺省级代表性传承人周银菊大师为指导老师。该工作室建立以学院专业教师为骨干、以民间工艺大师为核心、以校内全院学生为对象的教育体系，通过理论教学与工艺实践相结合、学校教育与企业实践相结合的方式，传承与发扬少数民族传统手工艺。

（二）案例的实践探索

非遗文化是我们民族的文化精髓，凝聚了人民世世代代的智慧和思想。将非遗项目纳入学校课程进行推广和传承，能有效地保护非遗瑰宝，能更好地培养学生的爱国主义思想和民族文化精神，对于学生的思政教育有着深远的意义。如何将非物质文化遗产融入学校教育，怎样在非遗课程中渗透思政元素，这是我们目前正在思考和探索的。

在现代多元化的文化背景下，很多学生对于非遗文化了解较少，缺乏认识，甚至于重视不够，缺乏认同感，更别提去保护、传承、发展非遗文化。所以，非遗文化教育对学生的思政教育意义非凡。

1. 提高学生的职业道德素养

思政元素融入非遗课程，能有效地拓展学校教育的广度和深度，是提高学校教学质量的重要方式，更是学生德育工作的重要途径。让学生学习非遗技艺的同时，感受民族文化魅力，传承了民族精神。学生通过对非遗文化的了解，丰富了文化底蕴，增强了文化自信，提高了道德素养和人文情怀。

2. 培养精益求精的工匠精神

政府工作报告中提出要培养学生精益求精的工匠精神。通过传统手工艺技能类非遗课程的学习，潜移默化地感受精益求精的传统文化内涵，传承精益求精的从业精神，培养专研精神。

3. 增强学生的爱国热情

非遗技艺是我国传统民族文化的生动呈现，可以让学生们在技艺学习中直观、形象地感受中国传统文化的魅力和神奇，形成文化认同感，增强文化自信心，树立起爱国之情。

所以，在课程思政视域下，越来越多的研究着眼于非遗文化的教育。但是民间刺绣——土苗刺绣属于地方特色文化，其他地方的研究几乎没有，我们希望通过思政案例的应用和探索，挖掘出更为有效的非遗课程思政路径。

（三）本案例所解决的教学问题

1. 培养学生文化自信的课程资源不足、方法不够多

民间绣活没有专业的教材，传承的方式多是师徒制的口口相传、手把手教学，没有形成完整的理论体系和现代数字教学资源，特别是展现土苗魅力的非遗文化课程资源缺乏。民间绣活在授课过程中，需要自己重构教学内容，拍摄刺绣基础针法等教学视频，以弥补教学资源不足的现象。

2. 学生对非遗文化的学习和重视程度不够

部分学生认为在现代工艺和机器的流水线生产现状下，学习耗时长、难度大的手工民间刺绣意义不大，故学生对课程的重视程度不够、参与度不高，部分学生还认为非遗选修课程与后期就业没有关系从而导致学习效果难以保证。大部分学生对非遗文化和民俗文化只停留在“知道”“了解”的层面，学生没有深度了解，在学习课程过后也出现学完就忘的现象。我们的案例就是为解决以上问题在授课过程中融入文化，让学生感受民族文化魅力，接受非遗文化熏陶，潜移默化地树立文化自信，帮助学生学习工匠精神、传承非遗瑰宝。同时，在案例中不是只关注单一的理论和技艺教学，还开展丰富多彩的非遗课外活动，让学生走出常态化教学。如参观非遗博物馆、设计刺绣旅游产品，让学生更真实地了解非遗的历史与文化。

二、案例设计

（一）教学理念

为恩施地方经济建设和生态文化旅游产业集群高质量发展，培养理想信念坚定、理论知识扎实、专业技能突出的优秀文旅行业从业人员。课程旨在“弘扬工匠精神、传承民族文化、保护非遗瑰宝、创新旅游产品、培养实用人才”，重在培养“能够讲好非遗故事，能够制作土苗绣品，能够创新刺绣产品”的实用性人才。

将本课程思政建设成为非遗课程教学领域具有德技专修的示范引领课程，努力做到理论基础有功底、教学实践有路径、探索创新有举措。

教学内容紧扣民间土苗刺绣手工艺呈现出了恩施民族文化特点这一重要内涵，抓住少数民族地区旅游管理专业尤其注重学生民俗文化讲解能力、非遗保护能力与旅游产品开发能力的培养目标，将传承民族文化、弘扬民族团结、磨炼坚韧品质、学习工匠精神等思政元素融入各教学环节，坚持知识传授与价值引领相统一，树立学生文化自信，培养学生创新精神，激励学生勇于担当保护非遗瑰宝、传承民族文化与弘扬民族团结的时代使命。将立德树人贯彻到课堂教学全过程，将“文化育人”与“思政育人”结合，构筑育人大格局。

（二）课程教学目标

1. 知识目标

（1）了解土苗刺绣的文化内涵。

（2）掌握刺绣的工序。

（3）了解土苗刺绣图案的配色特点。

2. 能力目标

能够熟练运用刺绣针法和图案配色技巧，独立完成土苗刺绣作品的制作。

3. 素质目标

（1）培养学生的职业行为习惯的养成。

（2）培养学生的职业素养和精准、精细、精品的工匠精神。

（3）提高学生的民族认同感与自豪感，树立青年大学生的文化自信。

4. 教学重点

（1）掌握土苗刺绣技艺。

（2）能独立完成花鸟纹样的刺绣作品。

5. 教学难点

（1）能选择合适针法和图案配色。

（2）能独立完成花鸟纹样的刺绣作品。

（三）思政育人目标体系

课程以“知内涵”“明方向”“晓技巧”“绣匠心”“融创新”五大任务为驱动，以结果为导向。将“追求卓越的创新精神”“精益求精的品质精神”以及“用户至上的服务精神”等十大思政元素融入教学环节，从而达到“树立文化自信”“维护民族团结”“学习工匠精神”“传承非遗瑰宝”和“树立可持续发展观”的五大育人目标。努力做到课堂内容体现出思想性、前沿性与时代性，教学方法体现出先进性、互动性和针对性。课程思政建设思路如下图所示：

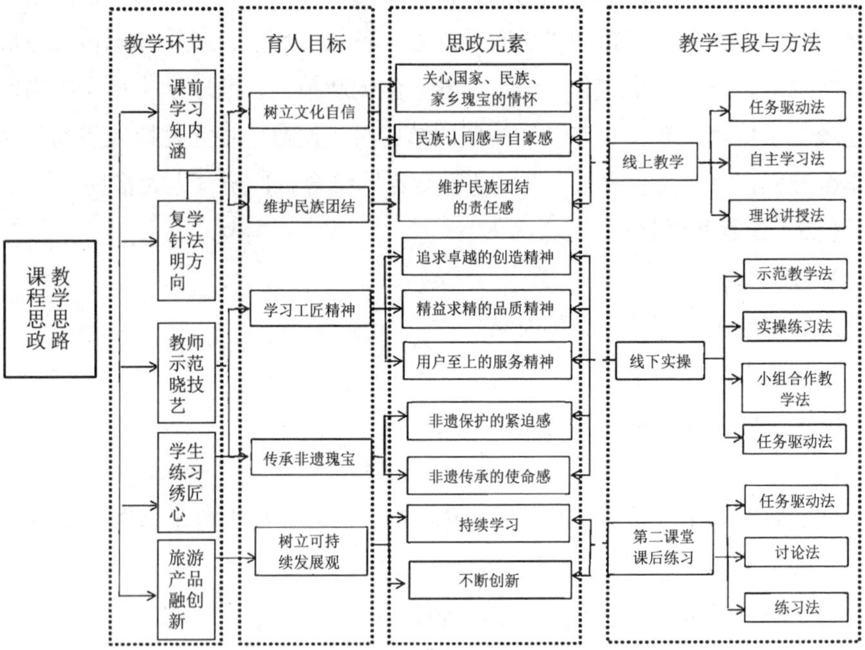

课程思政教学思路

（四）课程思政与专业教学内容的融合方式

1. 思政映射与融入

课前学习知内涵——通过对土苗刺绣作品的赏析和图纹的认识与了解，感知中华民族文化的博大精深。

复学针法明方向——通过对各种针法表现优势的分析，培养学生关心国家的、民族的、家乡的非遗瑰宝的情怀，让学生体会到劳动人民的聪明智慧。

教师示范晓技艺——通过刺绣工序的学习，培养学生的职业素养与职业规范。

学生练习绣匠心——通过刺绣土苗作品，磨炼学生坚韧的品质，培养学习精准、精细、精品的工匠精神。

旅游产品融创新——通过完成一个完整的土苗刺绣作品，培养学生对传统文化进行创造性转化、创新性发展的意识。

2. 预期成效

使学生能够养成良好的职业习惯，提升审美意识，在刺绣土苗作品中品味民族文化的博大精深，感知先辈们的聪明智慧，敬畏手艺人的匠心本色，成为民族文化的传承者、传播者、创新者和推介者。

（五）特色与创新

（1）用信息化手段改变了单一教学模式，突破了教学重难点，提高了学生的学习兴趣和学习效率。

（2）课前预习、小组探究、设计和练习改变了教学中教师“一言堂”的现象，培养学生的自主学习能力、沟通协调能力和团结协作的能力。

（3）课程思政教学目标融入了课程教学全过程。

三、案例实施

（一）教学设计

《民间绣活》是旅游管理专业的一门特色非遗课程，本章为土苗刺绣作品的制作，其内容是运用前期所学民间绣活的基础针法，完成一件完整的土苗刺绣作品，并对其进行加工设计，制成刺绣产品。我们在课程设计中将传统文化、职业教育、非遗传承、乡村振兴等内容融入课程教学，帮助学生通过刺绣手工技艺的学习，更好地继承和发扬中国优秀的传统文化，促进专业建设和人才培养，助力乡村振兴。本章教学设计，共计 6 课时，具体如下表所示：

教学设计情况

教学分析	
学情分析	本课程授课对象为旅游管理专业高职一年级的学生，他们动手能力强，乐于接受新鲜事物，喜爱恩施民族文化，对专业知识、对理想、对未来充满渴望与期待，是塑造灵魂、塑造品行、塑造人格的最佳时期，也是开展思政教育的黄金时期。本次课程前期已经学习了恩施民间绣活的文化理论知识，对刺绣的基础针法有了一定的认识
内容分析	《民间绣活制作技艺》是旅游管理专业的一门特色非遗课程，本次课选取第三章“土苗刺绣作品的制作”进行教学设计，共计 6 课时。本章内容是运用前期所学的民间绣活的基础针法，学习民间刺绣基本工序，完成一件完整的土苗刺绣作品。本章内容是对前面所学知识的综合运用和实操
教学策略	
授课方法	理论讲授、现场实作指导、线上线下混合教学、小组合作、任务驱动

续表

<table>
<tr><td>授课环境</td><td colspan="5">民间绣活大师工作室</td></tr>
<tr><td>授课资源</td><td colspan="5">学习通 App、民间绣活的工具（针线、绣绷、绣布）、多媒体课件、刺绣视频</td></tr>
<tr><td colspan="6">**教学过程**</td></tr>
<tr><td></td><td>教学环节</td><td>教师活动</td><td>学生活动</td><td>教学手段与方法</td><td>课程思政融入点</td></tr>
<tr><td rowspan="2">课前学习</td><td>课前学习知内涵</td><td>发布任务：在学习通 App 上发布土苗刺绣优秀作品集纹样的图片和视频，让小组赏析作品，并让小组分析刺绣图纹的文化内涵（丰富多彩的土苗刺绣寄托着土苗人民的美好愿望，文化内涵主要包括：追忆民族起源与发展迁徙的几何形图案；祈祷部落家族繁衍无穷的多方钩折系列纹样；向往美好和平，反映喜庆、吉祥、人寿、年丰、友好的物象花纹；陶冶生活情趣的自然及幻想性影像形状）</td><td>1. 自主完成学习通上视频的学习
2. 赏析作品，分析刺绣图纹的文化内涵，完成小组作业，上传到学习通</td><td>任务驱动法、自主学习法、线上线下混合教学</td><td>通过对土苗刺绣作品的赏析和图纹的认识与了解，感知中华民族文化的博大精深。提高学生的民族认同感与自豪感，树立青年大学生的文化自信</td></tr>
<tr><td>课前评价</td><td colspan="4">线上评价，检验自学效果</td></tr>
<tr><td>课中实战</td><td>复学针法明方向（1课时）</td><td>复习基础针法：
1. 针法连连看（游戏）：给出刺绣针法的图片，让学生选择正确的针法
2. 分析图中运用的各个针法，以及每种针法表现优势

平绣：平整、光滑、精致，跨度不宜较大，如遇较大面积可分片刺绣
插绣：多种颜色的插绣适合花瓣儿等深浅颜色的过渡
锁绣：适合勾勒轮廓，如枝蔓、草等
捆绣：显现花叶脉，固定绣品
网绣：多用来绣石榴、鱼鳞、鸟身等，有丰富多彩的效果
洒绣：主要表现叶脉、花丝、花柱等，有一定的立体效果
点绣：多用于花蕊、动物眼睛</td><td>分小组完成课堂讨论并陈述</td><td>理论讲授法、小组合作学习法、任务驱动法</td><td>通过对各种针法表现优势的分析，培养学生关心国家的、民族的、家乡的非遗瑰宝的情怀，让学生体会到劳动人民的聪明智慧</td></tr>
</table>

续表

<table>
<tr>
<td rowspan="3">课后测评</td>
<td>教师示范晓技艺（1课时）</td>
<td>教师示范讲解刺绣工序：
（1）准备工具：绣绷、绣花针、绣线、绣布
（2）上绷：将绣布固定在绣绷上
（3）画样：将花样描在绣布上

（4）配线：单纯、艳丽、明快、强烈是土苗刺绣的特点（口诀：红花需要绿叶配，紫是骨头绿是筋、配上红黄亮晶晶，光有红绿不算好，用黄托色少不了），教师给出纹样，小组讨论决定配色方案
（5）刺绣：教师给出刺绣纹样，让小组分析纹样每个部分应使用什么针法
（6）落绷：将绣好的作品从绣绷上取下
（7）成合：落绷后加工成可观赏或可使用的成品</td>
<td>学生分小组根据教师给的纹样，分析配色方案和选择合适针法，并根据教师示范讲解，认真学习刺绣工序</td>
<td>示范教学法、小组合作学习法、任务驱动法</td>
<td>通过刺绣工序的学习，培养学生的职业素养与职业规范</td>
</tr>
<tr>
<td>学生练习绣匠心（4课时）</td>
<td>1. 完成任务布置：在民间绣活大师工作室按照所学工序完成花鸟图纹的土苗刺绣技艺练习
2. 在学生分组练习时一对一进行细节的指导</td>
<td>完成土苗绣品</td>
<td>现场实作指导法</td>
<td>通过刺绣土苗绣品，磨炼学生坚韧的品质，培养学习精准、精细、精品的工匠精神</td>
</tr>
<tr>
<td>课中评价</td>
<td colspan="4">教师实时点评
组间互评</td>
</tr>
</table>

续表

课后测评	旅游产品融创新	根据旅游管理的专业特征，要求学生在小组内选择最好的绣品，课后将绣品进行设计，做成一个完整的工艺品，如杯垫、装饰画、摆台、挂件等，实现知识的迁移，并将成品拍照上传至学习通 App 进行展示	学生以小组为单位，选择最好的刺绣作品进行产品设计，做成一个完整的工艺品，并将成品拍照上传至学习通 App 进行展示	任务驱动法、知识运用迁移	培养学生传承非遗的使命感以及维护民族团结的责任感，提升学生的审美能力和创新、创造意识
	课后评价	根据学生课前、课中和课后测评情况进行汇总，测评成绩计入期末总成绩			

（二）评价体系

基于学生核心素养的“多维、多元、全员、全过程”评价体系

目标维度	评价主体	评价过程	评价载体与内容	核心素养	信息化评价手段	分值	得分
知识目标 能力目标 素养目标 思政目标	学生 老师 专家 企业	课前（认知认同）	视频资料	自主学习	平台后台计时	10 分	
			土苗刺绣作品赏析	民族文化交流	学习通平台	10 分	
			语言表达	民族文化交流	教师打分	5 分	
		课中（情感内化）	签到	自主学习完善	学习通数据	5 分	
			讨论	小组合作	教师观察记录	5 分	
				语言思维提升	教师观察记录	10 分	
			小组讨论结果上传	审美能力提升	学习通后台	10 分	
			现场实操	细心耐心品质	教师观察记录	15 分	
				精益求精品质	教师观察记录	15 分	
		课后（行为转变）	作品	创新能力、自主学习	学习通平台	15 分	
学习建议						100 分	

四、案例成效或经验总结

（一）案例的总体评价

本案例的基本性质是思政案例。“实施职业教育，必须贯彻国家教育方针，对受教育者进行思想政治教育和职业道德教育，传授职业知识，培养职业技能，进行职业指导，全面提高受教育者的素质。”我们团队在此理念的引领下，设计时以学习通为载体，全面渗透思政元素，明确了培养什么样的人的目标，细化了怎样培养人的措施。在整个案例的流程中强化了处处、时时、人人都有思政的意识。在本案例中把职业教育中的思政课程具体到了课程思政和活动思政中，对推动职业教育高质量发展和地方民族特色发展，培养社会主义高素质的建设者，发挥了很好的作用。

（二）案例实施经验总结

课程教学团队经过多年教学，不断更新教育教学理念，改进教学方法，注重用民族文化浸润学生心灵、用工匠精神引领人生成长、用时代导向强化职业素养、用动手体验感知劳动艰辛、用产品设计渗透美育思想、用大师情怀增强使命担当等全方位、多维度、深层次的课程思政教学。

1. 用民族文化浸润学生心灵

非遗物质文化是我们的国粹，是民族地区精神和物质的集中呈现，是积淀在民族心底的一种文化认同。它作为纽带，能够铸牢中华民族共同体的建设，使各民族心心相印，同呼吸共命运，增强了民族团结的责任感。学生通过课程的学习，感受到中华文化的博大精深，充满自豪感和认同感，自然产生关心、热爱非遗瑰宝的朴素情怀，热爱祖国、热爱民族。

学生们主动走进旅游景区，推广土苗刺绣文化

2. 用工匠精神引领人生成长

因为非遗文化在民间的稀有性，所以导致学生普遍有陌生感。因此，在学习的过程当中，就要克服心理上的畏难情绪。我们在课程当中设计了知内涵、明方向、晓技巧、绣匠心、融创新五大任务进行驱动和导向，让学生去学习基础的针法、刺绣的工序、加工的设计、成品的制作，在方法上采用自主学习、教师讲授、示范教学、实际操练、相互探讨等，促使学生心智、耐心、专注等职业品质的形成，提高了学生的素养，磨炼了学生的坚韧品质，形成了精准、精细、精品的工匠精神。立志为社会创造价值，服务人们的生活，提升人民的幸福指数。

3. 用时代导向强化职业素养

要实现中华民族伟大复兴的梦想，我们在培养人才方面，必须注重实践能力和创新精神的培养。在本思政案例的设计过程中，我们精心设计了实操环节，充分让学生动手，鼓励他们进行创意设计，以及与同学之间相互探讨，实现思维碰撞，从而使学生的成果能够在继承当中有所创新，达到与时俱进，紧跟时代的目标，这正是国家和社会对创新性人才的需求，也是职业教育的一双翅膀。

4. 用动手体验感知劳动艰辛

党的教育方针指出，要加强劳动教育和实践能力的培养。劳动教育主要是日常生活、生产劳动以及职业体验。学生在劳动的过程当中学到了劳动的技能、接受了劳动的教育、认识到了劳动带来的价值、培养了劳动的习惯，尤其在非遗文化手工劳动的过程当中培养了对劳动人民和民族文化的热爱。学生在学习和实操中，通过动手体验，感知劳动人民的艰辛，从而懂得珍惜和感恩。

学生们在风雨桥上进行刺绣技艺展演

5. 用产品设计渗透美育思想

课程通过产品设计这一环节，让学生对产品有直观感受，均能在产品设计中得到美的体验和美的教育，达到育人育心的效果。

学生们自己设计制作的刺绣作品：耳环、挂件、摆台、团扇、杯垫等

6. 用大师情怀增强使命担当

非遗文化在社会和历史的发展过程中，经受着时间的考验，不少都需要及时进行挖掘、发现、保护、传承、创新。作为中华儿女，应该承担起这一份职责，用自己的智慧、勤劳让非遗文化的瑰宝成为中华文化不可或缺的重要元素。通过邀请非遗大师进入课堂进行本课程的教育教学，增强学生传承非遗文化的使命意识和责任担当。

非遗传承人周银菊给学生们介绍刺绣技巧

（三）改进思路

1. 开辟校园宣传阵地，提高学生对非遗的关注度

开辟校园非遗文化宣传渠道，将校园文化与非遗文化相结合，促进学生更多地去了解非遗，从而提高非遗传承和推广的主动性，如成立民间绣活等非遗技艺展示团队、开展民俗文化知识竞赛、开设非遗文化专题广播等。

2. 利用学生社团活动，提高学生对非遗的认知度

组建相关社团，让大家在课程学习后，通过开展社团的相关活动，来帮助大家进一步地了解和推广非遗文化，以非遗文化的文化内涵感染学生，最终实现非遗与思政的融合。

3. 运用学生社会实践，提高学生对非遗的认同感

将课程内容融入学生的社会实践，实践出真知，真真正正地做到知行合一，在实践中去了解非遗学习的意义，深层次地理解非遗文化的真谛，以此来提高非遗课程的思政教育意义。

和静怡真·传承国饮

——《中华茶艺》课程思政案例

所属专业：茶艺与茶文化
案例主题：传统文化进课堂
负 责 人：冯骏宁
工作单位：云南旅游职业学院
参 与 人：杨云哲、王梓、王云晖
工作单位：云南旅游职业学院

一、案例简介

（一）案例实施背景

云南旅游职业学院以培养旅游专业人才、服务旅游产业发展、开展旅游科学研究、弘扬云南旅游文化为使命，充分发挥云南旅游产业发展和自身办学优势，重点发展旅游类及其相关专业；坚持以习近平新时代中国特色社会主义思想为指导，认真贯彻党的教育方针，坚持社会主义办学方向，坚持“以立德树人为根本，以服务发展为宗旨，以促进就业为导向”的职业教育方针；培养旅游及社会经济发展需要的专业人才，为云南旅游强省战略建设培养输送高素质技术技能人才。

茶艺与茶文化专业属于旅游大类，自 2002 年以来，学院举办了茶艺与花艺专业（中专），培养了 4 届毕业生，2011 年升入大专后，学校一直将茶艺课程作为酒店管理专业的核心课程模块，常年举办国家级师资培训（茶艺），培训认证茶艺师 400 多名。茶艺专业毕业生从事茶艺表演与推广、茶文化宣传与教育、茶叶审评、茶叶营销与管理及茶会设计与组织等方面的工作，均获得一致好评。自 2018 年起，学校举办了三届“云南省职业院校技能大赛中华茶艺大赛”，共计参加过五届云南省省赛（中华茶艺大赛）以及市赛、区赛、行业内各级别大赛，多次取得一、二名及金银奖等优异成绩，在业内具有一定的影响力。目前学校茶艺与茶文化专业招生情况为，2020年1个班，2021年1个班。

《茶艺表演与创编》是茶艺与茶文化专业的一门专业基础课，课程组基于“岗课赛证”要求，深入挖掘课程思政元素，将课程进行体系化设计，重构课程为3个模块：中华茶艺、现代茶艺、民族茶艺。

本案例《和静怡真·传承国饮——中华茶艺》是课程中的第一个模块，以汉代—唐代—宋代—明代为历史主线，从中华传统茶文化基础知识开始，配合各个朝代不同的茶艺技术实践，提升学生的学习兴趣，帮助学生建立传承中华传统文化的基本概念，坚定文化自信。“和静怡真”是中国茶道精神，学生除了茶艺技术的学习，更能深刻感悟中华茶道精神，养成良好的仪容仪表规范、礼貌礼节、卫生习惯、礼仪、感恩心、包容心、真诚待人等综合素质，为后续的课程打下良好的基础。

（二）茶艺课程思政案例探索综述

茶艺文化因其承载了诸多中国传统的文化元素，是民族文化、区域文化的集中体现，而使“茶艺”课程成为当下许多职业院校开设的专业核心能力课和素质选修课。该课程主要讲授茶文化基础知识和茶艺基本技能，使学生熟悉中国茶艺文化的历史和精髓，树立传统文化的意识，使学生树立对中国传统文化的自信心和自豪感，培养爱国、爱家、爱生活的人文情怀，以茶道精神激励和塑造吃苦耐劳和无私奉献的职业精神，树立正确的人生观、价值观和世界观。使学生具备茶艺服务、茶艺表演和茶艺文化创意的能力，将自身所学回报社会、服务社会。

国内学术界对课程思政的研究始于2019年，2021年起研究进入繁盛期，本科院校、高职院校都对课程思政进行研究，但有关茶艺课程思政的研究并不多，从研究内容来看大致分为两个方向，一是针对茶艺课程的思政教学实践研究，挖掘茶艺课程思政元素，提出茶文化与学生职业素养培养的融合路径；二是将茶文化融入其他专业的课程思政研究，如研究将茶文化中的茶礼仪、茶道精神、爱国精神等元素进行提炼，渗透到其他专业课中的教学过程中。以上理论研究对茶艺课程思政研究都有一定的指导意义。

现有文献中，关于中华茶艺课程思政的研究较少，仅检索到一篇文献，即梁慧的“酒店专业课程思政的研究与实践——以中华茶艺为例”，为中华茶艺课程思政研究提出了新思路，对于茶艺课程思政育人目标体系的研究则没有。综上可见，国内学术界对茶艺课程思政育人目标体系以及中华茶艺课程思政的研究尚处于起步阶段，尤其在茶艺课程思政育人目标体系开发和茶艺课程思政育人目标体系与专业教学内容体系融合模式两个核心问题方面，仍存在较大的研究价值与探讨空间。

（三）本案例所解决的教学问题

1. 茶艺课程思政教学设计的难点

茶艺文化承载了诸多中国传统的文化元素，如中华传统服饰、礼仪、文学经典、美学、职业精神、工匠精神、爱国主义精神等，思政元素太多太散，在课程思政教学设计中，教学重点不明确，思政目标评价较难。

2. 茶艺课程思政教学设计的痛点

课程思政融入方法单一，融入过程生硬，学生缺乏思政学习的主动性。针对云旅院茶艺专业 2020 级的学情调查发现：同学们普遍对茶艺兴趣浓厚，因部分同学在入学时就加入了学校茶艺社，因此 9% 的同学已有初级茶艺师证书，32% 的同学有日常泡茶饮茶的习惯，还有 59% 的同学没有饮茶习惯。班级中学生茶文化基础知识、茶艺能力参差不齐，差别较大。他们共同的问题是普遍不了解茶艺礼仪习惯、卫生习惯不良好；普遍缺乏团队协作能力，活动组织难；课前预习完成率低，自主学习能力差；部分同学不认同茶为中国“国饮”，认为茶道属于日本。

二、案例设计

（一）教学理念

以史明志、以礼养德、以茶育人、以和致美。

（二）课程教学目标

1. 知识目标

（1）了解中华茶艺基础知识。

（2）了解我国汉代—唐代—宋代—明代 4 个朝代饮茶方式、茶叶特征及制茶工艺。

（3）了解我国汉代—唐代—宋代—明代4个朝代礼仪的区别。

（4）理解中华茶艺是我国优秀传统文化之一。

（5）理解中华传统文化对于现代生活的意义与影响。

2. 能力目标

（1）能够识别汉代—唐代—宋代—明代4个朝代茶具。

（2）能够写出汉代—唐代—宋代—明代4个朝代茶艺演示流程。

（3）能够描述汉代—唐代—宋代—明代4个朝代代茶艺技法要点及注意事项。

（4）能够进行汉代—唐代—宋代—明代4个朝代茶礼仪展示。

（5）能够以小组形式进行汉代—唐代—宋代—明代4个朝代茶艺表演。

3. 素质目标

（1）坚定文化自信，激发学生对中华传统文化的向往与喜爱，传承中华传统文化。

（2）尊重理解民族文化，树立平等的文化价值观。

（3）培养学生的工匠精神，在茶艺中感悟“和静怡真”的精神，并在生活中实践。

（4）培养学生的审美能力、将美学融入生活。

（三）思政育人目标体系

课程组根据《高等学校课程思政建设指导纲要》要求，对标“岗课赛证”要求，对中华茶艺课程的思政元素进行深度挖掘，构建了“以史明志、以礼养德、以茶育人、以和致美”的茶艺课程思政育人目标体系。

1. 以史明志

以铜为镜，可以正衣冠，以史为镜，可以知兴替，以人为镜，可以知得失。知史而明志，资古以鉴今，中国是有着上下五千年文明的古老国度，学史能更加明白中华民族的伟大。深度挖掘中华茶艺课程中的历史内容，使学生深刻理解各个历史朝代中的中华文脉的思想精华和时代价值，大力弘扬当下的时代精神。培养学生懂知识、有技能、有礼仪、有品德、懂感恩，坚定文化自信、主动传承中华传统文化。

思政元素：各个朝代的茶文学作品欣赏，苏轼茶诗《送南屏谦师》、刘松年茶画《斗茶图》、陆羽茶书《茶经》等；丝绸之路、茶马互市、茶叶战争、新时代中国特色社会主义取得的历史性成就等历史事件。

2. 以礼养德

中华是礼仪之邦，中华民族自古以来就是一个讲究品德教育、文明礼仪、个人修养的民族。通过学习中华传统礼仪，引导学生明白每一个中华儿女都是中华文明的受益者、承载者、传播者，有责任、有义务弘扬中华民族优秀传统美德，使照耀中华数千年的文明之光在当代中国熠熠生辉、发扬光大。通过学习茶艺师职业道德规范，教育引导学生深刻理解并自觉实践茶艺师职业精神和职业规范，增强职业责任感，培养遵纪守法、爱岗敬业、无私奉献、诚实守信、公道办事、开拓创新的职业品格和行为习惯。

思政元素：各个朝代的文学经典，如“不学礼，无以立”（《论语·季氏》），“君子以仁存心，以礼存心。仁者爱人，有礼者敬人。爱人者，人恒爱之；敬人者，人恒敬之。”（《孟子·离娄下》）；茶艺师职业道德规范；中国外交官华春莹、汪文斌等人的外交礼仪与外交事件等。

3. 以茶育人

围绕“培养什么人、怎样培养人、为谁培养人”这个根本问题，对接行业需求，通过中国茶道“和静怡真”精神，培养具有“君子品格”的茶学子。

茶教育不仅教授学生识茶品茶之道，更要引导学生深刻理解中华优秀传统文化中讲仁爱、重民本、守诚信、崇正义、尚和合、求大同的思想精华和时代价值，教育引导学生传承中华文脉，富有中国心、饱含中国情、充满中国味。在课程中感悟“和静怡真”的中国茶道精神，并在学习、生活中持续实践。践行社会主义核心价值观和爱国主义精神，爱党爱国，知行合一，知礼守礼，诚实守信，自强不息，厚德载物，以家国天下为己任，养成君子品格。

思政元素：“和静怡真”中国茶道精神内涵；君子品格内涵；当代“君子品格”人物，如“共和国勋章”获得者钟南山，“人民英雄”张伯礼、张定宇、陈薇等，“航天英雄”翟志刚、王亚平等。

4. 以和致美

“和静怡真”是中国茶道精神，“和”是中国茶道的核心。中和之美，是中华民族重要的美学传统，更是贯穿于中国人的精神生活。回顾千年历史，我们祈盼“和美”，也在不断寻求与外部世界达成和谐之美的路径。“君子和而不同”，方能美美与共；文化繁荣更需和而不同，美美与共。新一代的茶学子，当有君子品格，以家国天下为己任，承担起向世界输出中华优秀传统文化的责任与担当。

思政元素：鉴赏茶名之美；鉴赏茶席之美；表演茶艺之美；宋人四艺——中国人的传统生活方式之美；茶人之美，如唐代陆羽，宋代李清照，当代茶叶专家吴觉农、冯绍裘等人。

（四）课程思政与专业教学内容的融合方式

1. 重构教学内容，学习项目专题化

中华茶艺课程专业教学内容以汉代—唐代—宋代—明代为历史主线，根据各个朝代的茶艺技术共分为4个学习项目，为实现“以史明志、以礼养德、以茶育人、以和致美”的茶艺课程思政育人目标，以各朝代茶艺技法为依托，深入挖掘每个朝代中的思想精华和时代价值，并分别对标到当下的时代精神与社会主义核心价值观，将学习项目专题化，制定了4个专题。

学习项目对应课程思政专题

学习项目	课程思政专题
汉代煮茶（4课时）	博大兼容·大国担当
唐代煎茶（4课时）	富强和谐·人类命运共同体
宋代点茶（4课时）	宋人四艺·文化自信
明代泡茶（4课时）	中华民族精神·大国风骨

2. 根据课程思政育人目标体系挖掘思政元素

为实现“以史明志、以礼养德、以茶育人、以和致美”的茶艺课程思政育人目标，根据专题挖掘重点课程思政元素，突破教学重难点，有效达成思政育人目标。以项目3“宋代点茶”为例：

根据专题挖掘重点课程思政元素

课程思政育人目标体系	专业教学内容	思政元素
以史明志	宋代茶史（1 课时）： 1. 了解宋代茶文化发展脉络 2. 鉴赏宋代茶文学作品	1. 宋人四艺（插花、挂画、焚香、点茶），宋代点茶文化是日本抹茶道的起源 2. 宋代茶文化经典作品：聆听苏轼茶诗《送南屏谦师》、欣赏刘松年茶画《斗茶图》 3. 我国宋代文化对亚洲文化的影响，对世界文化的影响 4. 知史爱党、知史爱国的“君子品格”内涵
以礼养德	宋代茶礼仪（1 课时）： 1. 揖礼实训 2. 抱手礼实训 3. 插手礼实训	1. 中华民族“礼”“仪”的文化内涵 2. 温文儒雅的外交官汪文斌的外交发言 3. 知礼守礼、诚实守信的“君子品格”内涵
以茶育人	宋代点茶（1 课时）： 1. 宋代点茶流程实训 2. 了解宋代点茶操作注意事项	1. 中国茶道精神：“和静怡真” 2. “共和国勋章”获得者钟南山：大医大爱，守护生命 3. 知行合一的“君子品格”内涵
以和致美	宋代茶艺演示活动（1 课时）：团队合作演示宋代点茶	1. 宋人四艺：中国人的传统生活方式之美 2. 宋人四艺：团队协作之美 3. 滇红之父——冯绍裘为中国茶叶振兴创制滇红的故事 4. 以家国天下为己任的“君子品格”内涵

3. 沉浸式体验中华传统文化，打造“润物细无声”的思政课堂

以铜为镜，可以正衣冠，以史为镜，可以知兴替，以人为镜，可以知得失。教学实施过程中，师生同穿汉服，学习感受中华衣冠文化之美；学习历史，以史为镜、以史明志、知史爱党、知史爱国；学习茶礼，感受华夏礼仪之邦之美，以礼养德，树立正确的道德观；学茶饮茶，感受和静怡真茶艺之美，坚持文化自信，民族自信；学以致用，以和致美，在全球化大背景下，茶作为中国“和美”文化代表，应该积极“走出去”，与世界对话，让大国茶文化绽放“美美与共”的自信姿态，实现中华民族伟大复兴。

4. 基于思政育人目标达成，思政育人贯穿教学各环节

（1）鉴于学生审美能力、表现力较弱的特点，全过程运用以课堂上下，校园内外，线上线下“三结合”的形式进行教学组织。

（2）主要使用任务导向法、情境教学法、角色扮演法等教学方法，每次实

训课程将学生随机分组，分别命名为“和”“静”“怡”“真”“儒”“释”“道”等，组织和引导学生积极参与体验，让每一名学生参与到课堂活动中，构建教学共同体，打造沉浸式体验教学情境。

（3）运用“多元”评价模式，让每一位学生参与评价，采取线上、线下评价双结合的方式，通过微助教平台、纸质版评价表、记录表等，实现评价可视化。

（五）特色与创新

1. 创新：构建茶艺课程思政育人目标体系，养成君子品格

根据《高等学校课程思政建设指导纲要》要求，对标“岗课赛证”要求，根据茶艺课程特点，构建了“以史明志、以礼养德、以茶育人、以和致美”的茶艺课程思政育人目标体系。

教学实施过程中，每个教学环节都以学生为中心，激发学生学习兴趣，让学生主动学习，主动训练，突破教学内容重难点，理解君子品格内涵，培养学生分析和解决问题能力，并且让学生养成良好的学习习惯，形成开拓进取、包容感恩、全面发展的君子品格。

2. 特色：沉浸式体验中华传统文化，感悟和静怡真的中国茶道精神

教学实施过程中，师生同穿汉服，学习感受中华衣冠文化之美，持续培养学生良好的仪容仪表、礼貌礼节、卫生习惯。将显性教育（茶育）与隐性教育（德育、美育）有机融合，课程中贯穿中国茶道精神“和静怡真”，在日常授课点滴中融入和谐思想、宁静致远、诚信仁爱，将爱国主义教育融入茶艺课程，传承中华传统文化，实现了“以史明志、以礼养德、以茶育人、以和致美”的教学理念。

宋代点茶茶艺教学

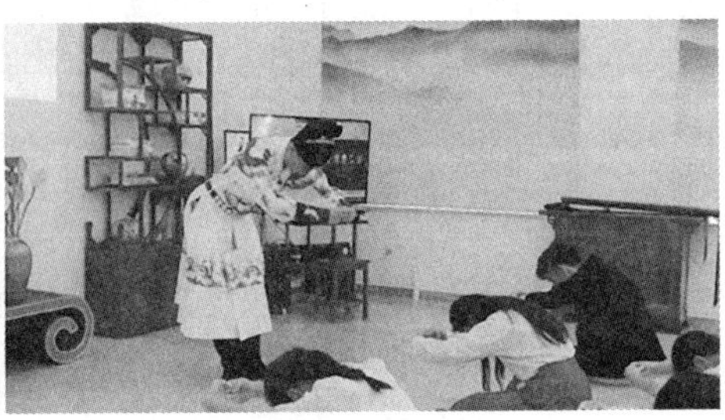

明代泡茶礼仪教学

宋代点茶茶艺表演

明代泡茶茶艺表演

三、案例实施

分年度案例实施情况

实施时间	2020 年 1—8 月	2020 年 9—12 月	2021 年 1—8 月	2021 年 9—12 月
实施措施	1. 广泛调研，邀请学生、社会人士参与改革，听取意见 2. 校企合作，借助企业的平台或力量为课程创新实践提供帮助 3. 重构课程，对教材进行研讨，根据学情及课程思政要求进行课程重构	1. 思政元素融入课堂教学各环节，思政案例应用于课堂教学 2. 邀请课程组教师共同授课，研讨教学内容与整改内容	1. 构建全面覆盖、类型丰富、层次递进、相互支撑的课程体系 2. 制定课程思政育人目标体系	注重效果，多维评价实现思政教育与知识体系教育的有效统一，完善思政育人目标考核体系
实施重点	解决茶艺课程思政教学设计的难点： 1. 围绕“培养什么人、怎样培养人、为谁培养人”这个根本问题，根据《高等学校课程思政建设指导纲要》要求，对标“岗课赛证”要求，重构课程内容，明确茶艺课程思政育人目标及教学重点 2. 充分发掘茶艺课程和教学方式中蕴含的思政教育资源，创新课程思政融入课程的方式	解决茶艺课程思政教学设计的痛点： 1. 课后进行教学反思，及时诊断改进，完善思政课程育人目标体系 2. 提出并实践“沉浸式体验中华传统文化”	解决茶艺课程思政教学设计的难点与痛点： 1. 课程组通过转变考核内容、形式等多种手段，使效果可视、可衡量，如将教学过程中课上、课下的主题讨论、主题活动等表现纳入考核评定的范畴 2. 提出并实践“君子品格”养成	解决茶艺课程思政教学设计的难点：从多方位、多维度、多层次、多渠道，对课程效果进行评价，根据评价结果及时调整教学内容及方法，以保证育人目标的实现

续表

实施时间	2020 年 1—8 月	2020 年 9—12 月	2021 年 1—8 月	2021 年 9—12 月
阶段性成效	1. 完成教学大纲的撰写 2. 完成授课计划的撰写 3. 挖掘课程所蕴含的思政教育元素 4. 初步确定课程思政育人目标体系	1. 补充完善教学中的课程思政教育元素 2. 初步制定课程思政育人目标体系 3. 完成课程教案 4. 提出“沉浸式体验中华传统文化”，并应用于教学实施全过程	1. 完善课程思政育人目标体系 2. 提出“君子品格养成”，确定君子品格内涵，并应用于教学实施全过程 3. 教学能力比赛获得校级一等奖 4. 申报校级课程思政案例科研项目	1. 制定课程思政育人目标体系 2. 制定思政育人目标考核体系 3. 教学能力比赛获得省级一等奖 4. 申报其他课程思政案例相关科研项目
不足与改进	不足：本课程所包含了礼仪、活动设计等非茶艺演示课程内容，一个人无法完成 改进：提出邀请其他课程老师，共同组建课程团队	不足：课程思政融入方法单一，融入过程生硬，学生缺乏思政学习的主动性 改进：提出“沉浸式体验中华传统文化”的课程调整，要求师生上课同穿汉服，上课前布置教室，调动学生学习主动性，师生处于中华传统文化氛围中，课程思政融入不再生硬，解决了以上问题	不足：课程思政目标考核较难 改进：调整为对课程思政育人效果进行评价，并构建评价体系，以保证育人目标的实现	不足：每届学生学情不同，且部分思政元素有一定时效性 改进：根据学情调整教学方法，根据时政更新补充课程思政元素

四、案例成效或经验总结

（一）实施效果与成果

（1）课程考核：该课程期末考试答题显示，茶艺专业2020级及格率100%，优秀率73%。在课程最后一个教学周，班级同学圆满完成“大明气度”校企合作茶会这个期末考试，经企业导师考核，及格率100%，优秀率88%。知识目标达成。

（2）考证情况：截至2021年12月，茶艺专业2020级已有69%的同学考取了中级茶艺师证书，20%考取了高级茶艺师证书。能力目标达成。

（3）参赛情况：自2018年开始，截至2021年12月，本课程组指导选手参加云南省职业院校技能大赛中华茶艺大赛，共获得一等奖 6 项，二等奖 5 项，行业比赛金银铜奖共计 15 项。因茶艺大赛获奖而升本的同学共计 7 人。2021 年云南省中华茶艺大赛中，课程组指导选手 2 人，均获得省级二等奖，并以此申报校级课程思政案例成功。能力目标、思政目标达成。

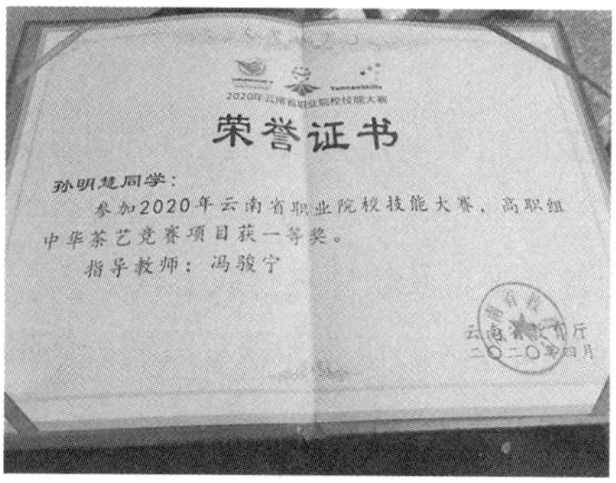

2020 年中华茶艺大赛及各类大赛师生获奖证书（部分）

（4）教师提升：自 2018 年开始，截至 2021 年 12 月，课程组 4 位老师均获得了技能证书的提升，目前有 2 位取得茶艺技师证书，2 位取得高级茶艺师证书，课程组教师受邀参加茶艺大赛评委（市级以上）共计 8 次，每人每年参加社会培训 4~6 次，获得了一定的行业影响力。课程组参加 2021 年云南省职业院校技能大赛教师教学能力大赛，参赛作品《和静怡真 · 传承国饮——中华茶艺》获得校级一等奖、云南省省级一等奖。2021 年课程组申报校级课程思政案例立项，申报旅游职业教育课程思政案例立项。思政目标达成。

课程组自 2020 年成立至今，坚持不忘初心、精诚合作，将持续跟进茶艺课程改革与课程思政研究，在以茶育人、以礼养德的道路上砥砺前行。

（二）经验总结

1. 反思

（1）教师线上操作技术不熟练。本门课程涉及老师较多，年龄差距较大，在整体设计阶段，对教学所需的线上资源及技术操作能力考虑不充分，教学过程中由于网络卡顿、软件操作不熟练、软件功能不熟悉等问题造成教师耽误课堂教学时间，老师不能更好地和学生答疑互动。

（2）生源结构复杂，学生个体差异较大。生源有来自普高及三年制中专等，有些同学已考取茶艺师证，有些同学从未喝过茶，从学习效果看，由于学生知识能力水平参差不齐，部分学生文化视野较窄，教师对于蕴含人文性、思想性的知识不能展开深入讲解，部分学生本就喜欢中华传统文化，已有传统文化基础。

2. 改进

（1）加强教师的线上操作技术培训。及时组织专业人员对教师培训各类线上操作技术，尤其是年龄较大的教师及来自行业的专家，帮助教师解决各类网络突发问题，让每位教师都能够熟练运用各类平台及软件进行线上教学。

（2）加强学生个性化指导。布置不同难度等级的作业和课堂活动，学生可自由选择，实现分层化教学。

古城新韵，自在正定

——《地方导游讲解》课程思政案例

所属专业：旅游管理

案例主题：传统文化进课堂

负 责 人：樊莉莉

工作单位：石家庄职业技术学院

参 与 人：陈楠、莫春雷、孙百虎、丁咚

工作单位：石家庄职业技术学院

一、案例简介

（一）案例实施背景

本案例选自《地方导游讲解》课程，该课程是石家庄职业技术学院旅游管理专业的一门专业核心课，课程依据相关教学标准和行业标准，参考国家规划教材和导游人员资格考试教材，立足本地区旅游资源禀赋和市场需求，结合学情分析，融入思政基因教育，将课程内容整合为省市概况讲解、“红”色景区讲解、“绿”色景区讲解、“古”文化景区讲解、“新”都市文化讲解五大模块。正定古城讲解是“古”文化景区讲解的重点。

作为九朝不断代的国家级历史文化名城、习近平总书记从政启航的地方，河北省正定县蕴藏着丰富的思想政治教育资源和丰厚的文化自信根基，近些年来一直是石家庄地接导游市场的热点地区，也是导游资格证考试面试的讲解内容之一。立足“立德树人”根本任务，依托“岗课赛证”融通育人的新模式，“正定古城导游讲解”教学项目以正定古城历史、城区规划发展、古城保护现状为蓝本，以古城地接导游讲解工作任务为主线，构建“小组活动促层级递进”的互助学习模式，借助云班课平台、VRP 实景模拟系统、自在正定公众号 VR 系统等多种信息化手段和丰富的线上资源，综合运用任务驱动法、模拟教学法、混合教学法，立体化展示古城正定的前世今生，让学生在沉浸式的环境中领会、体悟文物保护和文化传承等文化自信以及习近平对正定的“知之深、爱之切”等思政要素，提升学生政治素养，激发学生爱国主义情感，积极讨论、不断磨合、得出结论，在古文化传承中找到并发扬文化自信，实现思想政治和知识体系教育的有机统一。

（二）案例相关理论研究及实践探索综述

案例相关理论研究主要集中在两个方面：一是探究 OBE（Outcomes Based Education）教育理念与课程思政的融合。OBE 教育理念近年来在我国得到积极倡导，尤其是课程思政的重要性提升起来之后，两者之间的融合更加紧密，研究主要集中在高校课程思政的教学及设计，宏观的方法和流程包括：先厘清课程思政的基本内涵和脉络，再基于 OBE 理念，以课程思政学习效果为导向，贯穿教学全过程（夏绪梅，2020）；具体课程更强调毕业和行业的要求，确立课程任务和课程目标、组织教学内容、实施教学过程、评估学习成效，并持续改进课程教学质量。同时，将思政教育内容融入课程日常教学中，通过思政元素的融入，激发学生对社会主义核心价值观的理解与践行（王鹏亮，夏永祥，2022）。

二是探究正定古城历史文化与课程思政的融合。目前从这个角度开展的研究尚属空白，但是通过分析行业一线导游讲解正定古城的方式方法及文旅、古建专家对正定古城的研究结论，可以厘清正定古城保护、文脉传承、文化宣传、精神弘扬等方面的做法（张诗涵，2021），同时将古城历史文脉与地接导游讲解工作需要相结合，共同维护并提升古城形象。以此为基础，进行了以下三个方面的实践探索。

1. 按照工作过程和工作效果的要求进行“OBE+ 课程思政”课程开发与设计

按照地接导游讲解的工作流程，贯彻 OBE 教学理念，与思政目标充分融合，结合市场需求和学生学情，突出实用性、适用性、应用性、实践性，围绕教学目标创设良好而宽松的教学实践情景，把真实的工作任务和丰富的课程思政环境展现在学生面前，在教学过程中充分挖掘古城文旅资源自身的思政价值、育人功能及所承载的文化自信，重视理论和实践相结合，知识与思政相融合，历史文化讲解与时事政策及人民生活相契合，知识讲解力求科学、精炼、富有感染力，同时注重紧密联系实际、贴近人民生活、贴近学生成长和认知，充分激发学生感知文化自信载体的自豪感、荣誉感，充分引导学生对接古城保护与发展，以促进学生能够设身处地、有针对性地分析、思考和讨论，做出自己的判断和评价，并不断归纳总结，对于激发学生的学习兴趣、培养判断力、决策力、创造力等思维能力及分析解决问题的综合素质极有益处。不仅强调教师的“教”（引导），更强调学生的“学”（研讨）、“练”和“成长”，从而达到立德树人的育人目的和行业需求的育才目的。

2. 贯彻“体验式五步阶梯递进教学”模式，充分利用云平台和虚拟仿真技术，组建知识技能与课程思政资源库，注重教学的实效性

遵循“教师主导，学生主体”的教学原则，促进学生思考总结训练，充分利用云平台实现师生互动学习，教师可以及时全面地把握学生学习动态，随时调整教学内容，增强了教学的针对性、时效性和有效性。灵活采用案例导向、情景模拟、比较分析、课堂讨论等多种教学方法，融入课程思政元素，应用 VRP 实景模拟系统和景区 VR 系统，将景区三维立体化，让学生“身临其境”，使景区知识不再单维抽象，辅助学生掌握重点、突破难点；同时摆脱时空限制，多次练习多次修正，实现能力层级递升，有效调动学生学习的主观能动性，培养学生本环节知识体系及思政体系搭建的同时，为学生提供能够展示自己学习收获的充分机会和空间。

3. 课程思政要素考核评价过程化、多元化

教学效果评价重点在于评价学生的阶段性成长及综合职业能力，根据行动过程和结果具有开放性特征来制定多元评价标准，重视学生在实际工作情境中的环节锻炼、自我管理、思维模式成长以及发现、分析、解决实际问题等方面的评价。

地方导游讲解是综合实践课程，强调知识提取和运用，既有知识提取方法的传授，又有思维模型搭建训练，讲解内外塑造能力培养，还有价值引领。要把握好三个关系，即明确“知识传授”“能力培养”和“价值引领”三方面的关系，明确课堂内外知行合一的浸润式教学设计，真正达到课程思政与思政课程同向同行，实现无缝衔接、润物无声，以“立德树人”的要求进行地接导游

人才培养，进而指导课程的顶层设计。

（三）本案例所解决的教学问题

在教学实施过程中，学生表现出的问题主要存在于以下三个方面：

（1）文化底蕴不足，文化传承意识薄弱。学生普遍存在文化底蕴不够深厚、对景点及其背后的文化内涵知之不多、认识不够等问题；对古城承载的历史文化和文化自信理解不深，对未来工作应承担的责任义务没有形成足够认识，因而造成导游词的创作浮于表面，讲解欠缺共鸣。

（2）讲解词创作不精，与时俱进时代感不足。讲解词创作欠缺技巧，撰写的讲解词平铺直叙、逻辑混乱、层次不清，与现实结合不紧密，难以达到与时俱进的时代感要求。

（3）讲解能力欠佳，讲解效果差强人意。学生在讲解过程中往往存在机械背诵、语速过快、表情不适、感情不充沛等问题，难以达到讲解需要呈现的身临其境画面感。

解决以上教学问题主要采取以下措施：

（1）做“深”文化底蕴，增强文化传承意识。正定古城作为九朝不断代的国家级历史文化名城，有着深厚的文化底蕴，承载着强大的文化自信和育人功能。通过“探”“研”环节的设置，依托VRP实景模拟系统、自在正定公众号VR系统等多种信息化手段和丰富的线上资源，以点带面，为学生打造沉浸式场景，深挖文物背后的传统文化知识，让其对正定的千年文脉有深入的认识，增加其文化自信，坚定其自觉传承发扬祖国优秀传统文化的决心和做好地接导游的职业认同感和责任感，为下一步的讲解奠定基础。

（2）做“精”讲解词创作，适应行业和时代需求。导游讲解词的创作是导游人员的一项基本功，也是导游讲解的基础，讲解词的好坏直接关系讲解质量，影响到古城文化表达和观众的参观效果，通过“写”的环节，帮助学生依托课程思政资源库，将传统文化知识与现实事件、文娱作品串联起来，强化文化符号在古城中的呈现形式，同时让学生经过画龙点睛法、故事讲解法等多种技法的锻炼，尝试亲手打造“信达雅特”的讲解词。

（3）做“活”导游讲解，主动做文化宣传者。“江山美不美，全凭导游一张嘴”。通过“讲”和“导”环节的循环训练，充分融入一线优秀导游示范、正定古文化宣传微视频等课程思政元素，让学生全方位、多角度体会到讲解所呈现的画面感、代入感、自豪感，充分激发学生主动讲解的热情，并经过有声语言和无声语言的训练提升，实现从模拟到全真的过渡，使学生真正成为传统文化的主动传播者。

二、案例设计

（一）教学理念

本教学项目设计遵循 OBE 课程设计理念，该理念以成果为目标导向，以学生为本，采用逆向思维的方式进行课程体系建设理念，营造一种基于学习产出的教育模式，是非常适合职业教育的先进教育理念。

遵循该教育理念，课程更注重学生能力的培养，围绕学生这个中心，在充分考虑学生自身发展规律和讲解特点的基础上，以其将来在石家庄地接导游实际工作中所需要的专业技能和职业素质为导向，对真实工作任务进行拆解，反向设计探、研、写、讲、导五个教学步骤，并根据行业发展适时做出调整，构建探究合作逐级递升型教学模式，使其学习成果能够支撑行业工作任务。课程充分发挥学生的主观能动性，鼓励学生积极思考，主动寻求课程思政元素的吸引力，主动锻炼并积累对未来工作的责任感，从而激发其职业认同感和传承宣扬传统文化的责任感；积极探寻解决问题、提高技能的方法路径，耐心打磨讲解词并锻炼讲解能力，从而激发追求工匠精神的意识，让课程思政教育更能达到润物细无声的教育效果，实现能力提升与价值引领，促使良好的道德品质内化于心、外化于行。同时最大限度地利用新时代教学资源及手段，邀请地接导游一线能手，全过程、全方位、全员打造教材、课程和课堂，保障五个环节可以顺利实施，并最终实现服务学生、服务社会，达到了教学目标和思政育人的目的，较为有效地做出“为行业育才、助行业发展”的贡献。

（二）课程教学目标

本项目立足于国家级历史文化名城正定县，结合本地丰富的历史、文化、名人、古建、旅游、宗教等历史文化及现实社会思政教育资源，优化课程设置，将古城正定的各项正向价值因素合理融入教学中，以润物无声的方式，将正确的思政价值观传递给学生。做好课程设计，将“探、研、写、讲、导”五步融合、职业能力层级递升的教学模式成为引导学生搭建知识、锤炼心智、涵养品行、提高技能的阶梯，实现育人效果最大化，努力培育具有思想觉悟、文化自信和工匠精神的高素质旅游专业人才，为地区旅游事业储备人才。

1. 素质目标

（1）引导学生保护和宣扬古文化旅游资源，强化思政基因，树立强烈的历史责任感和爱国主义情怀。

（2）引导学生建立文化自信，自觉保护并传承优秀传统文化。

（3）培养学生热爱旅游事业，主动宣扬优秀传统文化的服务品质。

（4）培养学生精益求精、精研细磨的工匠精神。

2. 知识目标

（1）掌握正定古城导游讲解的历史文化、古建文化等内容及表现形式。

（2）掌握正定古城地接导游内容及流程。

（3）掌握对比讲解、虚实讲解等方法，立体化展现古城的前世今生。

（4）掌握习近平在正定的感人故事及人民美好生活的表现。

3. 能力目标

（1）能运用相关导游知识认知古文化、古建筑等旅游资源。

（2）能通过小组讨论分析正定旅游资源的价值并搭建讲解体系。

（3）能根据团队需求灵活应变讲解内容。

（4）能运用不同讲解方法和讲解艺术，发挥个人风格做好地接工作。

（三）思政育人目标体系

课程思政设计围绕培育具有专业精神、文化自信和工匠精神的高素质旅游专业人才为总体目标，在理论教学内容设计过程中，以导游基础知识为基础，强调知识在实际工作中的应用，按照“探、研、写、讲、导”五个教学步骤，结合学生学情和教学认知规律，深入挖掘古城历史文化资源和课程思政元素，充分而自然地融入文化自信，并逐步渗透到学生的认知成长体系中，帮助学生内化为自身的思政基因，实现从知识学习到文化自信的情感层面的逐级递升，达成从“知之不深”到“知之深、爱之切”的情感目标，形成知识和实践双向并行、技能与情感同向提升的整体育人联动效应。同时，将人民对美好生活的向往等思政元素和古城实际结合，体现与时俱进的时代感，更好更有效地促进思政教育与课程思政同向同行，达到立德树人的目的，并进一步达到宣扬地域传统文化、弘扬中国精神的目的。

思政育人目标体系

类别 项目	素质目标	思政育人目标	支撑工具或资料
思维导图	探史寻踪，搜集素材理清讲解脉络	熟悉并梳理素材，树立整体观、大局观	“幕布”软件、思维导图评价量表
整理导图去伪存真	精研细磨，完善素材，条理清晰、突出主题	秉承实事求是、求真务实的态度，如实反映古城历史文化脉络	“幕布”软件、古城基础背景资料
撰写讲解词	明确标准，结合方法，合作撰写讲解词	在古城历史文脉中加强爱国精神、文化自信、文物保护意识	标准讲解词写作方法，《习近平用典》等
修改讲解词	明确服务对象，明晰讲解内容，利用技巧，根据服务对象设置讲解内容，达到“信达雅特”标准	结合团型和参观主题，塑造讲解词的“特”，增强服务意识、工匠精神、创新精神及与时俱进的时代感	团队资料，古城历史文化、古建保护、现实生活等资料，虚实结合、画龙点睛等讲解词写作技巧，导游词创作评分表
模拟讲解	精神饱满、情真意切、表达清晰、有吸引力	在讲解中体会“知之深、爱之切”，形成更为坚定的理想信念和责任意识	自在正定VR和模拟导游VRP系统、导游面试评分表
实地讲解	精神饱满、情真意切、表达清晰、有吸引力，达成传承传统历史文化的教育目的	在实地讲解中利用课程思政的循环影响，内化为自发的责任意识、服务意识、敬业精神、创新意识	导游面试评分表、游客满意度评价表

（四）特色与创新

1. 以“古”带新，激发文化自信

整个教学过程，引导学生从正定古城悠久的历史文化、珍贵的古建、感人的名人故事中感受到古城的魅力和价值，实现了知识和讲解深度、广度的延伸，让学生增加知识储备和爱国情怀，从身临其境的“登得上城楼，望得见古塔，记得住乡愁”的场景中增加文化自信，酝酿增长爱国爱家乡的情感，自觉历练成传统文化的继承者和宣传者。

2. 真导实讲，寓教于游

通过与旅游企业和社区学院合作，帮助学生实现从虚拟空间到景区环境的迁移，从模拟讲解到真实对客的转变，为学生提供真导实讲、服务社会的机会，同时也使学生在古城实地接受传统文化的浸润，以亲身体验“自在正定”的状态，感受“人民美好生活”的深刻内涵。

三、案例实施

（一）总体实施情况

《地方导游讲解》课程共计36课时，根据地区资源类型和行业需求，结合学情分析，融入课程思政教育，教学内容整合为“综、红、绿、古、新”五大模块，课程各模块设置的思政目标和要达到的目标如下图所示：

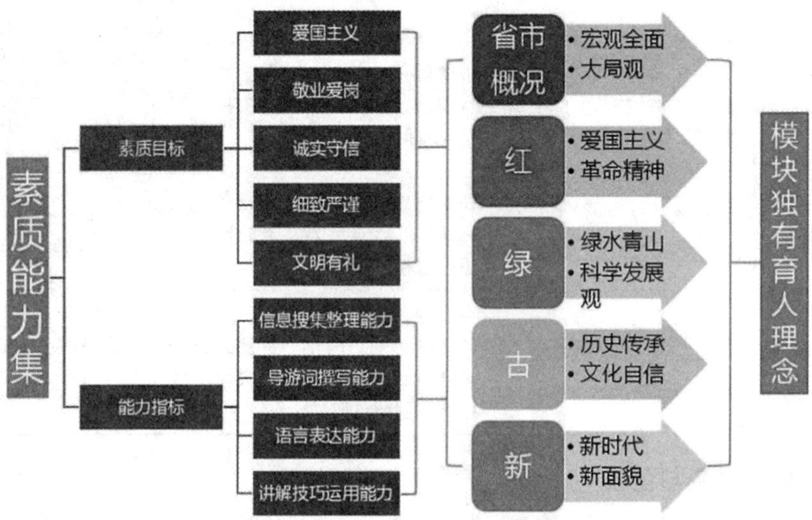

课程各模块设置的思政目标和要达到的目标

本课程教学以真实工作任务为驱动，以小组活动为主线，构建“阶梯递进式”教学模式，设置“探”古城（课前）、“研”古城（课中）、“写”古城（课中）、“讲”古城（课中）、“导”古城（课后）五个环节，依托云平台、VRP实景模拟系统等多种信息化手段，综合运用任务驱动法、模拟教学法，充分利用线上丰富的课程思政资源，引导学生充分认识正定古城这座历史文化和新时代精神宝库，用优秀传统文化及其可眼观可触碰的文化载体，充分激发学生的文化 DNA，使其自觉产生高度的文化自信和爱国、爱家乡情感，进而成长为主动传承和宣扬优秀传统文化及家乡人民美好生活状态的导游员，通过“研”和“写”阶段，深入挖掘古城正定承载的传统文化基因，通过与时俱进的创新精神、精益求精的工匠精神等课程思政点的指引，结合对古城负责、对游客负责的服务意识和高度责任感，创作出具备“信达雅特”标准、符合时代需求和游客需要的讲解词，再通过“讲”环节的反复练习、不断磨合、层层递进，努力达到“知之深、爱之切”的境界，以古城美好生活呈现的时代精神赓续优秀传统文化，用古城文化宝库承载的中华文明延续我们国家和民族的精神血脉，在讲解中实现“宣扬传统地域文化、做好石家庄地接”这一职业目标。整个过程中借助云平台“全程留痕，快速分析”的功能，即时调整教学侧重点，帮助学生掌握教学重点，突破教学难点。

“阶梯递进式”教学模式

（二）课堂教学案例

“正定古城导游讲解”教学项目选自模块四“古”文化景区讲解，主要思政育人目标是“历史传承和文化自信”，设置 6 个课时，以正定古城地接导游讲解工作任务为主线，按照“探、研、写、讲、导”五个教学环节，通过课上课下的有序交替及线上线下的有机融合，使课程思政逐步融入学生职业能力成长，充分对接实际工作任务。

课堂教学遵循OBE课程设计理念，根据专业技能和思政培养目标，反向设计了正定古城讲解词撰写和讲解的工作任务，分为“探、研、写、讲、导”五个环节，根据不同任务的性质分别安排到课前、课中和课后的不同阶段，具体情况如下表所示：

<table>
<tr><th colspan="4">“探”古城：探史寻踪，搜集素材（课前预习）</th></tr>
<tr><td>实施重点</td><td colspan="3">借助云平台、喜马拉雅FM、学习强国、自在正定VR系统等信息化手段及资源，充分利用碎片化时间，实现随时随地学习交流；引导学生通过小组合作，利用头脑风暴、思维导图等手段，将信息化渠道获得的碎片化知识进行整理归纳，认知古城文化资源，理清讲解脉络，并努力利用整体意识和大局意识将其系统化；教师通过分析评价小组初步成果，及时了解学生对知识的掌握程度，随时调整教学侧重点</td></tr>
<tr><td>教学环节</td><td>教师行为</td><td>学生行为</td><td>思政体现</td></tr>
<tr><td>课前任务：资料搜集，完成导图</td><td>1. 发布任务书
通过在云平台上开设的《地方导游讲解》课程（云班课邀请码：6666624）发布任务书，并使用平台分组功能将学生随机分为八组，要求学生按照任务书完成素材搜集及导图制作
2. 评价
结合小组互评结果，做出最终评价</td><td>1. 小组合作完成任务
（1）登录云平台查看任务书
（2）通过云平台、喜马拉雅FM、自在正定VR等渠道，自行虚拟参观正定古城，并搜集讲解素材
（3）进行组内讨论，将素材分类、整理，充分结合整体观、大局观，制作完成正定古城讲解素材的思维导图
（4）将思维导图成果上传云平台
2. 小组互评</td><td>通过梳理素材，形成对正定古城的初步全面认知，进而养成用整体观、大局观全面分析问题的习惯</td></tr>
<tr><td>课前：师生、生生线上交流</td><td>3. 线上答疑及交流</td><td>3. 线上提问及交流</td><td>通过交流互动，增强团结合作和探索精神</td></tr>
<tr><th colspan="4">“研”古城：精研细磨，完善素材（1学时）</th></tr>
<tr><td>实施重点</td><td colspan="3">按照“查找不足—明确短板—弥补提升—效果检验”的思路，运用云平台、闯关游戏、微视频、思维导图软件等信息化手段和资源，在实事求是、求真务实思想指引下，引导学生对“探”古城环节搜集的讲解素材进行梳理提炼、去伪存真和补充完善，并帮助学生深入理解知识背景和各要素之间的联系，为讲解词的创作及讲解工作打下基础</td></tr>
</table>

续表

课程导入：知识闯关，查找不足（5 分钟）	1. 发布闯关游戏 要求学生完成正定古城知识闯关游戏，考查学生知识掌握情况 2. 分析结果 通过对思维导图和闯关游戏数据的分析，发现学生在正定古城价值、文化自信承载等方面的认识不够	1. 接受知识闯关任务 2. 认真聆听，仔细思考	通过闯关游戏激发学生学习兴趣，调动其求真务实的态度和创新精神
调整内容，弥补不足（40 分钟）	3. 针对问题，调整内容 针对分析中发现的学生对古城历史文化价值欠深入等问题，相应调整教学内容，播放《正定》纪实视频，强调实事求是、求真务实的思想，通过正定古城资源归纳总结、补充背景知识，抓住讲解重点帮助学生补足短板 4. 布置任务，现场指导 要求学生完善思维导图，并进行知识整体回顾，同时巡回进行现场指导	3. 观看视频，聆听讲授 观看《正定》微视频，听教师讲授，强化古城价值，初步发现对正定古城认知的短板 4. 完善导图，回顾知识 对照自身认知的短板，参照教师提供的建议和资源，秉承实事求是思想，查漏补缺，完善导图，依据导图再次进行正定古城相关知识的回顾，并分享至云平台	引导学生秉承实事求是、求真务实的态度，如实反映古城历史文化脉络，深入了解古城文化背景及各要素之间的联系，追求精益求精的工匠精神
阶段性教学成效与不足	思维导图对学生知识体系和思政体系的搭建大有帮助，可以帮助其形成整体大局观，构建科学知识脉络，但是学生的知识水平和对信息技术的掌握力等方面层次不同，出现了小组个别成员不积极、不投入的状态。今后要加强基础知识和技能的训练，以增加学生整体素质和小组学习的功效		
“写”古城：绘声写影，撰写讲词（2 学时）			
实施重点	按照“明确优秀讲词标准—分析初稿明确难点—针对难点学习方法—运用方法完成讲词”的教学思路，以“研”古城环节掌握的正定古城相关知识为依托，加强爱国精神、学习意识、创新精神、与时俱进、服务意识、工匠精神等思政元素融入，借助云平台、自在正定 VR 系统、VRP 实景模拟系统等信息化手段和资源，灵活运用头脑风暴、课堂演示等方法，帮助学生反复打磨讲稿，最终完成初具信、达、雅、特四个特点的自创讲解词，从而在“写”的环节掌握重点，突破难点		
教学环节	**教师行为**	**学生行为**	**思政体现**

续表

小组讨论，明确标准（10分钟）	1. 发布讨论任务 要求各小组通过分析自己搜集到的正定古城讲解词，讨论一篇好的讲解词应该具备的特点，并将讨论结果上传云平台 2. 总结优秀讲词标准 分析各小组上传结果，总结优秀讲词应当具备的标准为：信（真实严谨有考证）、达（流畅通顺不拘泥）、雅（引经据典具文采）、特（个性鲜明重特色）	1. 接受任务 借助云平台头脑风暴功能，进行讨论，将自己的观点上传 2. 聆听教师讲授	通过分析现有讲词的共同特点，探讨优秀讲词标准，激发其学习精神及追求卓越、精益求精的工匠精神
参照标准，试写讲词（20分钟）	3. 发布讲解词写作任务 在正定古城中轴线（主参观线路）选取四塔、南城门、古城概况、古城历史文化、古城名人故事等8个讲解主题随机分配给各组，要求各组加强服务意识和创新精神，为研学团撰写相应讲解词，上传云平台 4. 巡回指导 巡回指导学生讲解词的写作	3. 接受任务，撰写讲词 各小组依托云平台上教师提供和各组搜集分享的素材，遵循服务意识和创新精神，进行自己所负责景点讲解词的撰写，并上传云平台 4. 接受指导	在创作讲解词过程中，进一步培养学生创新精神和责任意识
讲授方法，突破难点（15分钟）	5. 分析学生讲解词 通过对学生上传讲解词的分析，发现各组讲解词存在平铺直叙、欠缺文采和个性化不足等问题，明确学生讲解词撰写的难点在于“雅”和“特”，需重点予以解决 6. 讲授“雅”和“特”的解决方法 （1）“雅”之解决：结合优秀导游词虚实结合、烘托类比、画龙点睛等写作技巧在正定研学团讲解词创作中的应用，通过赵佗、颜杲卿等正定名人的感人故事，激发学生的爱国情感和正向价值观的形成；引导学生通过运用画龙点睛法对自己收集的基础素材进行整理，概括正定古城旅游文	5. 认真聆听，对照自身，仔细思考增强爱国意识，构建正定古城讲解知识体系，做好情感储备 6. 听教师讲授“雅”和“特”的解决方法，并思考、实践 （1）听教师讲解写作方法，并在教师引导下运用画龙点睛的方法完成对正定古城旅游文化资源的总结。结合名人故事和古城发展，体会“登得上城楼、望得见古塔、记得住乡愁”的深层情感 （2）按照教师示范查询大数据平台，掌握大数据平台中游客偏好	结合团型和参观主题，塑造讲词的“特”，增强服务意识、工匠精神、创新精神及与时俱进的时代感；通过写作技巧将正定古城旅游文化资源整合升华，综合运用知识和技能提升讲解词水平，过程中达到爱国精神、文化自信及责任意识的升华

续表

	化资源：三山不见、九桥不流、九楼四塔八大寺、二十四座金牌坊 （2）“特”之解决：结合创新思维和与时俱进思想，充分利用百度指数等大数据平台，展示并讲授如何使用大数据平台查找游客的兴趣点	的查询方法，强化服务意识，为讲解词的“特”寻找依据（研学团、政务团、老年团等）	
课下：撰写讲词，上传平台，课下完成	7. 发布任务 要求学生运用所学的写作方法，借助大数据平台等工具，结合思政元素，进一步完善讲解词 8. 查看点评 查看学生上传讲解词和互评点赞的情况，掌握学生创作中存在的问题	7. 接受任务，完善讲词 各小组借助大数据平台，进行团队分析，并综合前期掌握的资料，登录云平台查看古城正定相关资源，借助景区 VR 和 VRP 实景模拟系统进行模拟踩线，运用所学的写作方法，充分融入爱国主义情感，以勇于创新、精益求精的态度，完成符合标准的讲解词，上传云平台 8. 点赞互评 各小组通过云平台互相查看讲词，并点赞和互评	课下进一步打磨讲词，持续课上的思政教育力量，强调自我约束、自我提升的能力
多方互动，专家点评，讲词定稿（45 分钟）	9. 点评分析各组讲解词 结合云平台点赞和互评情况，教师在对各组共性问题进行集中点评的基础上，对各组个性问题进行分别指导，指出其优缺点及改进思路；再次强调讲解词写作的严谨性，与习近平对正定“知之深、爱之切”的故事相结合，把爱国主义、文化自信、新中国建设及人民对美好生活的向往等思政基因贯穿创作始终（时代性） 10. 讲解词评价 依据导游词创作评分表，按照学生、教师、专家 1∶2∶3 的评价权重，完成对学生最终创作的讲解词的评价	9. 小组吸取意见，纠正不足 小组总结经验，认识不足并修改，在力保逻辑清晰、重点突出、精益求精的基础上，结合自身讲解风格及游客特点，深化服务意识，充分融入习近平新时代中国特色社会主义思想，进一步丰富讲解词的时代内涵和现实意义，形成符合自己特点的讲解词定稿 10. 上传并互评 将修改完毕的讲解词再次上传平台，并互评点赞	在交流中获取更多创新点和思路亮点，学生取长补短，对责任意识、文化自信有了更深层次的理解，锻炼了谦虚谨慎、共同促进的好习惯，营造了良好的学习风气

续表

<table>
<tr><td>阶段性教学成效与不足</td><td colspan="3">学生通过训练，进一步掌握正定古城讲解的知识体系和思政体系，能够根据优秀讲词的标准运用适当的方法技巧，将讲词定稿；能根据服务对象不同，灵活调整讲解内容。过程中还发现个别学生存在逻辑不清晰、家国情怀不够浓厚的现象，后期还要加强课程思政的挖掘和融入，真正激发学生的学习驱动力</td></tr>
<tr><td colspan="4">“讲”古城：典范追踪，实景模拟（3 学时）</td></tr>
<tr><td>实施重点</td><td colspan="3">按照“学生开讲，教师示范—分组练习，教师指导—追踪典范，总结要点—对照改进，反复打磨—优秀示范，点评总结”的教学思路，以“写”古城阶段完成的讲解词为蓝本，借助云平台、优秀讲解视频、VRP 实景模拟系统、景区 VR 系统等信息化资源和手段，参照课上总结的讲解要点，在教师、专家的指导下，通过反复体会与练习，增强文化自信和爱国主义情感，不断提高自己的讲解水平，最终完成富有感情、自然生动的讲解，掌握“讲”环节的教学重点，突破难点</td></tr>
<tr><td>教学环节</td><td>教师行为</td><td>学生行为</td><td>思政体现</td></tr>
<tr><td>学生开讲，教师示范（45 分钟）</td><td>1. 安排学生代表进行模拟讲解
2. 教师点拨、示范
3. 要求学生开始分步骤讲解练习，并进行现场指导
4. 组织小组互评、点赞，并点评</td><td>1. 学生代表进行模拟讲解，其他同学认真听，用心揣摩
2. 观摩教师示范，获得初步感性认知
3. 练习讲解
（1）对镜练习
（2）小组练习
（3）选满意作品上传云平台
4. 小组点赞、互评</td><td>通过讲解练习的层次不断上升，学生会不断加深职业认同感、工作责任感和以古城为荣的自信，在讲解中体会“知之深、爱之切”，形成更为坚定的理想信念和责任意识</td></tr>
<tr><td>课下：观摩视频，课下学习</td><td>5. 云平台发布任务
（1）要求学生观摩多种讲解视频并完成对比评价任务书
（2）要求学生观看云平台上的《红色故乡——正定》等纪录片，激发爱国情怀，培养讲解时的代入感</td><td>5. 接受任务
（1）观摩不同风格讲解视频，分析找碴、讨论评价、归纳总结，完成对比评价任务书，并选出能为己所用的优点，提升自己
（2）观看云平台提供的正定古城相关纪录片，激发爱国情怀，培养讲解时的代入感，努力实现富有感情讲解的目标</td><td>在观摩行业能手示范中提升对责任意识、工匠精神的认知和践行，在文脉环境背景中加深对保护古城资源、传播古城文化的责任感</td></tr>
<tr><td>课程导入：教师点评，典范追踪（10 分钟）</td><td>6. 分析学生视频
分析云平台学生讲解，发现存在讲解背诵化和姿态随意化的问题
7. 引导学生观看典范讲解
观看省导游大赛冠军高唱通参赛视频，体会其语音、语调等有声语言和手势、眼神等无声语言的运用</td><td>6. 聆听教师分析并对照思考
7. 观摩典范，自我对照
对照冠军视频，仔细揣摩，体会导游语言的运用，进一步融入爱国主义情感和服务意识</td><td>在观摩冠军讲解时，深入思考神采飞扬、字语铿锵、游刃有余的原因，进一步升华古城所带来的文化自信，进一步加强古城资源、古城文脉之间的联系</td></tr>
</table>

续表

<table>
<tr><td>小组讨论，小组练习（35 分钟）</td><td>8. 现场发布任务
教师要求学生按照要点分组练习，将个人讲解视频上传云平台并选出组内最佳讲解员
9. 现场指导</td><td>8. 接受任务
分组进行讨论及讲解练习，录制个人讲解视频并上传至云平台；选出组内最佳讲解员
9. 接受教师指导</td><td rowspan="2">通过讲解练习的层次不断上升，学生会不断加深职业认同感、工作责任感和以古城为荣的自信，在讲解中体会“知之深、爱之切”，形成更为坚定的理想信念和责任意识</td></tr>
<tr><td>小组展示（30 分钟）</td><td>10. 组织模拟讲解
要求各小组最佳讲解员进行 3~5 分钟的模拟讲解
11. 综合评价
教师结合专家评价及学生点赞互评情况，按照学生、教师、专家 1∶2∶3 的权重，选出最佳讲解之星</td><td>10. 实景模拟讲解
各组的最佳讲解员基于 VRP 实景模拟系统（模拟导游实训室）进行模拟展示，并录制视频上传云平台
11. 评价
点赞互评，同时等候校外专家点评提升</td></tr>
<tr><td>画龙点睛，总结收尾（15 分钟）</td><td>12. 回顾历程，组织研讨
回顾正定古城讲解工作过程，组织学生进行讲解注意事项的研讨</td><td>12. 共同讨论
回顾历程并进行小组研讨
正定古城讲解
古城故事多，等你来探索
文化有底蕴，文物载信心
历史耀今世，人民幸福多
古城焕新颜，你我来宣传</td><td rowspan="2">回顾各环节的教学过程中，帮助学生形成勤于探索、精益求精的好习惯，在互评中互相学习、共同进步的好学风</td></tr>
<tr><td>课下任务</td><td>13. 云平台发布任务
要求学生登录云平台，进行点赞互评，教师按照学生、教师、专家 1∶2∶3 的权重给出成绩</td><td>13. 接受任务
登录平台，观看其他同学讲解视频，进行点赞互评，同时等候校外专家点评提升</td></tr>
<tr><td>阶段性教学成效与不足</td><td colspan="3">通过融入丰富的旅游资源和思政资源，加强调动内部驱动力激发学生积极性，通过激发内心的民族自豪感，增加文物保护、文化自信等方面的内容，激发其爱国主义情感，增加了讲解的底气。不足：如何加强课上课下任务的衔接，充分调动学生课下积极性，是课程亟须解决的问题</td></tr>
<tr><td colspan="4">“导”古城：真导实讲，寓教于游（课后拓展）</td></tr>
<tr><td>实施重点</td><td colspan="3">通过与旅行社、社区学院合作，为不同层次的学生提供真导实讲、服务社会的机会，在这一过程中严格按职业规范操作。通过实地讲解练习，实地验证自己的讲解词，弘扬爱国主义，传承优秀文化，努力做到精神饱满、情真意切、表达清晰、富有吸引力，达成传承优秀传统文化的教育目的，同时找到模拟和实地讲解的不同及改进方向
通过游客满意度评价，学生能认知到游客需求与自身讲解的差异，从而全面分析自身讲解情况，实现自我成长</td></tr>
</table>

续表

教学环节	教师行为	学生行为	思政体现
真导实讲 自我检验 学以致用 寓教于游	1. 分层次布置任务 （1）和旅行社合作，通过全面评价考核，选拔部分学生按照讲解要求完成实际带团（跟团）工作 （2）依托社区学院与周边社区的联系，安排其余学生以小组为单位为周边社区组织的正定古城参观活动提供讲解服务 （3）在地接导游综合实训环节，面向游客进行实地讲解演练，按照模拟讲解的各项要求做好准备工作，在真实场景开展真导实讲，自我检验 2. 引导学生讨论分享 在云平台开展云端讨论，供同学们进行经验的分享和问题的研讨，并解答典型问题	1. 接受并完成任务 （1）按照派团单完成带团任务，传承优秀传统文化，引导游客领略古城正定历史文化内涵，共同增加文化自信，并收集游客满意度评价表，上传云平台 （2）小组中每个学生至少讲解一个景点并保留讲解的视频资料，同时收集游客满意度评价表，分享至云平台，以便互相学习提高，并为课程考核提供依据 2. 分享经验，共同成长 将实地讲解中的经验进行分享、问题进行交流，进一步提升讲解水平	在实地讲解中利用课程思政的循环影响，内化为自发的责任意识、服务意识、敬业精神、创新意识

四、案例成效或经验总结

（一）实施总体效果与成果、经验总结

深挖思政元素，优化课程结构。在教务处和系部领导下，课程团队坚持习近平总书记在全国教育大会上指出的“把立德树人融入教育”理念导向，倡导先进教学理念，科学设计课程结构，积极开展课程调研、资料搜集，采用适当的研究方法，充分挖掘课程中的思政元素，并借助正定古城资源本身的育人功能及课程性质的优势，构建“探、研、写、讲、导”五步融合、职业能力层级递升的教学模式，采取信息化教学、混合式教学及实地现场教学等方法，把思政教育融入教学全过程，激发了学生对旅游事业的热爱，实现了对学生的价值引领、道德示范的作用，做到了与思政课程的同向同行，达成协同育人的成效。

师生成果累累，示范作用显著。2018年教师团队获得全国职业院校教学能力大赛一等奖；课程于2020年被评为石家庄市课程思政精品在线课；选拔学生参加专业比赛，学生在2018年石家庄市大学生未来之星导游大赛获得第一

名一项、十佳两项；在2020年河北省导游大赛中，两名学生获得三等奖；学生还多次为学院新入职教师红色爱国主义教育中提供讲解服务；表现突出的学生均能起到示范作用，带动更多的学生投入到学习和训练中。通过本课的课程思政改革建设，为系部及学院其他课程建设提供了借鉴，进一步落实了专业课程挖掘课程思政的价值导向，经课程带动，相关专业教师也都出现了热爱教学、潜心研究、积极上进、共同提高的喜人局面。

优化师资结构，服务地接市场。积极参与一线地接导游工作，努力捕捉一线需求，总结经验并反哺课堂，同时努力扩大课程社会辐射效应，课程负责人为河北红色旅游协会带班讲师，多次受托组织各级党政机关干部到正定古城感受历史文化与现代人民美好生活交相呼应的美好情境；课程组多次邀请正定古城土生土长的国家金牌导游高唱通、国家文博专家张永波、“正定三宝”之一周朝瑞等专家老师（业内流行正定三宝：古城、古塔和周导），以讲座或现场示范的形式，为学生展示优秀地接导游讲解的风采，通过课程引领、行业示范等方面塑造，从政治思想理念、精益求精、服务意识、爱岗敬业等方面加强了对学生的素质培养和价值塑造。

（二）今后的改进思路

古城正定是一个历史厚重、名人辈出的千年古县，是一个巨大的古建博物馆，是一个自在闲适、幸福生活的乐园，更是一个庞大的思政基因宝库，可是目前课程思政元素的挖掘还远远不够，今后要进一步贴合导游基础知识在古城中文物、文化中的实际运用，增加学生文化底蕴，提高文化自信，为学生专业成长助力；同时注重挖掘习近平在正定的感人故事以及人民对美好生活的向往与描述，真正做到“知之深、爱之切”，让学生努力奠定“让每一个来古城正定的客人都能不虚此行”的思想，实现“讲好家乡故事、做好地接导游”的课程目标；同时注意挖掘“功成不必在我”“不谋全局者不足以谋一域”等习近平用典与现实的紧密结合，加强课程思政体系建设，与专业知识形成合力，共同助力学生成长。

以茶育人，匠心筑梦

——《谷文昌精神与流香茶》课程思政案例

所属专业：旅游管理

案例主题：传统文化进课堂

负 责 人：黄良山

工作单位：漳州职业技术学院

参 与 人：颜雯娟、李菊香

工作单位：漳州职业技术学院

一、案例简介

随着当代茶文化的发展，茶艺逐渐成为当代茶文化的重要载体，自创茶艺表演既要展示科学的茶冲泡和饮用方式，又要结合主题使表演过程更具艺术感，使观者获得精神上的享受。本案例以自创茶艺“谷文昌精神与流香茶”为例，将茶道精神与当地谷文昌艰苦创业精神相融合。以茶文化为载体，通过学习优秀人物所展现出来的精神风貌和职业理念，引导学生永存感恩之心，树立榜样力量，形成精神引领的良好氛围，培养学生积极向上、艰苦创业的品质特征。

（一）案例实施背景

“流香色种一枝春”，说的就是漳州的传统名茶，深受广大群众喜爱。在漳州东山，谷文昌也同样深受当地人民的敬爱，是人民心中的不朽丰碑。

谷文昌精神代表着漳州人民的精神。他不仅带领东山人民参加“东山战斗”，反击侵犯东山岛的蒋匪军，保卫革命的胜利果实，带领东山的农民和渔民走合作化道路；更重要的是在那极“左”思潮泛滥的岁月里，顶住各种压力，不顾个人得失，坚定不移地带领东山干部群众种树、修水库、修公路、建电厂，为改变东山风沙遍岛、寸草不生、贫穷落后的面貌，让东山人民过上了好日子，尤其是带领东山人民植树造林治风沙。早期的东山岛是个风沙遍地的荒岛，树木难以生长，加上中华人民共和国成立前夕溃逃至此的蒋军乱砍滥伐，解放初期，可以说是棵树难找、寸草不生、风沙肆虐、旱灾频仍。为了改变东山的面貌，必须种树。谷文昌为此费尽心血，坚持不懈，奋斗了十几年，才使风沙肆虐的海岛绿树成荫。正是由于谷文昌下了这样的决心，发动群众，讲究科学方法，引种的木麻黄成功了。我们现在看到的木麻黄处处成林和美丽的乌礁湾、马銮湾、金銮湾等海湾相映成趣，构成海岛美丽的风景线，就是谷文昌等革命前辈率领东山干部群众用汗水和生命换来的。

谷文昌艰苦朴素，清廉正直，带领东山人民奋战十四年种树除穷根，改变东山面貌的事迹当然是动人的，但是更加动人，也可以说是震撼人心的还是这些事迹中蕴含的革命精神。这种革命精神体现在他写在笔记本上作为座右铭的警句："不带私心，搞革命，一心一意，为人民。"这种革命精神也体现在以谷文昌为首的东山县委动员全民种树的口号中："上战秃头山，下战飞沙滩，绿化全海岛，建设新东山。"当然，这种革命精神更多地体现在谷文昌十四年漫长岁月关心人民疾苦，求真务实，处处想着人民，严格要求自己的一言一行中。我们甚至可以这样来概括："谷文昌已经不是一个人的名字，他代表着一个政党，他是一个时代的符号，他在人民心目中有强烈的震撼力量，他像东山县的树一样屹立在老百姓的心中。"

（二）案例相关理论

茶艺，就是冲泡一壶茶的技术和品尝一杯茶的艺术，即关于科学地泡好一壶茶与美妙品尝一杯茶的技能和艺术，包括科学和人文两方面。自创茶艺表演，是可以在舞台或特定场合表演的茶叶冲泡技艺和品饮艺术，既是技术的成果，又是艺术的作品，既是品茗的升华，又是艺术的鉴赏，以自创的形式进行不同茶类的创新冲泡和品饮，并赋予一定的文化内涵，特别是具有时代主旋律和地方文化特色。在自创的作品编创中，要综合考虑茶艺的技术含量、文化含量和艺术美感三方面的表现形式，即冲泡技艺的技术要求、文化挖掘深浅和表演过程的美学意境。因此，编创一个好的自创茶艺表演作品，要从以下几个方面去考量实践：解说词是否有代入感和思想高度美，解说词一是可以帮助解释茶艺师所做动作的时间节点上的含义，二是可以用语言阐述主题，使观众易于理解茶艺主题，提升茶艺的文学素养；是否紧扣主题和具有审美价值：物质要素（茶的品质特点和地方特色、水的品质要求、茶具的配套与选择）、意境与主题要素（环境要求、茶席设计与布置、主题说明内容与制作、背景音乐、背景唯美度与解说的匹配度）、茶艺程式要素、茶艺师素质要素、茶文化内涵要素。2022年“福建省职业院校技能大赛中华茶艺赛项”个人赛冠军作品为《流香》，以该作品的编创构思与实践体会实例，谈谈自创茶艺编创表演理论与实践的若干问题探索。

本案例自创茶艺包括茶文化元素的挖掘与主题构思、茶席设计、茶品冲泡技艺、茶艺流程编排、茶艺解说词撰写、音乐选配等一系列的流程。

（1）在茶艺创编的过程中重点部分在于主题的确立。一个好的主题，要符合时代背景，能够弘扬正能量，并且给予观众一定的思考与启发。中国传统茶文化历史源远流长，蕴含着丰富的思想内涵和强大的育人功能。茶科学、茶艺术、茶器具等引领了世界茶文化的发展，加强了中国人的民族自信。将谷文昌精神与漳州流香茶相结合，一方面弘扬了漳州本土的传统文化，另一方面提升了学生的文化自信。

（2）解说词的编写尤为关键，需要编者有较高的文学素养，不仅要熟知茶品、茶事、茶史等，还要有着深厚的遣词造句能力，通过解说词体现出茶艺之美、展示中华传统文化的精髓，烘托谷文昌艰苦创业、无私奉献的主题，通过演示的解说，让观众受到激发和鼓舞。而这种中华文化的积淀并非一日之功，这在目前的主题茶艺创编中，仍然是需要加强的部分。

（3）自创的设计还包括与主题相匹配的茶品、茶具、服饰、音乐等。这个环节涉及中国传统文化中的茶、瓷器、传统服饰、传统音乐。最后，“茶艺”是一门围绕着茶而展开的艺术，不论其表达形式如何纷繁复杂，最终都要回归到“茶”本身，将茶泡好是整台表演的第一要义，也是衡量节目质量的重要标准之一。

（三）本案例所解决的教学问题

本案例融入了课程思政的元素，将中国传统文化融入课堂教学和作品呈现中，形成“岗课赛证创”五位一体。在茶艺自创过程中，培养了学生对茶艺、茶道文化的创新精神，通过对中华传统文化的学习，培养了对中华民族文化自信。

（1）案例导入榜样力量，思政教育润物细无声，让学生进一步了解茶道精神。学生对茶艺的理解仅仅局限在茶的冲泡技艺上，通过对自创茶艺的编排，进一步让学生了解了茶文化和茶道的精神。通过对谷文昌事迹的学习，学生感受到了艰苦奋斗、无私奉献、鞠躬尽瘁的精神品质。同时将茶文化中深刻的思政元素润物细无声地融入大学生的思想教育中，发挥好传统文化育人的功能。

（2）案例教学中融入思政元素，让学生进一步感知传统文化的魅力。茶文化博大精深，课堂上的讲授也仅仅是冰山一角，通过自创茶艺，学生结合茶艺主题，不得不对茶品、茶具、服饰、音乐等进行选择，无形中让学生感受到了中国传统文化的博大精深，感知到了茶、瓷器、传统服饰、传统音乐的无穷魅力。

二、案例设计

茶文化是指在饮茶活动过程中形成的文化范式。茶文化形式多样，有精神层面和物质层面，还有技术、技艺方面。茶文化在发展中融合了哲学、道德、艺术、美学等内容，艺术底蕴和思想内涵丰富。更为重要的是茶文化所倡导“廉、美、和、敬”理念与我国传统道德观念相吻合，对于人们生活态度、个人修养、人生观、价值观的树立具有重要促进作用。

（一）教学理念

自创茶艺设计以职业需要为导向，基于工作过程，以工作任务为导向，以必需、够用为度，确定课程的教学内容和实践项目，本课程通过“岗课赛证创”融通的教学模式，培养学生掌握茶艺师的岗位职责和所需技能，能够进行茶艺创编，参加技能大赛，考取茶艺等级证书等。按照“以能力为本位，以职业实践为主线，以项目课程为主体的模块化专业课程体系”的总体设计要求，以工作任务为中心构建以项目为主要形式的课程体系。彻底打破学科课程的设计思路，紧紧围绕工作任务完成的需要来选择和组织课程内容，突出工作任务与知识的联系，让学生在职业实践活动的基础上掌握知识，增强课程内容与职业岗位能力要求的相关性，提高学生的创业就业能力。

（二）课程教学目标

1. 知识目标

掌握茶艺自创的流程，从主题构思、茶席设计、茶品冲泡技艺、茶艺流程编排、茶艺解说词撰写、音乐选配等一系列的流程。

2. 能力目标

学会文化资源整合，进行创新茶艺，自编主题茶艺。

3. 素养目标

学习茶礼，不断规范行为举止，提升人文素质，在茶艺自创中，培养团队合作意识，增强综合素质，提升学校美育，推动文明校园建设。

4. 思政目标

提升对中国传统文化的认知，增强民族文化自信。

（三）茶文化与高职思想政治教育实践的结合点

1. 高职学生思想政治教育面临的新变化

当前世界各国的交往在不断发展，不同的文化在实现融合，同时也在相互焦灼。高职学生思想积极进步，容易接受新事物，这是当代高职生的优势。但同时我们也要认识到大学生也存在自身辨析能力的不足问题，容易受不良思想的误导。复杂多变的外部环境和高职生的思想特点使高校思想政治教育出现了新的变化。

2. 茶文化与思想政治教育的结合点

茶文化是我国传统文化中的宝贵财富，在高职思想政治教育中引入茶文化，实现了传统文化与现实思想政治教育的有机结合。一是茶文化的精髓为思想政治教育提供了素材。茶从最初的饮品发展到现在，内涵在不断丰富，蕴含的信息和内容已经完全超出其形态。茶文化的精髓是和谐统一，是优雅与天然的统一，是理想与现实的和谐。同时，茶文化实现了与儒家、道家、佛家思想和传统礼仪的融合，是我国传统文化的精粹，可以说是传统文化的根。要提升高校思想政治教育的效果，培养全面发展的高素质人才，就应当加强茶文化在高职思想政治教育中的融入，在继承和发扬传统文化，促进学生综合素质的培养。二是茶文化的外延丰富了高职思想政治教育理念。茶叶从生长到制成茶制品，从茶叶到茶水，经历了漫长的过程，这也就启迪高职学生成长与成才的过程是漫长的，只有认认真真地把自己正在做的事做到极致，具有足够的耐心和付出才能真正成才。

（四）茶文化在高职思想政治教育实践课程中的整合应用途径

茶文化具有重要的德育功能。茶文化与高职学生思想政治教育实践有机结合开辟了高职思想政治教育的新途径，也赋予了茶文化新的生命。结合实际，加强茶文化在高职思想政治教育实践课程中的整合应用应当从以下几个方面努力。

1. 促进传统文化与思想政治教育相融合

要使茶文化对高职学生品德塑造产生影响，就必须使大学生对茶文化要有一定深刻的理解和认同。因此在高职思想政治教育中引入茶文化，首先要通过多种形式普及茶文化，使大学生对茶文化有一个全面系统的了解。其实茶文化的普及过程也是茶文化与思想政治教育一体化的融合过程。同时通过茶文化的普及让大学生真正体会中华茶文化的魅力，提高大学生对茶文化的认同度，使茶文化在大学生的品德塑造中产生潜移默化的作用。

2. 明确茶文化在高职思想政治教育中的目的和价值

在高职学生思想政治教育中引入茶文化，使茶文化与当前大学生思想实际相切合，对大学生的品德塑造具有重要意义，但必须明确茶文化在高校大学生思想政治教育中的目标和价值。结合实际，在高职思想政治教育中引入茶文化最基本的目的就是要实现对传统文化的传承和发扬；其价值就在于通过传统文化传承和发扬实现高校德育工作创新，用茶文化魅力长期渲染和引导大学生。

3. 创新茶文化在高校大学生思想政治教育整合应用的方式方法

茶文化趣味性和文化性较强，采用传统手段去推广，制约了茶文化优势的发挥，因此要在茶文化推广学习的手段和方法上有所创新，结合高校大学生实际可以把茶文化作为高校全校的公选课，开通茶文化播的视频号、抖音号、公众号，提高对茶文化普及推广的层次。

4. 拓展茶文化思想政治教育的内容

茶文化内涵丰富深刻，且理论与实践相结合，其中的茶艺、茶技、茶礼、茶德、茶道、茶旅、茶调饮、茶艺术品等与高职生生活密切相关，而且具有很强的实践性。因此，在高职思想政治教育中整合应用茶文化可以组织开展茶艺、茶技、茶礼、品茶等活动，提高大学生的相关技能和礼仪知识，这些对于大学生的健康成长都具有重要意义。

5. 营造浓厚的茶文化氛围

茶文化在高职德育工作中的作用的发挥是一个长期的过程，这就要求在高职思想政治教育整合应用茶文化，要使茶文化推广与校园文化建设相结合，营造浓厚的茶文化氛围。

三、案例实施

为深入学习贯彻习近平总书记来闽考察重要讲话精神，统筹做好茶文化、茶产业、茶科技这篇大文章，进一步促进茶产业技能人才培养培训。落实《福建省国民经济和社会发展第十四五个五年规划和二〇三五年远景目标》，实施“技能福建”行动，助力福建省漳州市茶产业职业技能提升工作和乡村技能人才振兴，结合当地精神和本土知名茶叶品牌，打造特色思政案例——谷文昌精神与流香茶创新茶艺思政案例，成为学校教学的亮点，同时也是漳州市谷文昌干部学院党政干部培训创新教学的一个重要举措。具体情况实施如下：

（一）谷文昌精神与流香茶创新茶艺思政案例的时代需求

1. 积极响应中央政策，贯彻落实茶艺高技能人才培养任务的必然需求

习近平总书记在全国职业教育工作会上指出，着力提高人才培养质量，弘扬劳动光荣、技能宝贵、创造伟大的时代风尚，营造人人皆可成才、人人尽展其才的良好环境，努力培养数以亿计的高素质劳动者和技术技能人才。要牢牢把握服务发展、促进就业的办学方向，深化体制机制改革，创新各层次各类型职业教育模式，坚持产教融合、校企合作，坚持工学结合、知行合一，引导社会各界特别是行业企业积极支持职业教育，努力建设中国特色职业教育体系。要加大对农村地区、民族地区、贫困地区职业教育支持力度，努力让每个人都有人生出彩的机会。

教育引导学生衷心拥护党的领导和我国社会主义制度，培养爱国之情、砥砺报国之志，走技能成才、技能报国之路，履行好“请党放心，强国有我”的庄严承诺，为全面推进学校思想政治教育教学改革，推动中华优秀传统文化创造性转化、创新性发展，不断提高学校思想觉悟，培养一批具有绝技绝活的高

技能人才。“黄良山技能大师工作室”获漳州市人力资源和社会保障局、漳州市财政局批准成立建设，是全市唯一茶艺师入选工种，这标志着漳州市高端技能人才培养、传统文化传承又迈上了一个新台阶。学校积极响应中央政策，努力申报思政旅游职业教育课程思政案例，正是贯彻落实高技能人才培养任务，以及认真落实《关于推动现代职业教育高质量发展的意见》精神，促进职业教育新版专业目录的落地，深化旅游教育职业教学改革的必然要求。全力提升学校职业技能水平，促进职业技能与工匠精神高度融合，推动学院高质量发展实现新突破，也是弘扬大国工匠精神的重要载体和抓手，更是落实国家中长期人才发展规划纲要和高技能人才队伍建设中长期规划的现实要求。

2. 茶文化、茶产业、茶科技发展的需要

为深入贯彻落实习近平总书记来闽考察重要讲话精神，统筹做好茶文化、茶产业、茶科技这篇大章，进一步促进茶产业技能人才培养培训，助力乡村振兴。2021 年 6 月，福建省人力资源和社会保障厅、福建省农业农村厅发布关于加强茶产业职业技能提升十条措施的通知，提出挖掘特色文化资源，鼓励各地探索挖掘本地特色茶文化，依托具备茶文化资源优势的高技能人才培训基地、技能大师工作室、企业、院校等，建设茶文化实践、研学基地，传播茶文化，面向省内外茶文化爱好者开展各类茶文化推广、体验活动。

习近平总书记在福建考察时强调，要统筹做好“三茶”这篇大文章，坚持绿色发展方向，强化品牌意识优化营销流通环节，打造乡村振兴的产业基础，要深入推进科技特派员制度，让广大科技特派员把论文写在田野大地上。课题组负责人黄良山为 2021 年福建省省级茶叶科技特派员，定点服务福建硒来乐生物科技股份有限公司，深入到素有“中国海峡硒都”“世界长寿乡”之称的福建省诏安县，课题组成员利用到企业开展科特派工作之际，指导、培训、科研、策划、推介，样样身体力行，凭着一腔热情和过硬的茶文化技术，改变了公司和茶农只求量不求质的观念，茶叶品质和效益逐步提高。一片深绿油嫩的茶园，一杯橙黄明亮的八仙茶，课题组一同聚力打造“富硒八仙茶”品牌和“八仙茶”文化，实现“茶业强、茶农富、茶乡美”的现代茶产业梦。

高技能型人才匮乏的矛盾也越来越变得突出，制约着茶产业特别是第三产业的进一步发展。而茶类市级技能大师工作室的使命，就是以区域品牌整合为基础，以茶叶企业为实施主体，以品牌提升为目标，以科技创新为支撑，以国家级思政案例建设为突破口，集中力量进行扶持，突破地域限制，推进品牌整合，积极探索品牌发展新模式，打造发声“品漳州精神，饮漳州茶”的口号，为漳州精神漳州茶的发展做出努力和成效。

（二）实施时间

2021年2—12月。

（三）实施阶段

此次课程改革经历三个阶段。第一阶段为试点阶段，以2019级旅游管理2班为实验班，进行小范围的尝试性推进，这个阶段主要以教师引导为主，分小组讨论自创茶艺的主题设想，不断完善自创茶艺主题方案。第二阶段为改进试验阶段，以2020级旅游管理1班、3班为实验班，进行大规模推广。这个阶段主要以学生为主导，寻找与自创主题茶艺相匹配的音乐、服饰、茶品、茶具等，并对自创主题茶艺进行创编。第三阶段为提升推广阶段，以2022年福建省职业院校技能大赛中华茶艺赛项自创茶艺为落脚点。这个阶段主要以参赛选手和教师为主，不断地去挖掘主题内涵，完善主题作品。

（四）阶段性成效

（1）主题任务驱动、引领核心素养。在整个任务完成的过程中，学生了解茶艺礼仪习俗；内容有明礼、选茶、择水、备具、冲泡、布席、品鉴等。技能培养主要是基本茶类和再加工茶类的冲泡训练，培养学生茶艺规范，形成一定的茶艺文化素养和行为习惯。

（2）学以致用教学、实践分组协作。打破了传统教学模式的思维定式，要求课前学生自主完成理论知识的学习，把教学重点放到了参与式学习的环节，通过小组讨论、让学生回答问题或做演示、角色扮演、场景演绎、学生相互辩论、小作业或者汇报、问卷投票等方式有效调动学生学习的积极性，实现事半功倍的效果。在现场教学过程中，教师讲授示范和学生分组操作训练要互动，学生提问与教师解答、指导有机结合，让学生在“教”与“学”过程中，认识漳州文化和茶文化的特点，掌握茶文化的基本理论和主要技能，提高了学生的职业实践能力。

（3）开展茶文化创作创意服务。新时代下茶艺文化的传播具有传承、发展和创新的特点。茶文化创作创意服务社会需满足当代经济社会发展的需要，以及人们对美好生活向往的需要。课程根据市场需求开设该模块，重点在于在生活茶艺和自创茶艺中根据具体的茶艺服务的介入点开展茶文化创作创意服务，以达到传播文化、实践创新发展的目标。

（五）不足之处

成果转化还有提质的空间。学生通过本地文化的挖掘，从理念构思茶艺创作作品，学生的演绎还不够生动、形象。

开展思政作品创作创意服务的深度和广度不够。“创作要靠心血”，心血二字，意味着要秉持专注纯粹的创作态度，去倾情倾力地采挖时代怀抱里的富矿，去探索去领会生活赋予的一切，同时坚守高质量的创作品格，尽己所能创作出思政精品。因都是在校学生精力和能力有限，没有种茶制茶上的亲身经历，也没有亲眼见证从一毛不拔的荒凉沙岛到一派碧海银滩、绿树成荫的海岛风情，经历和感受不同，思想上不同，有的流于形式，导致在思政作品创作和创意上的深度和广度不够，学生作品参差不齐，学习成效不一。

（六）改进措施

实践出真知，知行合一。实践是理论之源，真正的知识只有从实践中才能获得。教师在教学指导过程中，应加强学生的实操训练，多提供以漳州五大精神为标准的茶艺作品，只有通过不断的实践，才能准确把握作品设计的艺术性和可行性，通过加强综合技能的学习，有效提升作品质量。继续完善和提升个性化、定制化的分类培养育人模式，重构课程模块，开展分类教学，实现“岗课赛证创”一体化。在教学中，及时调整改进教学策略，提升学生学习的主动性和参与度，实现学生知识技能与品德素养，提高人才培养质量，为地区茶文化的发展贡献力量，为红色精神接续发力。

四、案例成效或经验总结

（一）效果与成果

1. 对接国家资格证书改革，完成茶艺师技能等级考点认定

落实教育部、国家发展改革委、财政部、市场监管总局联合印发了《关于在院校实施“学历证书＋若干职业技能等级证书”制度试点方案》，部署启动

“学历证书＋若干职业技能等级证书”，积极主动申报茶艺师技能等级认定考点，组织工作室成员工作室牵头落实编写茶艺师职业技能等级认定题库，2022年度可进行开考。已举办多期高级茶艺师考证研修班，让学生顺利取得职业资格证书，进一步扩大闽茶文化影响力，促进闽茶文化交流，为打牢乡村振兴的茶产业基础提供重要人才保障。

2. 以市级技能大师工作室建设为着力点，社会服务成效大

与国家级残疾人职业培训基地漳州市残疾人就业服务指导中心、漳州省级龙头企业福建源兴生态农业科技有限公司、国家级研学基地福建考磐研学活动服务有限公司、漳州地方特色茶企漳州六泡茶农业发展有限公司、福建硒来乐生物科技股份有限公司等建设大师工作室产、学、研校企合作基地5个。为三平风景名胜区的学员进行茶艺培训、为退役军人开展茶艺培训、与芗城区团委、芗城区关工委等单位联合举办少儿职业教育体验活动等，开展两期漳州市直机关干部茶艺茶礼公益培训和进行现场茶艺表演，开展和传播茶文化培训，发挥“茶文化＋”的积极效应，增加文化自信，取得较好的社会服务成效。

3. 传承工匠精神，延续茶艺技能，精心组织，刻苦训练，取得了福建省职业技能大赛茶艺师赛项金奖

2021年11月11日至14日，2021年福建省职业技能大赛茶艺师赛项在漳州科技职业学院成功举行。来自福建省1个省直单位、9个地市代表队共计52名参赛选手参加比赛。工作室核心成员邱以澄老师在激烈的竞争中脱颖而出，获得全省第一名的优异成绩，是漳州选手首次在福建省职业技能大赛茶艺师赛项中取得金奖，为技能大师工作室争光，为学校争光，为漳州争光。

4. 承办技能大赛，以赛促教学促交流

为深入贯彻落实习近平总书记来闽考察重要讲话精神，统筹做好茶文化、茶产业、茶科技这篇大章，结合福建省加强茶产业职业技能提升十条措施的通知，主动申请承办2022年福建省职业院校技能大赛中华茶艺赛项。在2022年福建省职业院校茶艺比赛中取得两个省赛一等奖的好成绩。

5. 解决双师型素质提升的实施路径，打通学生课证创融通途径

以黄良山技能大师工作室为着力点，培养双师型教师。到目前为止，技能大师工作室学徒均考取高级茶艺师证，项目组成员均取得国家一级茶艺师。

6. 实施校园美育教育，茶艺课入选全校公选课

以国家级课题建设为契机，进一步落实高职院校学生的思想政治引领，以大学生的语言和视角以及他们喜闻乐见的方式，传播好、传承好福建茶文化和“两山”理念，切实将文化自信落实在行动上，当好中华文化的信仰者、践行者与传播者。

（二）改进思路和注意事项

（1）以市级技能大师工作室建设为着力点，持续提升实训条件。

（2）进一步打通课证创相融，优化课程设置和教学内容。

（3）加大社会服务培训力度，助力“千帆济海，万才聚漳”。

（4）形成科技特派员研究成果富硒红茶文创产品，助力地方茶产业。

清泉泡出神韵，茶道彰显文化

——《中国茶与传统文化》课程思政案例

所属专业：旅游管理
案例主题：传统文化进课堂
负 责 人：李巧玲
工作单位：南充职业技术学院
参 与 人：朱涛、李玮谦、罗斯琪、吴桂先
工作单位：南充职业技术学院

一、案例简介

（一）案例实施的文化背景

思政教学，是全面提升学子思想道德素养的重要渠道。在此方面，目前各大高等院校已相继开设思政课程，并形成了基本教学体系。在旅游管理专业中，将茶文化融入思政教学，则正是基于在高等素质教育改革的大背景下，为社会培养德技双馨高素质人才的现实需求。

中国茶文化，作为最具人文气息的文化之一，无疑蕴含了十分丰富的思政元素。如茶人精神，即反映出一种无私奉献、淡泊名利、苦尽甘来的深刻哲理；茶道精神，则讲求“俭、清、和、静”的追求，即勤俭朴素、清正廉明、和诚处世、宁静致远的人文理想；茶德精神，为康、乐、甘、香、和、清、敬、美“八德”，能让人修成良好品行。这些元素，皆能融入思政课堂，正确引导和启发学生，从而让他们树立正确的世界观、价值观和人生观，并形成一种良好心态。

自古以来，中国传统的茶文化，即和修身密不可分。如前所述的茶人精神、茶道精神和茶德精神，即含有深刻的哲学意蕴。如将其渗入思政课堂，则

无疑能够在很大程度上丰富我们的教学内容，使学生通过相关的学习，达到完善自我人格、实现自我成长的目的。

此外，中国茶，16 世纪便传入欧洲并影响全球。其茶道精神，已成为沟通中国与世界友谊的桥梁。习近平总书记曾经表示，中国愿同各方一道，推动全球茶产业持续健康发展，深化茶文化交融互鉴，让更多的人知茶、爱茶，共品茶香茶韵，共享美好生活，而这也同样是我们申报此项案例的初衷之一。

（二）案例相关理论研究及实践探索

中国本土研究成果非常显著，既有稳定的研究队伍，又有专业报刊支撑，发表了大量优质论文和专业著述。特别是陈晓丽的《思政教育融入茶文化的实践路径》、田照然的《茶文化在高中思政教育中的渗透路径研究》、刘会的《高职院校思政课程融入茶文化的实践研究》、来丽古丽·库尔班的《茶文化在高校思政教育中思维应用价值和策略》、郭欣的《茶文化背景下的高职院校思政教育策略研究》、胡汀的《茶文化视域下课程思政的“四位一体”融合策略研究》、邹毓莹的《农业院校课程思政融入茶文化路径研究》、高霞的《茶文化融入高校学生思政教育的意义及路径》、胡易寒的《茶文化在高校思政教育工作开展的创新策略探究》、刘一诺的《传统文化在高校思政工作中的路径探析——以茶文化为例》等具有理论深度的文章，更是紧扣茶文化与思政教育教学的融合，在思政教学中产生了良好的影响。

实践方面，茶叶基地有增无减，茶艺表演丰富多彩，茶业网站发展迅猛，茶文化交流日益频繁，政策扶持和研修结合更在很大程度上将国茶文化推向了高峰。但是，在传统茶文化实践领域，其与思政融合的关联度不够在此方面，还需进一步深度探索。

作为中国传统文化，我国的研究并非近代才开始起步。茶的首部专著《茶经》，即综合论述了茶的源流及文化等，被誉为划时代茶学专著。据统计，近人辑录的茶书目录，就有一百余种之多。

自中华人民共和国成立以来，各地茶文化学者更是围绕茶文化属性、范畴、内容、表现、形态、结构体系、内涵、特性、社会功能等进行了系列深度探索，国内刊发的茶文化文章至少有数万篇，而这仅仅是非常保守的一种估计。我们以“茶文化”为主题词，通过知网进行搜索，即得到信息 32420 条之多。由此可见，中国传统的茶文化已成为当今传统文化研究的显学。

此外，茶文化成果还体现在系列论著当中。至1991年年底，茶史和茶文化论著，即已达787种。《中国茶经》等茶学著作，已引起学者的高度关注。

而在国外，由于茶文化发展历史较短，故在此方面的研究成果还并不突出，且往往是从通论的角度来展开讨论，但即便如此，也依旧出现了一些较高质量的专著。如英国学者艾登的《茶》，佩蒂格鲁的《茶鉴赏手册》。这些著作，从经济史、贸易史、文化史等角度入手，还摆出了不少茶叶贸易和消费数据，这对我们进行茶文化实践探索无疑提供了理论和数据方面的支撑。

茶文化的历史悠久，在于其演变发展当中，将儒、释、道中的哲学思想运用到仅属于中国的人文精神中。但凡一切和文艺相关的领域，都和古老的茶文化有着十分密切的渊源。而在现实生活中，茶道精神也被国人发挥到极致。也正因如此，中国的茶文化也得到了教育部门的重视，很多学校都将茶文化作为了校本课程开设。高等教育，特别是高职教育中茶文化对人才培养的作用和影响更为突出。

其一，它对人文精神的培育。起到了不可估量的作用。中国茶文化，不仅融入了传统哲学的思想精髓，也渗入文学、艺术、美学等诸多领域，甚至与我们经济建设和社会政治也息息相关。只有真正去了解此类的传统文化，才能更好地去提振我们的“四个自信”。而茶文化的发展历程，正好见证了华夏传统文化的优秀，从而形成学生对传统文化的认可，起到重塑学生文化自信的作用。

其二，它对人文素质的提升起到了潜移默化的作用。君子重德，是社会对人的基本要求，也是基本的职业要求。而德从何来，其唯文以养。真正的德是靠人文素质的提升，茶文化让人感受到的正是君子一般的品质。它能使我们在快餐时代，抛弃浮躁，得以冷静地面对环境，并快速提升修养。同时，通过茶道和茶艺接触，又能在很大程度上帮助学生养成步入职场后所需具备的基本礼仪。

其三，它对专业人才的培育起到了助力经济的作用。为了适应市场需求，不少高校开设了茶文化或是与之关联的专业。且这种专业的培养目标，也较过去的标准更高。如在茶叶的制作方面，已要求掌握较为精深的茶文化理论，以及较强的网络信息处理能力和营销能力。随着“一带一路”的推进，整个社会已越来越需要培养茶文化复合型人才和国际型人才。也只有这样，才能在全球更好地推进茶文化发展。

（三）本案例所解决的教学问题

本案例主要解决了茶文化的吸引力问题。首先，中国茶文化，融合了“儒、释、道”三家精华，没有传统哲学根基，很难胜任其课堂教学。且中国茶文化又融入了太多杂学内容，囊括了方方面面文化，还需具备农业等其他学科铺垫。而我们的教师却因自身的种种原因，仅凭经验很难将教学推向深入。其次，茶文化教学，还包含着一种对于传统文化的体验。而这些都对尚未走出校门的学生带来了一定的挑战。以上两点，导致了讲解如纸上谈兵，学生在课堂如盲人摸象。此外，部分教师对如何在茶文化教学当中融入相应的思政元素，以及对所需融入的知识内涵，还较为陌生。

有鉴于此，我们在课堂设计当中，特地注重了三点突破。一是突破了就专业而大讲专业的局限，而是将课堂当作传播中国传统文化的载体。二是突破了照本宣科的讲授局限，以趣味吸引台下学生。如通过工夫茶解读，教会学子如何静心，如何理解“工夫”的内涵；通过对制茶工艺的解读，让学生理解到“工匠精神”。三是突破了理论和实践脱节的局限，以体验环节现场教学。

二、案例设计

（一）教学理念

一是将其与中华民族的形成结合，将国人对于茶的感情与对国家和民族的感情结合起来。向学生阐明中国文化为什么会源远流长，从而揭示中国从来都是依靠文化将中国人紧密结合起来的道理。

二是将其与品德教育形成结合，通过茶文化“讲究茶礼，关注他人，追求自然，关注自己，体现禅意，关注本真”来展现国人待茶的态度，并在课程中引导学生将茶道、茶礼和茶艺内涵与自我道德素质的提升结合，从而远离低俗趣味。

三是通过课程教学体现文化自信的要求，在教学中的每一个环节都有计划地融入文化自信的引导。如解读发酵茶制茶工艺，展示茶文化历史自信。

四是进行中外文化方面的比较，让茶文化成为了解本国文化的窗口。从而让受众理解本国的价值观念和文化认知，并通过比较产生对传统文化的认同。

（二）课程教学目标

以了解中国茶文化源流及基本常识、文化内涵，建立学生对传统文化、大国工匠精神的高度认同感为知识目标；以掌握茶道和中国传统的制茶工艺为技能目标；以引发学生对茶文化的人文情怀，树立他们传播中国传统文化的责任意识，培养学生弘扬中国茶文化的历史使命感为素养目标。

（三）思政育人目标体系

一是让学生在学习茶文化知识、感受茶文化魅力同时，也接受一定的思政教育，在潜移默化中领悟作为四大文明古国之一的伟大祖国经上下五千年漫长岁月的历史积淀而形成的优秀传统文化的博大精深，从而激发对祖国的热爱。

二是让学生学习古人大胆追求理想的智慧和精神，激发学生树立远大的理想，为人类造福。

三是通过传播国茶文化，使之内化为大学生思想政治教育体系的灵魂，从而推动当今文化自信的建设。

（四）课程思政与专业教学内容的融合方式及特色创新

一是教学模式的融入。在思政领域，融入传统茶文化，以培养全面发展的人才；以主课堂和第二课堂结合方式，展开茶事、茶法、茶食、茶诗、茶话、茶道等多方面教育，并于其中融入社会主流意识，实现德育的思想渗透，从而突破学生对传统思政教育工作的抵触，找到他们对传统文化的兴趣点，实现思政育人的最大化效率。

二是课程设计的融入。在课程设计上，将课堂受众划分为两个不同群体。针对与传统茶文化有密切关联的专业学生这一群体量身定制，为其开设专业课程，以必修课的方式出现；对其他专业的学生，则以校本教材等形式开设选修课，开卷考试。课程中，将暗合社会主义核心价值观的内容渗透于思政课程。

三是教学方法的融入。在主课堂，采用项目教学法、小组学习法、翻转课堂等形式。在项目教学法中，要求学生结合社会主义核心价值观，融合茶文化学习心得，最终形成一篇文章。以此要求，让学生在主动了解社会主义核心价值观的前提下，自然而然地实现茶文化在思政育人工作当中的结合。在小组学习法中，将茶文化和社会主义核心价值观学习有机结合，展开小组间辩论。因这种辩论能激发思维、锻炼口才，并培养集体荣誉感，故学生参与度往往很高。在翻转课堂中，我们采用了“互联网＋茶文化”的教学方法，将茶文化重点、难点转移到课前完成，将课中时间主要用来结合茶文化知识，讨论当下的社会现象，寻求茶文化对社交等行为的积极影响，从而完成茶文化教学和思政育人工作的融合。

在第二课堂，我们则充分挖掘社团、图书馆、阶梯教室的功能作用，使茶文化及思政教育得以融合。首先，通过社团来联系社会，在服务社会的中国茶文化培训当中，让学生实现角色的转换，从不同的角度去体验优秀的传统文化，在培训他人的过程中，让思政教育渗入灵魂。其次，通过图书馆馆藏资料去寻找茶文化和人生观的内在联系，去探索社会主义核心价值观的历史源头。最后，通过在阶梯教室开展的演讲活动，吸引更多在校学子参与到传统茶文化的讨论当中，以唤起学子对于传统文化的兴趣。

三、案例实施

（一）实施措施

1. 精心设计教学方案

一是将茶文化与专业特点相结合。根据不同专业特点，寻找其与茶文化的结合点，并以此设计相关课程，使茶文化的课程内容，既有通识知识，又能联系专业。如为教师教育系学生开课，将文学作品中关于茶的描述、茶的诗词等文学元素融入课程，让学生体会深厚的中华传统文化；对于农科系学生，将茶叶的成分与健康结合，分析饮茶对人体的益处；而对艺术系音乐、舞蹈专业学生，则从茶歌、采茶舞等方面引入茶文化知识。

二是创新茶文化在思政教学当中的手段。在此方面，将通过开展知识竞赛、茶艺表演等丰富多彩的茶文化专题思政活动，让学生体验历史悠久的茶文化魅力，并扩大茶文化在大学校园的影响力度。

三是将“互联网＋”技术融于教学。以丰富的教学手段提高教学效率，提升学生的学习兴趣。教学中，借助微信、微博、QQ 等开展多样化教学，与学生分享茶文化的相关信息，帮助学生营造学习和感悟茶文化的浓厚氛围。在教学过程中，引导学生感悟种茶人默默无闻、艰苦奋斗的创业精神，从而实现培养学生坚韧耐劳、乐于奉献、精益求精的德育目标。

四是创新课堂教学活动，促进大学生德育发展。以课堂教学形式的创新，改变传统思想道德文化教育中枯燥、乏味、缺乏联系实际的现状，将茶文化与德育两相融合，不断丰富教学内容，增强教学的趣味性，让学生与茶文化近距离接触，加深对茶文化的印象，从茶的精神、品质中领悟做人做事的道理，引导大学生形成积极、正确的人生观和价值观。

五是营造茶文化的学习氛围，开设茶文化体验活动。通过对学生社团的组织，丰富其业余生活。鼓励对茶文化感兴趣的学生成立茶习所，以吸引更多的学生参与，共同交流、共同研习。同时，设立茶文化体验中心，由专业教师引导其钻研茶艺和茶道，在校园中营造浓厚氛围，促进茶文化研究发展。

六是提升教师能力，保证教学效率。通过教案的具体实施，鼓励教师进行相关知识的充电，通过阅读书籍、进入专业网站学习及茶事实践等方式开阔视野，储备个人茶文化知识，形成系统知识框架。鼓励教师参加茶学专业的研讨、茶艺师培训等专业活动，让教师从更专业的层面了解和认识茶文化，不断提升教学能力。

教学方案

教学环节		教师活动	学生活动	设计意图	教学方法与手段
1. 课前任务	教师发布课前任务，以小组为单位搜集中国茶文化典故、古人创作的茶诗等文艺作品。让学生思考：中国为什么是茶叶的故乡？国人为什么热衷喝茶？品茗为什么能催生文化？茶文化为何能振兴经济？同时，对茶产业发展与乡村旅游的相互关联、中国茶如何推向世界等话题，搜集资料并进行自学	教师在云班课布置任务，并通过QQ建立班群，发布课前任务通知；查看学生课前资料的整理情况	接收课前任务，学习在线开放课程，完成课前思考，并将成果上传云班课	丰富学生的学习资源，提高学生学习主观能动性。从茶是人们日常所需，自然地切入了“爱国主义和民族自信”的主题	1. 通过网络课程平台、QQ群等发布预习通知，教师能够及时与学生沟通信息，提高效率 2. 学生课前在课程平台进行学习并思考，通过播放中国茶文化视频，在一定程度上激发学生的学习兴趣

续表

教学环节			教师活动	学生活动	设计意图	教学方法与手段
2. 课堂教学	教学环节（一）	视频导入	导入相关茶文化视频，提问学生通过课前的资料搜集及视频观看对茶文化的初步认识	学生通过观看视频，浅谈自己对茶文化的基本印象	让学生感受中国茶文化的博大精深，启发学生进行思考	通过相关视频的导入及问题提出，激发学生学习好奇心和探索欲，启发学生自主思考，以提高学习主动性，提升课堂教学效果
	教学环节（二）	讲授茶的起源与发展	通过制作的幻灯片，梳理中国茶文化脉络	令学生跟随教师思路，在教师启发下，归纳总结茶文化源流	引导学生积极思考，提高学生课堂参与度。切入思政育人点：传承中华文脉、富有中国心、饱含中国情、充满中国味	结合相关图片展示和学生讨论，获取互动的课堂效果
	教学环节（三）	茶的种类、产地讲解	通过实物进行展示，并现场沏茶	通过对实物及茶汤的观察，基本掌握茶的分类	让学生了解茶种的常识和传统名茶的地域分布。切入思政教育的主题：学好本领，立志成才，为祖国的强盛添砖加瓦	通过图文并茂的方式，强化学生对茶叶种类和产地的认知
	教学环节（四）	茶器选择与鉴赏	以茶道和茶艺的图片和实物相结合的方式讲解	展开对茶文化主题的课堂讨论	了解中国独特的茶器，产生对工匠精神的认可	结合 PPT 教学，并做到逻辑严谨、系统连贯
	教学环节（五）	进一步延伸茶文化内涵	引经据典，告诉学生关于中国传统茶文化鲜为人知的历史掌故	积极参与课堂讨论	通过对相关掌故的学习，进一步激发弘扬传统文化的历史责任感	将茶文化掌故融入自制的短片展示，在更大程度上激发学生对传统文化的兴趣与热爱

续表

教学环节			教师活动	学生活动	设计意图	教学方法与手段
2. 课堂教学	教学环节（六）	茶文化对世界的影响、对助推中国乡村经济和“一带一路”文化战略的重要作用	对学生的讨论展开点评	进行课堂现场讨论	让学子产生一种强烈的文化认同感	展示相关图片和视频，提振学生参与国家经济建设和文化建设的热情
3. 课堂总结	传统文化源远流长，我们务必要高度认同与尊崇，以强大的底气和高度的文化认同感来树立我们的道路自信、理论自信和制度自信		通过前面所学知识，帮助学生树立知识要点，理清思路，感受传统文化魅力	通过学习，能够感悟茶文化的博大精深和恢宏气势，身体力行，热爱祖国文化，运用于生活、工作和学习中	总结、交流、提升	教师通过讲述，进一步丰富课堂学习，强化了互动性学习
4. 课后巩固	课后巩固练习		由教师对视频进行点评	课程结束后，由学生自行搜集素材，制作专题小视频分享到班群，让同学分享参与体验的快感	通过练习，加强学习效果，进一步强化思政育人的课堂主题	利用云班课平台，让同学分享各自感悟，进行交流，以便彼此间相互促进、共同进步

2. 开发茶文化教育校本课程

牢牢抓住国家对优秀传统文化高度重视的契机，编制茶文化教育的校本教材，形成完善的传统茶文化教育体系。通过开发茶文化教育校本课程，我们将探索出一条在提高学生全面素质的同时又使其个性张扬的切实可行的教改之路，构建一整套学校、社会、家庭三结合，形成教育合力，促进学生发展的茶文化教育研究框架。通过开展茶文化教育校本课程的研究，增强教师参与课程改革的意识，激励教师积极投入新课程改革，借以促进教师专业发展，促进更多教师由经验型教师向科研型、学术型教师迈进。通过茶文化教育校本课程的实施，使学生在学习的过程中主动地认识自然、认识社会，掌握科学的学习方法，培养合作、团结、文明有礼的良好品质，促进学生全面素质的提高和个性发展。通过对茶文化教育校本课程的开发与建设，探讨校本课程与综合实践活动课程实施中的目标管理、过程管理及评价管理等相结合，借以积累课程管理的相关经验。

在校本课程的实施方面，一是加强培训，提高教师自我修养。鼓励教师到茶艺馆学习，联系茶艺师对教师培训，邀请专家办专题讲座，以提高教师的茶文化素养。二是建设基地，开发资源，将课堂延伸到社会、自然、生活当中，拓宽在校学生的视野。三是与当地产茶基地和茶叶市场、茶艺馆等横向联系，打造茶文化研学基地，共同做好茶文化教育。四是综合实践，拓展延伸。在开展茶文化课堂教学的同时，以综合实践活动为载体，以研究性学习为主要活动方式，利用茶文化教育实践基地，通过调查、参观、访谈等形式开展活动，让学生在相关活动当中去接受教育和文化熏陶。

（二）实施时间

2021 年，学院的相关旅游专业均全面开设了《中国茶与传统文化》课程。

（三）案例实施的重点及阶段性成效

第一个阶段：进行相关材料搜集，并达到提升项目参与者茶文化修养的目的。

第二个阶段：进行案例的总体设计并开发校本教材，并达到项目参与者全面掌握茶文化知识体系的目的。

第三个阶段：开展案例课程教学（一般安排在大二上学期开展），并达到项目参与者能熟练掌握教学技能，学生综合人文素养得以全面提升的目的。

（四）不足及改进

一是教师对茶文化的了解不足，对如何在中国茶文化中寻求与传统文化融入的路径还缺乏认知。茶文化是一棵参天大树，需要在科学的土壤里不断去汲取新的养分。但目前大多数教师由于对中国传统文化的融会贯通能力还有待加强，个人的综合素养欠缺，而导致了对传统茶文化的内涵认识尚在停留在知识掌握的浅表层面，并未将知识与文化进行有机结合，故教学方面颇有力不从心之感。

二是在教学过程当中，由于涉及的知识点较多，整个环节不易串讲。加之学生因很少接触到国茶领域而无法同教师有效开展互动，以及因实景教学的难以实现，师生互动还存在瓶颈，茶文化的教学方面尚还存在着不尽如人意的种种障碍。

在此方面，我们一是通过师资培训、鼓励教师积极参与科研活动及学术交流等多种手段，尽力提升项目参与者对中国传统文化的领会。二是通过加强学生的研学活动，为其搭建走出校门、参与实践、体验活动的更多平台。三是改观茶文化课程教学方式单一的现状，在教学内容和教学方式等方面进行更多的多元化设计。

四、案例成效或经验总结

（一）实施总体效果与成果

一是提升了品德素养。“茶德”已成为国人共同的精神追求，其品饮过程又是自我修身的行为。而我们的案例，则正好达到了引领学子德技双修的教育目的。

二是健全了人格品质。作为一种“慢生活”文化，中国茶道的意境和美感，对饮茶者有心理暗示和行为约束，能很好消除“快餐文化”的负面影响，培育健康的阳光心态。

三是提升了礼仪素养。茶文化的礼仪体系，在赏茶、泡茶、斟茶、奉茶等诸多方面均有约定成俗的要求。将其纳入课程体系，能引导学生知礼、守礼。

四是增强了审美素养。茶文化课程的茶艺学习，能很好彰显茶文化的“六美”，即人美、茶美、水美、器美、艺美和意境美元素。课程通过引导学生研习茶艺，则将蕴含审美意蕴的文化内容融入了人文素养培育，从而在潜移默化中升华师生的艺术审美修养。

（二）经验总结

通过思政案例的实施，我们发现了高校茶文化课程开设过程中所存在的一些现实问题。

一是课程定位不准。高校所开茶文化课程，大多定位在茶茶叶鉴别、茶艺表演等科学内容，艺术和文化特色方面所承载的素质教育功能还不够突出。

二是教学内容单薄。目前课程多聚焦茶史、茶理、茶法，个性化内容较少展示，单调枯燥，难以激活学生兴趣。

三是教学实践脱节。实训资金投入不足，教学以理论讲授为主，大部分学生在学习之余因动手操作的实操性不强，难以理解其文化底蕴。

四是师资水平偏低。茶文化教学对综合能力的要求较高，因条件所限，加之专业背景不同，教师水平参差不一。

（三）今后改进思路

一是改革传统教学。引入任务驱动法等，以改变传统教学模式；采用提问式、启发式、讨论式手段，充分发挥学生学习的主体作用；将视频、新闻和讨论穿插其中，为学生学习赋权增能，提升学生的参与感，增强学习的获得感。

二是增加实践环节。充分整合利用校内外实训教学资源和条件，开展设计性、实用性、竞技性强的茶知识和茶技艺学习，使学生切身融入茶文化中，领略感受丰富多彩的茶道精神，激发对茶文化传承的创新动力。

三是利用信息技术。图文并茂，做好微课、课件、图片、文本等茶文化教学资源库建设，创设一种形象、直观、逼真、生动的教学情境，“以形之象，传意之美”。

四是加强硬件投入。实训条件的不断改善，使学生得以在浓厚氛围中全方面提升艺术素养，提升学生的职业技能，全方位培养其综合素质和审美情趣。

非遗进课堂，针尖育学生

——《遂宁文化》课程思政案例

所属专业：旅游管理

案例主题：传统文化进课堂

负 责 人：李巧义

工作单位：四川职业技术学院

参 与 人：肖莉莉（工作单位：四川职业技术学院）、米雨（工作单位：四川职业技术学院）、杜春海（工作单位：四川职业技术学院）、黄海彦（工作单位：遂宁绣苑刺绣文化有限公司）

一、案例简介

（一）案例实施背景

2020年，教育部印发《高等学校课程思政建设指导纲要》，全面推进高校课程思政建设。纲要指出，高校要深化教育教学改革，充分挖掘各类课程思想政治资源，发挥好每门课程的育人作用，全面提高人才培养质量。

习近平总书记在党的十九大报告中强调“文化自信”，同时提出“坚持中国特色社会主义文化发展道路，激发全民族文化创新创造活力，建设社会主义文化强国”。而坚定“文化自信”的底气便是我们博大精深的优秀传统文化。然而现代化进程不断改变着我们的生活环境，城市建设导致许多传统文化遗失，许多地方文化特色削弱甚至破坏的扼腕现象。因此，对地方文化的保护和传承变得尤为重要，也极具迫切性。

大学教育不仅在于知识和信息的传递，更在于潜移默化的文化影响力，文化传承与创新是高等学校的重要职能之一。在新的历史条件下，高校更要勇于文化担当，坚持文化育人和文化引领，通过选择文化、传承文化、创造文化来促进文化的发展和人才培养。对于地方高校来说，根植于地方，不仅受到地方文化的滋养，同时，要作为所在地区的“智囊团”，成为带动文化建设的龙头，培养专业人才，推动文化研究，为文化的保护、开发和传承提供实践指导。

基于遂宁悠久的历史文化，学校结合旅游管理专业学生特点和地方文化传承相结合进行积极探索，开设了遂宁文化课程。在课程中，本案例从保护、传承和弘扬非物质文化遗产的角度，选取遂宁地方非遗观音绣，开发和构建非物质文化遗产课程体系，让学生近距离感受、了解、触摸民间传统文化，感悟中国传统文化，旨在让学生从思想上认同、在情感上热爱中国传统文化，在知识育人的同时实现文化育人；并且在此基础上不断探索文化传播新模式、新途径，做好非遗文化活态传承和创新转化工作。

（二）相关理论研究及实践探索综述

自2003年联合国教科文组织在巴黎会议通过《保护非物质文化遗产公约》，我国随即加入该公约组织后，国内学者对非遗旅游的研究随之深入。在中国知网的中文数据库（CNKI）中，以主题为“非遗文化”并含“高校教育”为关键词检索，2004—2021年共有相关文献66篇；主题为“非遗文化”并含“思政”的有41篇。研究现状如下：

国外学者对非物质文化遗产和教育进行结合的研究成果比较丰富，不过其关键目标在于运用教育方式来达成非物质文化遗产的保护或者传承，还尚未体现出非物质文化遗产对于教育领域的重要价值。

我国的研究主要集中在对非遗教育课程与教学改革方面，较多学者以艺术类、体育类非遗融入课程教育，将非遗文化与思想政治教育相融合，将非遗文化与创意产品开发相结合，如周燕、吕淑额、曾丽春等以某个高校为例开展非遗传承策略研究，韩莹莹、田雨、刘美红等以大中小学以及职业院校等多个层次的学校机构为例开展“非遗”课程开发研究。

但总的来说，由于系统化的研究较少，相对局限，目前的研究都比较宏观，仍存在很多缺陷和不足。第一，通过当前现有研究可以发现，在高校中的研究侧重于非物质文化遗产传承与保护问题，忽略了其在课程开发方面的系统研究，“非遗”校本课程的开发与研究受师资力量等的限制面临重重困难。对高校“非遗”课程和教学缺少模式构建，没有形成具体的课程开发和实施体系，课程开发与实施的效果等问题有待探讨。第二，研究方法以文献法为主，部分用到问卷调查法、访谈法、田野调查法略显不足。第三，高校在非物质文化遗产课程和教学方面具有得天独厚的地域优势，但是目前相关研究相对较少，近些年虽有具体化研究开展的趋势，但是具体化的操作呈现“流于表面”的特点，总体上的研究较为零散，系统化的探讨不足，仍没有形成系统的课程实施建构思路。

（三）本案例所解决的教学问题

（1）如何将非遗观音绣文化与旅游管理专业学生人才培养相结合，如何在知识育人的同时，实现文化育人，塑造学生的职业精神，培养学生的综合能力，促进学生全面发展。

（2）如何构建非遗文化课程的系统性实施策略，达到可实施、效果好、可复制。

（3）如何利用高职院校的优势，助推非遗观音绣文化的保护与传承，做好优秀传统文化活态传承和创新转化工作。

二、案例设计

（一）教学理念

“非遗进课堂——针尖艺术感育学生”以“立德树人、学做结合、能力递升”为设计理念，结合“为难为之为，成不成之成”的校园精神和“爱岗敬业、追求卓越、开拓创新”的工匠精神，采用“请进来，走出去”的方式让学生参观蜀绣作品、了解蜀绣国家技能大师工作室人物黄海彦心路历程、学习蜀绣技法、创新蜀绣作品，以增强学生的文化自信，培养学生爱国、爱家乡的情操，从而实现对蜀绣的传承和创新，更是增强学生服务地方软实力、地方核心发展与竞争力、地方品质品位方面的能力。

（二）课程教学目标

通过“非遗进课堂——针尖艺术感育学生”模块学习，使学生更加准确而深刻地认识遂宁地区的蜀绣，提升自己的文化素养，丰富自己的文化知识。从而以理性的态度和务实的精神去继承传统，全面掌握和正确理解蜀绣的基本内容、分期流变、主要特征、基本精神，为了解遂宁现代文明成果、发展遂宁地方文化特色做准备。

1. 能力目标

（1）能对遂宁刺绣和蜀绣进行比较，认识遂宁地区蜀绣发展的趋势和规律。

（2）能掌握一些简单的蜀绣针法，至少完成一幅绣品。

（3）能对遂宁地区刺绣的创新发展提出自己的见解，提高自身文化创新的信心和本领。

2. 知识目标

（1）熟悉遂宁地区蜀绣的代表作品。

（2）掌握蜀绣常用针法类型，如平针、滚针、回针等。

（3）掌握蜀绣作品工艺流程。

3. 素质目标

（1）提高学生的人文素养和刺绣品鉴的审美能力。

（2）增强学生弘扬地方优秀文化的自觉性，提升对中国特色社会主义文化的自信力和对社会主义核心价值观的践行力。

（3）培养学生开拓创新、挑战自我的能力。

4. 思政目标

（1）增强学生的文化认同感和文化自信，培养高尚的家国情怀。

（2）引导学生传承中华文脉，培养学生弘扬和传承传统文化的责任感和使命感。

（3）培养学生精益求精、开拓创新的工匠精神。

（三）课程思政与专业教学内容的融合方式

（1）思政方向整体融合。在思政方向上把教学内容与时代政策、学院精神、行业精神结合，培养具有新时代地方特色的文化传承和创新的文旅人才。

（2）思政元素分层融合。在整个教学内容中从文化感受、文化体验、文化实践、文化延伸四个层面融入了课程思政元素。

教学内容整体性融入课程思政元素情况

学习情境	学习环节	教学设计	思政元素
非遗进课堂——刺绣	文化感受	播放视频、展示刺绣作品、国家级大师工作室主持人黄海彦老师讲解自己的心路历程	通过黄海彦优秀作品展示以及现身说法，激发学生对刺绣的兴趣爱好，了解非物质文化遗产——刺绣保护和传承的重要性、艰巨性，从而唤醒同学们作为一名文旅人身上的责任与担当，增强学生弘扬地方优秀文化的自觉性，肩负弘扬传统文化、传承传统文化的使命感和责任感
	文化体验	学生到观音绣坊参观、学习刺绣完整流程，黄海彦老师给学生讲授观音绣文化、刺绣基本知识和简单的针法，并亲自示范，学生设计一款文创作品	通过刺绣体验，感受刺绣艺术的魅力和刺绣的艰难。让学生细心、耐心、专注地完成属于自己的绣品，感受精益求精的工匠精神。通过文创作品创作，培养学生文化创新的能力
	文化实践	带领学生走出去参加刺绣社会服务活动、旅游商品设计大赛、志愿者讲解等活动	通过各种社会服务，开阔学生视野，激发学生创新思维，提高学生实践能力，接好中华优秀传统文化传承与发扬的接力棒
	文化延伸	走出学校参加“问瓷遂宁，我为遂宁代言”、扎染等其他非物质文化遗产活动	拓展学生文化知识，扩宽学生眼界，提升学生文化自信，做好文化传播和传承的践行者

（四）特色与创新

（1）内容创新：聚焦遂宁非遗观音绣文化，融合地方文化育人，提升旅管专业学生的职业素养。

（2）形式创新：以“请进来、走出去”的方式，从校地合作、校企合作融合发展的视角切入，引进国家级大师工作室蜀绣观音绣非物质文化传承人黄海彦，形成“产教结合、产教并举、以教促产、以产养教”的学校与企业一体的创新模式，构建适应企业发展需求的人才输送渠道。

（3）过程创新：从文化感受、文化体验、文化实践、文化延伸四个过程开展非遗观音绣的教学，从浅入深，实现学生的德技并修，注重文化育人，服务社会。

（4）方法创新：依托高职院校人才培养、社会服务和文化传承创新的职能，探索“产学研创”的教学方法，学校建立了非遗文创体验中心推广非遗，具有一定填补空白的作用，助推高职院校与地方文化的深度融合，实现做好优秀传统文化活态传承和创新转化。

（5）评价创新：联动行业专家，形成多元评价机制；以学生自评、教师评价、行业导师评价、社会评价等方式实现“多方位，全过程”的评价方法，注重了教学评价的信度与效度。

三、案例实施

（一）实施的措施

（1）通过校企合作，引进行业专家、名人，在校内开展讲座，让学生深入、系统地学习非遗文化，从而对非遗文化起到良好的宣传推广作用。

（2）聚焦遂宁非遗观音绣文化，走出去进行实地考察，了解保护与传承的现状、困境，树立学生肩负文化传承的使命感和责任感。

（3）实践非遗文化进校园，建立非遗文化体验中心，将刺绣、瓷器制作、扎染、蜀锦体验融于旅游管理专业人才培养方案，以模块化课程、实训课程、活动课程等形式开展实践，使高职院校旅游管理人才培育与地方非遗文化保护与传承协同发展，实现文化育人、文化活态传承、文化创新。

（4）一方面纵向来看，通过阶段化的进行文化感受、文化体验、文化实践、文化创新，从而较系统地实现了文化熏陶、文化育人。横向来看，在整个实施中不仅结合行业新业态、国家新举动，同时融合校园内涵，如校训、校园精神等，从而全面地实现文化感人、文化育人。

（二）实施的阶段

第一阶段：文化感受。该阶段的重点是引导学生品读非遗文化，系统化地让学生学习了解地方非遗观音绣文化，播放纪录片《手艺·守艺》：“针尖艺术绣出乡愁”，与大师面对面，让学生了解刺绣，引导学生树立弘扬中国传统文化的意识和使命，能讲中国故事，树立高度的文化自信，教学实施情况如下表示。

文化感受情境——《岁月流淌·针尖守望》教学实施情况

教学环节	教学内容	教师活动	学生活动	课程思政设计
新课导入（12分钟）	初识刺绣	1. 播放《手艺·守艺》纪录片视频：针尖艺术绣出乡愁 2. 头脑风暴：引导学生感知针尖艺术和“匠心”传承的使命和意义 3. 教师总结导入新课内容	1. 观看视频并思考 2. 抢答省级非物质文化遗产——观音绣传承的意义	1. 引导学生学会分析、总结归纳，激发学生学习积极性，培养学生自主学习、探究式学习的习惯 2. 通过纪录片内容让学生认识省级非物质文化遗产，激发学生对刺绣的兴趣爱好和对非遗文化传承的使命
新课讲授（20分钟）	对话刺绣大师	1. 国家技能大师工作室主持人、四川省工艺美术大师黄海彦讲解自己的心路历程：我是谁，我在做什么，我是如何成功的，未来我会怎么做 2. 老师提问：作为旅游专业学生，未来你会怎么做	1. 学生聆听并思考 2. 学生思考未来在非物质文化遗产上我们如何传承 3. 学生代表发言	通过黄海彦老师的现身说法和学生自我思考，让学生了解非物质文化遗产——刺绣保护和传承的重要性、艰巨性，从而唤醒同学们作为一名文旅人身上的责任与担当，增强学生弘扬地方优秀文化的自觉性，肩负弘扬传统文化、传承传统文化的使命感和责任感
实践任务（10分钟）	刺绣作品展示	1. 老师展示代表性观音绣作品:《龙凤呈祥》，该作品2012年搭乘神舟九号飞船进入太空 2. 老师展示观音绣作品 3. 老师发放针线，让学生感受穿针引线的难度	1. 学生依次观摩，亲身感受刺绣作品的魅力 2. 学生拿着针线在绣布上体会飞针走线的艰难	1. 通过优秀作品展示让学生感受刺绣的魅力，树立高度的文化自信 2. 通过拿针线穿针走线，体会刺绣不是一蹴而就的，而是工匠们用无数岁月汇聚匠心、守望针尖而成的，培养学生树立坚守的工匠精神
课堂小结（3分钟）	岁月流淌针尖守望	黄海彦老师总结非物质文化遗产——刺绣传承的意义	学生聆听并总结	梳理、强化学生对非物质文化遗产传承的意义，再次激发学生肩负弘扬传统文化、传承传统文化的使命感和责任感

第二阶段：文化体验。该阶段的重点是让学生体验观音绣刺绣，进行刺绣学习及创作，以实践活动为平台提升学生的职业素养，实现产教融合、校企深度合作，传承与培养学生工匠精神。

第三阶段：文化实践。该阶段的重点是带领学生走出去参加刺绣社会服务活动，提升学生传播传统文化的技能；唤醒同学们作为一名文旅人身上的责任与担当，增强学生弘扬地方优秀文化的自觉性，接好中华优秀传统文化传承与发扬的接力棒。

第四阶段：文化延伸。该阶段的重点是带领学生外出参观学习瓷器制作、扎染制作等，开阔视野，感受祖国大好河山，增强学生的民族自豪感和文化自信。

（三）阶段性成效

第一阶段：文化感受。学生了解了遂宁非遗观音绣文化，形成了合理的知识结构，能讲观音故里故事，并为后续学习铺垫了遂宁优秀文化知识。

“妙之艺术、善之文化、美之传承”非遗走进现代生活专题讲座

高年级学生给低年级学生讲解观音文化

第二阶段：文化体验。依托学院建立的非遗文创体验中心以及观音绣艺术坊让学生体验刺绣的乐趣，进行刺绣学习及创作，亲身体验非遗文化，感受中国传统文化，提升学生的动手操作能力。

学生现场体验刺绣

第三阶段：文化实践。带领学生走出去参加刺绣社会服务活动，如参加遂宁市"'家和万事兴'学四史颂党恩家风家教主题活动"刺绣展示服务社会，参加非遗文创作品大赛等活动，提升学生实践操作技能和创新创意设计能力。

学生积极参与校外实践活动

第四阶段：文化延伸。组织学生到圣莲岛参观游览，感受地方美、家乡美；组织学生到圣莲观音艺术馆参加"文化引领未来　创意改变生活"主题活动，学习如何进行文化创意设计；组织学生到宋瓷博物馆参加“问瓷遂宁·我为城市代言”主题活动，赏宋瓷体会瓷器艺术魅力，体验瓷器制作过程。通过各种文化活动的参与提升了学生文化传播的能力。

学生参加各种文化活动

（四）不足及改进措施

学生的非遗观音绣刺绣仅停留在制作阶段，还缺乏一定的设计与创新，且没有真正与市场接轨。需要在后期持续培养学生的创新创意设计能力，如引导学生设计文创产品、非遗主题研学线路，助推非遗的市场化，实现地方文化向文化产品、服务转化，真正实现文化育人，提升旅游管理专业学生的创新创业能力。

四、案例成效或经验总结

（一）实施总体效果与成果

（1）增强了同学们对地方的认同感与归属感。作为旅游行业文化的传播者，旅游管理专业学生通过地方非遗文化的学习，了解到遂宁非遗取得的巨大成就，内心会产生较强的认同感和归属感。在非遗文化（刺绣）的理解与认同的基础上，学生对刺绣进行了初步的应用，如 2021 年刺绣课程中，融合了传统文化和爱国主义，设计了 100 周年图标庆祝中国共产党建党 100 周年。同时融合校园文化精神和校训，让学生刺绣完成校训“明志、厚德、尚学、笃行”。

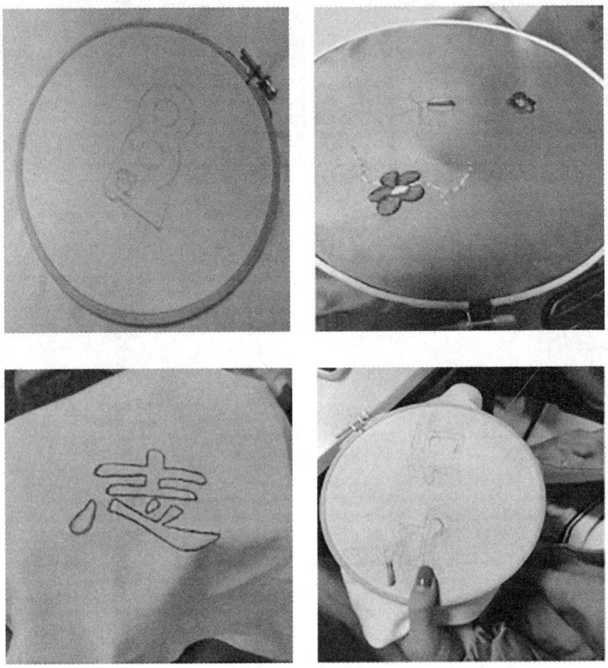

刺绣课程作品展示

（2）教学相长有成绩，知识技能掌握好。重视赛训结合，技能比赛与实践训练相结合。近 3 年教学相长有成绩，学生屡获佳绩。2021 年船山区第七届创客大赛暨大学生创新创业大赛中我校学生非遗文创作品“非遗走进‘Z’时代”获得三等奖。2021 年四川省职业院校技能大赛“导游服务”赛项中 2019 级旅游管理专业学生王诚诚获得二等奖；2021 遂潼川渝毗邻地区乡村振兴技能大赛“乡村导游”服务项目中 2020 级旅游管理专业学生刘东获得乡村导游第五名（三等奖）。

技能比赛与实训结合，学生屡获佳绩

（3）社会服务成效明显。近3年来助力成渝双城经济圈发展，学生参与当地政府大型活动接待讲解、景区评审接待讲解、研学旅行活动讲解、对口扶贫讲解、刺绣社会活动等约50次，观音绣刺绣社会服务活动在四川经济网、妙善文化艺术坊微信公众号广泛报道，社会口碑良好。

观音绣刺绣社会服务活动现场

（二）经验总结

（1）紧跟行业趋势的课程开发，教学内容顺应时势。抓住时代特点和行业热点，以传统文化为切入点，培养旅游管理专业学生讲好中国故事的技能、刺绣技艺技能、创新设计技能等，同时也培养了学生的思政素养，让学生理解文化传承的重要性、使命感。

（2）课堂、学校、社会结合，培养方式立体化。首先是课堂教学，理论教学与课堂实践紧密结合，校内教师和技能大师的结合。其次是课外教学，通过课外活动如名师进校园、走出校园进行实践、开展“创新创业大赛”“导游大赛”“礼仪大赛”“文创作品大赛”等活动，实现课后知识的巩固和提升。最后是社会培养，通过开展“刺绣社会服务”“景区讲解实践”“义务讲解”等多种社会实践环节，实现理论知识与实操技能的结合运用。通过课堂、学校、社会教育的立体培养，使学生充分掌握专业技能，树立具有工匠精神的职业意识。

（三）今后的改进思路

（1）提升教师育人能力。加大培训力度，精准提升教师的育人意识和能力；健全教研机制，助推教师课程改革与创新；强化教师群体合作，筑牢发展共同体。

（2）打造产学研创教学平台。联合校外师资及资源，力求打造集教育传承、宣传普及、社会服务、创新发展、传播交流于一体的产学研创教学平台。

（3）助力选拔及培养非遗传承人。地方非遗进课堂，以学生作为媒介传播，增加传播渠道，提高年轻人心中的文化认同与普及度，解决地方非遗人才断层现象，培养学生传统工艺的传承能力，为地方非遗传承培养具有技术能力和理论创新能力的高素质接班人。

（4）建立地方非遗产业“孵化器”。培养学生的创意产品设计能力，促进地方非遗向文化产品和服务转化，如利用师资团队设计文创产品、非遗主题研学线路，培育应用型人才，助推非遗的市场化，以社会化认知推动社会化传承，提升文化自信。

（四）注意事项

利用地方传统文化开辟高校特色育人之路不是一蹴而就的，高校的育人事业任重而道远。我们要始终把“立德树人”作为高校建设的立身之本，围绕高校育人的初衷，把促进大学生的全面发展作为出发点，将地方传统文化实践育人活动融入高校思想政治教育的各个环节，全方位打造有中国特色的高校育人之路。这不仅是地方高校建设现代大学文化的必由之路，也是彰显大学使命的迫切需要。

创设绝美体验·赋能中国服务

——《顾客体验设计与管理》课程思政案例

所属专业：酒店管理与数字化运营

案例主题：传统文化进课堂

负 责 人：张洁

工作单位：陕西工商职业学院

参 与 人：张君升（工作单位：渭南技师学院）、袁丽（工作单位：陕西工商职业学院）、刘莹（工作单位：陕西工商职业学院）、李静静（工作单位：陕西工商职业学院）

一、案例简介

（一）案例实施背景及相关理论研究

1. 案例实施背景

《顾客体验设计与管理》是酒店管理与数字化运营专业的专业核心课程，是专业教学计划中的重要教学内容之一。该课程的开设，既结合了酒店管理与数字化运营专业的特点，同时又需要注入了最新潮的酒店前沿资讯与最高尚的服务情怀以及最打动人心的服务素养。本课程结合酒店管理与数字化运营专业人才培养方案，围绕“高校教育培养什么样的人，如何培养人以及为谁培养人”这个根本问题，坚持“以学生为主体”的教学理念，以“做事态度，努力程度，思考角度，用心深度”四维度原则为思政主轴线，是酒店管理与数字化运营专业在教学中进行“人本、人情、人文”服务业典范综合能力素养磨炼的主渠道。该课程以专业理论知识为核心，融入新时代思政、美学、体验元素，旨在提升学生的德育素质，设计出更实用、更高效的《顾客体验设计与管理》课程。

2. 相关理论研究

2016年，习近平总书记在全国高校思想政治工作会议上发表重要讲话，提出要坚持把立德树人作为中心环节，把思想政治教育工作贯穿教育教学全过程，实现全程育人、全方位育人。

2020年6月1日，教育部印发的《高等学校课程思政建设指导纲要》中提出：结合专业特色推进课程思政建设，根据不同学科专业特点和育人目标，明确文史哲类、艺术类等专业课程思政建设的主要内容。

2018年度《中国新生代时尚消费白皮书》显示，随着中国综合国力与国际话语权的提升，中国新生代消费者的全球化属性越来越强，在各个年龄段喜爱的文化元素中，“东方文化”和“中国元素”是除“艺术”“街头潮流”之外最具吸引力的存在。东方文化的回归是中国酒店市场文化自信的表现，中华文化是东方文化中最具代表性的分支，也暗合了当下主流的消费环境的变化。近年来，以东方美学为标签的酒店品牌异军突起，成为酒店行业转型升级的主要趋势。

时代需求和教育宗旨都把思政教育提到了一定高度。课堂作为立德树人的主阵地、主渠道，需发挥知识传授与价值引领相结合的育人功效，这更要求专业教师需具备深厚的专业功底和正确的价值追求，结合酒店专业课程特点进行教学改革创新，深挖不同专业课程中的文化基因和价值范式，寻找蕴含其中的思政元素，培养有理想、有追求、有担当、有作为、有品质、有修养的时代新人，使学生达到专业技能与思想政治的“双赢”提升。

（二）案例实践探索综述

“酒店设计中的东方美学体验”课程思政教学探索与实践是酒店管理与数字化运营专业必修课《顾客体验设计与管理》课程第四章顾客体验设计创新管理中酒店美学设计的内容。

1. 主要涉及内容

（1）不同酒店品牌的外观和整体感觉较大程度上影响到客人对入住体验的感受。

（2）不同酒店怎样选择切合自身特点的美学要素，在展现品牌故事的同时突出建筑美感。

（3）东方美学意蕴的酒店设计案例鉴赏。

（4）如何根据感官环境和美学设计提升客户入住体验。

课程组结合上述内容，从学生认知基础和学情基本分析两个方面进行了前期归纳：

2. 学生认知基础

通过专业所开设的前导课程的学习，学生已初步具备对品牌特色、酒店价值、制度设计、文化内涵等方面的认知；明确了国际品牌酒店的工作素养的基本要素，明晰了不同客体对酒店形象和品牌的诉求、体验与感受。

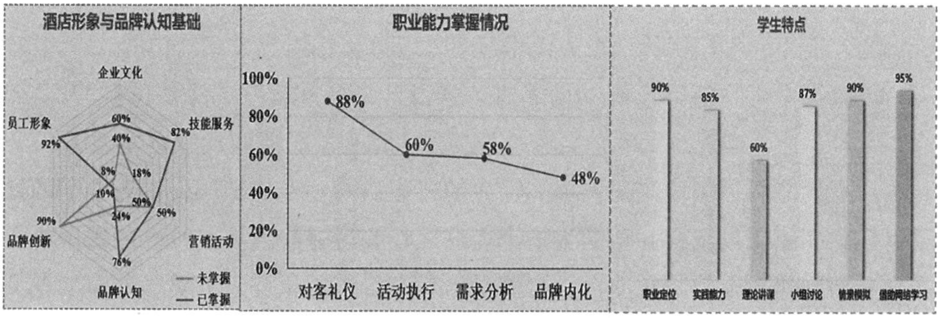

学生认知基础

3. 学情基本分析

总体来讲，学生此时处于大三学年，通过前期理论学习与企业实践，他们已经较为了解酒店行业的体系、品牌、特色与基本构成。

（1）在观念的可利用性上，学生清晰自己的知识储备与兴趣喜好。

（2）在观念的可辨别性上，学生懂得不同酒店风格与需求区别。

（3）在观念的清晰程度上，学生对于国际五星级连锁品牌概念清楚。

因此这一节课程可以作为知识上的拔高与补充，也可以作为国际视野、东方美学的深挖与提升。

（三）本案例所解决的教学问题

（1）带领学生感受酒店感官设计对顾客美学体验的影响。感官设计会在较大程度上影响酒店在客人心中的整体印象和入住满意度。有品质、有特色、有质感的酒店设计不仅会赢得住客的尊重，更能达到良好的宣传作用。定位不同的类型酒店（商务型、度假型、个性化、公寓式等），其建筑风格、室内设计和周围景观等元素应各美其美。为客人打造独特创新、富有吸引力的视觉体验正变得越来越重要。

（2）带领学生分析为什么越来越多的酒店设计青睐中国元素。

①案例分享：符合东方审美需求的居住体验 = 成功的商业模式标配 + 东方高雅美学基因 + 宾至如归的居住感受。

②基于对传统东方文化的理解与思考，聚焦当代中国人传统精神与生活诉求，让温度融进酒店，让体验变得更美好，让平静归于细节，就是最好的设计，也是消费者最需要的酒店。

（3）带领学生挖掘传统东方美学元素并设计运用以提升顾客体验。

①教会学生掌握酒店是如何通过美学设计来提升客户的入住体验的，“润物细无声”地达到思想浸润的目的，发挥专业课程的思想政治教育功能。

②通过发掘中国传统元素提高学生的行业认同、专业认同，提升学生的社会责任感和民族自豪感，让学生把个人的成长和行业的发展、社会的发展相统一，全面培养学生的综合能力，培养学生对于传统文化和东方美学元素的挖掘鉴赏能力，帮助学生修炼文化内功，增强其民族认同感和人文情怀。

二、案例设计

（一）教学理念

针对学生的学情现状，课程组本着立德树人的育人原则，形成了关于课程思政教学的基本理念与整体思路：“四融入”。将课程思政融入专业知识点学习、将设计审美与设计伦理的认知学习相融合、将审美判断力的培养和设计与道德观的培育相融合、将讲授环节与讨论式自主学习环节有机融合，让学生自主发现“酒店设计中的东方美学体验”背后关于人与自然、人与社会、人与美等问题的考量，在价值观上形成“审美创造应为人的美好生活服务”的理念。

教学思路的实现路径以挖掘专业知识中的课程思政元素为出发点，在不打破专业知识点的逻辑关系基础上以教师引导下的自主式学习为具体推进方法，以线上 + 线下相结合的教学方式观察学生对酒店元素、设计审美、东方特色的判断能力，建立课程思政成效检测的直接指标与间接指标。进行了现代酒店业的原则剖析——提供符合顾客期望的服务和价值。即在保证质量、价值以及合理界定成本的基础上充分了解顾客的需求，满足并超越顾客的期望，帮助顾客“发现美、欣赏美、体验美”，让顾客能够达到最佳体验，因为酒店也代表着一种职业——服务业的典范。

（二）课程教学目标

1. 教学目标

（1）教学总体目标：温故而知新，敦厚以崇礼，拓展以共情，体验以深刻。

（2）教学专业目标。

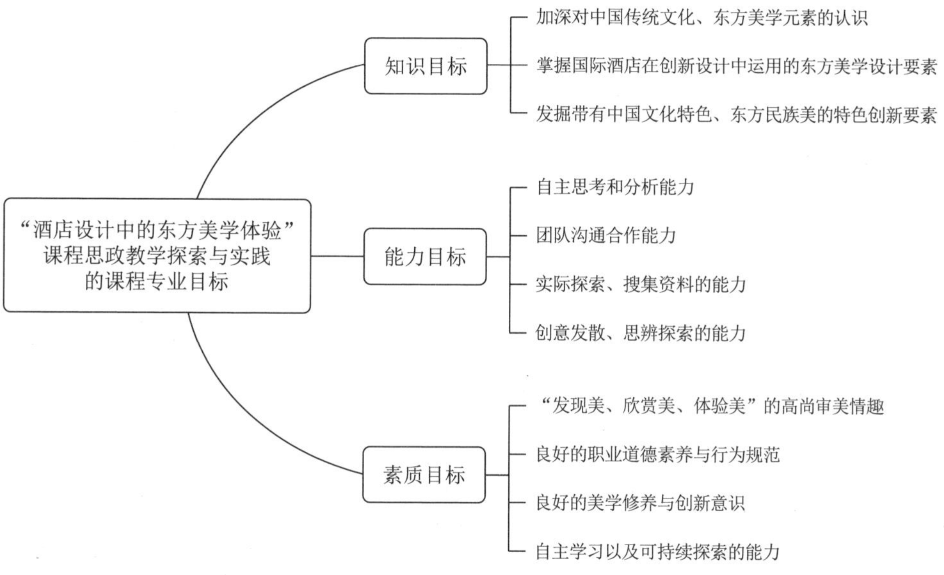

教学专业目标

2. 思政育人目标

（1）围绕立德树人的目标，通过比较酒店设计中的中西方美学，理解感悟中国风、东方美的设计元素特点。

（2）使学生达成正确审美价值取向，树立正确的审美判断力，实现对酒店设计审美应有的人本主义精神的情感共鸣。

（3）培养学生高尚的文化审美、团队协作的探索精神、精益求精的职业素养与胸怀祖国的民族自豪感。

（三）课程思政与专业教学内容的融合方式

1. 坚持文化理论性与实践性相统一的教法融合

本课程在教学内容上选择了典型的中国传统美学元素进行项目化设计，坚持理论性与实践性相统一，遵循学生不同阶段的认知规律。教师将课程分为四个阶段：资料搜集—元素提炼—辩论竞赛—总结深化。在竞赛与深化阶段，鼓励学生精益求精、锲而不舍地提炼设计，培养学生的工匠精神与求真务实的态度。

2. 坚持文化知识性与审美价值观相统一的思政融合

本课程在教学过程中坚持文化知识性与审美价值观相统一的思政融合。从理论讲授、案例解析、实战竞赛三个方面展开，将社会主义核心价值观贯穿始终，明确正确的审美价值观。教师立足做事态度、努力程度、思考角度、用心深度“四维度”原则，将思政元素融入具体案例，学生从感知理解到实践行动，从生活小事到国家发展，在专业知识和应用技能学习的同时得到价值引领提升。

3. 坚持基本知识＋实践任务＋思政素养的三融合考核模式

本课程创新教学考核方式，不仅评价学生的理论知识与实践能力，同时更需要加入思想政治素养评价指标，把学生的职业道德、文化素养、国际视野、创新意识、责任担当等内容纳入评价体系。通过实施课堂教学改革创新，结合酒店行业要求，以学定教，学生对客服务水平、综合素养均有所提升。探索“基本知识＋实践任务＋思政素养”的三融合考核模式的评价体系。结合线上＋线下混合式教学内容，构建课程考核体系。除此之外，本课程更通过过程性评价和终结性评价，引领学生成为合格的酒店职业人。

（四）特色与创新

1. 突出“东方美学”与“文化自信”思政亮点，点燃学生爱国激情

本节课在整体设计过程中，深度挖掘专业课程中的思政元素，以挖掘—对比—讨论—发现—创新中国特色的酒店风格为切入点，以“国际视野，中国情怀——酒店创新中的东方美学”与“文化自信”为思政主轴线，结合各类时政新闻、视频，渗透思政内容，有效引导学生在学习专业知识的同时，树立正确的价值观念，提升爱国热情和民族自信，培养良好的职业素养和职业精神。

2.“四真”原则指导下的创新型体验式任务导向交互课堂

以“碰真问题，下真功夫，学真知识，提真能力”的“四真”特点为原则，运用“教师主导＋学生主体”的课堂组织方式，将学生当作“顾客”，将学生当作信息挖掘者，从而更好地帮助学生理解“顾客体验之感”，完成任务体验。将学生的知识储备与能力相结合，发力于“教”与“学”，受益于“做”和“用”。

3.活页式教材的使用，学生及时接受业界最新发展动态

针对这门创新型课程，一本固定的教材已经不能满足学生对于信息的需要。因此课程项目团队正在筹划编写活页式教材。将新知有效地融入课堂，在教学过程中立足真实工作场景和现象，营造问题情景，设置学习任务，有效达成了“温故而知新，敦厚以崇礼，拓展以共情，体验以深刻”的教学目标。

三、案例实施

（一）课程实施

本课程在优化原有教材内容的基础上，寻找课程思政的契合点，使各部分有机融入思政元素。在原有课程目标之上增加“课程思政育人目标”，将知识传授、能力培养与素质塑造紧密融合。

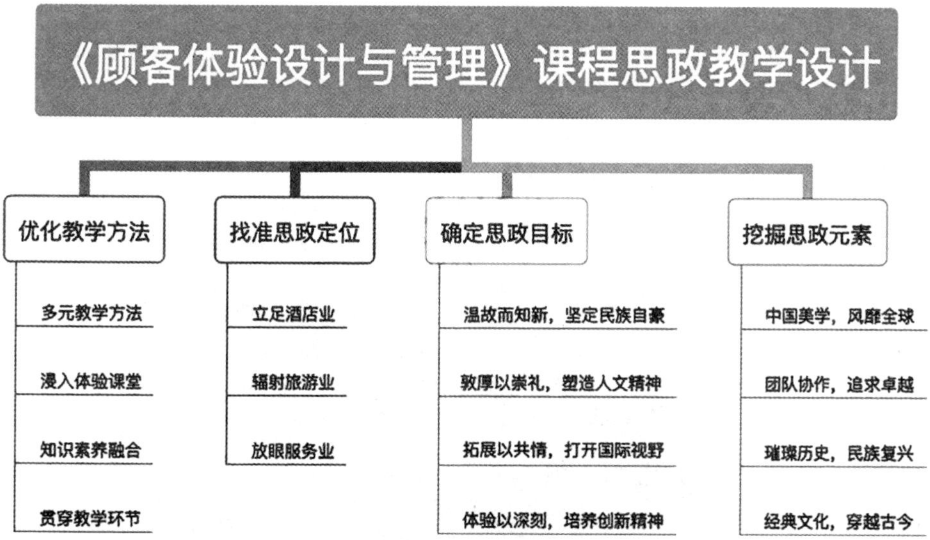

课程思政设计总体思路

本课程四大教学环节环环相扣，层层融合思政元素。以酒店业为立足点，发散辐射至旅游业与服务业。灵活采用沉浸式体验型交互课堂的教学模式，在教学过程中立足真实工作场景和现象，营造问题情景，设置学习任务，以“碰真问题，下真功夫，学真知识，提真能力”的“四真”特点为原则，实现了课堂上下、校园内外、线上线下、学做一体的“四结合”协同育人教学组织形式，有效达成了“温故而知新，敦厚以崇礼，拓展以共情，体验以深刻”的教学目标。满足新时代我国酒店业的发展需求，塑造爱国爱岗、勤学肯干、富有情怀的高素质酒店人才。

（二）案例课程

一、课前任务

通过蓝墨云班课，发布课前任务，同时发布小型辩论赛流程。

正方：中国酒店品牌，“危”大于“机”

反方：中国酒店品牌，“机”大于“危”

实施重点：教师关注学生准备过程，旨在通过辩论材料的搜集与整理让学生自我学习、思辨探索，形成对中国特色酒店的基本认知。

二、课中进行——四大环节

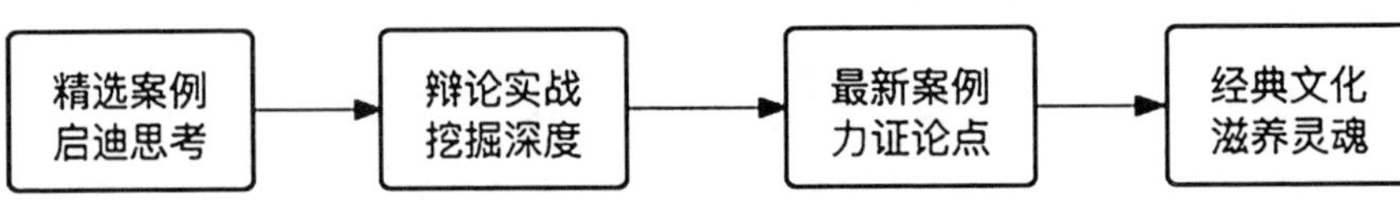

第一环节：精选案例启迪思考（10分钟）

〖课程思政元素〗中国美学，风靡全球

播放上海养云安缦酒店——全球酒店业中的风尚领导者的视频宣传片。

（1）实施重点：这个酒店是什么风格？是哪个国家的品牌？

除上海养云安缦之外，《全球旅报》选取了十家在2019年里极具特色的新开业酒店，它们或可在客房俯瞰紫禁城美景、欣赏海边落日全景，或能够享受依山傍水的宁静、置身徽派建筑之中，还能同时感受中国的历史和地方的文化特色。

（2）阶段成效：古今相融、经典创新。

上海养云安缦这样一个具有东方意味、民族特色的酒店从设计之初到现在，屡屡囊括国际酒店设计大奖，而其中的设计无处不体现着中国美。首先，设计之中王羲之的书法实属中国特色的文化之美，其书法刚健娟秀，朴素精巧。他所作的《兰亭序》更被称为“天下第一行书”。其次，2020中秋、国庆佳节过半，养云安缦上演了一场为期7日的《春江花月夜》，为上海增添了颇为殊胜的文化艺术盛事。“昆曲王子”张军化身诗人张若虚，携笛箫、小提琴、评弹等一众艺术家登临养云的“舞台”，让游客深刻体验美。最后，哈佛大学中国艺术实验室项目基地揭牌仪式于养云安缦·楠书房举行。哈佛大学中国艺术实验室属哈佛大学文理学院，是整合尖端学术研究与多媒艺术创意的国际平台，开启中国文化艺术想象时空的跨界实验基地，熔铸精神维度文化体验的艺术展示空间。由此不难看出，中国文化中的民族东方美正在被越来越多人认同。

第二环节：辩论实战挖掘深度（40分钟）

〖课程思政元素〗团队协作，追求卓越

教师做好前期的工作准备，包括桌签制作、主持词修改等。

（1）实施重难点：引导学生挖掘中西特色。

（2）启发思考：由于酒店行业起源于西方，而且我们现有可查询的酒店品牌多是英美发达国家的，因此挖掘中国特色是学生思考力的难点。

（3）过程性评价：同伴互评与教师评价。观众对辩手打分与提问，并且选出最佳辩手，老师现场点评，颁发证书，现场送上礼物。第一轮的辩论赛结束后，教师会根据学生搜集的资料、数据分析进行点评与打分，并且综合现场学生的意见选出获胜方与最佳辩手。

第三环节：最新案例力证论点（20分钟）

〖课程思政元素〗璀璨历史，民族复兴

（1）案例分享：教师作为引路人，为大家播放颇具特色的中国酒店宣传视频。

（2）设置抢答：这样的酒店你喜欢吗？你能说出其中有多少中国特色？

（3）发布任务：划分六个小组，开展讨论，并在蓝墨云班课上发布任务：你觉得你还能想到哪些中国特色？

（4）教师总结：根据学生的回答情况，总结提升。举出更多的酒店运用的中国特色茶歇、伴手礼等。

（5）阶段成效：政商融合、民族复兴。

"一带一路"（The Belt and Road，B&R）是"丝绸之路经济带"和"21世纪海上丝绸之路"的简称，2013年9月和10月由中国国家主席习近平分别提出建设"新丝绸之路经济带"和"21世纪海上丝绸之路"的合作倡议。依靠中国与有关国家既有的双多边机制，借助既有的、行之有效的区域合作平台，"一带一路"旨在借用古代丝绸之路的历史符号，高举和平发展的旗帜，积极发展与沿线国家的经济合作伙伴关系，共同打造政治互信、经济融合、文化包容的利益共同体、命运共同体和责任共同体。历史上的丝绸之路不仅是中国迈向世界的脚步，也是世界走进中国、交流互通的道路，更是我们现如今"一带一路"伟大理念的基础。而锦江作为民族酒店品牌，大胆运用了这一历史画卷，既是对东方美的阐释，更是文化自信的展示。

第四环节：经典文化滋养灵魂（20 分钟）

〖课程思政元素〗经典文化，穿越古今

（1）经典诗句。中国文化博大精深，可挖掘的酒店度假特色数不胜数。

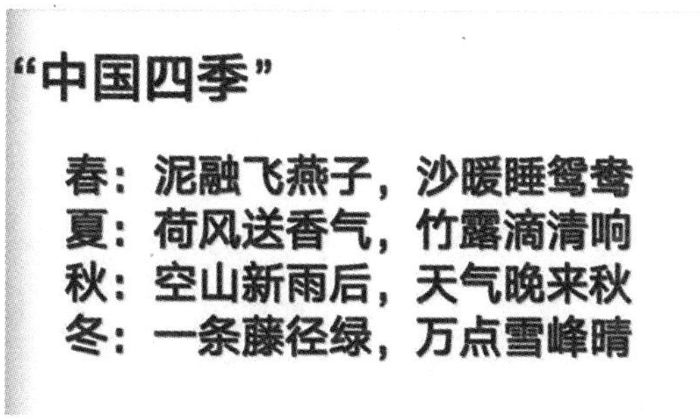

（2）中国气味。回顾上一节课堂中的五感体验，尤其是中国特色的香味，如檀香、茶香等。

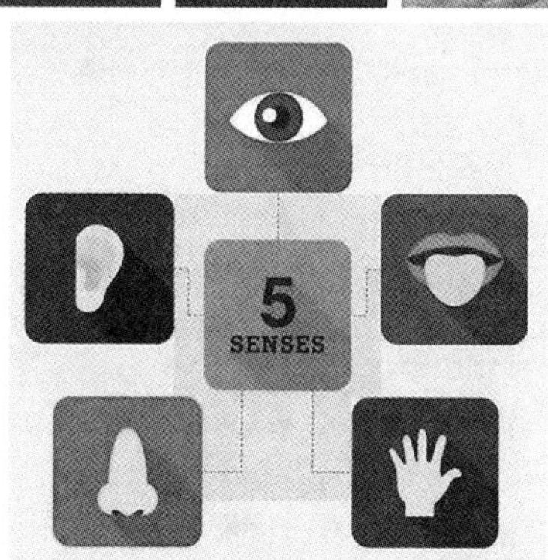

（3）中国气质，中国今朝。举例 2021 年博鳌亚洲论坛上的中国茶，"高山流水遇知音"获得全球好评。

（4）阶段成效：经典润心，文化养礼。

“高山流水遇知音”出自《列子·汤问》。成语“高山流水”，比喻知己或知音，也比喻音乐优美。琴曲《高山流水》即为俞伯牙的代表作之一。高山流水遇知音，彩云追月得知己。伯牙鼓琴，钟子期听之。方鼓琴而志在太山，钟子期曰：“善哉乎鼓琴，巍巍乎若太山。”少选之间而志在流水，钟子期又曰：“善哉乎鼓琴，汤汤乎若流水。”钟子期死，伯牙破琴绝弦，终身不复鼓琴，以为世无足复为鼓琴者。这一段经典故事成就了这两个人，更留下了历代敬仰的千古绝唱。在2021年的博鳌亚洲论坛上，我们运用自己的传统故事命名创新茶饮，让全球宾客在尽享茶饮美味时，感受中国历史上那让人传颂千年的感人故事。

三、总结巩固（10分钟）

（1）发布任务。教师在蓝墨云平台发布任务：请以小组为单位，结合实习经历和课堂知识，进行“中国特色酒店风格体验”主题策划，能够设计出切实可行的方案。从logo到茶歇到服饰再到内饰均可，并在平台上提交小组成果。

（2）学生互评。学生分组之后，会对其他小组的视频与表现投票，进行课后线上投票评比。

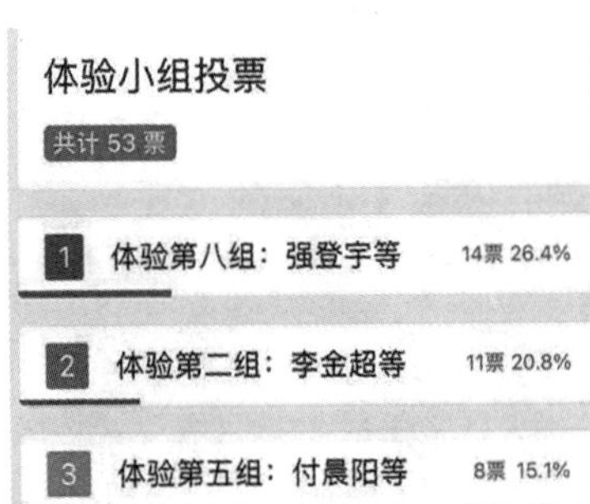

四、案例成效或经验总结

（一）案例成果

1. 学生体验感良好，所学有效转化，企业和社会评价认可度增高

通过“以学生为主体”，结合行业要求和学生实际能力，课程的关注点和着力点从“教什么、怎样教”变成学生“学什么，怎样学”，以学定教，学生知识水平、能力要求、综合素养均有所提升。在实际工作中，学生将顾客体验的原则运用于实际，在保证质量、价值以及合理界定成本的基础上充分了解顾客的需求，满足并超越顾客的期望，给予顾客良好体验，受到顾客和企业的一致好评。

学生将顾客体验的原则运用于实际，给予顾客良好体验

2. 美育感化融于学习，文化素养有效达成

教师立足于“美育”“四维度”原则，将思政元素融入具体案例，学生从感知理解到实践行动，从生活小事到国家发展，在专业知识和应用技能学习的同时得到价值引领提升。寻找中国特色东方美，深度理解传统文化创新与传承，素质目标于无形中达成。

3. 学习兴趣点和效率显著提高

通过“沉浸式体验型交互课堂”教学模式改革，学生由被动学习变为主动学习。教师借助云班课平台，开展多样课堂活动，鼓励学生尝试、质疑、探

讨、实践，将课堂的主动权交给学生，提高学生自主探索的实践体验感，激发了学生学习兴趣点，学习效率显著提高。教学实践也证明：学生的主体意识越强，他们在参与学习活动中实现自我的自觉性就越强，从而也就越能在教育活动中发挥自我的能动力量，调整、改造自身知识结构、心理状态和行为方式。

沉浸式体验型交互课堂

（二）存在问题

（1）由于本节设计的挖掘中国特色的任务有一定难度，很多学生的答案趋于统一，那么就需要将一个难度系数较高的问题拆解，保证每一次互动提问的合理性与有效性。

（2）在教学过程中，教师积极通过合作酒店官方网站、企业公众号搜寻酒店对客服务实体案例，加深学生对知识的了解和运用，但是搜寻的过程比较烦琐，需要一个一个酒店去搜寻，学生在课后也需要通过查找不同酒店公众号才能寻找案例，案例搜寻整理不方便。

（三）改进措施

（1）教师应加大和合作酒店共同开发VR教学资源，加大VR视频在教学中的应用，并辐射专业其他课程。

（2）建立对客服务案例库，按照品牌将酒店归类，整合合作酒店资源，使教师、学生在资源拓展、案例搜寻的过程中容易操作、减少步骤，方便归纳总结。

弘扬中华茶艺，传递茶人精神

——《茶艺与茶文化》课程思政案例

所属专业：酒店管理与数字化运营

案例主题：传统文化进课堂

负 责 人：刘翠萍

工作单位：黑龙江旅游职业技术学院

参 与 人：王莉、齐超、李竹君、周婧轩

工作单位：黑龙江旅游职业技术学院

一、案例简介

（一）案例实施背景

1. 高校《茶艺与茶文化》课程现状分析

随着经济的发展和人民生活水平的提高，许多酒店和餐饮企业开设了茶馆或茶室来满足市场需求，茶艺从业人员缺口较大。在此背景下，地方高校旅游或酒店管理专业开设了茶艺专业课程。目前茶艺课程思政教学现状如下；

课程目标设置上重知识能力、轻德育。茶艺课程在教学目标设置时，注重茶文化相关理论知识的学习，以及与岗位对接的茶艺技能的学习，而茶艺技能背后德育层面教学内容较少，家国情怀、道德修养、价值塑造目标设置较少，没能形成“价值塑造、能力培养、知识传授”三位一体的育人目标。

思政元素挖掘不够充分，融入不够自然，课程思政教学形式比较单一。在茶艺课程中，部分教师对课程思政教育把握不足，缺乏课程思政意识。对茶文化起源与发展、茶席设计、茶艺礼仪、茶人品德和茶道精神等主要相关思政元素的挖掘不够充分，有的甚至不知道该如何开展课程。在具体教学中，植入思政元素比较生硬、不自然，课程以讲授为主，辅之以案例教学，形式相对单一。

2. 开展《茶艺与茶文化》课程思政的必要性

茶文化，作为中华传统文化的重要内容和文化符号之一，是中华文化内外交流和研究的重要物质载体和文化媒介。中国茶通过“茶马古道”“海上丝绸之路”“万里茶路”走向世界之后，对世界各民族人民的生活和文化产生了普遍而深远的影响。鉴于此，学院酒店管理专业开设的《茶艺与茶文化》课程，探索以茶文化精神为道，以《茶艺与茶文化》课程思政建设为术的课程体系，以培养学生文化自信、增强民族自豪感、树立正确的价值观念，提升学生的政治思想素质，落实立德树人教育方针，进一步推动茶艺课程教学改革。

茶艺与茶文化实训室

（二）案例相关理论研究及实践探索综述

1. 课程思政理论研究

课程团队深挖课程思政元素，有机融入课堂教师实现对育人的再认识，形成有效的课程思政方法论，课程思政团队成员参加2020年黑龙江省职业院校技能大赛教学能力比赛获三等奖。融入浸润式教学方式，遵循以学生为本的理念，全程渗透教学环节。

2. 实践探索

首先，国内同类课程实践探索情况。在专业实践环节融入思政元素，有助于将学生思政教育落实在专业技能等实践过程中，进一步在实践中巩固思想教育效果。但是，高校特点是生源来源广、地区差异性大、思想观念各异。因此，课程思政实施方案在推广时往往还需要结合学校的办学定位、学生特点和人才培养方案进行必要的选择和改革。部分学校也通过成立兴趣社团、职教活动周、社会实践等隐性教学实践活动开展实践教学，达到育人效果。

其次，学院《茶艺与茶文化》课程实践探索情况。2016 年、2019 年、2021 年获批国家旅游局“万名旅游英才计划”项目、文化和旅游部“双师型”师资人才培养项目、文化和旅游部全国文化艺术职业教育和旅游职业教育提质培优行动计划项目共计三项。主持和参与全国旅游行指委优秀课程思政案例两项。《茶文化与茶艺》是学院慕课建设项目；2020 年 4 月课程负责人做全院教师线上教学课程思政观摩课，成果被黑龙江省职业教学在线收录；2018 年，主持省内高水平专业建设项目，将课程思政纳入校企共建的课程标准和人才培养方案中。2020 年参加文化和旅游部牵头开展的全国旅游职业教育“课程思政”在线展示活动，作品《品茗修身　学艺自信　中华茶艺——中华茶文化认知和花茶冲泡》在典型案例中排名第一。2017 年负责人主持学院创新社团酒店职业发展理事会工作，开展第二课堂活动，结合职业院校一线育人实践要求，坚持“育人为本、德育为先”，遵循酒店管理专业学生成长发展规律和技术技能人才培养规律。

（三）本案例所解决的教学问题

茶文化蕴含许多中国传统文化的精华，茶艺课程不仅可以培养学生的职业道德，也可以在课程思政教学中充分利用这些资源开阔学生的视野，增强学生的民族自豪感和文化自信心，使学生认识到以茶艺为代表的民族文化的悠久历史和现实的影响力，提高文化认同感，从内心深处产生文化归属感，从而更加爱祖国、爱家乡、爱生活。

同时，在学习茶艺课程过程中进一步强化服务意识、人文精神以及仁爱、宽容的文化认同感，构建相对比较完善的发展机制，为学生今后更好地学习酒店管理专业知识奠定坚实的基础。

本案例也希望在教学实践中帮助学生树立正确的价值观念，培养学生的爱国主义精神，提升学生的政治思想素质，落实立德树人教育方针，进一步推动茶艺课程教学改革。

二、案例设计

（一）教学理念

立足本专业人才培养目标和课程标准，对知识点和技能点进行梳理，深度挖掘知识点的深度和广度，找到思政契合点，设计融入方式，比如茶艺课中的茶道这一知识点涵盖的不仅仅是生活礼仪，还包括茶道背后的中国精神及折射出来的价值观如个人修身、高雅和谐等，在讲课时以润物细无声的方式融入课程教学中，学生通过茶艺课学习，以茶为载体，弘扬和谐文化，以茶育人，正视道德涵养，实现自身价值与社会价值的统一。

（二）课程教学目标

本课程建设目标，一是在课程建设理念上，作为专业核心课程，在培养学生兴趣和关注的基础上，完成社会主义核心价值观的认同教育；二是在课程内容和课程建设标准设置上，在扎实传授知识的同时，突出思政教育元素，将人文情怀、茶人精神、家国情怀、茶德精神、和谐友善、职业理想和劳动精神等思政元素融入课程体系中，润物细无声地实现课堂育人、立德树人，实现专业课程教学与思想政治教育的有机结合；三是在课程建设成果上，团队教学研究能力与教学水平不断提升，将三全育人落到实处，把本门课程打造成精品慕课。

（三）思政育人目标体系

教学团队成员认真学习习近平关于立德树人的重要论述及全国高校思政教育工作讲话精神和龙江四大精神，围绕教学内容和教学目标明确课程思政“一条主线”即“爱国、爱家、爱生活”；融入18个任务之中的“八大课程思政主题”：理解并传承中华优秀传统文化，增强文化自信；“淡泊明志、宁静致远”的茶人精神；“廉、美、和、静”的茶道精神；“精行俭德”的茶德思想；善利万物、兼容并包的创新精神；陶冶自身的审美情趣；甘愿奉献、追求卓越的劳动精神；爱岗敬业、精益求精的工匠精神。并将这些思政元素春风化雨般融入课程教学中，建立了一套集慕课、教案、课程标准、课件、校本教材于一体的教学资源，建成课程思政素材库。

八大主题

理解并传承中华优秀传统文化，增强文化自信

“淡泊明志、宁静致远”的茶人精神

“廉、美、和、静”的茶道精神

“精行俭德”的茶德思想

一条主线：爱国、爱家、爱生活

善利万物、兼容并包的创新精神

陶冶自身的审美情趣

甘于奉献、追求卓越的劳动精神

爱岗敬业、精益求精的工匠精神

八大主题

“一线八题”课程思政核心内容

教学计划

项目	任务	思政教学内容	学时
项目一：茶的起源与传播	任务一：茶的起源和传播	中国是茶的发源地、世界最大的产茶国，激发学生民族自豪感、坚定文化	2
	任务二：饮茶的起源与演变	讲好中国故事，茶文化浸润心灵，用科学的角度认识茶的内涵和健康价值	2
项目二：茶人精神与茶道	任务三：茶人精神	淡泊名利、清正廉明的理想信念；自强不息、善利万物体现茶人品格	2
	任务四：茶道概述	崇尚自然、爱好和谐，理解“和、静、怡、真”茶道核心精神	2
项目三：茶艺礼仪	任务五：茶礼的历史文化、敬茶文化	茶礼是生活化与职业化的统一，以茶表敬意，提高审美能力、言行举止得当	2
	任务六：茶艺礼仪基本姿态	以礼待茶、以礼待人体现出文明和友善的价值观	2
项目四：茶具认知	任务七：茶具认知	茶产业打造富裕、文明、生态、和谐、宜居乡村，助力乡村振兴；茶具凝聚匠人匠心，“三才杯”暗含天地人和之意，形成尊人理论	2
	任务八：泡茶用水	茶滋于水，水籍于器，独具匠心，彰显茶人品位与文化底蕴	2

续表

项目	任务	思政教学内容	学时
项目五：茶的分类与冲泡	任务九：茶的分类	冲泡、制作茶叶过程中匠心独运，精益求精，遵守茶艺师职业操守，爱岗敬业，追求职业理想	2
	任务十：红茶名品冲泡	茶艺理实一体化教学，与知行合一的内涵高度吻合；悬壶高冲、净化心灵，追求职业理想	2
	任务十一：绿茶名品冲泡		2
	任务十二：白茶名品冲泡		2
项目六：茶的调饮与创新	任务十三：茶的饮品制作	在茶饮调制中浸润中华优秀传统文化与现代文化的融合	2
	任务十四：茶的调饮与创新	鼓励学生创新，实现中国梦，师生共创共享教育的幸福	2
项目七：茶事接待	任务十五：茶事接待	茶与花、香、琴、画、互联网的文化结合体现茶事服务的创新与兼容；德技兼修的职业素养	2
	任务十六：茶艺服务英语	乐于奉献、爱岗敬业的职业道德规范和崇尚光荣的劳动精神	2
项目八：茶席设计	任务十七：茶席介绍及设计原理	茶席设计主题鲜明、以人为本，深耕细作，精益求精	2
	任务十八：创意茶席设计	茶席设计过程体现美的创意、美的享受，体现对美好生活的向往	2

（四）课程思政与专业教学内容的融合方式

1. 课程思政建设模式和方法路径

在编制《茶艺与茶文化》课程的教学方案时，结合教学实际需求，课程内容有所调整，将课程大纲规定的7章内容重新整合为8章，收到了良好教学效果。开展课程思政之前，《茶艺与茶文化》课按照知识传授导向共编制了“茶的起源与传播”“茶艺礼仪”“茶具认知”“茶的分类”“六大茶类冲泡”“茶艺服务”“茶席设计”7章；开展课程思政茶之后，桑建老师根据新的课程目标对原有的知识结构进行了再造，在茶的起源与传播一章增加了“中国茶文化的世界传播和影响”内容，突出了价值塑造导向。

本门课程是理实一体化课程，遵循课程教学规律和学生的成长规律，课前对学生学情进行合理分析，以“由浅及深、知行合一”为原则，由一个“知识—思政点”，发展到多个，最后形成一条“思政线”，由多条“思政线”形成一个“思政面”，将思政元素与专业理论知识融为一体。充分利用网络平台资源、运用混合式教学模式和任务驱动教学，在课前、课中、课后贯彻“全过程育人”理念。

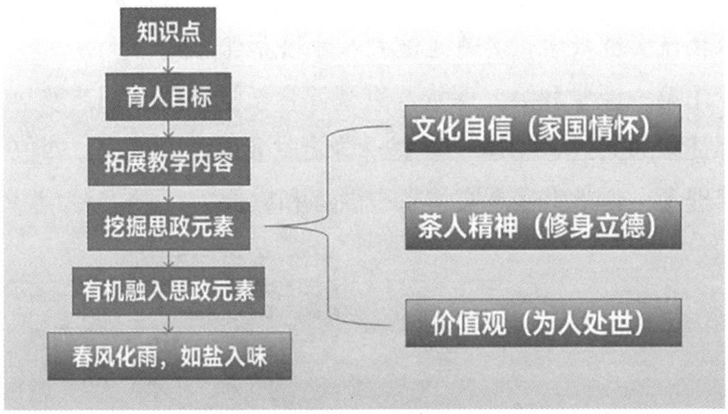

知识点与思政元素融合路径

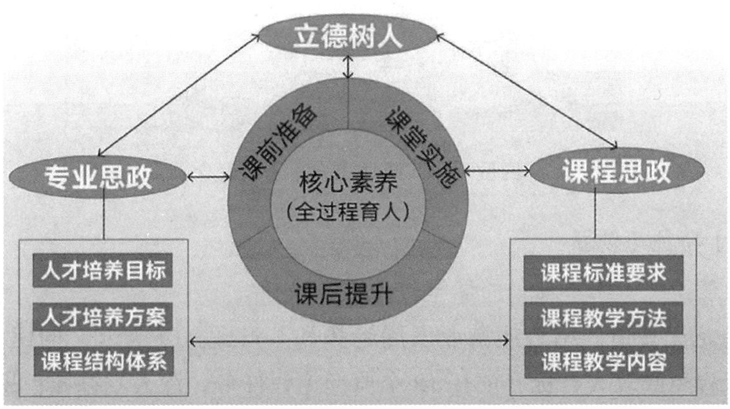

基于核心素养的专业思政与课程思政融合全过程育人模式

（1）课前准备——激发学生学习兴趣。课前利用学习通平台，通过观看微视频等激发学生的学习兴趣，提升学生对茶产业的认知，引导学生热爱祖国灿烂文化，增强爱国意识和文化自信。

（2）课堂实施——智育德育并进，践行立德树人。课堂上通过教师讲解演示、学生小组讨论、经典案例分析等方式，引导学生学习文化知识的同时，导入思政元素，强化学生的动手能力，做到知行合一、热爱专业，进而形成正确的人生观和价值观。

（3）课后提升——拓宽认知领域，不断完善自我。在学习通平台发布课后任务，帮助复习课堂知识和拓展认知范围，加强学生综合素质的培养。

2. 秉承按岗实境教学，实施递进式人才培养理念

综合运用第一课堂和第二课堂，重视德育教学实践。茶艺教学秉承按岗实境教学、师徒融通共进，创建“学生→学徒→准员工→员工”四位一体的递进式人才培养理念，让学生在真实情景中锻炼和成长。

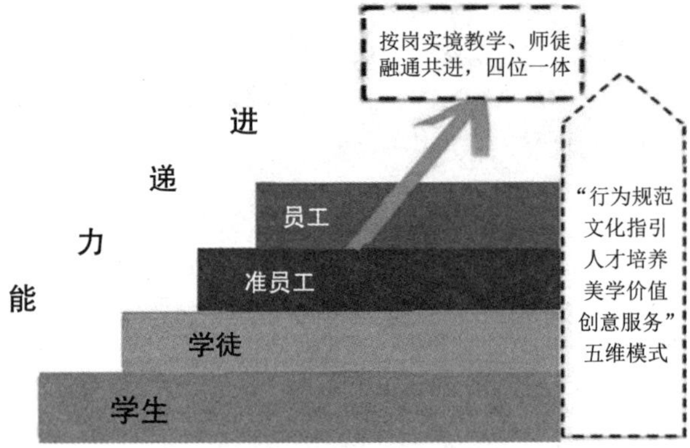

“四位一体”递进式人才培养理念

（五）特色与创新

1. 构建了“一主八题”的课程思政育人目标

立足龙江省情，结合旅游业发展趋势和茶产业人才需求，构建“一主八题”的课程思政育人目标，依托18个典型工作任务，深入挖掘课程思政元素，持续完善课程思政资源库和MOOC建设，育人成效显著。

2. 探索了“1234”的课程思政教学模式

一条主线，全方位推进本门课程思政建设工作。两个能力，提高教师团队课程思政融入课堂教学和建设的能力。三个融入，实现教师融入企业、任务融入课堂、学生融入职场。通过四维评价，达到育人效果。

3. 创新课程思政载体，充分发挥第二课堂阵地的实践效能

深入开展多种形式的社团活动、志愿服务和实习实训，拓展课程思政建设的方法路径，使第二课堂与第一课堂发挥帮助学生成才就业的合力，有助于其成长为德才兼备的人才。

三、案例实施

（一）案例实施的措施

《茶艺与茶文化》课程经过建设，形成“1234”课程思政模式。

1—— 一条主线：实施课程思政建设一揽子计划。通过整体推进、全课程组教师参与、课程设计、资源建设、示范课程建设等工作，全方位推进本门课程思政建设工作。

2—— 两个能力：提高教师团队的课程思政能力和课程思政融入课堂建设的能力。

3—— 三个融入：教师融入企业、任务融入课堂、学生融入职场。通过三个融入，思政目标融入课程教学，最终达到学生能自然接受，并产生情感共鸣，从而激发学生学习的内动力，有效促进学生对课程知识的理解、掌握、拓展和深化的目的。

4——四维评价：通过考核过程全程化、考核内容综合化、考核形式多样化、评价主体多元化，达到育人效果。

（二）每个阶段实施的重点

1. 第一阶段（2019 年 3—6 月）：修订课程教学标准

新课程标准须确立“价值塑造、能力培养、知识传授”三位一体的课程目标，并结合课程教学内容实际，明确思想政治教育的融入点、教学方法和载体途径，评价德育渗透的教学成效，注重思政教育与专业教育的有机衔接和融合。

制作新教案和新课件。根据新教学标准制作能体现课程思政特点的新教案和配套新课件（含微视频、照片、文字、学生实践活动等多种形式），确定校本活页教材的编写目录并将思政元素融入新教材。

2. 第二阶段（2019 年 6—9 月）：完善课程思政育人评价体系

结合学校 2019 级高职人才培养方案修订原则意见，将课程思政理念有机融入学校 2019 级人才培养方案，建立课程思政教学效果评价体系。严格执行二级学院督导院听课制度，在听课记录中体现课程思政内容。在教师自评和互评表中体现育人评价元素，完善课程评价体系，将德育元素纳入评价体系中。同时，完成五年一贯制人才培养标准的修订。

3. 第三阶段（2019 年 9—12 月）：开展课程团队集体备课活动

授课教师是酒店管理专业课程教学的责任人，更是具体落实课程思政的主体和关键，因此授课教师近两年不断加强自身的思政意识、思政素养和思政能力的提升，以保证课程思政的专业课教学改革效果。授课教师在具备思政教育的能力和技能的前提下，深度结合本课程的特点，仔细梳理和厘清课程专业知识点与思政元素之间的联系，有的放矢地挖掘本课程的思政元素，制定合理可行的思政元素融入路径，并在教学目标、教学内容、教学方法、教学评价等方面做出相应的改进，真正实现专业课程的思政教学目标。

本课程以二级学院专业教研室为单位全面开展课程思政集体备课活动，邀请茶艺与茶文化课程团队成员参加。着重围绕“备课标、备教材、备学生、备教具、备教法”，发挥团队合力，凝心聚力，提升课程思政教学效果。

4. 第四阶段（2020 年 3—6 月）：开展课程思政示范课堂听课活动

每年度开展 1 次以上茶艺与茶文化公开课或参与校级比赛。邀请思政部主任、学校思政专家组成员教师参加的示范观摩听课，重点对融入课程课堂教学的思政教育元素进行把脉。听课人员听课后须及时填写听课记录表，提交各教学单位汇总统计，报教务处备案。并有针对性地进行整改。

5. 第五阶段（2020 年 6 月至今）：打造课程资源库

“课件、资料库、团队、教改”齐头并进。一是在课程教学体系建设方面，围绕《茶艺与茶文化》课程教学目的和要求，完成教学标准修订，任课教师根据个人学科背景组成教学小团队，完成课堂教学内容设计，制作多媒体教学课件；通过集体备课、讨论交流、强化教学活动执行力。二是在教学资料库建设方面，各小团队分工完成相应专题教学资料搜集、整理和及时更新，集体共享。三是在教学团队建设方面，结合教学改革实践，凝聚锻炼队伍，积极营造老中青相结合、传帮带促成长、教学科研相互促进、激励考核评价机制明确、教学相长的氛围。四是在教学改革项目申报方面，依托教学团队教学实践和教学研究，以研促改，不断推进教学改革发展。五是在开展课程思政授课比赛活动方面，每年度学校组织课程思政授课比赛，进行评比，对获奖教师给予奖励。

（三）阶段性成效

1. 将课程思政融入课堂教学建设

把对学生的价值引领落实到课程目标设计、教学大纲修订、教材编审选用、教案课件编写各方面，贯穿于课堂授课、教学研讨、实验实训、作业论文、课程考试和教学评价各环节。教师不仅要把课堂教学内容的内在规律讲清楚，而且要创新方法，借助教育信息技术，强化课程育人功能，提高教学效果，引导学生深入思考，培养学生创新意识和解决复杂问题的能力，打造课程思政“金课”。同时，按照教育部指导纲要的要求，学校将建设内容丰富、形式多样的课程思政教育素材库；建立课程思政研讨和公开示范课制度，大力推广课程思政建设先进经验和做法，营造课程思政建设的良好氛围，着力提升课程思政育人实效。

2. 深受行业企业好评

课程得到“行政企校”四方高度评价，万豪酒店集团大中华区校企合作部朱经理对该课程学生评价满意度 100%，课程教学团队的教学测评位居全校前列。

3. 课程思政教学改革成果显著

学生加深了对所学专业的热爱，学生在个人成长、职业素养、价值观等方面得到了大幅度提升。课程团队的两个教学案例入选全国旅游行指委课程思政教学设计优秀案例，一名青年教师在学院课程思政大赛中荣获三等奖，课程入选学院第二批慕课建设项目。

4. 课程思政示范辐射作用推广情况

课程思政改革的实施，完善了课程教学设计、教案、课程标准、活页式校本教材和本门课程的慕课建设。完善茶艺大师工作室建设，为本校旅游大类课程思政建设树立了标杆，学院多次报道课程团队主持的职业教育活动周展示活动。作为省级高水平专业建设单位，课程思政成果在省内思政教学改革中不断推广。

职教周茶艺创意服务特别活动

（四）不足及改进

1. 不足之处

（1）相关机制不完善。学院已经着手课程思政建设，但还没有具体翔实的实施策略，教师们在课程思政建设中缺乏明确的教改方向；评价体系不够科学合理，在课程思政建设中缺乏有效的反馈信息；没有富有实效的监管机制，使得教师们在课程思政建设中缺乏自我约束力。

（2）个别教师固有思想严重，认同度不高。部分专业课教师的教学重点仍放在教授学生专业知识上，对于在授课过程中融入思政元素这一观点不排斥，但也不重视。课程思政的教育教学理念并没有完全深入人心，引起全体教师的共鸣。

2. 改进措施

（1）完善课程持续建设计划。一是立足省情，开发实用的特色教学案例。二是打造精品慕课，深入挖掘线上教学思政元素，用好新媒体思政平台。三是持续更新《茶艺与茶文化》活页式教材建设，多维融入育人元素。

（2）需要进一步解决的问题和改进措施。一是完善课程思政考核评价体系。二是有计划地开展课程思政教研活动，定期组织课程思政观摩课。三是专业课与思政课深度融合。

（3）支持保障措施。2020年，学院成立课程思政领导小组，制定了学院课程思政相关的政策并设立专项经费，为课程思政工作有序推进提供保障。将教师参与“课程思政”情况作为绩效考核、职称评聘、优先评优的重要依据。学校需要进一步完善相关政策和制度，鼓励产教融合、校企协作，培养学生的职业能力和素养。

四、案例成效或经验总结

（一）经验总结

1. 专业课程的思想政治教育教学目标设计体系化

课程负责人、思想政治理论课教师、专业课程教师开展合作，从学生的知识、能力、情感、态度、价值观等维度，对专业课程的教学目标进一步细化。

2. 单次课的思想政治教育教学目标设计立足于课堂教学

依据“专业课程思政”教学标准，形成具体章节的教案，确定每节课的思政教学目标以及与其对应的教学评价体系。

3. 深入挖掘和梳理茶艺与茶文化课程的思想政治教育知识图谱

深入挖掘，形成课程的思想政治教育体系，进一步深入梳理形成专业的思政知识体系和图谱。对本门门课程包含的思想政治教育知识体系进行分析，形成课程思政知识的框架。

（二）今后的改进思路和注意事项

1. 创新教学方法，提升教学效能

通过教学方法创新，让课堂更有亲和力、气氛更活跃，进而实现高效的“师生互动”“生生互动”，使道理越理越清、价值越阐发越澄明、思想进入越来越深刻，提升思想政治教育进入学生精神世界的效能。

茶艺与茶文化作为一门理实一体化课程，采用示范演示、小组合作学习、情景展示、探究学习等方法，发挥学生主体性作用。尽管课程已经采用了这些教学方法，但实施效果受场地和实训设备等限制。所以，改进实训环境和实训手段势在必行。

2. 创新课程思政评价机制，凸显评价的人文性和综合性

课程思政评价应立足学生的知识、能力、情感、态度、价值观方面的发展情况，充分及时反映学生成长成才情况，凸显评价的人文性和综合性，要基于评价对教学进行反思和改进。

纵横融入、多维实践

——《中餐宴会设计与管理》课程思政案例

所属专业：酒店管理与数字化运营

案例主题：传统文化进课堂

负 责 人：曹婷婷

工作单位：南宁职业技术学院

参 与 人：方堃（工作单位：南宁职业技术学院）、何兰兰（工作单位：南宁职业技术学院）、黄钰荃（工作单位：南宁职业技术学院）、Jim Fang（工作单位：广州增城富力万达嘉华酒店）

一、案例简介

（一）案例实施背景

“功以才成，业由才广”。酒店行业近年频频出现人力告急的现象，尤其是职业技能娴熟、高学历、服务意识强的酒店基层服务和管理人才极度短缺。根据最佳东方网站调查研究表明，酒店管理专业毕业生对口就业比例一般在50%~60%，两年后依然留在本行业工作却不到20%，导致社会资源的极大浪费。从学校调研情况来看也是如此，各校酒店管理专业留岗率普遍偏低，虽然酒店基层员工工资水平较低、工作劳动紧张程度高、工作单调重复等因素现实存在，但根本还是学生对酒店专业的职业认同度不高，对职业发展清晰度不够，需要通过课程思政融入，加强学生对酒店服务行业文化底蕴和职业魅力的了解，提升学生对职业的认同度，更加强引导其理清职业发展路径。

《中餐宴会设计与管理》是高职酒店管理与数字化运营专业的专业核心课程，以培养学生宴会设计、服务、管理实际能力为目的。主要是通过多媒体授课、实训室实操和酒店顶岗实习的形式，提高学生专业技能和应变能力，使学生具有中餐宴会设计与服务所必需的专业基础知识和服务技能，掌握与宴会相关的中华传统文化知识，培养其良好的专业文化内涵；培育良好的职业素质，职业道德、工匠精神和爱岗敬业精神；并且能够运用现代信息化系统进行宴会统筹管理和宴会营销，能够通过数据分析统计，了解顾客需求，具备针对性的高端宴会设计能力，帮助其树立远大的职业发展目标。该课程是一门实践性很强的专业基础课程，是学生考取餐厅服务员职业资格证书的必修课程。

《中餐宴会设计与管理》课程基于中国几千年的中餐文化的发展沉淀，结合现代新服务的标准，在指引学生认知宴会文化和中国传统文化，培养学生文化自信上具有重要的作用，同时也能激发学生创新意识。该课程在教学内容上与中国传统文化相贴切；教学资源上信息化资源丰富；教学过程中要求学生技能实操多；教学应用上能与技能比赛、工学结合等多形式相结合。因此，在融入课程思政具有一定的优势，对进一步丰富学生传统文化知识，强化学生职业价值观培养和职业技能的提升有着很好的价值。

（二）案例相关理论研究及实践探索综述

2019 年，国务院印发《国家职业教育改革实施方案》，要求职业教育将新标准、新规范引入教学内容，强化学生实习实训，加强思政教育。2020 年 5 月，教育部印发《高等学校课程思政建设指导纲要》，明确了课程思政建设目标，即习近平新时代中国特色社会主义思想、社会主义核心价值观、中华优秀传统文化教育、理想信念、职业理想和职业道德教育等。要求结合专业特点推进课程思政建设，培养学生树立精益求精的大国工匠精神。

根据相关理论研究，在专业课《中餐宴会设计与管理》教学中开展多方实践，利用课程思政融入提升学生的文化素养。在整个教学过程，根据各章节的教学内容需要，自然融入中国传统文化知识，让学生学习了解中国文化，提升学生文化认同感，树立文化自信，并选择合适的章节，通过让学生“课前思、课中学、课后做”，拓宽学生对文化知识了解的深度和广度，提升学生学习兴趣和实践技能，培养学生的工匠精神。通过纵向和横向的课程思政融入，并利用信息化、赛教融通、工学结合等多种手段，取得了一定的成效，学生将我国宴会传统文化与现代设计、服务标准相结合，设计的融入文化元素的“空山灵响”“一蓑烟雨”“月夕荷影”“醒狮”等宴会设计作品获得职业院校技能比赛区级一等奖8项，国家奖4项，大大地提升了学生文化内涵，对专业的认同感、职业技能、工匠精神都有所提升。

（三）本案例所解决的教学问题

本案例的实施主要通过横向和纵向的课程思政融入，目的在于提升学生对宴会文化的内涵，提升职业认同、职业素养，培养学生工匠精神：

一是通过在教学中融入中国传统文化，增强学生对宴会文化的认同，提升学生对专业的认知，让学生能够了解并热爱专业文化，发现职业兴趣，解决学生因对中餐宴会服务职业认同模糊、不理解而不愿学、不想学的问题。

二是利用多维度教学手段和方法，以及优秀工匠案例的融入，提升学生学习趣味性，提高学生课程参与度，提升学生专业技能，解决学生学习困难问题；同时改变学生的畏难心理，养成吃苦耐劳、精益求精的工匠精神。

二、案例设计

（一）教学理念

本课程遵循“启发引导、循序渐进、促进发展”的原则，在教学中注重理论联系实际，多种教学方法灵活应用，形成“融教书育人、知识传授、能力培养、素质教育于一体”的教学理念。通过赛教融合和多种信息化的手段，潜移默化地将课程思政和课程内容结合起来，把“立德树人”的理念贯彻始终，以达到教学目标。利用课程教学做好思政育人，提升学生职业认同，培育学生工匠精神，从而达到提升学生职业素养的目的。

（二）课程教学目标

本课程教学以提升学生宴会服务与管理能力，培养学生创新能力与实践能力为主线，满足现今宴会管理人才需求。

1. 专业知识目标

①了解宴会概念、特点、发展历史及发展趋势；②理解宴会部组织机构及人员安排；③掌握宴会预订及销售流程；④掌握环境设计原则、宴会台型设计原则、宴会台面设计原则、宴会菜单设计原则；⑤掌握宴会摆台流程；⑥掌握宴会接待服务流程。

2. 职业能力目标

①能独立完成各类中式宴会摆台工作；②能进行根据客人需求高质量完成宴会服务；③能进行宴会菜单的菜点、菜名、装帧的设计，能根据宴会特点和档次完成宴会的菜单及酒水设计，以及完成宴会会场设计；④能够绘制不同场地的宴会台型设计图，独立完成宴会台号编制；⑤能根据客人需求和主题进行个性化的宴会环境设计。

3. 思政目标

①提升学生对中国文化知识的了解，培养学生文化自信；②培养学生宾客至上的服务意识，耐心、细致、严谨的工作态度，以及工匠精神、团队协作精神；③培养学生成本控制意识、食品安全意识；④培养学生创新意识，崇尚劳动的价值观；⑤培养学生具备敬业爱岗、遵章守纪、乐于奉献且具有诚信意识与服务意识的职业素养。

（三）思政育人目标体系

以提升文化内涵、树立文化自信、培育职业素养为根本目标，构建课程思政目标体系。

（1）以中国传统宴会文化为切入，增强学生文化自信，加深学生对宴会文化的理解，引导培育学生职业认同下的“匠心”。

（2）以服务技能为职业标准，强化一丝不苟、精益求精的职业态度，培养具备工匠精神的“匠人”。

（3）以企业实践应用为锻炼，实现工学结合，并通过团队合作进行实战演练，培养团队合作“匠魂”。

（四）课程思政与专业教学内容的融合方式

本课程团队积极开展教学研究，根据宴会工作流程将教学内容依次重构为：认识宴会、宴会环境设计、宴会台型设计、宴会台面设计、宴会菜单设计、宴会服务设计，由合作企业导师以小组为单位给出一个真实宴会背景案例，贯穿整个教学过程，分小组分别完成各项设计，在校内实训酒店完成模拟摆台及服务，在同学、老师、企业导师的意见和建议下不断完善该设计，最终每个小组形成一份现实可行的宴会接待设计方案。在整个教学过程中贯穿课程思政建设，具体做法如下：

1.“纵向”课程内容融入——文化自信、职业认同、树立理想信念

“纵向”式课程思政融入主要从课程内容出发，结合每章节课程内容及特点，自然融入中国文化、职业标准、工匠精神等，拓展和丰富课程思政内容，强调文化自信、职业认同等，具体设计如下：

“纵向”课程内容融入模式

2.“横向”教学过程融入——创新性“思”，沉浸式“学”，工匠型“做”

基于人才培养目标和课程定位，融合文化知识、专业技能、职业素质、思政素养四个方面精心设计学习任务，把职业素养的培养理念贯彻始终，形成四方合力平台。课前发布任务，引导学生根据任务做好预习，查阅相关文化资料，拓展课程知识，做出创新性的思考；课中利用课程思政融入的案例、视频及实操等教学方式带领学生沉浸式学习，掌握技能要点；课后布置学习作业，要求学生仔细做，追求精益求精，养成精益求精的工匠精神。通过全过程思政融入，潜移默化地提升职业认同与职业技能。“横向”教学过程融入的目的是通过引导学生自主学习，拓展和加深学生对课程思政内容的理解，通过课前文化查阅，课中技能加强，课后强化实践，从而加深学生对中国传统文化的理解，润物细无声地培养学生的工匠精神，在第三部分有具体实施案例，整体操作思路如下：

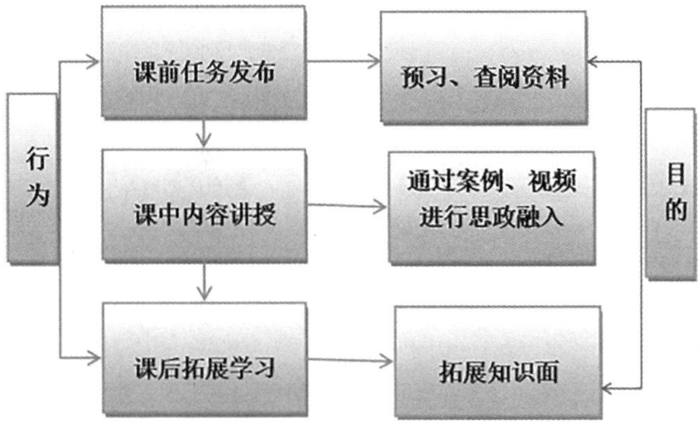

"横向"教学过程融入模式

3. 多维度实践——信息化手段、赛教融合、工学结合

（1）信息化手段介入，助力课程思政融入。利用教学平台、H5 游戏、微课等信息化手段，将课程思政与教学内容有机结合，如利用虚拟国宴场景、典型酒店在线场景等开展沉浸式教学；利用"宴会座次知多少""宴会台号编制小技巧"等课程思政微课，在讲授知识点的同时，进行课程思政融入。这些信息化手段，丰富了教学方法，便于学生理解知识内容，也有助于提升宴会服务技能，让学生在教学活动中提高职业认知以及增强职业素养，助力课程思政融入。

（2）赛教融合，利用典型案例进行课程思政融入。利用近年来广西乃至全国职业院校技能大赛转化成果，通过向学生展示优秀参赛选手的作品，让学生感受榜样的力量，领会职业精神，学习传播工匠精神。在教师讲解时，让学生中的参赛选手进行技能、服务或设计的展示，利用身边的榜样，强化学生对知识的理解，使学生在潜移默化中受到榜样的感染，也有效增强学生的工匠意识。通过潜移默化的方式，让学生追求技能精益求精的同时，深刻领会工匠精神现代性的意涵阐释。

（3）工学结合实践，加强企业文化融入。通过与合作企业对接，引入企业典型案例作为实践内容，加强学生沉浸式体验，以技能实际应用直观表现，同时邀请企业专家参与课程评价等，增加学生工作实际体验感，从而提升学生职业素养。

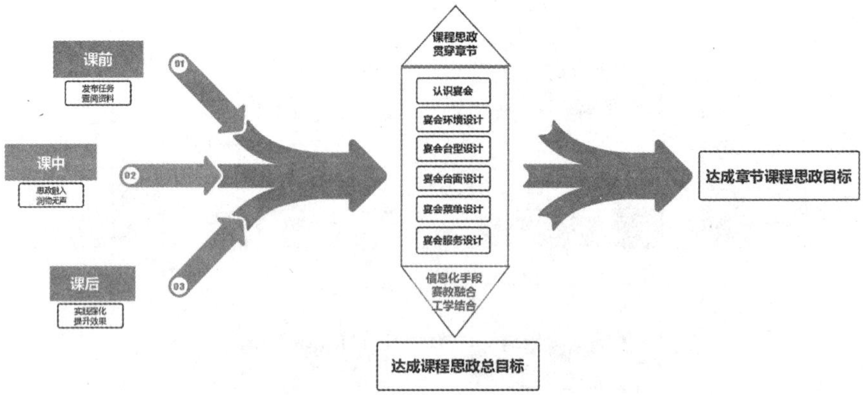

“纵横融入、多维实践”模式

（五）特色与创新

（1）规律育人。依据学生的认知和成长规律，层层递进，润物无声，在整个课程思政实施过程中，从课前“思”、课中“学”，到课后“做”，步步达成教学目标的同时，也让思政教育层层深入。引导学生完成从认识中国传统文化，到理解中国传统文化，再到运用中国传统文化的蜕变。同时通过现代社会中的典型案例讲授，到典型赛事学生的技能展示，再到学生在企业技能的运用和展示，由远及近，层层递进，实现学生对职业的认同，对工匠精神的认识、工匠精神的培育、工匠精神养成的过程。真正实现规律育人，全方位育人。

（2）实践育人。首先，课堂教学案例来源于企业，又运用于企业；其次，在教学过程中从国宴高标准引出工匠精神，从赛教融合培育工匠精神，从企业实践养成工匠精神，真正实现教育从实践中而来，又回归实践的整体要求。

（3）快乐育人。教学方法注重多管齐下、多措并举，在教学过程中，采用讲授、案例分析、小组讨论等多种教学方法。教学设计从课前学习讨论、课中操作到课后运用等各环节，有层次融入“课程思政”的理念和元素，便于学生接受。同时利用超星平台、H5 游戏、微课等多种信息化手段，丰富教学方法，提升学生兴趣，在轻松有趣的氛围中做到思政教学、快乐育人。

三、案例实施

《中餐宴会设计与管理》是高职酒店管理与数字化运营专业的专业核心课

程，是酒店服务的基础内容之一，需要同学们能够熟记宴会服务的各项流程、距离等细节要求，能够具备独立完成宴会设计与服务的能力，需要同学们具备吃苦耐劳和精益求精的工匠精神，高质量、高标准地完成宴会服务。

在以往的教学中，部分学生学习积极性不高，并且认为宴会服务流程和要求太复杂，难于记忆，宴会设计也十分烦琐，具有畏难情绪且课后也不愿意牺牲休息时间去练习和提升，很难达到企业要求，部分同学在期末技能考核和企业评价中不合格，从而使得他们对酒店工作产生畏难心理和逆反心理，最终不愿意留在酒店工作。

基于此，本课程进行纵向和横向的课程思政融入，并通过赛教融合、信息化教学、工学结合的多维度实践，加强学生对宴会文化的理解，提升学生职业素养，从而改变学生对专业的错误认识，促进学生工匠精神的养成。

（一）实施措施

（1）组建课程团队，实施集体备课。组建层次化、结构化的专业教师队伍，包含在教学改革、技术技能、企业经历等不同特长的教师，对本课程教学内容做充分研究讨论，完成课程思政“纵、横”融入备课工作。

（2）课程思政元素融入解析。充分研究《中餐宴会设计与管理》课程内容，按工作流程重构教学内容，以教学目标为基础，分解课程任务与知识点，不断探索思政元素内容，通过不同形式进行融合，如文化元素、工匠精神、榜样力量、价值观等，在合适的教学内容、合适的课程环节中进行融入，通过讲授、视频演示、实践演练等形式加以实施。

（3）建立课程诊改档案，实现“8”字螺旋提升。根据学校质量诊改标准，建立课程质量诊改档案，根据教学质量，不断修正教学形式和课程思政内容，对课程教学进行不断升级。

（4）丰富载体，多维度实践。不断拓展课程思政融入形式，除在课程的课前、课中、课后融合外，还在信息化手段、赛教融合、工学结合等形式上对课程思政进行延展，拓展课程思政实践内容。

（5）实施课程思政教学改革，完成校级教改项目立项工作。

（二）实施时间

本课程为二年级秋季学期课程，共 32 课时，按每次 2 节课排课教学。

（三）实施阶段

1. 备课阶段

学期前完成课程备课工作，包含课程诊改提升内容。实施重点为对“纵向”课程思政融入开发。

2. 教学实施阶段

学期中教学实施过程，是核心阶段。重点为“纵向”课程思政与“横向”课程思政融入实践。

3. 课后拓展阶段

通过赛教融通、工学结合等多维度上的实践，进一步深化延展课程思政内容。

4. 阶段性课程实施具体安排

以“宴会摆台”教学内容为例具体实施过程如下：

通过课前调研，发现学生学习积极性不高的原因来源于他们对高规格宴会的不了解，他们曾经参加过的宴会等级都比较低，让他们对上课时所提出的高规格宴会服务要求有所质疑，又因技能学习较为枯燥，学生学习兴趣较低，加上缺乏吃苦耐劳和精益求精的服务意识与工匠精神，使得学生在技能学习时缺乏主动性。因此，需要让学生了解、沉浸式体验高规格宴会的档次，认可宴会服务要求，再通过有趣的课堂教学和工匠案例，树立正确的职业价值观，提升学生职业认同，通过技能训练，进一步培养学生工匠精神。

（1）课前：利用信息化平台，了解学生预习情况，发现问题。

在课前上传课件和宴会摆台流程视频，让学生在课前回忆基础摆台技能并提前了解宴会摆台要求，同时发布课前调研，了解学生学习后的感受。课前调研显示，学生对宴会摆台距离要求表示不理解，认为只要将餐具摆放上桌面即可，不需要对餐具摆放距离做出那么严格的安排。另外，学生觉得宴会摆台的距离要求和流程很难记忆。调整教学思路为：改变学生认识—赛教融合学习技能—游戏、小组赛提升技能—企业实践加强技能—养成良好的服务意识与职业素养。

（2）课中：多手段融入课程思政，提升技能，加强文化自信和职业认同。

第一步：利用信息化手段沉浸式体验国宴，理解宴会要求，培养职业认同。

导入：在课中先带学生参观虚拟仿真的国宴厅（仿杭州西子宾馆国宴厅制

作），并观看 G20 晚宴介绍视频，领略国宴魅力，学习国宴中的中国文化，沉浸式体验国宴的严谨，加强同学们的中餐文化自信。同时引发学生思考，发布主题讨论：高规格宴会摆台的特点及注意事项有哪些？通过根据学生讨论，抓取关键词，总结并提出宴会规范摆放和精准摆放的重要性。即宴会摆台看似简单，但在毫厘之间就展现了宴会的档次和规格，在宴会摆台时一丝不苟、精益求精，才能更好地服务宴会，展现大国风采。向同学们传达任何职业都有其价值，高规格的国宴要求即体现了高标准的职业技能要求，加强同学们的职业认同。

目的：一是跨越实训室到真实宴会厅的鸿沟，设置虚拟仿真情景，课程教学与岗位工作直接对接，树立岗位意识，培养劳动光荣态度。通过国宴场景再现，感受高规格宴会的魅力，思考并理解宴会摆台的重要性。二是融入职业价值观与职业认同，引导学生理解宴会精准摆放的重要性，认识到要学习，要先有好的学习态度。

第二步：赛教融合、技能训练、小组 PK，提升学生职业技能，育匠人。

在学生认可和理解宴会摆台要求的前提下，播放国赛优秀选手宴会摆台比赛视频，通过优秀案例，激发学生学习兴趣；配合校内优秀选手展示和教师讲解，让学生理解和记忆宴会摆台细节和流程，学习宴会摆台技能；通过宴会摆台小游戏，提升学生学习兴趣，加深学生对宴会摆台流程及距离的记忆；利用小组练习、小组 PK 赛和小组点评，通过团队互助提升促进学生技能提升，导入“木桶效应”，提醒学生要相互帮助，共同协作，提升团队合作精神。在课程总结时，再次强调工匠精神的重要性，鼓励学生学习我国的优秀工匠，做到精益求精，要求同学们课后要加强技能训练，成为一名优秀酒店的技术能手。

目的：这部分教学内容是学生真正学习技能、培育技能工匠的过程。播放国赛选手技能视频，激发学生学习兴趣，观宴会技能风采，学技能榜样；校内参赛选手展示和教师讲解，学技能；摆台游戏练习，加强记忆，熟悉技能流程和要求；课中实训让学生将所需技能知识转变为实操，真正动手操作，通过小组实训，小组内成员查漏补缺，提升学习效果；通过小组间 PK，增加学习趣味性，小组点评发现自身技能问题之所在，在竞赛中提升技能。最后由老师评价总结，让学生了解自身优缺点，并通过总结强调吃苦耐劳和精益求精的工匠精神的重要性。通过宴会摆台内容教学的层层递进，学生对宴会摆台技能知识的掌握也由浅入深。学生技能的步步提升，也是在步步养匠心、育匠人的过程。

（3）课后：校企联动，技能应用，加强实践创新。

发布课后任务：校内实训酒店餐厅工学结合一周，强化宴会服务基础技能掌控，由企业给出实践分数，计入考核结果。

目的：真正实现教学源于实践，又重回实践。学生从认可宴会摆台技能，学习掌握宴会摆台技能到企业应用宴会摆台技能是一个学生成长的过程，通过将所学知识应用于实践，利用企业专家的深入指导，在实践过程中进行课程思政融入，应对不同的宴会场景，进行创新实践，进一步拓展技能。

教学设计内容

教学过程	教师活动	学生活动	设计意图	教学资源
课前：创设情境，引发动机	具体内容： 1. 在超星学习通上上传托盘、铺台布、折花等基本技能微课 2. 上传宴会摆台课件、微课 3. 发布任务：复习基础摆台单项技能，观看微课，对宴会摆台进行初步认识	1. 登录超星学习通《中餐宴会设计与管理》在线课程，观看教案、微课，完成自学 2. 复习基础摆台技能 3. 观看微课、教案，熟悉宴会摆台流程	1. 帮助学生回顾前期知识，为课程教学做准备 2. 翻转课堂，为课中教师教学打基础	1. 超星学习通 2. 课程微课
课中：多手段融入课程思政，提升技能，培育工匠精神	一、内容导入：参观虚拟宴会厅、观看G20晚宴视频（10分钟）			
	1. 带领学生参观虚拟宴会厅 2. 播放G20晚宴视频 3. 发布主题讨论：高规格宴会摆台的特点及注意事项有哪些 4. 根据学生讨论，抓取关键词，总结并提出宴会规范摆放和精准摆放的重要性	1. 学生参观虚拟宴会厅，认识国宴魅力，感受高规格宴会的严谨 2. 自主思考，参与主题讨论	1. 跨越实训室到真实宴会厅的鸿沟，设置虚拟仿真情景，课程教学与岗位工作直接对接，树立岗位意识，培养劳动光荣态度。通过国宴场景再现，感受高规格宴会的魅力，思考并理解宴会摆台的重要性 2. 融入工匠精神，引导学生理解宴会精准摆放的重要性	1. 虚拟宴会厅 2. 超星学习通

续表

<table>
<tr><th>教学过程</th><th>教师活动</th><th>学生活动</th><th>设计意图</th><th>教学资源</th></tr>
<tr><td rowspan="9">课中：多手段融入课程思政，提升技能，培育工匠精神</td><td colspan="4">思政切入点1：宴会摆台，看似简单，但在毫厘之间就展现了宴会的档次和规格，而这就要求我们具备习近平总书记所提出的工匠精神，在宴会摆台时一丝不苟、精益求精，才能更好地服务宴会，展现大国风采</td></tr>
<tr><td colspan="4">二、依托国赛视频进行内容讲解和示范（25分钟）</td></tr>
<tr><td>1. 播放优秀国赛选手宴会摆台展示视频
2. 教师示范操作宴会摆台流程，并指出摆台中的一些细节要求
3. 利用超星平台在教师讲解指导时拍摄直播，并设置可以回放</td><td>1. 学习优秀选手的摆台细节
2. 课上可清晰、直观地观摩教师操作
3. 课下回看教学视频，重复实操动作，练习与纠正，完成技能掌握</td><td>1. 以赛促教，将比赛的一些优秀成果转化用于教学，赛教融合
2. 通过直播与课后回看，克服传统实操教学演示效果不佳的弊端，让学生更明确宴会摆台规范操作的执行，有效解决课程教学重点</td><td>1. 超星学习通
2. 国赛一等奖获奖选手宴会摆台展示视频</td></tr>
<tr><td colspan="4">三、宴会摆台小游戏（10分钟）（突破难点）</td></tr>
<tr><td>发布中餐宴会摆台小游戏，让学生在游戏中熟悉宴会摆台流程及各步骤的具体要求</td><td>游戏通关，并记住餐具间的距离要求，要求全体学生必须通关，且小组内开展宴会摆台要求自查</td><td>以游戏形式提升学生兴趣，在游戏中记住宴会摆台流程及要求</td><td>1. 宴会摆台手机游戏
2. 超星学习通平台</td></tr>
<tr><td colspan="4">四、超星抽查，检验效果（3分钟）（突破难点）</td></tr>
<tr><td>针对摆台时涉及的要求、距离，通过超星平台发布选人，抽查学生学习效果</td><td>回答老师提问，回顾摆台流程及要求</td><td>检验学生学习效果，强化记忆</td><td>超星学习通平台</td></tr>
<tr><td colspan="4">五、宴会餐台摆放实操（17分钟）（突破难点）</td></tr>
<tr><td>1. 发放实训物品，组织学生摆台，同步播放宴会摆台流程微课
2. 组织学生每人完成一次个人位餐具摆放；并以小组合作方式摆放整桌宴会台面，使用中餐宴会比赛用距离卡尺互相评价摆放的规范性；反复摆放餐具数次，训练目测餐具间距的能力
3. 在学生摆放时，教师进组巡台并指导</td><td>1. 完成多次个人位餐具摆放
2. 配合完成整桌宴会台面的摆放
3. 使用中餐宴会摆台比赛用距离卡尺评价他人摆放结果
4. 利用比赛用距离卡尺训练目测餐具间距的能力</td><td>1. 小组协作，培养学生的团结合作精神
2. 将识记的知识转化为工作能力；不计时的摆放训练获得目测餐具间距的能力，培养学生对标准的追求</td><td>1. 宴会摆台小游戏
2. 全国职业院校技能大赛中餐主题宴会设计赛项优秀选手摆台视频
3. 超星学习通、课件及宴会摆台微课</td></tr>
</table>

续表

教学过程	教师活动	学生活动	设计意图	教学资源
课中：多手段融入课程思政，提升技能，培育工匠精神	思政切入点2：导入“木桶效应”，提醒学生要相互帮助，共同协作，一起提升，还要开动脑筋，思考如何在有限的时间内合作摆台			
	六、小组合作宴会摆台PK比赛（13分钟）			
	组织小组分工，进行小组宴会摆台比赛： 1. 从五个小组各选出1名学生，作为观察员，随机指定一组观察各组在比赛中出现的问题，可以拍摄视频或照片作为证据，同时用比赛测量尺对各小组的摆台距离进行则量，按照比赛评分细则为各小组打分 2. 小组其他剩余成员，根据宴会摆台流程和规范进行宴会摆台。每桌有两个托盘，每种物品只能由一位同学全部摆放，每次可以由两位同学一起操作，如前一位同学摆完第一个骨碟，后一位同学就可以在后面接着摆放其他物品，但必须按照宴会摆台的要求和流程进行操作 3. 每摆完一组，最后完成的同学喊报告，教师记录各组用时	1. 小组分工 2. 选拔观察员 3. 完成宴会摆台 4. 观察员根据评分表进行台面餐具摆设评分	1. 通过比赛，检验实操成效，强化对摆台流程的记忆，检测学生对摆台距离的掌握 2. 宴会锻炼培养学生团队合作完成餐台摆设的能力 3. 通过竞赛，提升学生兴趣，营造积极活跃的课堂氛围	1. 宴会摆台小游戏 2. 全国职业院校技能大赛中餐主题宴会设计赛项优秀选手摆台视频 3. 超星学习通、课件及宴会摆台微课
	七、小组间总结并互评（9分钟）			
	组织小组总结汇报： 分小组讨论总结宴会摆设流程要求，通过分享工作经验强化知识掌握；总结点出其他小组摆台时的不足，多角度发现问题	小组讨论总结，负责人汇报接力摆台竞赛过程中服务的经验和注意事项；点评其他的小组在PK赛时出现的问题	学生变身教师，将小组探索过程中的经验予以总结，变知识真正为己所有，增强学生主动性	超星学习通

续表

<table>
<tr><th>教学过程</th><th>教师活动</th><th>学生活动</th><th>设计意图</th><th>教学资源</th></tr>
<tr><td rowspan="3">课中：多手段融入课程思政，提升技能，培育工匠精神</td><td colspan="4">八、教师总结（3 分钟）</td></tr>
<tr><td>回顾本次课程学习目标，重申重难点，总结点评学生在摆台时的问题和不足，表扬优秀小组，强调工匠精神的重要性，强调劳动的光荣</td><td>倾听教师总结并思考</td><td>总结课程内容，让学生在总结中回顾知识内容，思考问题，强化记忆</td><td></td></tr>
<tr><td colspan="4">思政切入点 3：
1. 高质量的宴会需要学生具备工匠精神，不能有宴会“不需要”“不必要”摆放那么精确的想法，因为点滴之间体现宴会服务的水平
2. 同学们要有持之以恒的精神，“台上一分钟、台下十年功”，仅仅只靠上课的时间练习，远远达不到服务的要求，需要同学们在课后不断练习，做到精益求精
3. 随着经济社会发展，劳动的方式在发生变化，但“功崇惟志，业广惟勤”始终是不变的人生哲理。回首历史，从“走在时间前面的人”王崇伦到“当代雷锋”郭明义，从“铁路小巨人”巨晓林到“金牌焊工”高凤林……一代又一代热爱劳动、勤于劳动、善于劳动的高素质劳动者，用对事业的“痴”、对岗位的“爱”、对工作的“狂”，垒筑起共和国的巍峨大厦，标注了建设者们的奋斗底色
三百六十行，行行出状元。酒店行业也是可以让大家发光发热的行业，大家改变传统的思想，敞开胸怀，从心底接受酒店行业、爱上酒店行业，相信大家学习起来会变得更加有热情、更加有动力</td></tr>
<tr><td>课后：校企联动，技能应用，深化工匠精神</td><td>发布课后任务：校内实训酒店餐厅工学结合一周，强化宴会摆台技能掌控，由企业给出实践分数，计入考核结果</td><td>完成课后任务</td><td>1. 巩固知识
2. 校企联动</td><td>超星学习通</td></tr>
</table>

（四）阶段性成效

通过“纵横融入、多维实践”课程思政融入，取得了一些可喜的教学效果：

（1）学生观念转变，理解接受宴会服务要求。通过将宴会文化和中国文化融入课堂，利用信息化技术，进行课程思政融入，培养学生的家国情怀，理解时代赋予他们的标准和要求，学生认识发生了根本性转变。通过超星平台监测，学生课堂出勤率 100%，教学评价 94 分以上。

（2）课堂氛围良好，学生学习热情高涨。通过赛教融合、利用信息化手段、实践法、模拟法等教学方法，学生产生了非常浓厚的学习兴趣，课堂气氛热烈，学生参与度高。根据超星平台记载，本课程年平均互动达684次，互动人数占总人数的95%以上。

（3）技能提升，激发了学生的学习热情，也促使学生养成对工作认真负责、对质量精益求精、对技能追求完美的职业素养。在良好的学习氛围下，学生的技能得到很大提升，生生评价、教师评价、企业评价的分数都较之前大幅提高；学生学习的主动性得到很大提升，很多学生在课后仍然非常积极主动地练习，不断精益求精，且在企业的表现也较之前更加积极主动，专业测评合格率99%，优秀率超过50%。

（4）学生将融合传统文化与现代设计服务标准的作品，参加校内外各级各类宴会技能大赛，取得骄人成绩。近些年来，本专业同学以国赛获奖选手为榜样，精益求精，刻苦练习，多次参加国家级、区级职业院校技能大赛，获奖20余项。

醒狮主题宴会设计台面

“月夕荷影”台面

（5）企业认可度高，思政效果喜人。在企业餐饮部、宴会部实习实践的同学受企业认可度高。2021年本专业有超过10名毕业生在国际品牌酒店担任餐饮部或宴会部领班、主管等管理岗位。

（五）不足与改进

不足：校企联动的课程思政建设还有待继续深入。课程思政建设，不应该只存在于课堂中间的教师教学内容融入，而应该存在于课前、课中、课后中的各个环节当中，需要企业专家也能做到积极配合。就目前而言，企业主要侧重于宴会摆台技能的应用和实践，而企业专家课程思政融入意识较弱，企业文化引入实践课堂的程度较低，造成学生在不同企业实践过程中对工匠精神的认识和理解变得参差不齐，无法达到人才培养预期效果。

改进思路：通过设立企业课程思政导师，校企联动，将课程思政建设的要求同时传达给企业，让企业在与学校联合培养学生的过程中，加强企业文化熏陶，宴会的课程思政建设方向和内容能够保持一致，实现学生的齐步发展，真正做到校企联动课程思政建设。

四、案例成效或经验总结

（一）总体效果与成果

（1）学生技能比赛成果喜人。通过思政融入，学生认识专业，技能得以不断提升，积极参加国家级、区级职业院校技能大赛。在项目负责人的带领下，先后获得全国职业院校技能大赛二等奖 2 次，全国职业院校技能大赛三等奖 1 次，广西职业院校技能大赛一等奖 8 次，广西职业院校技能大赛二等级 2 次，全国旅游院校服务技能（饭店服务）大赛二等奖 1 次。

（2）获校级课程思政教改课题立项，且本案例被评选为 2021 年“课程思政”教学改革优秀案例。

（3）通过课程思政进课堂，项目负责人持续培养学生工匠精神，根据研究所得撰写论文《基于六西格玛理论的职业院校学生工匠精神培育模式研究》，发表在广西优秀期刊上。

（4）企业好评不断。随着课程思政教育的不断深入，学生在企业中相比之前更能吃苦，专业技术能力过硬，许多学生在实习期间就被评为“优秀实习生”，如有的学生在深圳国际会展中心希尔顿酒店宴会部被评为 2021 年优秀团队成员。2021 年 12 月，本专业学生在酒店企业留岗率超过 70%。

（二）经验总结及今后改进思路

职业素养培育需要提升学生对专业的认同，具备良好的工匠精神。本案例课程思政一方面通过根据课程内容的合理自然地进行传统中国文化纵向贯穿以及让学生从课前“思”、课中“学”到课后“做”的横向课程思政融入，增强学生对宴会文化、酒店文化乃至中国文化的认同，提升学生文化自信，促进酒店从业率的提升；另一方面通过“赛教融合”“信息化教学”“工学结合”等方法的多维度实践，提升学生学习兴趣，落实课程思政，培育学生工匠精神。取得了一定的效果和成绩，但由于实践时间较短，还有较大的提升空间，今后改进思路如下：

（1）脚踏实地，全面推进。目前本课程建设还处于建设初期，很多内容还有待于进一步完善，下一步建设更要脚踏实地做好课程内容建设，不断完善教学资源和教学设计，让课程思政建设更加全面合理。

（2）以赛促教，示范带动。本课程目前取得的课程思政建设相关荣誉还较少，下一步计划参加各类课程思政建设比赛，以赛促教，提升本课程的课程思政建设水平，真正发挥课程的示范带动作用。

（3）课程联动，构建体系。一门课程的文化传播很难让学生完全改变对酒店行业的看法，需要多课程联动，形成酒店文化体系，层层深入，多维度融入酒店文化，才能让学生能够做到全面理解酒店文化，了解中国文化。同时还要让学生养成主动学习和了解中国文化的习惯，因此下一步计划加强多课程联动，促进酒店课程文化体系建设。

职业素质养成

编者按

职业素质是职业院校人才培养质量要求的重要内容，对于学生的成长具有重要的意义。职业院校对于职业素质成普遍比较重视，不少院校在专业课程内容设计和课堂教学等渗透职业素质养成教育方面进行了一些有益探索。

本主题案例共 7 个，主要在以下方面进行了一些探索：

一是在课程教学过程中渗透职业素质养成教育。《三融四入 多维共建——〈导游业务〉课程思政案例》通过案例引入，围绕导游服务多环节的职业素质要求，在教学中层层递进进行培育。《坚定素养导向，传承工匠精神——〈旅行社管理〉课程思政案例》在专业教学内容中渗透职业素质内容，通过行动研究，不断深化职业素质培育的探索。《以心相交、行稳致远——〈沟通技巧〉课程思政案例》以沟通认知、沟通技巧和沟通训练为路线，巧妙融入职业素质元素，在潜移默化中坚定学生信念、培养学生职业精神、提升学生职业素质。《精通急救技能，打造平安旅途——〈旅游安全管理实务〉课程思政案例》通过“赏、教、学、做、创、评”的教学过程，在培养学生旅游安全管理能力和急救技巧的同时，培养学生职业规范和职业道德，全面提升学生职业素养。《慎思善辨，确权明责——〈旅游法应用〉课程思政案例》在教学项目中有机融入权利意识、义务观念、责任感、契约精神、定分止争等职业素质育人目标。

二是校企合作进行职业素养教育。《以礼服人，立德树人——〈酒店服务礼仪〉课程思政案例》以“芭提雅订单班”为载体，通过企业文化的渗透和岗位实践的训练进行职业素养培育。《服务贸易纽带，助力合作共赢——〈展览项目立项策划〉课程思政案例》通过校企合作共建课程，紧跟行业企业发展动态，结合云展览新业态更新专业知识内容，融入当代会展职业人创新创意、团队协作和劳动精神，职业素养教育贯穿全过程。

三融四入　多维共建

——《导游业务》课程思政案例

所属专业：旅游管理

案例主题：职业素质养成

负 责 人：赵亚琼

工作单位：内蒙古商贸职业学院

参 与 人：郭建飞、任静、李文艳、孟庆伟

工作单位：内蒙古商贸职业学院

一、案例简介

（一）案例实施背景

为深入贯彻落实习近平总书记关于教育的重要论述和全国教育大会精神，贯彻落实教育部2020年5月印发的《高等学校课程思政建设指导纲要》，根据《导游业务》课程实际，在职业教育的教师观、学生观、教学方法观的指导下，通过对《导游业务》课程的研究分析，将国情教育、主流价值观、家国情怀等思政元素自然渗入课程中，进一步开展《导游业务》课程思政教学改革，提升导游人员职业素养的培养。

习近平总书记指出，一个红色旅游景点都是一个常学常新的生动课堂，蕴含着丰富的政治智慧和道德滋养。要讲好党的故事、革命的故事、根据地的故事、英雄和烈士的故事，把红色基因传承好，确保红色江山永不变色。导游在其中发挥着重要的桥梁作用，是向海内外游客讲好中国故事的主力军。《导游业务》课程的教学目标是将学生培养成为一名热爱旅游事业、具有职业精神；掌握导游讲解、接待、服务能力；能以游客为中心，为游客提供热情周到优质服务的优秀的导游。将“思政元素”融入《导游业务》课程教学中，是教育践

行党中央政策方针的需要，是教师推进课程建设实施的需要，是学生提升职业核心素养的需要。在《导游业务》课程教学中，以思政教育为导向，渗透爱国主义情怀、工匠精神、敬业精神、集体主义精神等内容，有助于促进学生职业化发展的同时，能够改变课程教育的单一性，使学生在掌握专业知识的基础上提升职业素养，从而达到培养优质人才的目标。

（二）案例相关理论研究

1.“三频共振”的教学目标

基于“课程思政”制定课程教学大纲，完善教学大纲的框架，增加“课程思政”的元素，形成“课程思政”建设的体系框架。在制定《导游业务》课程教学和课程育人相融合的“双大纲”时，首先，确定知识传授、能力培养和思想育人三个方面有机结合的“三频共振”的课程教学总目标。其次，合理设置课程分章节的育人目标，且总目标与章节目标之间有内在的逻辑联系。再次，深入挖掘课程教学内容中的思政元素，构建思专融合的教学内容。最后，构建课程考核与学业评价的综合德育能力与专业知识共评的考核方案。考核方案的宗旨是配合实现知识传授、能力培养和思想育人三个方面有机结合的“三频共振”的课程教学总目标，它是科学地、客观地评判学生掌握知识程度和运用知识能力的重要手段。

2.“三融四入”的思政体系

开创了“三融四入”课程思政体系，所谓“三融”，即“点线面”育人体系，思政元素从最初的由一个“知识—思政”点；发展到以“社会主义核心价值观”为引领，以“弘扬中华优秀传统文化”为目标，以“旅游行业核心价值观”为主线，三线贯通多个“知识—思政”点，形成三条“思政线”；再由三条“思政线”形成一个职业素质教育与价值观引领为主题的育人“思政面”。所谓“四入”，即课堂交流渗入、知识讲解融入、实践技能掺入、考核评价纳入。将思政内容与专业知识融为一体，深化职业理想和职业道德教育，培养学生的职业精神、职业规范和职业素养，以培养新时代优秀导游人员从业素质为根本任务，为学生就业能力的整体提高奠定坚实的扎实基础，提升教学育人功能。

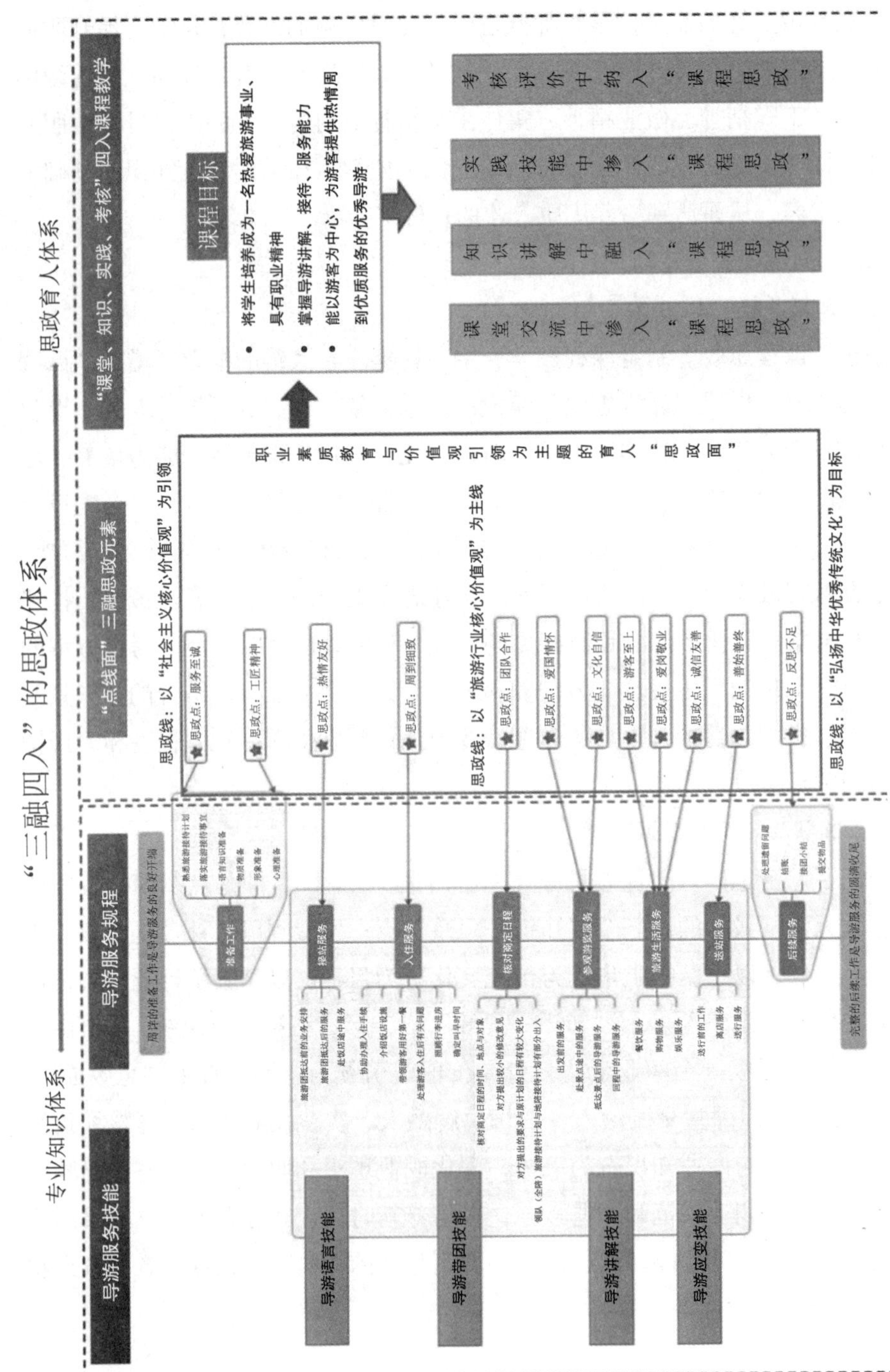

"三融四入"的思政体系
专业知识体系
思政育人体系
导游服务技能
导游服务规程
"点线面"三融思政元素
"课堂、知识、实践、考核"四入课程教学
课程目标
将学生培养成为一名热爱旅游事业、具有职业精神
掌握导游讲解、接待、服务能力
能以游客为中心，为游客提供热情周到优质服务的优秀导游
课堂交流中渗入"课程思政"
知识讲解中融入"课程思政"
实践技能中掺入"课程思政"
考核评价中纳入"课程思政"
思政线：以"社会主义核心价值观"为引领
思政线：以"旅游行业核心价值观"为主线
思政线：以"弘扬中华优秀传统文化"为目标
职业素质教育与价值观引领为主题的育人"思政面"
思政点：服务至诚
思政点：工匠精神
思政点：热情友好
思政点：周到细致
思政点：团队合作
思政点：爱国情怀
思政点：文化自信
思政点：游客至上
思政点：爱岗敬业
思政点：诚信友善
思政点：善始善终
思政点：反思不足
准备工作
接站服务
入住服务
核对商定日程
参观游览服务
旅游生活服务
送站服务
后续服务
周详的准备工作是导游服务的良好开端
完整的后续工作是导游服务的圆满收尾
导游语言技能
导游带团技能
导游讲解技能
导游应变技能

3.“多维共建”的教学设计

（1）教学方法多样化。构建完善的融入“课程思政”教学设计要以丰富多样的教学方法为依托，采用启发式、体验式、互动式、项目式、案例式等方法。加强实践教学环节，及时回应学生心中疑惑，变说教为说理，变灌输为互动，注重运用新媒体手段，增强吸引力和时效性。

（2）育人资源多元化。深入挖掘课程教学内容中的育人资源，育人资源有助于各章节育人目标的达成。在《导游业务》教学中，设计一系列自然、巧妙的课堂教学育人结合点和切入点，让知识传授、能力培养和思想育人有机融合、自然衔接。

（3）实践教学多极化。《导游业务》课程实践重点是导游人员服务的基本技能，故而学生的实践动手能力尤其重要，教学过程中以实践教学为主，以提高学生实际操作能力为主要目的。《导游业务》课程实践中，要深化学生爱国情怀、和善待人的服务意识；培养学生严谨认真、实事求是的科学态度，提高学生分析问题和解决问题的实践能力。

（三）案例实践探索

根据《导游业务》课程实际，在职业教育的教师观、学生观、教学方法观的指导下，通过对现阶段导游业务课程的开展课程思政的研究分析，发现其存在的问题，从而进一步开展“课程思政”融入导游业务课程实践教学改革研究。

教学实施过程分为三步走：

首先，制定思政元素的双大纲，它是保障“课程思政”有效推进的基本保障。

其次，依托大纲标准，构建融入“课程思政”教学设计。深入挖掘课程教学内容中的育人资源，是“课程思政”教学设计的根本依托。

最后，基于思政元素的双大纲的要求和“课程思政”教学设计的指导，开展“课程思政”融入导游业务课程课堂教学实践，以期为培养有政治意识、有文化修养、有专业技能的德才兼备的旅游行业人才提供依托。

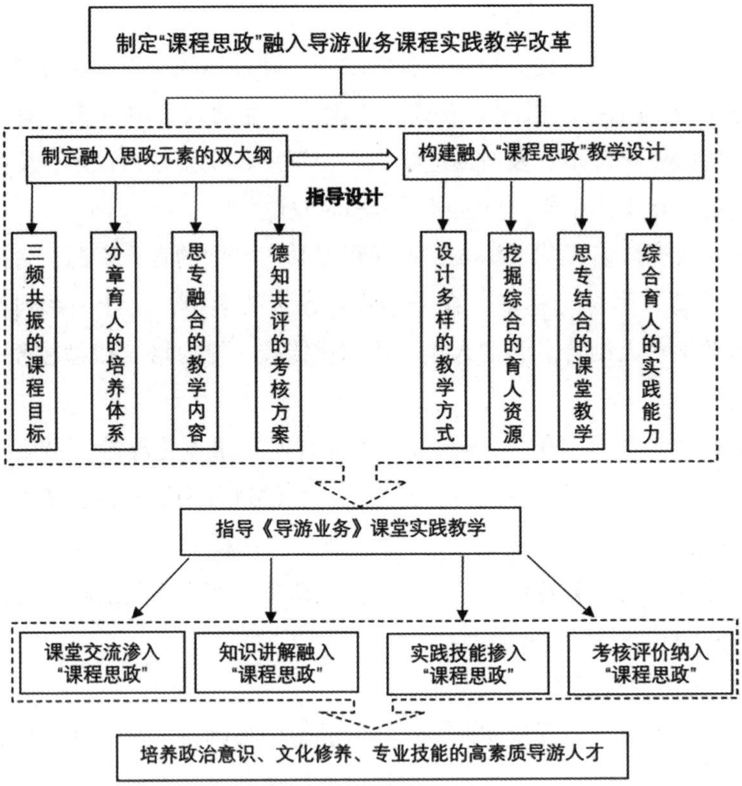

教学实施过程

本课程以“社会主义核心价值观”为引领，建立学生的社会主义道路自信和文化自信；引领学生了解中国文化中的讲仁爱、重民本、尚和合、求大同的思想精华；深化职业理想和职业道德教育，培养学生的职业精神、职业规范和职业素养，让导游人员职业素养成为每个学生的职业行为和习惯，为学生就业能力的整体提高奠定坚实的基础，培养出新时代优秀的社会主义建设者和接班者。

（四）本案例所解决的教学问题

1. 落实思想政治会议精神

习近平总书记指出，高校思想政治工作需要构建“大思政”格局，促进“思政课程”向“课程思政”转变，“各门课都要守好一段渠、种好责任田，使各类课程与思想政治理论课同向同行，形成协同效应”。开展《导游业务》课程思政就要积极发挥旅游专业特色，深挖专业课程思政教育潜力，努力实现专业课程思想教育功能，配合思政课程教育，为构建大思政格局做出贡献；同时，也能为旅游专业其他专业课程开展课程思政起到抛砖引玉的作用。

2. 指明学生就业方向，树立正确的职业价值观

培养学生的就业能力和就业意识是高校教育的重要任务之一，帮助学生做好职业规划是《导游业务》课程思政的重要功能。职业规划是学生未来成才之路的基石，有清晰、合理的职业规划，能使学生明确学习目的，激发学习动力。在课程教学中做好学生的职业规划教育，使学生了解行业特点，有明确的职业目标，以平稳的心态理性就业。《导游业务》课程要为学生指明导游工作未来的发展方向和晋升方法。

3. 提升导游职业队伍素质

《导游业务》课程的性质和内容决定了持证导游人员必须从本课程所涉及的理论知识和实践内容培养日后从事导游工作的基本素养和能力。本课程在很大程度上充当了对导游人员的启蒙教育。教师给学生所传授的思想意识决定了学生日后在职业过程中的心理状态和思想理念。做好《导游业务》课程思政教学能够极大提升导游队伍的整体素养，为我国旅游业提升服务质量打好坚实基础。

二、案例设计

（一）教学理念

教学总体思路是以培养职业精神为灵魂，以培养实践能力为根本，以导游职业能力培养为重点，与旅行社、导游景区充分合作，基于导游工作过程，进行《导游业务》课程开发与设计，充分体现职业性、实践性和开放性的要求。

1. 教学设计理念

首先，“基于工作过程”的课程体系开发，以导游职业工作过程为基点，以导游员职业岗位需求为依据，注重培养学生的职业能力。其次，注重体现“教、学、做”的结合，采取校企合作、工学结合的方式，使学生在“做中学、学中做”，使课堂与实习地点一体化。最后，做到“以人为本，全面发展”的教育理念：以素质教育为中心，把学生综合素质的提高放在首要位置。

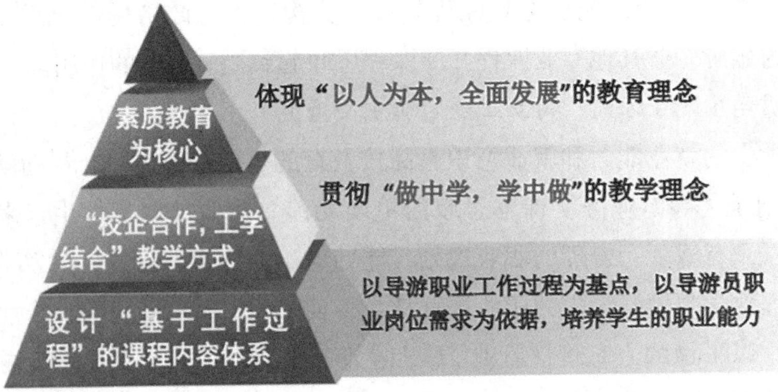

教学设计理念

（1）对标岗位标准，实现“岗课赛证”的融会贯通。以“岗课赛证融通”四位一体的育人理念，形成“岗课”相衔接、“证赛”搭建、“岗课”桥梁相融通的高素质技术技能人才培养模式。以职业“岗”位纲领，以“课”程教学为核心，以技能竞“赛”为引领，以职业“证”书为目标，构建“岗课赛证融通”式教学体系。

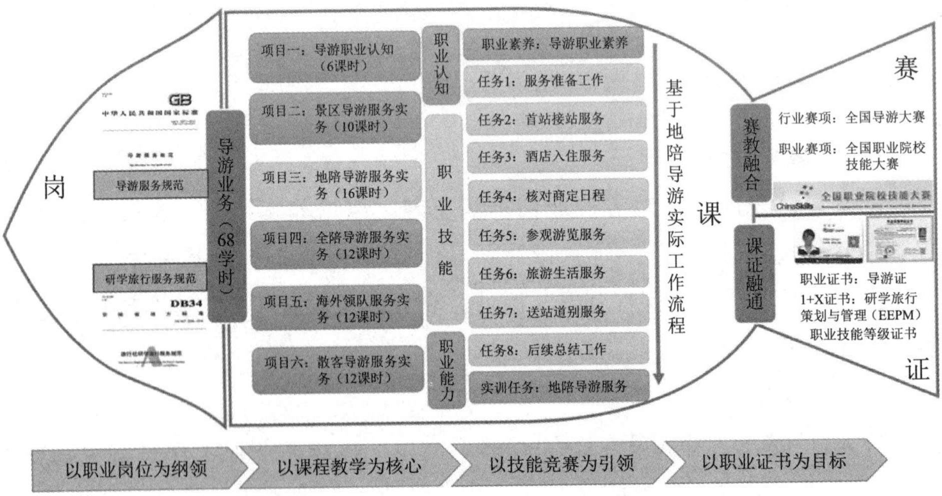

“岗、课、赛、证”融通式教学体系

（2）对接岗位任务，重构“基于工作过程”的教学内容。根据导游岗位对能力结构、人才知识结构和素质结构的需要，以导游岗位的就业为向导，按照

“以能力为本位，以职业实践为主线，以项目课程为主体的模块化专业设计课程体系”的总体设计要求，以形成职业认知树立正确的职业价值观、职业技能培养规范的服务技能、职业能力强化灵活的实践能力为基本目标，围绕工作任务组织课程内容，让学生在职业实践活动的基础上掌握知识，增强课程内容与职业岗位能力要求的相关性，提高学生的职业能力。在课程教学中，把对学生职业素质的培养贯穿到整个教学过程当中，并纳入课堂的评价方式中，让学生上课如上岗，促使学生养成良好的职业习惯。

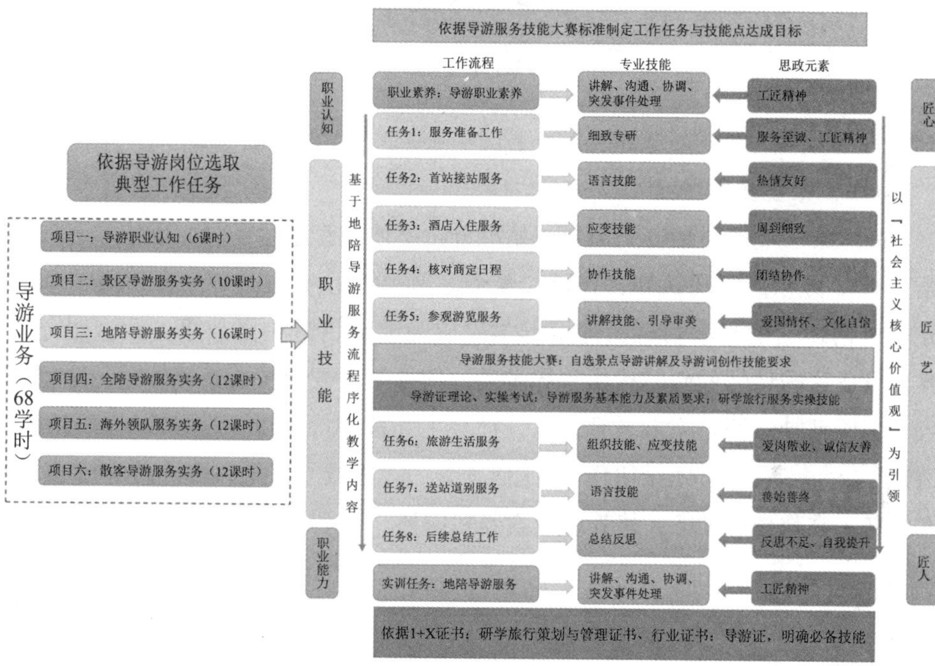

“基于工作过程”的教学内容

2. 教学设计思路

（1）教学项目设置，以导游工作岗位能力需要为依据。从接团准备、导游服务到送团结束的完整工作过程为序，设计教学内容、融入思政元素，培养学生导游服务的职业能力。

（2）教学内容整合，以导游真实工作情景为载体。如导游讲解技能训练就是设计一个旅游团，带领学生到红色旅游景区，融入真实工作场景。

（3）教学过程组织，以导游工作流程为脉络。以项目导向、任务驱动→教、学、做一体化。到红色旅游景区进行现场模拟导游讲解训练，锻炼实践技能的同时，讲好红色故事，培养学生爱国情怀。

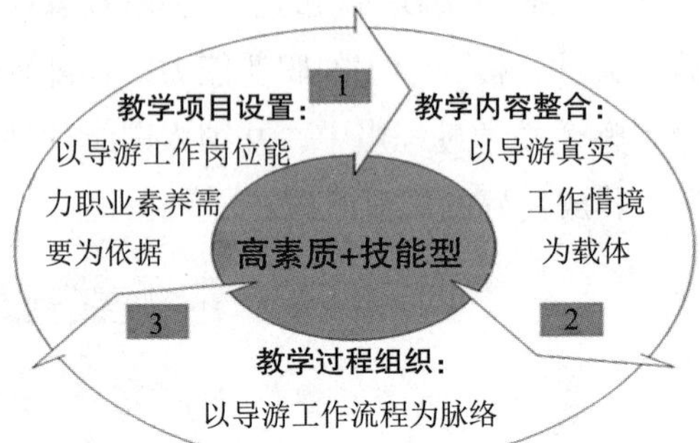

（二）课程教学目标

以综合职业能力培养为向导，精准分析不同类型学生学情，确定“三频共振”教学目标，实现认知、技能、素养三频共振，有效达成“会讲解—懂服务—重情怀”的教学目标，即培养学生成为能够讲好中国故事，至诚服务游客，具备家国情怀的新时代优秀导游员。依据学生发展核心素养体系，全程渗入“工匠精神”职业素养教育，以“社会主义核心价值观”为引领，将“爱国情怀”“爱岗敬业”“团结协作”“诚信友善”等思政元素融入不同教学任务中，在服务中强化技能训练，培养职业素养和情怀。

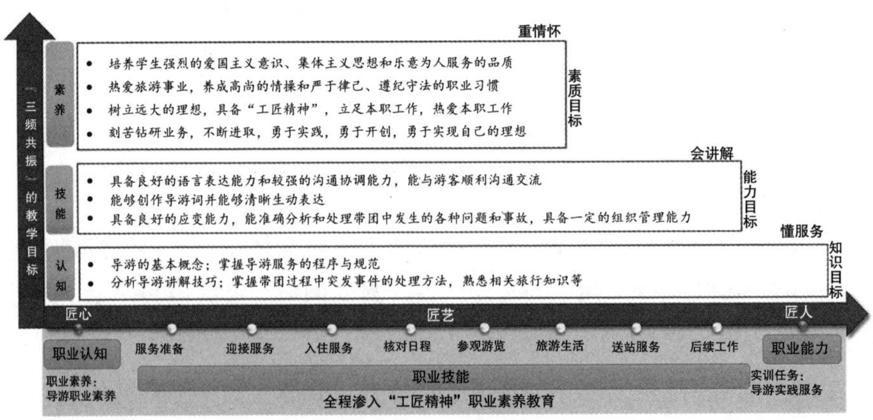

“三频共振”的教学目标

（三）思政育人目标体系

在课程设计过程中从最初的由一个"知识—思政"点，如导游优秀典型案例、弘扬民族文化旅游资源、导游对客服务案例分析等思政点；发展到以"社会主义核心价值观"为引领，以"弘扬中华优秀传统文化"为目标，以"旅游行业核心价值观"为主线，三线贯通多个"知识—思政"点，形成三条"思政线"；再由三条"思政线"形成一个职业素质教育与价值观引领为主题的育人"思政面"。将思政内容与专业理论和知识融为一体，深化职业理想和职业道德教育，培养学生的职业精神、职业规范和职业素养，以培养新时代优秀导游人员从业素质为根本任务，为学生就业能力的整体提高奠定坚实的扎实基础。

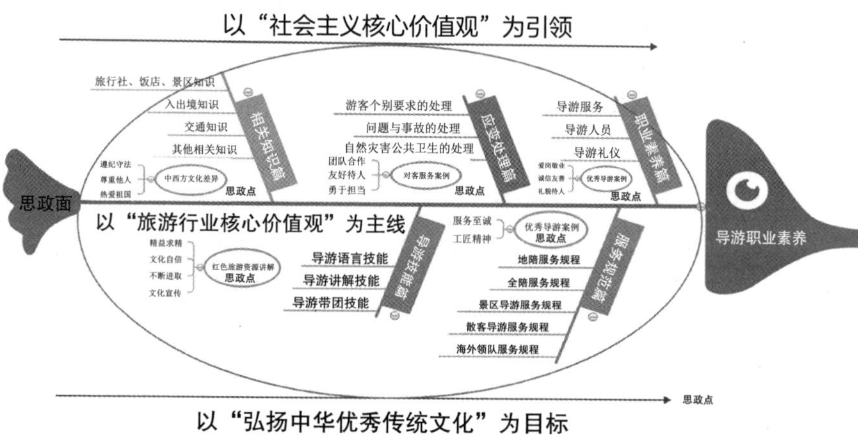

思政育人目标体系

（四）课程思政与专业教学内容的融合方式

1. 课堂交流中渗入"课程思政"

对于学生的思想政治教育，在课堂教学中渗入是最佳渠道。在《导游业务》课程中，要充分发挥学生课堂中的主体地位，改变教师单项传递信息的方式，将学生由听者变为课堂主体。师生通过平等的充分的思想交流，使学生对导游职业有着充分足够的自信感与自豪感。基于我国丰富的文化背景与历史底蕴，作为一名导游，让游客深入了解大国文化，文化自信是每一名导游的职责，这是一种光荣且艰巨的任务，也是导游所应具备的能力。因此，在教学中，将丰富的文化意蕴与历史底蕴的"课程思政"理念渗入在师生间的平等交流与相处中，真正实现“思政”教育的“润物无声”。

2. 知识讲解中融入“课程思政”

旅游已经成为人们用来增长自身的阅历、见识的渠道，一名优秀的导游应具备丰富的知识储备。所以在《导游业务》课程教学中，教师应在知识讲解中全面、准确和细致帮助学生很好地掌握所学知识，并在专业知识中融入中华传统优秀文化和社会主义核心价值观。课堂教学内容融入红色文化旅游资源，在旅游景点与名胜古迹中不断强化学生对我国悠久历史与文化大国背景的认同感，以饱满的爱国主义情怀和服务至诚的服务态度掌握专业技能，提升学生的综合素质。

3. 实践技能中掺入“课程思政”

在课程实践操作中，渗透职业情怀、提升爱国情操，强化技能训练，培养坚定意志。在实践技能操作训练中，培养学生友善的性格。以项目组形式，引导学生根据项目任务，合理分工，取长补短，互相学习，互相包容，学习与人为善的处世之道；培养学生的创新意识和团结意识。指导学生团队合作、查询资料、现场考察，撰写景区景点导游词，激发学生的探索精神、创新意识和团队协作能力。

4. 考核评价中纳入“课程思政”

课程考试除了对理论知识加以考核外，增加相应的服务意识以及职业精神进行考核项目。本课程的评价分为两部分：一是线上网络教学平台的考核评价，包括课程讨论、模块测验、作业和任务点视频；二是线下的展演实训及期末考试，展演的方式是设计并实施“昭君博物院”导游接待讲解工作，在实操考核中增强学生中华民族共同体意识，培养学生导游接待讲解技能。

（五）特色与创新

1. 建设“入脑入心入行”的课程思政体系

本课程从职业的社会使命为逻辑起点，围绕课程教学目标、结合课程特点设计思政载体，融合体现教育因素、企业要素、岗位元素，培养学生工匠精神、爱国情怀、奉献精神、服务意识。

典型案例：以《导游人员的职业素养》案例为例，教学过程通过三个维度、层层递进，围绕导游服务的多个环节对导游人员的职业素养有三方面的要求，将优秀导游案例融入课程，激发了学生的民族自豪感，最后带领学生在实践教学中培养学生的工匠精神、爱国情怀和奉献精神。从课堂到实践，从知识讲授到付诸实践，让课程思政的源泉真正实现“润物无声”入脑入心入行。

2. 推进“实践＋思政”的思政教学模式

通过设计实践教学和第二课堂系列活动，将本课程思政元素和课程本身知识讲授、能力提升紧密结合，看似无形，却是精心的设计。

典型案例：在导游讲解技能中，带领学生在大青山抗日游击根据地展馆、老牛坡党支部旧址进行讲解和演练。在讲好中国故事的同时将课程思政与专业技能巧妙融合，从而帮助学生树立正确的世界观、人生观、价值观，勇敢地肩负起时代赋予的光荣使命，提高学生思想政治素质。

3. 创新“四维立体”的思政评价机制

通过技能、能力、道德、成长四个维度，学生、教师、专家、第三方四个主体，集“过程与结果”“理论与实践”“定性与定量”“专业与思政”为一体，价值引领与知识传授并重，构建了集价值引领与知识传授并重、职业修养与技能提升共存，多元主体实施的“四维立体”课程考核评价体系，实现育人效果的立体化评价。

（1）学习过程的考核。过程考核项目占到学生总成绩的 60%，包括平时教学过程中的线上微课、学习任务、课堂小测、课堂表现和课后章测等内容教学活动中的参与度。

（2）学习结果的考核。结果考核包括综合实践考核和开放性考核，各占总成绩的 20%。

综合实践考核，考核中要体现对学生的实践能力的培养，通过综合实操项目对学生导游规范、沟通、语言表达、创新思维等方面进行能力考核。

开放性考核，注重学生品德修养和行为习惯的养成，在课程教学结束后，布置以论文的方式提交的开放性考核。例如，如何修炼成为一个内外兼修的导游人员？以某一具体任务为例，评价导游人员内外兼修的特点，并对照自身，找出需要提升哪些内外兼修的职业修养，志在培养学生的品德修养和职业习惯的养成。

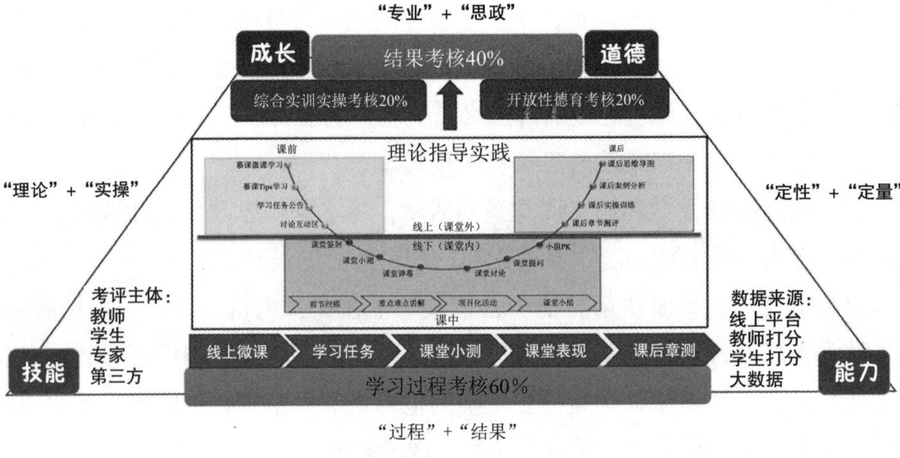

"四维立体"的教学评价

三、案例实施

(一)"多维度"课程思政贯穿《导游业务》全课程

"点线面"多维度课程思政体系设计，在课程设计过程中从最初的由一个"知识—思政"点，发展到由多个"知识—思政"点，形成一条"思政线"，再由多条"思政线"形成一个"思政面"，将思政内容与专业理论知识融为一体。

1. 思政融入点

以培养导游职业素养为目标，根据《导游业务》课程教学内容，充分挖掘其开展课程思政的着眼点，精心梳理该课程教学中的思想政治教育元素与专业知识技能教育内容有机融合的知识点，精心设计融入思政教育元素的授课内容。将优秀导游典型案例、红色文化旅游景区、中西文化对比、习语与旅游小讨论等思政点融入专业教学中。如每一章节设计了在线"习语与旅游小讨论"，结合习近平总书记的讲话内容与专业模块知识的融合，引发学生思考讨论；每一个模块都会使用优秀导游案例引出课程。例如，模块一优秀导游员文花枝的案例。同时引用红色旅游经典，弘扬传统文化，引导学生去关注中华民族文化的深厚底蕴和内涵；以讲故事和案例分享的形式展示导游服务技能。例如，在导游讲解技巧中，通过对红色旅游目的地井冈山的导游词撰写和讲解，使学生在掌握导游讲解技巧的同时了解红色旅游景区井冈山的红色精神。

2. 思政育人线

整合价值模块，进行知识模块重组，延伸广度，解读深度，挖掘德育的内涵，以“社会主义核心价值观”形成价值育人线；以弘扬中华优秀传统文化为主线贯通课堂教学体系中。依托思政融入点，将其串联形成极具体系的思政育人线。

3. 价值培育面

将两条“思政线”上下贯通，采用混合式教学方式，理实一体化教学模式，形成一个职业素质教育与价值观引领为主题的育人“思政面”。在传统课堂上借助智慧教学工具和平台，从教师到助教到学生全员协同，对专业课程进行思政改革，有效吸引学生的兴趣，不要让课堂变成“教师要求学生学习”，而是“润物细无声”地将思政元素渗透到相关知识点，让学生从被动地接受转变为主动地吸收，从而“实现全员育人、全程育人、全方位育人”的目标。将思政内容与专业理论和知识融为一体，深化职业理想和职业道德教育，培养学生的职业精神、职业规范和职业素养，以培养新时代优秀导游人员从业素质为根本任务，为学生就业能力的整体提高奠定坚实的基础。

（二）“多角度”课程思政融入教学过程

1.“互联网 +”的教学模式，为之后的课程思政改革提供依托

2017 年《导游业务》课程已开始通过职教云平台进行线上线下混合式教学，在教学中依托“互联网 +”，灵活运用网络媒体等现代信息技术手段开展多媒体、多元化师生互动教学，使思政教育工作更加形象和直观。例如，通过视频教学了解祖国旅游发展，增强学生对祖国的自豪感；在互联网上寻找（学习）全国道德模范最美导游文花枝等全国优秀导游员去激励同学们；推送正能量的微信推文，传播爱国主义情怀和坚韧不拔的奋斗精神，传承行业模范的高尚品格。

2. 课程内容设计，与“课程思政”有机融合提供契机

根据所学的内容进行合理适当的教学设计。在课前，让学生观看《旅游新闻早知道》，让学生提出对于旅游新闻的看法与意见。针对动态新闻引导学生对导游的工作职能有更为清晰、直观的了解，从而在无形中提升学生对于导游行业的正确认识与工作热情。列举一些导游的反面案例，让学生明白如果不具

有较高的政治思想水平、坚强的意志和高度的政治警惕性，就会面临导游职业道德丧失的问题，要想成为一名合格的导游员，自始至终要保持头脑清醒，自觉抵制“精神污染”。

3. 课程实践项目，便于融入“课程思政”理念

在现阶段的导游业务课程教学中安排了实践环节，带领学生到大召寺、昭君博物院做志愿讲解员工作，一方面是锻炼学生导游讲解技能，另一方面向学生倡导志愿服务精神并付之行动。实践教学的志愿者服务为导游业务课程思政建设提供了实践依托，在实践中让学生体味为他人服务的荣誉感，提升学生的职业素养。

带领学生参加“5·19旅游日”志愿者活动

带领学生参加文明旅游倡议活动

（三）“点线面”课堂思政教学案例

本课堂案例以《导游业务》课程第二章“导游人员”中的第二节内容为依托，在学生了解掌握导游人员概念及分类的基础上，掌握作为一名导游人员的职业素养。课程思政育人目标是培养学生作为一名旅游从业者如何践行社会主义核心价值观，通过个人能力维度、对客服务维度、思想品德维度三个维度分析导游人员的职业素养，培养学生集体主义思想和乐意为人服务的品质，从而激发学生热爱祖国、热爱人民的精神。

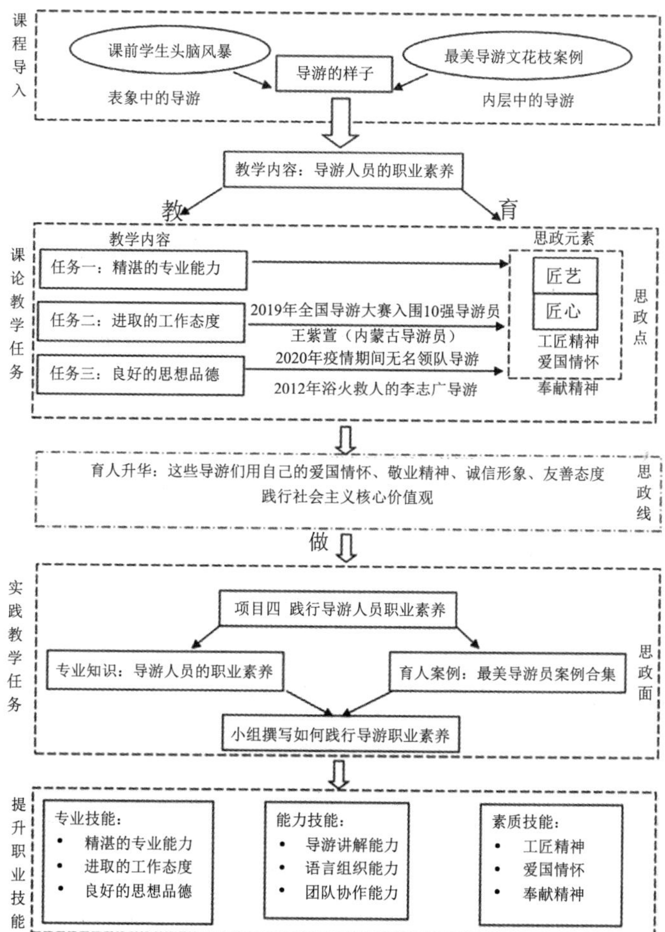

导游人员的职业素养教学设计结构

课堂教学中选取优秀导游案例作为“思政点”，通过无名领队爱国情怀、舍身导游浴火救人的思政点，发展到以“社会主义核心价值观”为引导的一条“思政线”；再由“思政线”激发学生的民族自豪感，培养学生的爱国主义精神，形成一个以树立正确的世界观、人生观、价值观，勇敢地肩负起时代赋予的光荣使命为主题的育人“思政面”。

（四）阶段性成效

《导游业务》是一门应用性和实践性极强的学科，近几年教学中也取得了阶段性的成果。

2018 年,《高职导游业务课程信息化教学设计研究——以“参观游览大召寺导游服务”任务为例》荣获自治区优秀研究成果一等奖。

2013—2021 年学生参加导游技能大赛荣获国家级奖项 2 项，国家行业奖项 5 项，自治区级一等奖 9 项，二等奖 13 项。

从 2020 年开始,《导游业务》课程开展了课程改革并将思政元素融入课程内容中，2021 年入选了由全国旅游职业教育教学指导委员会主办、文化和旅游部科技教育司指导，以“学党史　迎百年”为主题的课程思政优秀案例。

2021 年获得了首届“智慧树杯”课程思政示范案例教学大赛入围奖。

（五）不足与改进

《导游业务》课程最大的难点不是导游服务知识的讲授、能力的培养，而是学生的价值塑造、服务思维的构建、服务意识的养成，从而实现“知行合一”。所以作为一名教师，要落实“以职业素质塑造为中心，职业技能提升为导向”的教育理念，立德树人，勇于创新，不断深化智慧教学改革，注重学生的价值塑造和个性培养。在课程中以“社会主义核心价值观”为引领，建立学生的社会主义道路自信和文化自信；深化学生职业理想和职业道德教育，用专业能力、职业素养和人格魅力教育并感染学生，践行“春风化雨，润物无声，以身作则，敬业爱生”。

四、案例成效或经验总结

（一）案例实施总结

教学围绕导游职业素养专业理论内容，将培养学生的知识目标、能力目标、育人目标有机地结合起来，在教学中通过案例引入，导出专业知识的同时融入育人理念，培养学生工匠精神、爱国情怀、奉献精神。在最美导游身上，挖掘其践行社会主义核心价值观的职业素养，培养学生爱国、敬业、友善、诚信的“工匠”精神和一丝不苟的工作态度。

教学过程通过三个维度、层层递进，围绕导游服务的多个环节对导游人员的职业素养有三方面的要求，即个人能力、职业能力和素质能力。通过混合式教学的方式，采用任务驱动法、案例教学法、比较对比法，深入浅出，将优秀导游案例融入课程，激发了学生的民族自豪感，培养学生的工匠精神、爱国情怀和奉献精神。课程教学渗入“课程思政”理念，真正实现“润物无声”的隐性“思政”教育，从而树立学生正确的世界观、人生观、价值观，勇敢地肩负起时代赋予的光荣使命，提高学生思想政治素质。

本教学案例设计思路，简言之是回归教学初心，重新审视课程的知识体系，根据课程特点融入思政元素。旨在对学生进行德、识、能三位塑造一体，即知识传授、能力培养、品德塑造三位一体，而思想政治教育便是贯穿一体化设计的那根主线。将思想政治教育有机融入专业内容，从课程建设、课堂教学、教师三个重点来展示。课程教学重构了“线上 + 线下”混合式教学设计，把“教与学”从传统第一课堂延伸到课堂外的学习和生活中，打造智慧学习环境，设计了课前、课中和课后三个教学环节。在课堂教学中，以任务为主线，引导学生积极应用知识，整合资源，主动探索，协同合作，从而完成学习任务，达到学习目标。

（二）案例实施总体效果

1. 课程考核评价机制

构建了集理论与实践于一体、价值引领与知识传授并重、职业修养与技能提升共存、多元主体实施的“三维立体化”课程考核评价体系，实现思政效果的立体化评价。

2. 课程改革成效初显

课程自实施改革以来，经过 3 年运行，得到了来自同行、学生、用人单位的高度认可。团队教师育人意识明显增强，思政能力明显提升，先后荣获教坛新秀、优秀教师、优秀党员等称号。学生对课程的满意度提高，评教满意度均在95%以上。用人单位对毕业生评价认可率达95%，用人单位评价毕业生、实习生“三观正”“懂规则”“重诚信”“技能强”，对校企合作奠定了夯实基础。

3. 课程示范效应凸显

通过课程教学实践环节，带领学生到大召寺、昭君博物院做志愿讲解员工作，参加文明旅游倡议活动、参与“5·19旅游日”志愿活动，锻炼了学生的导游讲解技能。实践教学的志愿者服务为导游业务课程思政建设提供了实践依托，在实践中让学生体味为他人服务的荣誉感。

（三）改进思路

1. 持续建设计划

拓展和创新课程思政路径，将线上+线下混合式教学与德育、智育相结合，确保课程的价值引领功能。在今后两年建设中，组建一支由专业课教师、思想政治课教师、辅导员共建的融合式教学团队，对专业课程设计的思想政治教育元素进行广泛搜集、深入挖掘、讨论甄别，形成系统化的课程思政案例集。

2. 需进一步解决问题

旅游行业瞬息万变，需要与时俱进不断挖掘教学内容中的思政元素，找到融合更加紧密自然的知识点，实现课程与思政更有效的衔接；与中、高、本职业院校、用人单位等协同，实现共建共享共用。

3. 采取主要改进措施

教学团队要紧密围绕课程思政建设，提供优质的教学资料，遵循“引、思、学、练、完、评”六大环节要求组织教学，完善教学设计，采用“一平台、两环境、三阶段、四结合”的创新教学方式，有效提高教学效率，激发学生学习的内动力，促进思想政治育人效果不断提升。

以礼服人，立德树人

——《酒店服务礼仪》课程思政案例

所属专业：酒店管理与数字化运营
案例主题：职业素质养成
负 责 人：申丽霞
工作单位：博尔塔拉职业技术学院
参 与 人：宋连康、努尔古丽、热孜耶、帕提古丽
工作单位：温泉县圣山圣水旅游开发有限责任公司

一、案例简介

（一）案例实施背景

近年来，博尔塔拉职业技术学院立足于解决“培养什么人，怎样培养人，为谁培养人”这一根本问题，围绕全面提高人才培养能力这个核心点，坚持知识传授和价值引领相统一，统筹协调和分类指导相统一，总结传承和创新相统一的原则，在所有学科专业全面提升教师开展课程思政建设能力，建立健全协同推进课程思政建设的体制机制，构建全员全程全方位育人大格局。推进课程思政围绕坚定学生理想信念，以爱党、爱人民、爱集体为主线，围绕四个认同、家国情怀、文化修养、法治意识、道德修养等重点内容优化课程思政内容供给，系统推进习近平新时代中国特色社会主义思想进教材、进头脑、培育践行社会主义核心价值观、加强中华优秀传统文化教育、深入开展法治教育、深化职业理想和职业道德教育。

（二）案例相关理论研究及实践探索综述

《酒店服务礼仪》力求将顾客至上、尊重为本的理念贯穿到整个课程教学中，以中国传统礼仪文化传承为引领，践行爱党、爱人民、爱集体的职业理想

和职业道德教育。在加强学生志愿服务意识，培养学生对客服务能力方面积极创新，勇于探索，在“校企实体合作型”模式的“芭提雅订单班”教育教学工作中取得了显著的成效。

“芭提雅订单班”是旅游学院与温泉县圣山圣水旅游开发有限责任公司，本着“优势互补、平等互利、共同育人”的原则，合作开设的酒店管理专业定向人才培养班。作为酒店管理专业的一门重要实践课程《酒店服务礼仪》，为了解决酒店管理专业“培养什么人，怎样培养人，为谁培养人”这一根本问题，围绕全面提高酒店管理人才对客服务能力这个核心点做文章，运用单位需求教学法组织实施教学，培育能践行社会主义核心价值观、继承中华优秀传统礼仪文化、拥有职业理想和具备职业道德的酒店管理服务的高层次人才。

课程整合温泉县圣山圣水旅游开发有限责任公司管理制度即《芭提雅服务礼仪》《芭提雅服务要求》《芭提雅服务守则》，提炼出与工作岗位相适应的八个教学模块，按企业用人标准“先学做人，后学做事”的企业需求法组织实施教学。也就是将学生从家庭人、学校人，培养成适合社会生存法则的社会人和适应单位需求的单位人。

“芭提雅订单班”使用“校企实体合作型”模式，依托温泉县圣山圣水旅游开发有限责任公司旗下的一家酒店、一家温泉度假综合体，根据具体的工作岗位分工：前厅部、餐厅部、园区部、客房部、后勤部，与相对应的工作岗位前厅服务员、客房服务员、餐厅服务员进行匹配。《酒店服务礼仪》教学中坚持知识传授与价值引领相结合，保证企业正常运转与教育教学两不误。

“芭提雅订单班”采用 AB 轮岗式教学。一个班学生每周按“3+3+1”分为 A、B 岗，A 岗周一至周三理论教学，周四休息，周五至周日实践教学；B 岗周一、周五、周六理论教学，周二至周四实践教学，周日休息；前厅、客房、餐厅每个岗位每天按岗位分为 A、B 班，A 班为早班，B 班为晚班，早晚班实行每天一轮换。

AB 轮岗式教学把企业管理制度纳入教学体系，注重学思结合、知行统一，增强学生善于解决问题的实践能力，培养学生沟通能力和团队合作意识，深化职业理想和职业道德教育，培养具备融入社会能力的社会人。

AB 轮岗式教学把学生纳入企业的员工管理系统，实践教学时按企业对员工的管理来管理学生，让学生进入一个真实的工作团队中，承担职业角色。

例如，学生和员工一样走员工通道，打卡上班。如果有迟到、早退、旷工或者其他违反企业纪律的行为，则和员工一样被扣除相应的分数，纳入学生的课业成绩。这样做，让学生不仅仅是作为一个旁观者，而是作为一个参与者深入企业岗位实践。在岗位实践中逐渐深化对岗位职责、岗位规范、工作要求的学习，从而主动遵纪守规。

培养合格的社会人、单位人是《酒店服务礼仪》为酒店管理专业“培养什么人，怎样培养人，为谁培养人”所做的有益的探索。

（三）本案例所解决的教学问题

案例的实施解决了酒店管理专业人才培养目标与社会需求之间的矛盾，确定了面向社会需求的酒店管理人才培养之路。

从办学模式陈旧，以理论教学为主转变为校企实体合作，轮岗式教学，实现理实一体教学。

高职教材知识结构始终滞后于社会经济的发展，《酒店服务礼仪》及时引进企业礼仪文化，采用活页教材的方式，补充更新教材知识，实践中指点学生灵活运用，延伸社会礼仪民俗文化知识，达到学以致用的目的。

加强实训基地建设，促使校企深度合作。《酒店服务礼仪》课程聘请企业高管和任课教师结对子，采用企业需求法组织实施教学，打破企业不会教、老师不会做的桎梏。在两年的组织实施教学中积累了丰富的经验，为进一步的专业建设、课程建设打下坚实的基础。

二、案例设计

（一）教学理念

（1）明确教学目标，注重职业能力的培养，提高学生的服务能力，毕业时学生达到了酒店管理人才培养的综合目标：学生身心健康；了解当今社会状况和自己所处的自然环境状况；了解并熟悉社会传统文化、伦理道德、风俗习惯；具备社会生存能力，即家庭、社会生活能力和职业能力。

（2）优化教学内容，采用教、学、做一体化的“校企实体合作型”教学模式。

（3）创新教学方法，采用单位需求教学法组织实施教学，提高学生的综合职业素养。

（二）课程教学目标

通过本课程的学习，让同学们了解酒店前厅、客房、餐饮服务的礼仪规范、树立礼貌服务意识，熟练掌握酒店服务礼仪技能，塑造良好职业形象，从而更好地胜任酒店工作。

（三）思政育人目标体系

依托课程思政理念的内涵，以培养高素质的酒店管理人员为整体目标，将思政教育融入其中，并将《酒店服务礼仪》专业基础课程进行细化。在实践教学过程中，以培养学生健全的人格和自我发展意识作为课程培养的根本目标。

（1）通过对中华传统礼仪文化的学习，引导学生厚植爱国主义情怀，学会做人、学会待人接物和立身处世的原则，培养学生乐观、豁达的心理素质，成为一个知大体、守公德、明大德的社会人。

（2）通过企业岗位实践礼仪的学习，引导学生学会尊重别人，培养他们善于合作、热心参与、善于与人交往的能力，提高学生的人文素质，坚定学生的职业理想，严以律己、宽以待人，成为一个严私德的"爱岗敬业"单位人的典范。

《酒店服务礼仪》课程的安排目的在于提高酒店管理专业学生的礼节礼仪认知，进而提高学生的整体职业能力，优化学生岗位知识，提升学生的服务意识和对客服务能力。从课程安排目的方面可以看出，《酒店服务礼仪》的专业基础内容实际上与课程思政相关内容是相辅相成的，具有相互促进作用。依托礼仪专业基础课程相关内容，在提高学生岗位素养的同时还能够培养学生的服务意识和价值观念。而依托思政元素渗透也能够进一步提高学生的奉献意识和岗位素养，促进其在礼仪专业课程学习时更加有针对性，充分掌握日常学习的侧重点。

（四）课程思政与专业教学内容的融合方式

（1）灌输与渗透、灌输与贯疏、渗透与浸润相结合，潜移默化中让学生遵守社会公德，践行职业道德。学生岗位实践时，晨会时要诵读企业口号，通过每天的诵读，让学生潜移默化地接受企业的经营管理理念和对客服务标准，培养出爱国、爱企、忠诚、自信、博爱、上进的新时代大学生。

（2）理论与实际相结合，培养踏实认真、乐观自信、积极适应、努力创新的接班人。《酒店服务礼仪》中语言礼仪至关重要，教学中采用理实一体式教学。岗位实践中让学生直观感受酒店接待服务语言的运用和技巧，培养有礼貌、懂得尊重他人的踏实认真、乐观自信、积极适应、努力创新的新时代大学生。

（3）显性教育与隐性教育相结合，培养自力更生、艰苦奋斗、诚实守信、勤俭节约的后备军。《芭提雅服务守则》中明确工作态度要热情、礼貌、主动、诚实、勤俭。实践教学时，很多学生找各种借口逃避工作，对实践教学存在着偏见。有一次，三名男生找任课老师请假说要为同学过生日。老师虽然当场拒绝了学生的请求，还是答应他们有机会给全班的学生过个集体生日。老师查阅了全班学生档案，想选择一个集体过生日的时间，却无意中发现学生请假那天根本没人过生日。老师并没有拆穿和训斥请假的学生，而是在下次课上买了一个蛋糕请同学们吃。同学们很好奇老师为什么买蛋糕？老师告诉他们说："那天有三个同学请假要出去过生日，她没同意，答应这三名同学给全班过个集体生日。做人就要诚实守信，所以老师给大家买了一个蛋糕请大家吃。"接着，老师又意味深长地对同学们说："同学们，你们现在还是学生，父母供我们上学不容易，不要把父母的辛苦钱浪费在奢侈的消费上。大家一起过生日、买一个蛋糕经济又实惠，何乐而不为呢？"这次课后，请假的同学明显减少了，积极参与岗位考核的学生也越来越多了。自力更生、艰苦奋斗、诚实守信、勤俭节约的品质已在班级蔚然成风。

（4）正面教育与激励机制相结合，培养充满自信、承担责任的接班人。"芭提雅订单班"每个月开展综合服务技能考核，为学生开辟了一条实现自我价值的奋斗之路、进取之途，让学生逐渐适应企业管理，勇于承担岗位责任，迅速成长为企业需要的接班人。

（五）特色与创新

1. 坚持立德树人，实现"三全育人"

"芭提雅订单班"把立德树人作为立身之本，着力构建校企"全员育人、全过程育人、全方位育人"工作体系，不断提升人才培养的针对性和实效性，切实肩负起培养德智体美劳全面发展、建设美丽新疆的接班人的职责。

2. 增强核心竞争力

“芭提雅订单班”采用真实工作场景，严格企业管理，理实一体教学，校企共同培养的原则，使得学生提前认识岗位职责，了解企业用人标准，增强职业教育核心竞争力。

3. 就业前移有保障

入校即入企，就业有保障。“入企办学”缩短了职业教育和企业的距离，促进了教学与市场融合；“入企办学”通过企业文化的浸润，帮助同学们尽快适应社会，完成职业人的心理建设；“入企办学”实现了政校企生四方共赢，体现了职业教育的先进理念和前瞻性，实现人人皆可成才、人人尽展其才。

三、案例实施

“芭提雅订单班”采用的是“校企实体合作型”模式。圣山圣水旅游开发有限责任公司以设备、场地、技术、师资与旅游学院进行合作办学。企业对职业院校承担决策、计划、组织、协调等管理职能，企业以直接参与办学过程的方式参与学校人才培养，分享办学效益。

《酒店服务礼仪》课程安排在大学一年级，分两个学期完成教育教学任务。总共124学时，讲授为50学时、实训为74学时。依据轮岗要求实施理实一体教学、三位一体考核。“校企实体合作型”模式在培养大学生坚定职业理想信念、完善自我、修身养性、敬重他人、规范自身行为规范的同时，培养其高尚的道德情操。

（一）专业岗位见习，培养大学生树立尊重为先、服务至上的人生理想和信念

第一学期第一周为第一阶段。第一阶段实施的重点是提高酒店管理专业学生对专业的认同度，学会做人、学会待人接物和立身处世的原则，培养学生乐观、豁达的心理素质，成为一个知大体、守公德、明大德的社会人。

采取的方法是邀请行业专家和优秀校友分享社会就业现状、酒店服务行业职业发展之路和职业进阶历程，让大一新生明白社会需要什么样的人，企业需要什么样的人，怎样成为社会、企业需要的人。

“芭提雅订单班”69 名学生全部是维吾尔族，95% 的学生来自南疆四地州（南疆四地州指新疆南疆的喀什地区、和田地区、阿克苏地区、克孜勒苏柯尔克孜自治州）贫困地区。学生高考录取分数比较低，大部分是专业调剂过来的，学生本身对酒店管理不太认可。因此，学生进入大学后，由于专业认知的缺失，导致刚入校后对所选专业茫然无措，学习主动性及目标感不足，等靠要的思想泛滥。

专业认知教育和兴趣培养贯穿整个大学阶段。邀请行业专家、优秀校友和同学们一同分享职业历程，学校、老师、企业、校友共同参与学生专业认知和兴趣的培养。让学生了解专业发展方向、动态、专业就业前景，有利于大学生对自己所学专业形成良好全面的认知。只有学生对所学专业全面认知，才会立足于现实，脚踏实地地工作。

（1）邀请企业高管为学生讲解企业文化、企业发展理念、企业服务标准、企业用工待遇；参观企业经营场所、明确旅游企业岗位设置、了解企业服务标准和奖惩制度。真实的工作场景让学生切身体验到企业的发展和市场化运作规律，也明确知道了企业需要什么样的人、企业如何培养人的规律，继而树立尊重为先、服务至上的人生理想和信念。

（2）校友进入课堂和同学们分享他们的从业经历。来自喀什英吉沙县艾古斯乡英气克艾日克村 4 组的努尔古丽是旅管 17101 班毕业生，目前担任“芭提雅”圣境温泉前厅部主管。她有着和“芭提雅订单班”69 名学生一样的成长环境。

努尔古丽家有 6 口人，每个月靠妈妈打工 2000 元左右收入维持生计。虽然考上了大学，妈妈却无力支持她的学费和生活费。上大学以来她没有向家里要过一分钱，通过节假日打短工不仅解决了自己的生活费、学费，还帮助妈妈照顾了弟弟妹妹。正是这样的经历，让她认识到服务行业发展的现状，那就是人才的匮乏；在“芭提雅”一年的顶岗实习，让她对旅游服务行业有了更充分的认知，那就是岗位技能强、职位提升快、收入绩效高。短短三年，她从前厅服务员做到领班再到主管。她说：“上大学的目的不就是找一份好一点的工作，让家人过上好的生活吗？”她告诉学弟学妹们：“现在要认真学习和工作、积累经验。‘工学交替’这种学习模式，让学弟学妹们一入校就能充分认识职业岗位和岗位工作职责。‘校企实体合作型’模式的组织和实施，拉近了学生和社会的距离，缩短了人才培养的期限，拓宽了就业的途径和方法。比起她的成长经历，学校和企业为‘芭提雅订单班’69名学生打造了更好的发展平台。”榜样的力量让学生理解了“三百六十行，行行出状元”的真谛，明确幸福生活是干出来的，等不是办法，干才有希望。学生也明白了怎样才能成为企业需求的职业人。

专业岗位见习和职业认知，让大一新生对酒店管理专业学习产生喜爱和认同，切实体会到，成功就在身边，愿意把它作为终身职业来发展。

理实一体教学，培养学生尊重别人、善于合作、热心参与、善于与人交往的能力，提高学生的人文素质，坚定学生的职业理想，严以律己、宽以待人，成为“爱岗敬业”的单位人。

第一学期第二周开始至第二学期倒数第二学周为理实一体教学阶段。这一阶段，学生系统学习“芭提雅”岗位群服务礼仪规范。工作有工作的规律，学习有学习的规律，人一生在学校学习的时间远远少于工作的时间，所以不能只教学生如何在学校里学习，还必须教会学生如何在工作中学习、如何基于工作过程学习、如何活到老学到老。

《酒店服务礼仪》课程采用企业需求法组织实施教学。在教学过程中部门主管示范、学生分组练习、互动、交流、实践指导的有机结合，真实工作场景、直观式、互动式、参与式的教学活动，让学生逐渐学会尊重别人、学会与人合作；企业奖励政策和后备干部培养计划，激励学生热心参与岗位技能培训、考核，与人交往的能力得到不断的提升，人文素质也得以提高，最终成为“爱岗敬业”的单位人。例如，人际交往中要知礼守规，用语就要有礼貌。如何使用礼貌用语呢？前厅部主管告诉学生要学会使用问候语、请求语、感谢语和赞赏语，她还现场示范演示了前厅入口接待岗语言规范。对客服务中要学会尊重他人，为人处事态度要诚恳。这些礼貌用语完全体现了尊重对方、接受对方和赞美对方的服务语言接待标准。

当职业教育有了企业这样一个不可替代的学习地点时，更加有助于实施基于工作过程系统化的教学，教会学生在比较中学会思考、学会迁移、学会内化。真实的工作场景，耐心的服务引领，优美的工作环境，和谐的人际关系培养出踏实认真、乐观自信、积极适应、努力创新的社会人和单位人。

第二阶段实施的重点是打破《酒店服务礼仪》教材常规的按章节分类讲解的方式，结合“芭提雅”岗位要求，提炼出“认识礼仪、旅游服务意识塑造、职业形象塑造、服务交流礼仪养成、人际交往能力培养、服务语言艺术、服务岗位接待礼仪、礼仪危机处理”八个模块的理实一体化教学内容，按企业需求组织实施教学。

第二阶段强调把企业的功利性和学校的公益性有机整合在一起，培养“爱岗敬业”的单位人。爱岗敬业是事业成功的前提。一个人只有敬重自己的事业，才能热爱工作、开拓进取，从而取得成功。“芭提雅订单班”入校即入企，学生始终处在一个比较复杂的集体中，和企业的员工朝夕相处、互相影响。那些敬重自己的事业，忠心耿耿地做好自己所担负的工作，把自己全部的信念、意志、精力、知识献给自己所从事的事业的优秀员工，成为他们学习的榜样；那些对工作敷衍塞责，最后被辞退的员工，也让学生感同身受，在情感上产生共鸣。

从浅层意义上讲，领取工资，做好工作是理所当然的事。也就是平时我们说的，无功不受禄，这是做人最基本的原则。从深层意义上来说，工作其实就是我们的事业，员工必须具备一定的使命感和道德感。不管从哪个层次来讲，员工都必须尊重自己的工作并且有始有终。同样，尊重自己工作的人也更易受到提拔，因为没有老板不喜欢尊重工作的员工。

古语有言：“在其位，谋其政，敬其事。”我国自古便有“忠于职守”“敬业乐群”的传统，“敬业”更是传承了几千年的传统美德。孔子认为，人在一生中始终要勤奋刻苦，为自己所从事的事业鞠躬尽瘁，如此才无愧于自我的良知。爱岗敬业，始终对工作保持应有的热情，不仅是员工职业道德修养的重要方面，也是员工养成敬业好习惯、成就卓越自我的前提。职业岗位角色的扮演帮助学生认清自己的社会责任，明确自己所处的位置，肩负自己的责任，能够在自己的实践工作岗位上兢兢业业、勤勤恳恳，成为一个爱岗敬业的单位人。

（二）岗位考核树立个人自信，提升职业素养

第二学期最后一周实施《酒店服务礼仪》岗位考核，课程采用企业评价 + 教师评价 + 小组评价的方式。除了学校之外，还有企业这个不可替代的学习地点。校企提前给学生明确的奋斗目标和前进的方向，做好人才培养的详细方案。

第三阶段实施的重点是通过岗位考核，注重在“订单班”“工学交替”教学中实现课程思政教育教学理念，培养大学生正确的世界观、人生观和价值观，在教学过程中有意、有机、有效地对学生进行思想政治教育，提炼《酒店服务礼仪》课程中蕴含的文化基因和价值范式，将其转化为社会主义核心价值观具体化、生动化的有效教学载体，在知识学习中“润物细无声”地融入理想信念层面的精神指引。

顺利通过考核的学生，优先获得企业工作的岗位和作为企业后备干部培养的机会，成为符合企业需求的职业人。

四、案例成效或经验总结

（一）实施总体效果与成果、经验总结

（1）坚持立德树人，培养大学生健全的人格和自我发展意识。《酒店服务礼仪》把立德树人作为培养人才立身之本，第一阶段专业岗位见习和职业认知，让学生懂得如何树立职业理想和信念；第二阶段理实一体教学，让学生受到传统礼仪文化和企业文化的浸润；第三阶段岗位技能考核，让学生明确努力的方向和奋斗的目标。通过这些做法，校企通力合作培养坚定理想信念，具有健全的人格和自我发展意识的大学生。不断提升酒店人才培养的针对性和实效性，切实培养德智体美劳全面发展的企业接班人，实现“全员育人、全过程育人、全方位育人”的思政教学工作体系。

“芭提雅订单班”酒管 20101 班共 29 人，首次岗位服务接待技能考核通过 17 人，占班级总人数的 59%。这 17 人留在“芭提雅”工作，享受正式员工待遇，并作为企业后备干部进行培养。

（2）《酒店服务礼仪》课程采用直观式、互动式、参与式的教学活动，采用企业需求法组织实施教学，一步步促使学生完成学生到职业人的角色转换，成为合格的单位人。

（3）《酒店服务礼仪》采用 AB 轮岗式教学，非常符合学生的认知规律。工作中，师父带徒弟，教会学生做事的方法和手段，通过第三方游客来验证方

法和手段的效果，直观、有效，学生获取的第一手资料就会印象深刻，难以忘怀。

（二）今后的改进思路和注意事项

（1）“校企实体合作型”模式组织和实施，说起来简单，做起来很难。因为企业管理灵活，机动性很强，有时会和教育教学工作发生冲突，这些都需要校企双方团结合作，共同制定人才培养方案和人才策略。

（2）企业的用工需求，不允许学生课堂实践时实行岗位交换，学生每学期岗位都是固定的，对其他的岗位缺乏实践锻炼。所以在理论教学中除了要加强学生岗位工作分享的环节外，还要让学生尽可能多地参与到岗位实践中去，通过角色互换，力求让学生认识更多的岗位服务接待礼仪知识。

（3）校企需要加强顶层设计，制定可以操作的使用价值高的人才培养方案。提前给学生明确的奋斗目标和前进的方向。继续完善后备干部培养计划和升职加薪方案，让学生看得见希望，摸得到实惠。

（4）制订励志培养计划，开展岗位技能竞赛或创设职业素养养成途径。《酒店服务礼仪》按“先学做人，后学做事”的企业用人标准，设定思政育人目标，建立课程思政体系。坚定学生自立自强的意识，引导他们树立正确的人生观、价值观和世界观；帮助他们坚定终身学习的信心，做对社会有意义的劳动者；鼓励他们加强自身修养，自觉培养自己的社会责任意识，为竞争上岗、及时就业、敬业奉献打好坚实基础；要求他们树立社会服务意识，做一个懂得感恩的新时代大学生。培养遵守社会公德、遵守职业道德的文明礼貌、助人为乐、爱护公物、保护环境、遵纪守法、爱岗敬业、诚实守信、服务游客、奉献企业的新时代大学生。实现制定校企合作制度的初衷——培养出符合企业实际需要的合格劳动者。

坚定素养导向，传承工匠精神

——《旅行社管理》课程思政案例

所属专业：旅游管理

案例主题：职业素质养成

负 责 人：李志伟

工作单位：厦门城市职业学院

参 与 人：吴安湘、刘严毅

工作单位：厦门城市职业学院

一、案例简介

（一）案例实施背景

2016年12月，习近平总书记在全国高校思想政治工作会议上首次提出课程思政概念，会议强调“各类课程与思想政治理论课程同向同行，形成协同效应”（《人民日报》，2016）。2020年6月，教育部正式印发《高等学校课程思政建设指导纲要》，意味着各高校“课程思政”进入全面推进的新阶段。课程思政积极发展学生核心素养和社会主义核心价值观，对专业课程教学管理提出新挑战。思政教育目标实践于职教领域，除专业知识和专业技能外，主要是培养学生适应企业发展所需的职业精神、工匠精神与劳动精神（张晓清、杨靖，2020）。

高职旅游管理专业教学中，课程突出应用性及实践性，以“市场定专业，以行业定标准，以岗位定能力”，在价值观培育和职业素养教育层面，与课程思政内涵及外延高度契合，适合发展课程思政教学改革。2018年教育部颁布《旅游管理类教学质量国家标准》，将《旅行社管理》课程确定为旅游管理类专业的核心课程，其重要性不言而喻。《旅行社管理》课程实施思政改革，透过专业课程融合思政元素的典型案例研究，将思政元素融入教学理念、教学设计、教学活动实施等，引导学生实现专业知识的内化和道德情感的提升，有助于培养学生成为爱国爱党、有社会责任、有企业责任、有专业知识、有创新创业精神及有职业技能的复合型旅游人才。

（二）相关理论研究及实践探索综述

1. 职业素养导向教学

素养是指个体因应社会复杂生活情境，所具备不可或缺的知识、能力与态度。职业素养，是指某个行业从业者通过长期实践与培育获得的，是个体品格特征和行为规范的集合，具有完成某项工作所需的稳定持久性和可训练性，通常包括职业道德、职业技能、职业意识和职业行为（贾娜娜，2020）。职业素养的养成，是各高校专业人才培养的重要育人目标。特别是行业特色突出的旅游管理类专业，学生未来投入旅游产业的可能性更高，构建全面的职业素养培养体系是缓解旅游产业人才失衡矛盾的最佳选择（金美兰、吴琳，2018）。

《旅行社管理》属于职业整合性很强的应用型课程，课程基于《旅游学概论》《导游服务》《导游基础知识》《计调实务》等专业课程，未来就业岗位涵盖导游员、计调与采购员、外联销售员、旅游规划师等相关职业，其教学目标符合职业素养导向教学精神。旅游管理专业学生是旅游活动的执行者和践行者，职业素养高低则会影响旅游业整体服务质量。综上所述，此课程基于职业素养导向视角来进行高职《旅行社管理》课程设计与执行，将择业观、就业观和职业观等思政元素融入学生学习历程，引导学生产生行业认知和专业认同，从而激发学生择业意愿，呈现真实的学习成效。

2. 行动—反思模式

行动研究最初由美国学者 Kurt 于 1944 年提出，是教育领域的重要研究方法。行动研究理论基于相似知识建构观点，认为行动学习是以解决真实性问题为基础的学习与反思过程，通过学生团队合作学习与相互讨论，反思自身经验，进而解决问题，顺利完成任务（程永伟，2021）。通过行动研究，有助于研究者从行动中寻找问题、发现问题、解决问题，经过动态的循环过程后，将所发现的新问题重新进行检视，使研究者决策更准确。在职业教育领域，行动研究则强调教师在自然、真实的职业化情境中，引导学生进行调查研究、收集数据、分析数据、评估结果，不断反思和调整教学实践，从而制订可行性的市场化行动方案，使教学水平和研究能力得到共同提高（王蔷，2002）。行动研究过程中，教师既是研究者，也是知识的传授者，针对教学过程出现的问题，不断调研、反思、改善，以提高教学水平。本课程中行动—反思教学，主要是根据行动学习理论所建构的教学模式，引导学生通过团队合作学习及进行学习后的反馈，教师通过观察指引学生，系统性地多次反思学生的学习经验（行动），来达到知识建构、理实结合，再应用于后续学习，形成教学相长的闭环。

（三）本案例所解决的教学问题

1. 学习动机薄弱

旅游管理专业学生在学习过程中，多数表现为知识的被动接受者，具体表现出普遍知识基础差，学习热情不高，学习动机薄弱，缺乏团队合作学习精神，互动沟通能力比较差等行为特征。

2. 专业契合度较低

当前国家旅游业发展迅速，人才需求量大。而旅游管理专业学生普遍缺乏对旅行社的认识，旅游行业择业意愿较低。基于高校人才培育使命和旅游业人才需求失衡的现实问题，有必要聚焦问题，梳理职业素养培育边缘化现状，进行《旅行社管理》课程思政教学改革，以应对旅游人才需求与供给的失衡问题。

3. 职业素养缺失

旅游管理专业学生是旅游活动的执行者，职业素养高低则会影响旅游业整体服务质量。综观传统职业院校教学过程，多强调学生知识目标和技能目标培养，往往忽视学生情感、态度和价值观的养成。因此，专业课程育人目标应该重点突出劳动意识、工匠精神、职业素养的培养。

二、案例设计

（一）教学理念

此课程基于职业素养导向视角进行教学设计与行动实施，强调课堂就是实验室，营造真实的职业情境，运用观察、记录、访谈、反思等手段，激发学生主动参与课堂学习，教师引导学生对教学行动进行有效的反馈，从而达到专业课程和思政育人双重教学目标。

（二）课程教学目标

高职旅游管理专业的人才培养目标是培养掌握现代旅游企业管理理论与专业知识，具备从事旅行社经营与管理、开展旅游产品设计与推广、旅游接待与服务等实际业务工作的应用型人才。基于此，课程教学目标如下：

1. 知识目标

（1）了解旅行社经营与管理的基本理论。

（2）熟悉旅行社经营与管理的具体运作程序。

（3）掌握旅行社计调、销售、接待等运营管理知识。

2. 能力目标

（1）掌握旅游线路设计的基本能力。

（2）培养自主研发旅游新产品的能力。

（3）分析和解决旅行社管理的实际问题。

3. 素质目标

（1）培育现代企业管理理念和负责任的工作态度。

（2）培养良好的职业素质和法制素养。

（3）培养良好的开拓精神、学习能力和创新能力。

（三）思政育人目标体系

1. 政治思想

包括马列主义、毛泽东思想、邓小平理论、“三个代表”重要思想、科学发展观及习近平新时代中国特色社会主义思想等重大思想在内的科学理论体系。

2. 民族精神

主要体现以爱国主义为核心的中华民族优秀传统文化、心理特征和思想情感等意识，强调学生具有全球视野，引导学生进一步了解我国传统文化和社会主义建设的伟大成就，激发学生树立文化自信和民族自豪感。

3. 职业素养

激发学生热爱行业、认同行业，从而树立正确的人生观、价值观和世界观，提升旅游接班人责任意识、劳动意识、职业意识以及劳模精神及工匠精神等职业素养。

（四）课程思政与专业教学内容的融合方式

高职院校教师，作为学生知识的引领者，应该根据学生职业规划，塑造职业化学习情境，以适应学生未来就业需求。从《旅行社管理》课程教学规律而言，职业素养导向教学与专业课程体系实现真正融合主要从以下两方面入手：一是将导游员、计调员等岗位标准及技能要求融入专业课程标准中的实训环节，如通过旅行社产品设计实践活动体验真实职业生活，培养学生知行合一、学以致用的精神；二是将规范化的职业意识、职业素养与课程教学理念相结合，如通过模拟旅行社产品说明会植入劳动意识、工匠精神与职业素养等思政理念（张兵营，2018）。

旅行社产品设计思政设计框架

专业知识	问题引导讨论	思政育人点
案例解读："都市丽人假期"丽江五日游	问题：旅游产品的价值有哪些 激发学生思考的能力	1. 培养学生发现美和欣赏美的审美意识 2. 培养学生热爱传统文化、保护旅游资源的生态意识
知识讲授：旅行社产品设计程序	问题：传统旅行社和在线旅行社产品设计的差异有哪些 培养学生对旅游新业态的认知	1. 对我国旅游业发展充满自信 2. 关注旅游业发展，培养行业兴趣
基础知识	引导迁移	内容升华

旅行社产品推荐会模拟活动思政设计框架

专业知识	问题引导讨论	思政育人点
学生作品解读："拾光鹭岛"厦门风情三日游	问题：旅游产品的独特性表现在哪些方面 激发学生思考的能力	1. 旅行社产品设计中体现诚实守信的现代企业经营理念 2. 培养学生旅游市场的竞争意识
知识讲授：旅行社产品推荐说明会程序	问题：旅行社产品说明会答疑解惑的注意事项有哪些 培养学生的沟通和表达能力	1. 培养学生树立服务业正确的人生观、价值观和世界观 2. 融入爱岗敬业和友善服务精神 3. 培养学生知行合一、学以致用的精神 4. 融入劳动意识、责任意识和工匠精神
基础知识	引导迁移	内容升华

（五）特色与创新

（1）研究视角上，此课程基于职业素养导向视角，再思考职业院校课程思政教学的角色和功能定位，具有理论拓展贡献。

（2）研究内容上，梳理《旅行社管理》课程思政元素，将思政元素融入专业课程教学，引导学生实现人文知识的内化和道德情操的提升，有助于培养爱国爱党、有社会责任、有企业责任、有专业知识、有创新创业精神、有职业技能的复合型旅游人才。此外，进一步探讨了高职学生自我概念、职业认知态度和择业意愿，一定程度上属于内容创新。

（3）研究方法上，本课程重点使用行动研究法，透过行动研究的反思，检验学生学习行为，以期为职业院校思政课改实施提供参考。

三、案例实施

（一）实施对象与时间

《旅行社管理》课程主要分为6个知识模块：旅行社基础知识、旅行社产品设计与管理、旅行社计调与采购业务管理、旅行社销售业务与营销管理、旅行社接待业务管理、旅行社战略管理。课程共68课时，每周4节，课程持续约17周时间，知识体系复杂，难度大，学时多，对师生挑战度和配合度要求较高。同时，《旅行社管理》课程教学目标符合旅游管理专业职业素养导向的精神，学生在价值判断和择业过程都需要思想引领（王立非等，2019）。为此，项目负责人于2020年秋季教学实施过程就申请校级课程思政示范课项目，进行课程思政教学改革。

本项目以本校旅游管理专业二年级两个班共72位修读《旅行社管理》课程学生作为行动研究的研究参与者，其中男生23位，女生49位，共分为12个行动学习小组，时间从2021年9月到2021年12月。运用行动研究进行改善学生职业化情境教学问题，在17周课程中，以观察法、文献分析法、深度访谈法和焦点团体法进行相关研究的资料收集。研究场域主要为智慧教室、智慧教学示范中心、教学实习旅行社等。

（二）实施阶段及措施

此研究遵循学校课程思政“三全”育人的特性，由旅游管理专业教师、思政教师和企业兼职导师组建教学团队，其中旅游管理专业教师主要梳理专业课程知识点，而思政教师则是协助挖掘思政育人点，共整合37项思政育人点。

课程思政教学内容和思政育人元素

项目	教学内容	思政育人点
旅行社概述	1. 旅行社的产生与发展 2. 旅行社的性质与职能 3. 旅行社的分类与基本业务	1. 激发学生敬仰先贤的意识 2. 学生正确面对旅游业就业形势 3. 树立正确的就业观和择业观 4. 鼓励学生专业认同，投身旅游业，最大限度地实现自我价值
旅行社的设立	1. 旅行社设立的条件与程序 2. 旅行社分社与服务网点的设立 3. 旅行社的组织结构设计	1. 启发学生敢于冒险、接受挑战的精神 2. 提高学生创新创业精神 3. 培养学生现代企业管理精神
旅行社经营管理体系	1. 旅行社行业管理 2. 旅行社内部管理	1. 培养遵纪守法的法律意识 2. 学会运用法律手段维护自身合法权益
旅行社产品设计与管理	1. 旅行社产品概述 2. 旅行社产品设计 3. 旅行社产品组合管理	1. 培养发现美、欣赏美的审美意识 2. 培养学生热爱传统文化、保护旅游资源的生态环境意识 3. 产品设计中体现诚实守信的经营理念
旅行社销售业务与营销管理	1. 旅行社市场营销的STP理论 2. 旅行社营销组合策略 3. 旅行社销售业务流程与规范 4. 旅行社门市销售与管理 5. 旅行社外联销售与管理	1. 培养旅游市场的竞争意识 2. 培养分析未来旅游趋势能力 3. 培养学生行业自信心 4. 激发学生行业热情与兴趣 5. 引导学生诚信调研，客观反映市场发展规律
旅行社计调与采购业务管理	1. 旅行社计调业务 2. 旅行社的旅游服务采购管理 3. 旅行社的票务管理	1. 培养学生实事求是的责任意识 2. 提升旅游行业道德内涵教育 3. 培养诚实守信的职业精神 4. 培养学生知行合一的实践能力
旅行社接待业务管理	1. 旅行社接待业务概述 2. 旅行社接待管理	1. 培养学生正确的人生观、价值观和世界观 2. 树立文明旅游意识 3. 培养爱岗敬业和友善待人的服务精神 4. 导游服务融入责任意识和工匠精神

续表

项目	教学内容	思政育人点
旅行社内部职能管理	1. 旅行社人力资源管理 2. 旅行社财务管理 3. 旅行社服务质量管理 4. 旅行社风险管理	1. 培养学生合作意识和团队精神 2. 强化学生严谨、诚信的工作作风 3. 培养学生重视产品质量管控能力 4. 培养学生诚实友信的企业管理精神 5. 提高学生法治道德修养意识
旅行社战略管理	1. 旅行社战略管理概述 2. 旅行社战略环境分析 3. 旅行社的集团化与国际化发展战略 4. 旅行社的竞争战略	1. 制定企业经营战略必须结合国家发展目标的世界观 2. 培养学生正确认识企业家社会责任意识 3. 培养学生国际化和集团化思维 4. 激发学生民族自豪感
互联网时代旅行社发展新趋势	1. 互联网与旅游 2. 互联网时代旅行社的新业态	1. 培养学生虚心学习世界先进旅游经验的精神 2. 树立旅游业可持续发展的意识 3. 培养学生重视现代科技的认知态度

在课程思政教学实施过程中，专业课结合思政内涵，如何顺应“互联网+教育”的趋势，探索符合高职院校学生学习规律的新型教学模式，成为此课程思政教学改革的重要思考。以旅行社产品设计与管理教学模块为例，课程思政行动研究实施过程如下：

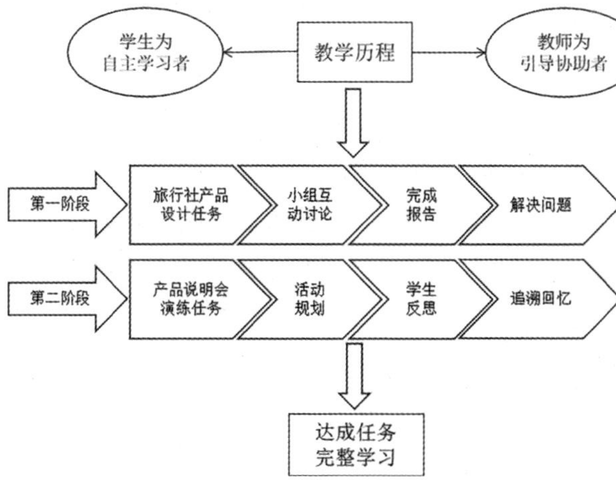

职业素养导向教学课程设计

1. 行动研究第一阶段

教师课前利用超星学习通、有课平台等线上教学平台提前布置学习任务：首先，学生浏览春秋国旅和携程旅行网官方网站，思考传统旅行社和在线旅行的主营旅游产品分别是什么；其次，教师围绕旅游产品设计六大要素“食、住、行、游、购、娱”展开相关知识点课堂讲授，引导学生熟悉旅游目的地历史沿革、旅游资源、人文地理等，传授学生市场调研方法，锻炼团队市场开拓能力；再次，学生根据理论知识和市场调研实践内容，思考旅行社产品的价值，实现对旅游产品的组合与构建；最后，各行动小组根据所选择的旅游目的地，结合策划主题，设计一份完整的旅行社产品。借助情境化教学与合作学习模式，通过工学结合理念，学生践行知行合一教学行动研究。在此研究阶段，学生通过收集资料、寻找答案、澄清概念、解决问题，实现主动学习与探究；教师顺应旅游新态势发展趋势，引导学生认知市场变化，以适应未来就业需求。通过学习旅行社产品设计原则，培养学生现代旅游企业诚实守信的经营理念。

2. 行动研究第二阶段

各行动小组在第一阶段完成旅行社产品设计任务，形成多种形式的学习成果，如调研报告、产品策划方案和成果汇报课件等。首先，学生根据产品策划成果，模拟行前说明会，进行旅游线路汇报，并为其他同学答疑解惑，培养学生知行合一、学以致用的职业素养。其次，学生根据旅游线路设计节点，进行旅游接待角色演练，培养学生的沟通和表达能力。再次，教师结合 STP 理论及波特五力模型等知识点，以小组为单位开展互动讨论，引导学生思考如何进行产品营销策划与宣传推广。上述环节，邀请企业兼职导师进行点评与完善，进一步强化课程思政元素的内化。最后，教师对学生的产品设计方案进行指导，修改完善设计稿，最终形成期末报告。此行动研究阶段，通过学生汇报旅游线路内涵及感染力，检验课程思政教学成效。本课程的综合评定主要侧重于隐性评量与总结性评量，根据学生参与产品设计过程所体现出来的知识、能力、理念和态度，突出学生专业知识、专业技能与成长价值，给予回馈和支持鼓励，并积极推荐学生学习成果参加各类旅游线路设计和营销策划竞赛，实现赛教融通教学模式。

3. 反思与总结

研究者在一次教学观察日记中写道:“学生刚上完思政公共课程,陆陆续续从梯形教室来到实训教室,可能是1~2节上早课,而且公共课理论知识比较丰富,感觉学生面容带有些许疲惫,放完书,打开智慧教室电脑,部分同学趴在桌上,部分学生带早餐进教室,准备打开吃,部分学生划划手机,准备上课。因为还不到上课时间,建议带早餐的同学到外面吃,也顺便整理一下上课情绪。”

从行动研究观察到的结果可以看出,课堂教学无法达到理想效果,理论教学相对枯燥,课堂知识应用学生无法掌握和内化。经过反思,研究者认为根本原因在于:一是学生专业兴趣问题,旅游管理专业未来就业岗位属于服务性行业,家长和学生对于专业认知产生偏差,部分学生可能是调剂专业学生,未来想通过专升本转换专业,因此对于职业应用性很强的《旅行社管理》课程缺乏兴趣;二是学时安排受限,课堂活动设计无法遵循循序渐进原则,学生自主学习能力有限,导致职业认知薄弱,学习难度变大。

在行动研究过程中,综合课堂录像、学生作业、访谈录音、教学日志的观察,利用学生反馈单及网络教学平台,学生可以直接抒发课程感想,研究者也可利用平台,适时给予回馈。旅行社管理课程思政行动研究后,也发现不少问题。首先,大部分学生课堂上积极配合行动研究的各项教学内容,课后也认真完成各项作业任务,仍然有个别同学抱有应付完成的态度;其次,课程情境化教学环节训练时间不够,如旅行社产品设计与产品说明会环节,学生产品设计完整度得到提高,但是产品报价的准确度还有待进一步提高。行动研究后,大部分学生个性化需求得到满足,知识应用和内化得到改善,激发出学生对旅游行业的诸多反思,结果超出研究者授课的预期。

(三)实施重点与难点

(1)实施重点:本课程利用职业素养导向教学来进行高职《旅行社管理》课程思政设计与执行,着重将择业观、就业观和职业观融入学习历程,引导学生产业专业认同和行业情感。在此基础上,运用行动研究法进行相关资料收集与整理是本研究的重点。

(2)实施难点:如何检验课程思政背景下高职旅游管理专业学生职业素养

导向教学实践的育人成效是本研究面临的巨大挑战。整合教学平台数据结果与行动研究的反思，可检验学生学习行为，以提供职业院校思政课改实施的参考。

（四）实施阶段性成效

主讲教师2020年使用线上线下混合教学模式，实施行动研究教学反思。2021年继续使用，使用过程中，得到学生认可，学生评教满意度达98.3%。对教师总体评价：注重理论与实际相结合，善于引导学生自主学习及团队协作，用真实案例培养学生分析问题、解决问题的能力。团队合作项目成立了旅行社、产品设计及说明会推介，通过参与团队项目，专业技能得到提升，未来对于从事旅游行业更有信心。以旅游20B班为例，全班共有34位学生报名2021年度全国导游资格考试，参加考试率达87.2%。从超星学习通、有课教学平台的数据反馈来看，学生学习效果明显提升。

（五）实施不足及改进

（1）未来将进一步完善产品资源，提供更为真实的情境化教学条件，解决时间和地点的限制，满足学生实训条件的需求，带领学生到鼓浪屿、武夷山、泉州等校外实际教学场地，完成产品策划与设计任务。

（2）进一步完善教学平台网络资源建设，提供丰富的线上学习资源。按省级精品在线课程及省级课程思政建设验收要求，完成《旅行社管理》课程网络资源建设，确保学生在各教学模块皆有足够的训练强度，为学生实现自主性学习提供良好的技术支持。

四、案例成效或经验总结

（一）实施总体效果

本课程以信息技术为支撑优化课程思政教学模式，开展线上线下结合的混合式教学模式改革与实践，线上网络教学与线下课堂教学优势互补，实施行动研究进行学习成效检验，给教师和学生带来全新的体验，受到普遍的欢迎。通过理论授课、分组、确定策划主题、资料收集、产品设计、成果展示、书面报告和口头汇报等进行学习成效评估，主要侧重于隐性评量与总结性评量，包括认知、技能、情感等维度。

借助智慧教室，通过工学结合的理念，将旅行社产品设计合作讨论实景搬到课堂上，学生沉浸于情境教学中，学习氛围明显提升。借助教学平台，上传重难点教学视频及教学 PPT、教学案例等内容，学生能够预习、复习和自学。结合学生学习成果，共有 6 组学生参加第十一届全国大学生红色旅游创意策划大赛，其中 3 组获华南赛区一等奖，2 组获华南赛区二等奖，真正实现赛教融通；根据超星学习通、有课等教学平台的数据结果反馈，学生学习氛围和学习效果明显提升；行动研究的反思结果显示，学生对于专业认同和行业情感明显提升。

（二）经验总结

本次行动研究方案以职业素养导向教学为课程设计原则，以学生为中心，实施情境化教学和团队合作学习，教学内容脉络化且结合真实情境，能在实际工作场景中实践及应用；引导行动学习小组协作学习进行突破，事先以线上线下融合模式，加强旅游六要素等基础知识内化，实施以促进知识理解为目的渐进性课堂活动；引导学生如何在旅行社真实情境中完成旅行社产品设计任务，模拟旅游行前现场说明会进行旅游线路汇报推介和演练，并进行记录与访谈，邀请企业兼职导师进行点评与完善。行动研究过程中，逐步培养学生对旅游行业的认知与热情，培养学生与市场接轨的能力，树立职业素养导向，进一步强化课程思政元素的内化，落实职业素养导向教学目标。总之，行动研究方法能够科学解决实际教学问题，有效提高教师教学能力和研究水平，加强师生互动，真正做到教学相长。

（三）改进思路

首先，此课程通过专业课程提炼思政元素，遵循学校课程思政“三全”育人的特性，将情境学习和合作学习理论运用于职业院校课程思政教学改革研究，促成《旅行社管理》课程思政教育目标的实现，为《旅行社管理》课程思政的落实提供理论思路；其次，通过课程思政，将社会主义核心价值观贯穿旅游管理专业人才培养过程，课堂教学融入职业素养导向教学实践，提升旅游专业学生文化自信和综合素养，激发学生职业认知和择业意愿，具有重要应用价值。但目前《旅行社管理》课程思政教学研究还停留在实验层面，课程思政路径模式的实践效果还有待于在未来教学实践中进行实证研究加以验证和完善。

以心相交、行稳致远

——《沟通技巧》课程思政案例

所属专业：酒店管理与数字化运营
案例主题：职业素质养成
负 责 人：娄金霞
工作单位：浙江旅游职业学院
参 与 人：张向东、夏蓓、金之、石群
工作单位：浙江旅游职业学院

一、案例简介

（一）案例实施背景

《沟通技巧》是酒店管理与数字化运营专业的专业必修课程，授课对象为本专业全体大一新生，自课程开展思政教学以来，面向2018级、2019级、2020级、2021级四届学生，受益学生近4000人。

浙江旅游职业学院长期以来一直注重将知识传授、能力培养与学生的价值塑造有机统一，注重发挥课程育人的价值与功能，致力于培养“有温度、有情怀、有发展机会”的创新型、数字化、复合型现代服务业人才，《沟通技巧》现为学院课程思政精品课程、浙江省课程思政示范课程。

（二）案例相关理论研究与实践探索综述

课程思政创新团队的负责人娄金霞，主讲《沟通技巧》《职场沟通》《跨文化沟通》等课程，公开发表2篇教学研究论文:《深化高职院校产学研合作的对策与路径》《基于课程思政的管理类课程建设分析》。其他成员分获学院教学能力比赛二等奖、一等奖；主持浙江省教育教学改革项目《基于过程性学习评价的混合式课堂教学改革与教学设计研究——以酒店管理类课程为例》;《邮轮娱乐服务》课程中的微视频“海上新年派对”获学院 2021 年课程思政优秀教学微课，《饭店督导技巧》和《跨文化交际》系学院课程思政教改项目；张向东主编的教材《管理学原理：理论与技巧》入选全国高等职业教育旅游大类“十三五”规划教材、学院 2020 年度优秀教材。

每年开展不少于 2 次的公开课，2 次以上的研讨会、交流会，同时积极开展团队建设，选派教师对外参加培训 10 余人次、教学研讨 2 次，参与教学竞赛 2 次并均获奖，整理编制了“课程思政三微手册” 1 部，收集课程思政案例 50 个，仍持续收集、整理、运用“思政微要点、职业微素养、技能微行为”；及时分享经验成果，提高教学能力和效果。

经过四年的努力和不断建设，《沟通技巧》课程在课程思政教学实践中取得了以下成果：

（1）2021 年 9 月立项为第一批浙江省课程思政示范课程。

（2）2021 年 11 月《沟通技巧》课程的“用心沟通”课程思政教学案例在浙江省课程思政教学改革系列活动中获得优秀教学案例二等奖。

（3）《沟通技巧》课程系学院 2021 年课程思政精品课程建设项目。

（4）积极开展教学研究，提高教师教学能力，团队成员分别获教学能力比赛一等奖（2021 年）和二等奖（2020 年）。

（5）积累了一定的研究成果，主持省级教改课题一项，公开发表课程思政研究论文 2 篇；两位老师先后立项院级课程思政专项课题 2 项；团队成员主编的教材获全国高等职业教育旅游大类“十三五”规划教材和学院 2020 年度优秀教材。

（6）教材建设初见成效，《沟通技巧》新形态教材已与出版社签订出版合同。

（7）创建“沟通技巧案例库”，教师共建共享教学资源，共同促进课程教学。

（8）创建“沟通能力测试题库管理系统”，已申报 V1.0 软件著作权，创新了课堂教学，增强了课堂教学的互动性。

（三）本案例所解决的教学问题

本案例在实践中基于“三微三有”模式开展课程思政建设工作，即以思政微要点、职业微素养、技能微行为主要抓手，将知识传授、能力培养与学生的价值塑造有机统一起来，注重发挥课程育人的价值与功能，将知识模块化，致力于培养“有温度、有情怀、有发展机会”的创新型、数字化、复合型现代服务业人才。解决了“培养什么样的酒管人”“怎样培养酒管人”、助力行业发展育好“酒管人”三个教学问题。

1.“培养什么样的酒管人”——坚持“育德为先”

在开展“课程思政”教学改革的过程中，始终注重发挥德育目标的价值引导作用，在教好书的同时更注重育好人，着力培养学生的个人品德和沟通心态、职业品格和行为习惯、辩证思维能力与责任担当意识。为了培养出“新时代传播正能量的酒管人”，课程组全体教师共同深挖“思政元素”，为培养“有温度、有情怀、有发展机会”的创新型、数字化、复合型现代服务业人才保驾护航。

2.“怎样培养酒管人”——实现“有机融合”

“三全育人”的要求为我们“怎样培养人”提供了有力指导。为了实现“育德”和“育才”的双向同行，课程组与思政老师（石群教授）结对，通过集体备课，定期教学研讨等形式，努力实现“润物细无声式”教学，经过几轮的努力，已经建立了“三微三有”课程思政建设体系，设计了以沟通认知、沟通技巧和沟通训练为逻辑路线，在知识和技能讲授过程中巧妙融入16个思政元素，从而实现知识与思政元素的有机融合：增长知识见识的同时，实现了在潜移默化中坚定学生信念、厚植爱国主义情怀、加强品德修养、培养职业精神，提升学生综合素质的价值引领。

3.助力行业发展——育好“酒管人”

我们培养的就是中国特色社会主义的合格建设者和可靠接班人。必须坚持以马克思主义为理论指导把牢思想方向，坚持党的领导把握政治方向，坚持以社会主义核心价值观引领价值导向，为行业培养“有温度、有情怀、有发展机会”的酒管人，为祖国培养好“立大志、明大德、成大才、担大任”的建设者和接班人。

二、案例设计

（一）教学理念——“三微三有”阶梯式培养理念

本课程分三大模块开展教学：沟通认知模块（第1~5章），沟通技巧模块

（第 6~11 章），技能训练模块（第 12~16 章）。注重借助思政微要点、职业微素养、技能微行为在潜移默化中坚定学生信念、厚植爱国主义情怀、加强品德修养、增长知识见识的同时，更注重培养职业精神，提升学生综合素质。

（二）课程教学目标

本校酒店管理与数字化运营专业旨在培养一线工作需要的高素质技能型人才，正在推行“全业融通、多元协同、立体进阶”人才培养模式，以立德树人为根本，健全五育并举育人体系，实现“课程思政”专业群全覆盖，完善人文素养课程体系。学习本课程后应达到如下目标：

1. 知识目标

（1）了解沟通的基本知识和人际交往常识。

（2）熟悉语言沟通和非语言沟通的基本知识。

（3）掌握沟通中应对冲突的相关知识。

2. 能力目标

（1）熟练掌握和运用表达、倾听、提问、回答等语言沟通技巧。

（2）熟练掌握和运用动作、表情、眼神、肢体语言等非语言沟通技巧。

（3）熟练掌握和运用恰当回应、合理批评、自我辩解等应对技巧。

（4）通过不同情景设计，强化训练学生与同事、上下级、团队建设中的沟通技巧。

3. 素质目标

（1）培养学生具有较好的个人品德和沟通心态。在人际沟通中，具备厚德仁爱、正直善良的个人品德；常怀敬人心、自信心、真诚心、平等心、宽容心、同理心，养成平等、文明、诚信、友善的沟通心态，做到“己所不欲，勿施于人”。

（2）培养学生树立良好的职业品格和行为习惯。在职场沟通中，具备爱岗敬业、诚实守信、办事公道的职业品格；有和善亲切、谦虚随和、理解宽容、热情诚恳地与人沟通的意愿和能力；争做“知荣辱、守诚信、善沟通”的酒管人。

（3）培养辩证思维能力与责任担当意识。在沟通训练中，学会具体问题具体分析，提高辩证思维能力，提高处理复杂问题的能力；具备团队意识和协作能力，践行社会主义核心价值观，增强社会责任和担当意识。

（4）争做新时代传播正能量的酒管人。在沟通训练中，实现阶梯式成长，逐步成长为“有温度—有情怀—有发展机会”的酒管人，争做新时代传播正能量的酒管人。

（三）思政育人目标体系

（1）第一模块（1~5 章）教学中，思政育人目标为“培养有温度的酒管人”。明确了有效沟通的目的就是实现信息、思想和情感的有效传递，通过生问生答、平行互动法、任务驱动法、生讲生评等教学设计，帮助学生实现从“走近”对方到“走进”对方心理的转变，引导学生个人品格的完善：学会和善亲切、谦虚随和、理解宽容、热情诚恳地与人沟通，激发了学生情感认知和行为认同。

（2）第二模块（6~11 章）教学中，思政育人目标为“培养有情怀的酒管人”。注重对观察、思考、表达等思维和能力的培养，采用多元化教学方法“春风化雨”式融入教学中，培养学生爱岗敬业、诚实守信、办事公道的职业品格；养成和善亲切、谦虚随和、理解宽容、热情诚恳的沟通习惯。

（3）第三模块（12~16 章）教学中，思政育人目标为“培养有发展机会的酒管人”。侧重于情感体验和技能训练，通过情景教学法、案例分析法、演说法、小组讨论法等教学设计，实现“润物细无声式”融入，培养团队合作意识和与人协作的能力，增强学生的责任担当意识。

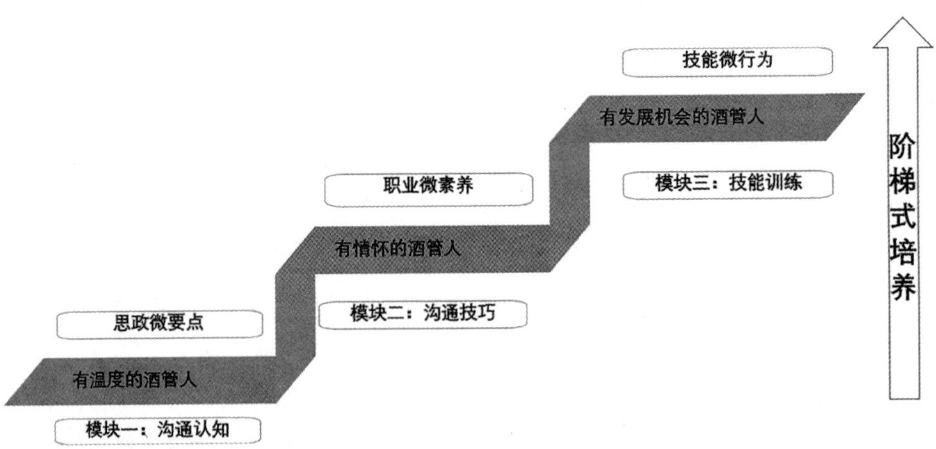

“三微三有”培养模式

（四）课程思政与专业教学内容的融合方式

课程设计建立了“三微三有”课程思政建设体系，以沟通认知、沟通技巧和沟通训练为逻辑路线，在知识和技能讲授过程中巧妙融入16个思政元素，从而实现知识与思政元素的有机融合：增长知识见识的同时，实现了在潜移默化中坚定学生信念、厚植爱国主义情怀、加强品德修养、培养职业精神、提升学生综合素质的价值引领。

课程思政元素体系

教学内容	思政元素	思政切入点	教学案例	教学方法
第一章 沟通概述	四个自信	中美战略对话中，中方代表、中央外事工作委员会办公室主任杨洁篪的精彩言论，激发学生民族自豪感	中美高层对话	生问生答
第二章 沟通障碍及消除	职业素养	酒店针对不同消费群体的宣传定位，激发学生爱岗敬业的职业精神	酒店宣传片赏鉴	平行互动法
第三章 沟通方式的选择	红色资源	从传统线下转为网络沟通，引导学生关心时政	“学习强国”App	任务驱动法
第四章 沟通心态的培养	传统文化	以朱熹的“孝”字详解为切入点，弘扬传统美德，培养良好沟通心态	详解安徽宏村家训：“孝”字	生讲生评
第五章 沟通能力的培养	职业素养	从三组对话中剖析四位人物的沟通表现，培养包容和注重细节的沟通能力	毛主席与警卫员的故事	情景教学法
第六章 说的技巧	生态文明	从“两山”理论和“五水共治”概括表达中，提炼说的技巧，倡导学生参与生态文明建设	“两山”理论	案例分析法
第七章 听的技巧	职业素养	重温典故，借助传统文化激发对职业素养的思考	赵匡胤之“杯酒释兵权”	角色扮演法
第八章 问的技巧	职业素养	连线成功校友，分享创业经验，激发学生创新创业意识	学长的今天你的明天	平行互动法
第九章 答的技巧	红色资源	“周恩来”与中国梦的故事，激发学生爱国情怀、共筑中国梦	周总理答国外记者问（五问）	研讨辩论法
第十章 看的技巧	职业素养	情景演绎加深学习印象，培养坚守职业道德的品质和灵活应变的职业能力	酒店自助餐能否为生病孩子外带	情景教学法

续表

教学内容	思政元素	思政切入点	教学案例	教学方法
第十一章 写的技巧	职业素养	学习往届优秀的简历设计作品，培养学生目标导向、不断精进的职业品质	个人简历设计大赛	平行互动法
第十二章 与同事沟通技巧训练	职业素养	“惊喜服务”的典型事例，激发学生的创新意识	“白发情人节”	案例分析法
第十三章 与上级沟通技巧训练	抗疫精神	有效地对上沟通，让中国疫情“抢先一步”，激发学生的家国情怀	张继先——疫情上报第一人	演说法
第十四章 与下级沟通技巧训练	职业素养	国宴大师的成长经历，激发学习内动力，激发精益求精的职业精神	国宴大师成长日记	师讲生评
第十五章 跨部门沟通技巧训练	传统文化	在“职场小白”成功得到跨部门“大咖们”支持的讨论中，培养学生的谦逊为人、低调做事的良好品行	沟通四字箴言“望、闻、问、切”的具体应用	研讨辩论法
第十六章 团队沟通技巧训练	四个自信	突显团队协作的重要性，培养学生担当意识和社会责任感	G20接待任务	小组讨论法

（五）特色与创新

基于“三微三有”模式开展课程思政建设工作，通过在教学中强化“三微”即“思政微要点、职业微素养、技能微行为”的引导作用，致力于培养“三有”即“有温度、有情怀、有发展机会”的创新型、数字化、复合型现代服务业人才。

1. 实现价值塑造目标的阶梯式培养和提升

依据教学需要、尊重教学规律，在沟通认知模块的教学目标是让学生成为“有温度的，会沟通的酒管人”；在沟通技巧模块的教学目标是让学生成为“有情怀的，会沟通的酒管人”；技能训练模块的教学目标是让学生成为“有发展机会，会沟通的酒管人”。

2. 构建校企协同培养机制，增强学生的社会责任感和使命感

依托酒店管理与数字化运营成熟的校企合作单位资源和课程思政实训基地，优先选用来自酒店行业的真实素材，强化了专业意识的培养，增强了学生的社会责任感和使命感。

3. 改革考核标准，凸显思政育人的考核评价

在全程授课过程中，突出过程评价，提高团队成绩在个人成绩中所占权重，培养学生的团队合作意识和问题解决能力。

4. 延展教学时间和空间，夯实多维度培养模式

该课程面向全部大一学生，授课教师均为各学生社团指导老师，对于学生沟通能力的培养已经形成了“从课堂内外，到学校内外，再到线上线下相结合”的多维度培养模式，每年指导学生成功举办各项活动 20 余次，各类项目申报 10 余项，为学生的全面发展提供了有力保障。

三、案例实施

（一）根据人才培养方案制订或修订课程标准（开课前 3~4 个月）

为了实现良好的育人效果，在开课前 3~4 个月，教研组各位主讲教师会与思政教学搭档在充分考察本课程性质及在培养方案中所处地位的基础上，共同研讨课程的育人目标，除了知识目标和能力目标，更注重素质目标设定的精准性；并就教学内容进行讨论和设计，大家群策群力、不断完善，使得课程标准指导作用不断增强，尤其方便了年轻教师尽快胜任本课程的教学工作，保证了育人效果。

群策群力制订课程标准

实施重点：群策群力、与时俱进。

阶段性成效:《沟通技巧》课程标准。

不足及改进：现有教材课程标准的契合度还需进一步提高。

（二）设计教学计划（开课前2~3周）

为了在有限的教学周期内较为顺利地完成本课程的教学任务，必须吃透教材，用好课程标准，实现课程标准体系向教学体系转化，做到知识与技能、过程与方法、情感与价值观的统一；尊重生情、学情，兼顾知识的传授、品质的培养及能力的提高。

实施重点：集体备课，丰富教学设计，共享教学资源。

阶段性成效：完成沟通技巧教学计划进度表。

不足及改进：应就不同班级的学情对教学方式和作业形式进行适当调整。

（三）实施课堂教学

课堂是高校教书育人的主战场，课程思政元素在课堂教学中须实现“基因式”融入，必然以生为本、以师为魂、以课为尊，在教学中展示课程思政的德行魅力、人文素养魅力、价值引领魅力，找准课程思政的切入点，在课堂教学中意识、素养、能力、情怀缺一不可，在充分挖掘思政元素、现实有机融合的实践中，使学生潜移默化地接受价值观的引领，提高课程思政的吸引力、感染力和解释力。

课堂上师生积极互动

实施重点：师生互动、生生互助、多法并用、有机融合。

阶段性成效：沟通技巧教学资源库。

不足及改进：课后未能及时总结经验和不足，教学动态分享也会因为不同步而有所错位。

（四）完成考核及成绩评定

本课程考核主要包括学习态度考核、课内参与考核、期末整体考核三个部分，其中学习态度考核占比 30%、课内参与考核占比 20%、期末整体考核占比 50%。学习态度考核除了关注传统课堂出勤情况，如缺课、旷课、迟到的现象，还关注听课认真度、反馈积极度，即回答问题积极度与准确度、眼神交流与回应等。课内参与考核，主要从课内参与过程中是否独立完成、完成的准确度及创造性三个方面进行考核。期末整体考核，主要考核学生应知的知识和应会的技能两方面，从考核结构的调整可以看出更注重过程考核，并提高了思政效果所占的权重，无疑促进了本门课程的思政育人效果。

实施重点：过程性记录完整、客观。

阶段性成效：综合成绩符合正态分布。

不足及改进：同学之间的互助、协同能力有待于进一步提高。

（五）成果汇报与提升

《沟通技巧》课程始终坚持教化于无痕，润物于无声，并在实践中不断总结、不断提高，及时对外分享经验和成果，2021 年 6 月 17 日与新疆阿克苏职业技术学院酒店管理专业教师共同探讨“如何同向同行开展课程思政建设”；实现了本课程思政成果的“一带一路”；2021 年 6 月 23 日受邀参加浙江理工大学“浙理·思政汇”活动，作为唯一的高职院校代表就课程思政模式进行推介和分享，全程直播并被浙理工公众号同步报道，展示了本课程思政成果的“一课一风采”；2021 年 9 月《沟通技巧》课程立项为浙江省第一批课程思政示范课程，下一阶段的努力方向是国家级课程思政示范课，发挥好辐射示范作用，让更多的师生受益；2021 年 11 月对外参与浙江省课程思政教学改革系列活动，获得了优秀教学案例二等奖。

受邀参加浙江理工大学“浙理·思政汇”活动

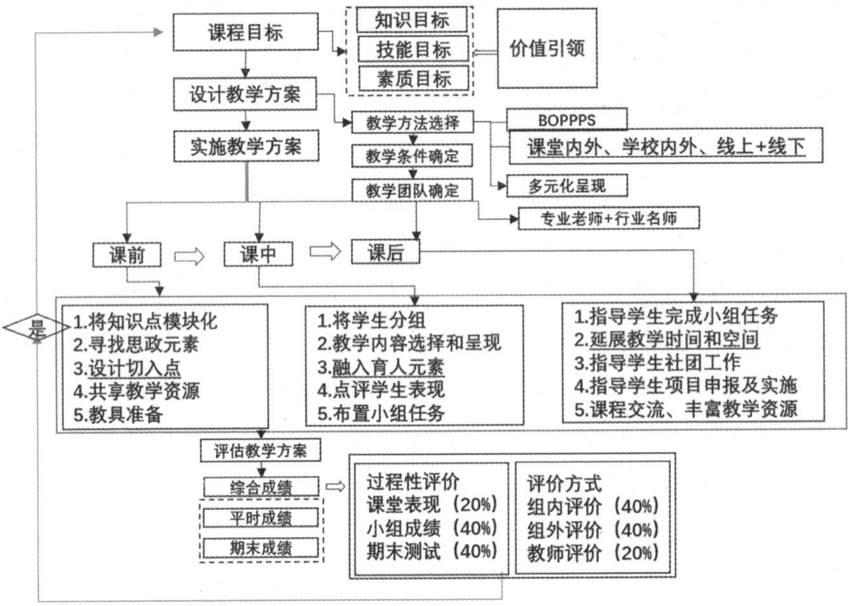

课程实施模式

课程思政是高校落实立德树人根本任务的重要工作，是“三全育人”思想的主要载体和重要环节，也是大有可为、大有作为的，培养有理想、有本领、有担当的时代新人是高校的使命，实现润物无声的育人效果是《沟通技巧》课程思政的可持续目标，需要在实践中不断深化和提升。

四、案例成效或经验总结

（一）实施总体效果与成果

通过课堂讲授、课堂讨论、生讲生评、典型试验方法、小组讨论法、角色扮演法、游戏教学法、演说法、任务驱动、研讨辩论、情景教学等多元化教学方法，延展了教学时间和空间，夯实了“三微三有”培养模式，基本实现了价值塑造、知识传授和能力培养的紧密融合，形成可借鉴、可推广的授课模式，正在建立本课程的教学资源库，以期方便同行共享成果及师生持续学习、使用。

（二）经验总结

（1）坚持问题导向，突出前瞻性。直面学生成才的问题，不断增强思政课程的时效性和亲和力，提高针对性和感染力，努力创立新思路、创建新途径、创行新模式。

（2）注重培养企业所需的合作意识、协作精神、执行能力、公关能力以及发现和解决问题能力。

（3）充分利用高职学生使用率较高的微信、QQ 群、手机 App 等新媒体和自媒体开展线上思政教育。

（4）从点做起、以点引线、以线带面，通过示范引领和交流辐射，不断提升课程思政的育人水准。

（5）鼓励专业课教师与行业导师、思政教师组建教研小组、攻关课程思政课题，为有效推进“课程思政”建设提供强大的学理支撑。

（三）改进思路

（1）继续深化课堂教学创新。利用好“沟通能力测试题库管理系统”，不断创新课堂教学，增强教学互动性。

（2）继续做好“五个优化”。优化教学资源共建共享机制、优化校企业合作培养机制、优化育人效果评价机制，优化教学反馈机制、优化团队建设机制，使教学目标更明确、规划更科学、分工更合理，协同培养效果更突出。

（3）注重深化课程思政实训基地建设工作，不断丰富合作形式和内容，以期形成企业参与、社会评价、全员受益的良好局面。

精通急救技能，打造平安旅途

——《旅游安全管理实务》课程思政案例

所属专业：旅游管理、旅行社经营与管理

案例主题：职业素质养成

负 责 人：陈怡

工作单位：郑州旅游职业学院

参 与 人：李俊、李霞、姬晖、邵阳

工作单位：郑州旅游职业学院

一、案例简介

（一）案例实施背景

1. 旅游安全管理上升为国家战略部署

根据《“十四五”文化和旅游发展规划》，“十四五”时期是我国全面建成小康社会、实现第一个百年奋斗目标之后，乘势而上开启全面建设社会主义现代化国家新征程、向第二个百年奋斗目标进军的第一个五年，也是社会主义文化强国建设的关键时期。我国文化和旅游发展仍然处于重要战略机遇期，但机遇和挑战都有新的发展变化。推动高质量发展，需要加快转变文化和旅游发展方式，促进提档升级、提质增效，更好实现文化赋能、旅游带动，实现发展质量、结构、规模、速度、效益、安全相统一。《“十四五”文化和旅游发展规划》十三项保障措施中的第八项“加强安全能力建设”明确提出：“完善安全管理机制，会同有关部门加强对文化和旅游设施、项目、活动的安全监管。统筹疫情防控与文化和旅游发展，建立文化和旅游领域应对突发公共事件的应急机制，加强应急体系建设。”从旅游高质量发展的国家战略层面，赋予“无安全、无旅游”新的时代背景与意义。

2. 旅游应急救援技能成为必备技能

文化和旅游部市场管理司印发《2022年导游专业素养研培要点》，研培内容包括习近平新时代中国特色社会主义思想、政策与法律法规知识、新冠肺炎疫情防控、旅游安全管理与突发事件处理、旅游服务质量提升和旅游市场信用体系建设、文明旅游规范和文明旅游引导、导游知识拓展、导游业务技能提升、其他相关培训九大专题。旅游安全应急救援技能已成为旅游从业者必备的职业素养和职业技能。

3. 国内旅游行业安全形势

自2020年全国旅游安全遭遇困难，但总体态势平稳。在党中央、国务院的统一领导下，在各级党委和政府的支持下，全行业继续坚持“安全第一、预防为主、综合治理”方针，贯彻执行《中华人民共和国安全生产法》《中华人民共和国旅游法》《中华人民共和国突发事件应对法》等法律安全规定，实现疫情防控常态化与旅游安全管理协同推进，旅游安全治理能力有所提升，在疫情影响下我国旅游安全形势总体平稳。境内外旅游安全管控难度较大，以疫情为主的影响因素依旧复杂多变，对我国旅游业产生较大影响。旅游安全事件类型多样、旅游安全形势较为严峻，但全国各级政府和行业通过提升安全防控能力，落实旅游企业安全生产责任，构建安全联防联控体系，强化联动处置机制，继续加强旅游安全培训、防范、预警及应急处理，合理化解各种旅游突发事件，保障我国旅游业总体安全平稳发展。

4. 课程实施背景

《旅游安全管理实务》作为旅游管理专业基础课和旅行社经营管理实践实训课，该课程理论与实践并重，在旅游管理学院开课班级累计20多个，学生人数近千名。在旅游管理人才培养目标中发挥一定作用。《旅游安全管理实务》课程主讲人陈怡教授，连续多年开设此课程，学生评教满意度高。课程资源已上传智慧职教云平台，平台教学资源原创率70%以上，实现线上与线下结合混合式教学模式。该课程连续两年进行集中现场测评，学生考核成绩优秀率高。该课程已经获得校级课程思政立项支持，配套活页式教材正在编写当中。全面提升学生珍爱生命、尊重生命、挽救生命的职业素养，通过培养现场急救技能和职业素养，为挽救游客生命赢得宝贵的时间，为防止灾难发生、减少灾难的损失贡献一份力量。

（二）案例相关理论研究

学者从不同的视角对课程思政相关概念进行界定与解读，刘承功研究认为课程思政承载的是一种教育责任，展现的是教育教学新的方法，要落实为一种教育体系，它是基于全方位的改革，融入各种知识、意识、品质、人格等导向性的思政元素，来推动学生在德育和科学知识层面的全力提升的一种教育教学方式①。赵鹤玲从新时代的视角出发对高校思政课程的内涵进行分析，认为课程思政是将立德树人视为教育基本任务的综合教育理念，是一项系统工程，是新时代我们党对高校人才培养和思想政治教育的新举措、新改革、新方向。它从根本上回应了“培养什么样的人、如何培养人以及为谁培养人”的根本问题②。石书臣则从课程思政与思政课程的维度进行辨析，认为它的本质就是一种课程模式，不是增开一门课，更不是增加开设一种新的教学活动，而是通过润物无声的途径将思政元素融入正常课程教育教学之中，这种融入是全流程、全方位的，相比之前的德育教学更加立体，它的建设符合我国高校思想政治教育工作的基本要求，是提升大学生思想政治水平的有效载体和重要渠道。对于课程思政建设及高校课程思政建设，它是指各地方政府、各高校在严格遵循中共中央、国务院相关部署的前提下，对本地区、本学校课程思政予以落实的过程或状态③。

（三）实践探索综述

针对高校课程思政建设实施与实践探索是全方位推进高校课程思政建设的主渠道和主要方法，对于充分发挥高校课程思政对高校思想政治教育工作的引领作用具有重要意义。邱伟光从课程思政内在规定视角进行分析，认为应把知识传授、能力培养与价值引领有机结合起来，坚持育人导向，回归课程之本，注重价值引领，体现育人功能，要求涉及课程思政的教学回归育人本原，不断推进课程思政理论指导和价值引领④。刘淑慧则是从互联网的视角提出“互联

---

① 刘承功．高校深入推进“课程思政”的若干思考［J］．思想理论教育，2018（6）：62-67.

② 赵鹤玲．新时代高校“课程思政”建设的现状及对策分析［J］.湖北师范大学学报（哲学社会科学版），2020，40（1）：108-110.

③ 石书臣．正确把握“课程思政”与思政课程的关系［J］．思想理论教育，2018（11）：57-61.

④ 邱伟光．论课程思政的内在规定与实施重点［J］．思想理论教育，2018（8）：62-65.

网+”的思维来推动课程思政建设，认为通过“互联网+课程思政”可以实现互联网与课程教学深度融合，切实提升思政工作的亲和力和针对性，是解决高校“培养什么人、怎样培养人、为谁培养人”这个根本问题的新范式，其关键是提升课程育人的实效性，技术基础是基于一般的互联网平台，重点是教育内容①。崔涛认为高校课程思政建设中应该融入的思政元素从文化层面来看应该首先包括社会主义核心价值观，建议高校应该以社会主义核心价值观为重要突破口，从文化启蒙、课堂启迪、教师示范、实践学习等方法探讨建设路径和体制机制②。石丽艳从协同育人的角度提出促进高校课程思政建设的实施路径，认为高校课程思政的价值就是要求每一个教师树立全员育人、全面育人、全过程育人的理念，全面挖掘德育思政元素，应在构建全面思政体系上下功夫，形成各地区之间、各高校之间、各专业课程之间的课程资源协同育人机制；应在打造立体育人格局上下功夫，充分发掘课程体系德育元素；应在创新课程思政方法上下功夫，引导教师自觉践行立德树人③。

二、案例设计

（一）教学理念

《高等学校课程思政建设指导纲要》明确提出，要将思想政治教育贯穿于人才培养体系，全面推进高校课程思政建设进程，积极发挥旅游安全管理实务课程的育人作用，提高高校人才培养的质量。为使课程思政在旅游安全管理教学中发挥积极作用，重新设计课程教学目标，形成知识、能力、价值三位一体的目标体系，全面提高旅游管理专业学生的家国情怀、文化素养、法律意识、诚信意识、公民责任和职业修养，使之成为新时代爱岗敬业、传播优秀文化的旅游人。

本课程案例设计按照“任务驱动、项目引导、比赛示范”教学策略，对接教育部“1+X”旅行策划课程设计与实施职业技能等级标准，以全国大学生

① 刘淑慧．“互联网＋课程思政”模式建构的理论研究［J］．中国高等教育，2017（Z3）：15-17.

② 崔涛．“课程思政”视域下高校社会主义核心价值观教育路径新探［J］．教育评论，2018（11）：86-89.

③ 石丽艳．关于构建高校课程思政协同育人机制的思考［J］．学校党建与思想教育，2018（10）：41-43.

红色旅游创意策划比赛旅游线路策划为载体，基于 OBE 理念，引入真实企业任务订单，围绕“珍爱生命、尊重生命”的教学主题，形成了“六位一体·知行合一”的混合体验式教学模式，使专业知识和思政元素“双向联动、同向同行”，培育兼具人文关怀、责任担当与职业技能的新时代社会主义旅游急救人员。

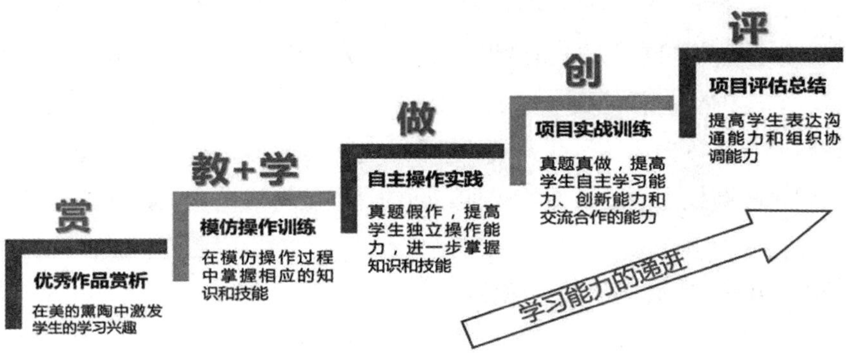

整体教学理念设计

1. 赏

通过赏析学生优秀急救短视频作品、急救现场摄影作品、生命意义绘画作品等多种艺术形式，将生命之美、生命珍贵的人文思想融入其中，组织学生观看一些优秀的影视作品《攀登者》《中国机长》《极限救援》等，通过影视作品赏析，体会英雄人物不是与生俱来的，需要进行困难险阻的意志品质磨炼和过硬的技能素质训练。

2. 教 + 学

通过本课程的学习，使学生树立“无安全，无旅游”的安全意识；运用基础理论进行食、住、行、游、购、娱六大元素中的旅游安全措施进行针对性管理与预防；熟练运用徒手心肺复苏、海姆立克急救法、简单外伤包扎等急救技能，对于游客遇险进行现场紧急救援；针对旅游活动中的地质灾害、气象灾害、海洋灾害等灾害的紧急避险逃生措施；掌握特殊旅游项目如户外登山游、自驾探险游、水域旅游项目、极限运动等应采取的安全措施。

3. 做

通过启发式、讨论式教学，引导学生学会分析查找目前我国旅游景区、旅游企业、旅游项目中存在的安全隐患、安全漏洞，构建不同安全管理模型、安全预警机制、安全急救措施、规范安全管理标志、完善安全急救设施设备；通过案例教学法，引导学生完成模拟旅游安全事故处理、优化安全管理流程，对景区进行专题安全教育，在导游业务中的安全急救技术演练，培养学生的创新能力和解决问题的能力，树立生命第一的意识和安全无小事的理念。

4. 创

将课程思政融入《旅游安全管理实务》教学全过程，通过典型案例的图片、视频展示、历史故事、实地走访、大咖访谈、现场演练、公益服务，激发学生的学习兴趣，使学生在领略中华优秀文化的同时，潜移默化中培养审美情感，提高文化素养，提升文化自信和民族自豪感。在急救技能的实训演练中，培养珍爱生命、热爱生活、临危不惧、勇于担当的职业素养。

5. 评

通过多维度评价，在阶段上分为课前、课中、课后全方位、全过程测评，评价内容和形式多样，课前重点测评基础理论知识的自学情况、课中重点测评参与式学习的效果，以及对重难点的掌握、课后重点测评知识运用能力和动手操作能力。评价方式分为学生自评、生生互评、教师点评和企业导师点评多种形式。

（二）思政育人目标体系

结合旅游管理专业的特点以及《旅游安全管理实务》课程的内容，课程思政总体设计按照“一条主线、两种精神、三大目的、六大手段”，将课程思政全方位融入课程教学实施全过程。

（1）一条主线：以培养学生职业素养为主线。在培养学生旅游安全管理能力和急救技巧的同时，重点培养学生职业规范和职业道德，全面提升学生职业素养，树立安全意识和安全观念。

（2）两种精神：以珍爱尊重生命精神和敬业担当精神为抓手。通过导入旅游安全真实案例和事故现场视频回放，运用团队项目式实习实训，重点培养学生在实际操作过程中的安全防范意识、安全责任意识、安全风险意识、安全预警意识，努力挽救每一条生命、尽力挽回每一位游客的损失。

（3）三大目的：以家国情怀、文化自信、人文关怀和社会责任担当为最终教育目的。在课程教学过程中，引入学生、教师、企业三方评价机制，以红十字现场救援为突破点，以转化景区安全隐患为路径，以大学生导游技能大赛为抓手，设计课程模块、实训任务、考核方式，通过优秀旅游安全服务项目设计展示、个人小组任务实训和教师、行业专家点评，树立学生的社会主义核心价值观。

（4）六大手段：深度对接旅游行业，协同育人；清晰定位课程思政特色，精准育人；充分挖掘课程思政元素，无声育人；加快改革课程思政方式，实践育人；综合构建课程思政体系，三全育人；努力打造课程思政品牌，特色育人。

（三）课程思政与专业教学内容的融合方式

（1）教学内容与德育目标相结合，提炼出“敬畏、责任、感动”思政元素，全面提升教师的育人使命感和社会责任感，促进 MOOC、智慧职教、路书云平台等基于“互联网 +”新教学手段的应用；新教学手段应用既有助于发挥思政元素的自然融入与浸润作用，又有利于推动教学团队教书育人能力的提升；教学团队建设助力共同挖掘思政元素，参与完成本课程的思政教学案例库，也促进新教学手段革新。

（2）以 OBE 理念反向设计、正向实施推动二者融合。以课程拟达到的思政效果反推课程思政的融入途径、方法，选择育人案例，提炼育人元素、对接知识点、匹配教学目标。

（3）运用知行合一的教育教学模式。其一，现场急救知识形象化、场景化、仿真化（思政元素：培养学生情感共鸣、勇于担当责任的职业素养、善于发现旅途险情和危机，急游客所急、想游客所想）。其二，根据学生需求实现个性化的思想引领（思政元素：培养学生不回避、不逃避危险，通过专业急救知识，迎难而上）。其三，校企融合实现双向育人（思政元素：协同红十字会，招募大学生志愿者急救服务队）。其四，利用学生社团活动、学科竞赛和创新创业大赛实现环境育人（思政元素：组织旅游急救技能争霸赛）。

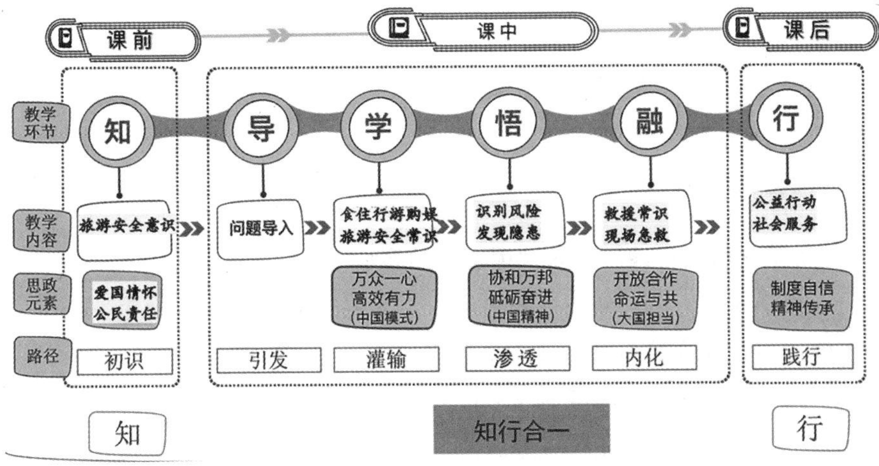

知行合一教学模式

（4）构建目标任务导向的教学体系。其一，深度对接旅游行业，协同育人；其二，清晰定位课程思政特色，精准育人；其三，充分挖掘课程思政元素，无声育人；其四，加快改革课程思政方式，实践育人；其五，综合构建课程思政体系，三全育人；其六，努力打造课程思政品牌，特色育人。

（四）特色与创新

（1）课程思政特色鲜明，提升学生职业素养。本课程在培养学生专业技能的基础上，将从理论教学、实践实训教学、学习成果产出各环节有效融入思政元素，同时关注职业素养的提升和创新能力的强化。本课程通过“六位一体·知行合一”教学模式，让学生多看多思多实践，看中学、学中悟，引导同学们带着“以人为本”生命第一的职业理念、“勇担责任”的职业使命感及“无安全无旅游”的危机风险意识。

（2）多元化的教学方法。

精讲：提炼总结课程的基本知识点和技能点，提纲挈领地通过自学＋精讲的教学方法，传授给学生。

查阅：引导学生自主学习，主动通过文献查阅、知识搜索进行知识点的归纳与总结。

操作：现场的实际操作、实训室的现场演练、在景区的实习和暑期的社会实践等丰富多彩的操作演练活动，进一步提升学生的职业素养和职业责任。

表演：表演是一种浓缩和提炼，将典型的案例和安全事故现场通过表演进行真相还原，是提升课程生动性和趣味性的一种教学方法。

三、案例实施

（一）第一阶段：课程引入“用生命照亮世界”

（1）教学实施方法：新闻视频播放（引发关注）。

王红旭是重庆大渡口区育才小学体育老师，他有钟情的事业，还有安稳幸福的小家庭，毫无保留地疼爱着3岁的儿子。2021年儿童节当天，万发码头长江段附近，2名五六岁的兄妹玩耍时溺入水中，被江水冲了十几米远。危急时刻，王红旭与同伴冲刺跳进江内，将两名落水孩子成功救起。可是，他却因体力不支被江水冲走。如果不去救第二个孩子，王红旭一定会平安无事，但他没有那么做。江水滔滔，儿子站在岸边哭喊着“爸爸”“爸爸”，此时的王红旭已永远听不见人间那最美好的声音。他的生命永远定格在35岁。

（2）新闻热点评议（思考生命价值与意义）。

教学实施方法：教师引导，学生自主发言。

为了别人的孩子，毫不犹豫地舍弃自己的孩子，这不叫英雄叫什么？看到王红旭，让人不由自主想起孟祥斌。28岁的孟祥斌，穿着便装陪妻女走在江浙金华的大街上，这时有位女子突然从桥上跳进河里。军人的本能让孟祥斌没有一秒钟犹豫，他不顾妻子和路人的阻拦，跳进河里救人。轻生者救了起来，孟祥斌却再也没有醒来。女儿曾说，小时候恨透了父亲，他为了救别人让自己失去父爱。也有人质疑，为了救一个轻生者而搭上自己的生命，这样值不值？某种程度上讲，任何生命都无比宝贵，谁也不会拿自己的命去与别人交换。但是危急时刻的见义勇为、大义凛然，则让许多平凡的生命高大光辉起来。孟祥斌、王红旭，他们也留恋这个世界，但是他们更奔涌着无私奉献、舍己为人的精神。

现在，孟祥斌的女儿已经长大，她原谅和理解了父亲，想做一名教书育人的老师，去温暖和照亮这个世界。王红旭的儿子还小，除了惊吓，他还不明白父亲这么做的意义。等他长大时，应该能够理解父亲的伟大抉择。王红旭奋不顾身跃进河水的一刹那，用尽最后一丝力气奋力推举的一刻，让人心酸流泪，让人心痛难受。不愧为人民的好教师，母亲的好儿子，妻子的好丈夫，儿子的好父亲。

（二）第二阶段：告别悲伤河流（触动生命尊重与保护）

教学实施方法：学生用网络搜索引擎，主动调查旅游安全溺水事故，学生现场进行播报。

播报 1：2010 年 9 月，国内某旅行社组团畅游马尔代夫。一名女游客在邻近宾馆的海域游泳时，因游离海岸较远，无力回游，呼救后，因施救延迟而溺水死亡。本是游中乐，奈何“水怪”缠？据 2010 年度旅行社责任保险统保示范项目统计，全国发生旅游溺水死亡事件 30 多起，占旅游死亡事故的 10%。溺水成为不得不关注的旅游风险之一。

播报 2:《旅行社条例》等一系列法规明确了旅行社具有履行安全提示、风险防范和救助的法定义务。普通游客一般很难清楚了解旅游目的地的水域环境、安全设施和潜在风险。高达 90% 以上的溺水死亡赔偿案件中，旅行社均有不同程度的过错，向受害方承担赔偿责任成为最终化解风险的基本方式。

（三）第三阶段：防范溺水风险，畅游天下无忧（思政融入：唤起职业责任与义务）

教学实施方法：学生创作防溺水旅游安全警示语。

学生创作的警示语展示：

（1）水域旅游安全常记心间，快乐每时每刻。

（2）无安全无旅游，畅游天下无忧。

（四）第四阶段：用急救技能为生命保驾护航（知行合一，营救生命我们在行动）

教学实施方法：旅游安全急救实训室，进行现场模拟演练。

（1）教学实施目标 1。

技能目标：落水自救措施。

思政目标：敬畏生命，主动避险，远离危险水域；一旦遇险沉着冷静应对，广泛进行安全教育宣传的职业素养。

（2）教学实施目标 2。

技能目标：抽筋紧急处理措施。

思政目标：遇险不惊，勇于避险，早防患、早处置，耐心细致。

动作示范：用抽筋小腿对侧的手，握住抽筋腿的脚趾，用力向上拉，同时用同侧的手掌压在抽筋小腿的膝盖上，帮助小腿伸直。

（3）教学实施目标3。

技能目标：灵活使用现场救援设施设备。

思政目标：急中生智，临危不乱，因地制宜进行现场救援的职业素养

（4）教学实施目标4：徒手心肺复苏急救（重点与难点）。

技能目标：徒手心肺复苏操作实训。

思政目标：珍爱生命、生命至上。为生命保驾护航，与死神赛跑，为生命赢得宝贵时间。

时间就是生命，现场救护科学有效，病人恢复心跳、呼吸，可用干毛巾擦遍全身，自四肢、躯干向心脏方向摩擦，以促进血液循环（白金时间1分钟内，黄金时间4分钟，白银时间4~8分钟，白布单时间8~10分钟后）。

心肺复苏的3个关键步骤（CAB）：C即胸外按压，A即开放气道，B即人工呼吸。

步骤一：判断现场状况（思政融入：临危不乱，泰然处之）。

第一步，确认现场周围环境是否安全。

第二步，确认是否昏迷、呼吸是否正常。

第三步，确定昏迷，立即呼救。

步骤二：呼救与摆放体位：摆放仰卧体位，解开上衣。

步骤三：徒手心肺复苏现场操作（思政融入：一丝不苟的操作流程）。

①胸外按压。

②开放气道（思政融入：生命第一，不怕脏、不怕累的精神）。

③口对口人工呼吸（思政融入：认真观察、善于思考判断）。

特别注意：如果现场有AED，必须尽快实施电除颤（思政融入：现场应变能力）。

④体位现场纠错（思政融入：发现错误及时纠偏的态度）。

教学实施方法：根据现场操作视频录像，自我纠错、互相纠错，包括肘部错误纠错、手位现场纠错。

四、案例成效或经验总结

（一）实效与经验

1. 以赛促教、以赛促学成绩喜人

首先，聚焦四大赛事，加强第二课堂建设。引导学生积极参与“全国大学生创新创业大赛”“全国大学生乡村振兴创意大赛”“互联网＋创新创业大赛”及“携程校园定制师大赛”。四大赛事引领的第二课堂成效明显，采用英雄救人案例教学、安全案例反思分享讨论、线上＋线下翻转课堂、救援真实故事情景模拟、“急救剧本杀”角色体验、安全急救短视频拍摄、寻找生命足迹等多种教学方法和手段。其次，以赛促学效果明显，培养学生独立思考能力、创意实践能力。最后，引导学生自主加强知识与能力的结合，建立社会责任感。指导学生参与全国大学生红色旅游创意策划大赛，通过带领学生深入红色景区、革命老区、爱国主义教育基地，亲身体验、深刻领悟中国革命的光荣传统，引导学生完成红色旅游线路和产品创意策划，突破了学校课堂教育的局限，在旅游急救实景实训中调动了学生的积极性、主动性，既增强了学生对中国共产党建党伟业历史的了解，培养了学生的爱党爱国情怀，学习了革命先辈的责任担当意识，不畏艰险在危难面前挺身而出的无畏精神，又在比赛项目中演练了实训技能，取得显著的教学效果，2018—2021 年连续 4 年在红旅大赛中取得佳绩。

2. 三全育人，实践育人成效显著

把三全育人的理念从上到下贯穿《旅游安全管理实务》课程中，体现在疫情的联防联控一线，在守护健康、坚决打赢抗疫之战的同时，引导学生坚定“四个自信”，激励学生肩负责任，义无反顾地加入这场没有硝烟的战“疫”中，为共筑抗疫防线贡献力量。号召和激励学生，扛起时代赋予的责任，众志成城，同心“战疫”，积极投身于抗击疫情的志愿服务之中，用实际行动共同助力打赢疫情防控阻击战，涌现出众多勇于担当、乐于奉献的先进典型，以实际行动彰显了旅管学子的高尚情操和良好精神风貌。讲述学子们的抗疫故事，以期弘扬伟大抗疫精神，发挥榜样作用，引导学生“把灾难当教材，与祖国共成长”，用平凡人的视角记录不平凡的感人时刻，用平凡人的身份展现不平凡的担当，让一份份旅管学子的善良、勇敢、责任和担当筑牢疫情“防控线”，为打赢疫情防控阻击战贡献青春力量。

3. 第二课堂活动蓬勃开展

思政内容的融入，课程整体教学目标的实现，学生身心的健康成长，思想道德品质的提升，职业素养的养成，社会主义核心价值观的践行，这些内在指标的考核，不能完全通过考试成绩进行衡量。在本节课实施过程中，更加关注学生内心的成长成熟，立足日常的小事，以小见大，立足旅游基础岗位，具备旅行过程中应知应会的急救技能，通过观察测评学生的行为表现，完善学生实践实训成绩考评管理，通过专业课任课教师担任班主任工作，真正贯彻教书育人的方针。学生积极参与红十字会和社会救援公益、社区安全防控宣传、景区现场救援等实践活动，真正运用知识，提升技能，践行情操，提升职业素养。

（二）改进思路

1. 构建多维融合的课程思政教学模式

在“多维融合”教学模式实施成效显著的背景下，《旅游安全管理实务》作为一门拥有丰富思政元素与多样实践形式的课程，应结合“多维融合”教学模式，遵循旅游管理专业人才培养方案，修订旅游安全管理实务的课程标准和思政融入目标。然后围绕该教学目标维度，在深度挖掘专业思政元素的基础上，从教学内容、教学资源等方面进行改进：

第一，重构教学内容。在进一步分析学情的基础上，突出思政元素丰富的教学重点和难点。

第二，优化教学资源。增加融入课程思政元素的新型教学资源，如旅游安全热点新闻播报、旅游安全重大安全事故动态案例库、旅游安全常识试题库、景区安全工作模范人物访谈视频等，实现线上与线下资源紧密结合。

第三，丰富实践形式。围绕旅游安全管理核心知识点和核心技能，继续开拓实践的空间，利用校企合作、校政合作提供更为多元的实践平台，依托省级现代学徒制试点，为学生提供更多的实践机会，根据课程思政的融入点设计实践内容，加强乡村振兴战略下乡村旅游安全防范措施相对薄弱的痛点，引导学生学以致用，助力乡村安全预警及防范机制的建立。

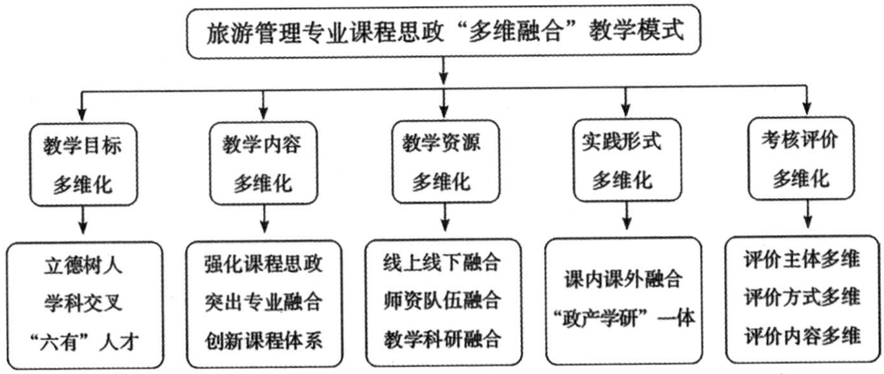

多维融合课程思政教学模式

第四，多维考核评价。注重考核方式持续改进，引入 SPOC 课堂考核评价模式。紧盯学生思想政治方面的情况，不仅关注学生实训、考试成绩，而且更加注重观察学生思想动态，重视学生课堂讨论中发表的言论，考查学生在实训操作、教学活动中体现的家国情怀、价值判断、职业道德水平、职业基本素养、诚信度、团队协作能力等。

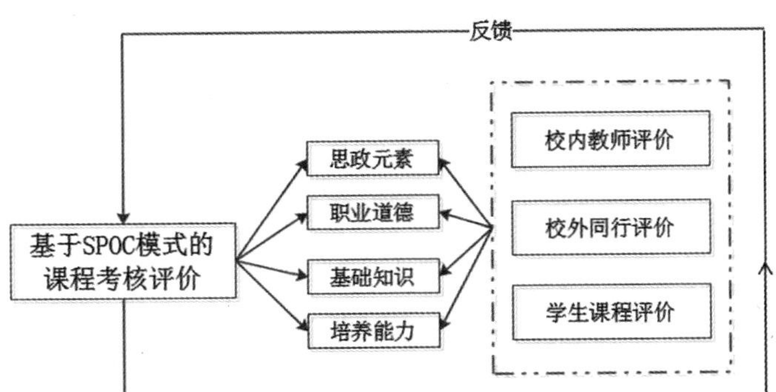

多维考核模式

层层递进地制定能够确保旅游管理专业思政教育与专业教育高度融合的多维路径，以培养学生对旅游安全防范意识、风险意识、危机意识的正确认识，提高学生对职业的认同度和忠诚度，引导学生树立正确的世界观、人生观和价值观。

2. 构建基于课程群的课程思政网

目前的课程思政建设由于缺乏从专业群、课程群层面的协同整合、整体布局，直接导致课程思政变成每门专业课程教师自己的攻坚任务。教师们囿于“单打独斗”的困窘局面，彼此之间缺乏沟通合作，互相不知道与自己有关联的群内课程怎样进行，抑或进行了怎样的课程思政。因而，课程思政内容或者被过度挖掘，或者被冷淡忽视，难以确保专业群、课程群层面课程思政框架的全面性、层次性。为破解这一瓶颈问题，本课程组实施通过专业群—专业课程群—课程子群—具体课程的整体部署，构建课程思政内容的网状框架，在这张“思政网”上横向、纵向各个节点（具体课程到专业群）都处于紧密联结、互通互补的关系中。这一做法有助于自上而下建立起对应人才培养的层次清晰的课程思政目标，以及对应专业课程的明确具体的课程思政目标；有助于有计划、有逻辑地挖掘课程思政元素。“思政网”的构建将有效改变无部署、随意性高的现状，促成协同作用的发挥。目前课程组已经建成由《旅游安全管理实务》一门省教育厅课程思政课程示范引领，六门校级课程思政课程建设项目支撑，初步建设形成“点面结合”的课程思政网络框架。

服务贸易纽带，助力合作共赢

——《展览项目立项策划》课程思政案例

所属专业：会展策划与管理

案例主题：职业素质养成

负 责 人：刘雁琪

工作单位：北京财贸职业学院

参 与 人：吴红霞、候雪艳、丁妍妍、李寅

工作单位：北京财贸职业学院

一、案例简介

（一）案例实施背景

根据新版专业目录，会展策划与管理专业进行了归属调整，调整到了旅游大类。会展策划与管理专业的归属调整，体现了产业融合发展过程中对于专业复合型人才的需求变化与特点。会展策划与管理专业和旅游管理相关专业在知识技能、职业素养、就业面向等方面有着很多交叉、融合与互补之处。展览项目立项策划是会展专业的核心专业课程《会展项目策划与管理》的重点教学环节。《会展项目策划与管理》在很多职业院校作为旅游管理及相关专业的职业拓展类课程或者作为专业选修课进行开设。

受疫情影响，会展产业受到了很大冲击，面对危机，也催生了很多新技术、新变革在会展产业中的迅速发展。云上会展、线上线下混合式会展、网络直播等新型的技术被应用于会展产业。对于本课程的教学改革也提出了全新的内容更新和教法升级需求。本案例在课程思政引领下，融入新技术，针对《会展项目策划与管理》的相关专业知识在校企融合、理实一体化教学模式下存在的问题，以项目化教学改革，展开教学内容。校企共建师资团队，进行课程实

施，并通过企业提供的产业平台，在真实项目演练基础上夯实学生专业技能，真正践行“产教融合，德技并修”的教育理念。

（二）案例相关理论研究及实践探索综述

1. 课程实践与探索

本课程案例是学校具有9年建设历史的“会展策划与管理”专业的核心课程，在本门课程的建设过程中，我们进行了深入的教学研究与改革，2019年与北京优联信驰文化有限公司共建校内“会E人”产业学院；2020年校企共建校内共享性实践教学基地“会展专业全国联动工作站”；2021年申报了北京市“优联信驰会展策划与管理师学院”。

专业教师针对本门课程建设进行了深入的教学与理论研究。（1）在2020年文化和旅游部全国旅游职业教育“课程思政”在线展示活动中入选课堂教学优秀案例；（2）2020年9月申报北京市教育科学“十三五”规划2020年度课题《“一带一路”背景下会展专业人才国际化素养培养机制研究》（课程思政为重要研究内容），课题论文成果《任务驱动下会展策划课程渗透式思政教育》于2021年8月在《大众科技》公开发表；（3）2021年申报院级课程思政教学改革立项项目《会展项目策划与管理课程思政建设与实践研究》；（4）2021年申报校级科研立项课题《数字经济背景下双线会展发展趋势研究》；（5）2020年4月完成校级精品在线开放课程《会展项目策划与管理在线课程建设》；（6）2020年4月完成校级教育教学改革立项项目《基于云课程的混合式教学在会展项目策划与管理课程中的实践探索》；（7）2018年申报完成北京市教委教育教学改革立项项目《会展策划与管理专业实践教学改革模式探讨研究报告》。

2. 形成教学成果

2021年6月《会展策划与管理专业实践教学改革模式研究报告》获中国国际商会商业行业商会、中国国际贸易促进委员会商业行业委员会商科教育教学成果一等奖；2021年6月《“一带一路”背景下会展专业人才国际化素养培养机制研究报告》获中国国际商会商业行业商会、中国国际贸易促进委员会商业行业委员会商科教育教学成果二等奖；2021年6月获校级教学能力比赛一等奖及课程思政“最美课堂”；2021年6月《会展项目策划与管理》MOOC获评校级精品在线开放课；2021年7月《会展项目策划与管理》SPOC获评超星“示范教学包”；2021 年 9 月获得北京市职业院校教学能力比赛一等奖。

（三）本案例所解决的教学问题

1.“一情境三阶段五环节”教学模式，解决教学成效不明显的问题，实现价值引领与能力培养的有机融合

在授课中采用任务驱动式 PBL（Project-Based Learning）教学方法，基于超星云课程 SPOC 平台进行线上线下混合式教学改革，充分利用线上线下多种教学资源。课前要求学生根据目标进行课前预习、自主学习，提前为翻转课堂教学课中讨论和项目任务做好前期学习准备。课中教师将每个小组要完成的展览项目立项策划分解为八个任务，开展任务驱动教学，设计“一情境三阶段五环节”教学模式，并通过成果展示、大赛交流等方式拓展创新。课后参加实践实训，完成学生自身知识能力体系建构。

2. 重构“岗课赛证”融通教学体系，提升学生职业认同感，解决职业适应性不强的问题

对照职教改革方案、会展职业经理人团体标准、人才培养方案及课程标准，分析会展职业经理人职业工作领域核心岗位能力，以岗位工作流程为主线，重构学习领域课程体系，教学内容与 1+X 会展管理职业技能等级证书深度融合。《展览项目策划与管理》为专业核心课程，教学目标对应工作领域会展策划核心岗位能力，将课程重构为五大教学模块，对接会展策划校赛和全国商业精英挑战赛。

3. 优质课程思政融合教学资源不断完善，解决课程教学资源不足的问题

高校邦自建 MOOC 课程资源合计 570 余分钟、52 个课程思政有机融入的微课及其他资源已上线发布开放，同时在智慧职教 MOOC 平台公开开课，解决了课程教学资源不充足的问题。

4. 真实企业资源运用贯穿始终，提升课堂教学生命力，激发学生职业认同感与自豪感

企业教师带来丰富真实案例资源，为课堂注入鲜活元素，让学生加深对于我国会展行业发展的真实认知，激发学生热爱行业、热爱祖国的民族自豪感与责任感。

二、案例设计

（一）教学理念

本课程为“会展策划与管理”专业核心课程。课程立足学校建立财贸特质、首都特色、国际知名的新商科职业院校，服务北京四个中心建设目标定位，以满足北京国际交往中心功能及建设国际会展之都的人才需求为思政建设整体方向。立足学校双高校建设，围绕学校财贸特色、高水平新商科职业院校的办学定位，配合财贸素养教育“五板块、三阶段、四平台、一证书”模式，充分挖掘会展专业促进经济贸易发展专业特色，以及本课程依托展览项目搭建贸易磋商平台的课程特点，构建“一特色三维度多途径”的课程思政建设体系，即以学校“财贸”为特色，以“学校财贸素养教育、通用思政课程教育、专业课程思政教育”三维度、多种教学方法和途径构建课程思政育人新体系。培养学生“家国情怀、团队合作、工匠精神、创新务实”核心素养，探索将课程思政元素有机融入课堂教学途径，构建实施以培育会展职业经理人“创新创意、合作意识、诚信务实、劳动精神、社会责任、家国情怀”为教学目标的课程思政理念。

（二）课程教学目标

通过学习通平台、问卷星、教师访谈等途径，精准分析学情。针对知识、能力、素养三个维度精准分析，聚焦本模块知识内容以及小组协作、个体探究、文案撰写核心能力和综合素养制定教学目标。

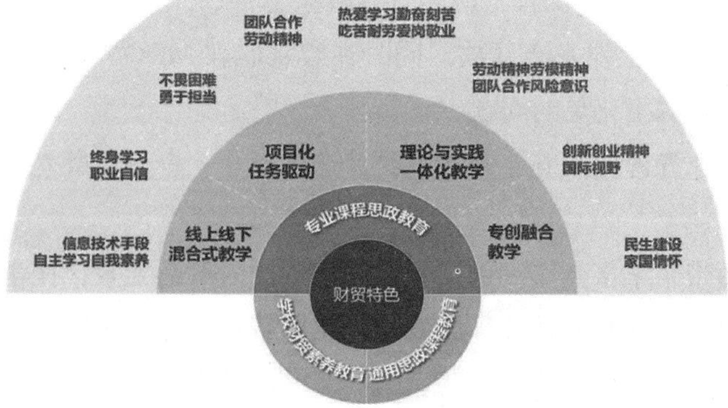

“一特色三维度多途径”课程思政建设体系

（三）思政育人目标体系

通过思政元素融入、学科前沿知识引领和课程任务驱动教学的合力，在课程教学中帮助学生了解会展专业和展览项目所属的行业领域的国际现状、国家战略、法律法规和相关政策，引导学生深入社会实践、关注现实民生问题，培育学生创新创意、服务意识、吃苦耐劳、诚信务实的职业素养，实现“国际视野、创新思维”引领下的“创新创意、合作意识、诚信务实、劳动精神、社会责任、家国情怀”课程思政建设目标。

（四）课程思政与专业教学内容的融合方式

本课程为校企合作共建课程，紧跟行业企业发展动态，结合云展览新业态更新专业知识内容，融入当代会展职业人创新创意、团队协作和劳动精神，思政教育贯穿全过程。在会展项目策划中以“选题—内容策划—成果呈现”三阶段为基本思路，通过小组讨论、团队任务、方案汇报、项目实践实训等方式，分别融入“精益求精—职业素养、创新创意—团队精神、服务意识—诚信务实、吃苦耐劳”等相关课程思政元素。

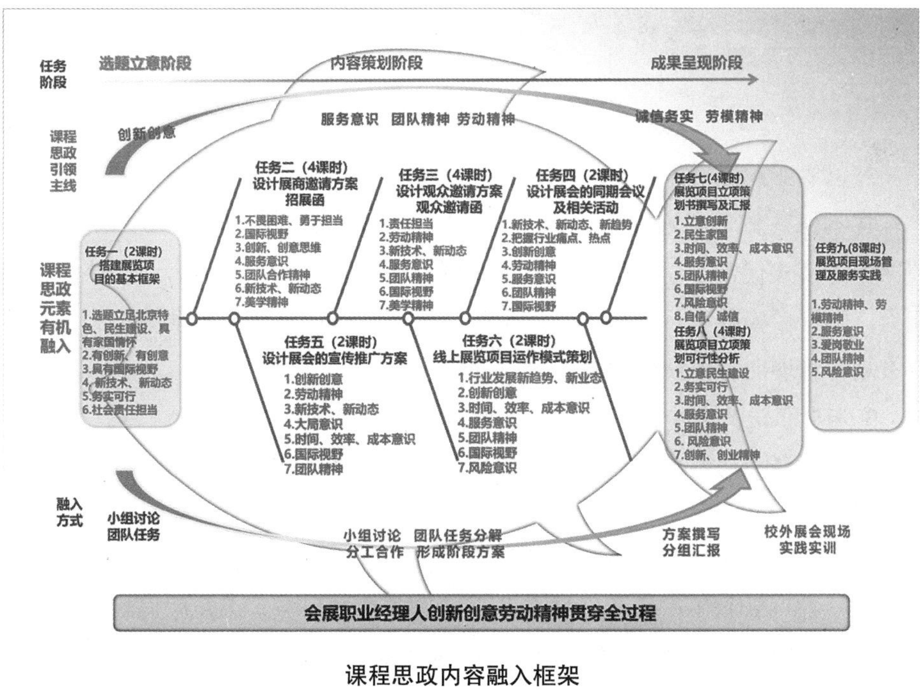

课程思政内容融入框架

（五）特色与创新

1. 课程思政引领下的任务驱动式教学贯穿始终

在项目立意阶段，引导小组成员在选择本团队项目选题时，选择有时代特点、有新意的选题，将反映国家发展、具有创新创意的课程思政要素有机融入。项目策划阶段，融入齐心协力、勇于担当的劳动精神、工匠精神。展览项目策划书撰写阶段，融入了学习者的学术诚信、团队协作和精益求精劳模精神。

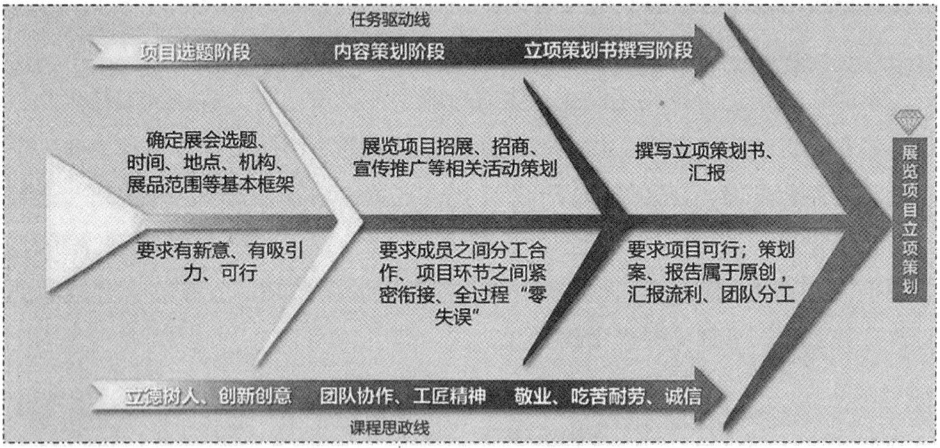

课程思政引领下的任务驱动教学

2. 以职业能力培养为导向，“一情境三阶段五环节”教学模式见成效

在本模块教学实施过程中，举办校级会展策划大赛，“一情境三阶段五环节”教学模式促进了学生展览策划文案撰写能力、口头汇报能力、团队协作等能力。在课后实践项目拓展中，学生吃苦耐劳、敬业合作的劳动精神和会展项目策划与管理能力得到全面提升。

3. 与时俱进更新专业教学内容，教研科研并行育人

数字经济飞速发展等因素加快了会展企业数字化转型。本模块教学坚持与时俱进，及时更新教学内容，增加云展览、线上线下融合展览内容，紧跟行业发展，拓宽学生的国际视野。教师团队将教学与科研结合，立项省部级课题《“一带一路”背景下国际化会展专业人才培养机制研究》以及厅局级科研课题《数字经济背景下线上展览转型升级与应对策略》，通过科研反哺教学，带领学

有余力的学生参与科研，教研科研并行育人。

4. 优质教学资源不断丰富完善，具有推广、借鉴价值

产业学院模式下创新教师团队共同建设优质教学资源并不断丰富完善，具有推广借鉴价值。本课程的超星云课程 SPOC 已被收录为平台示范教学包，可供同类院校借鉴。此外，“妙行”任务沟通管理系统可实现任务分组过程管理，以企业任务工作流程引领项目实施全过程管理，具有较大推广及借鉴价值，可供校企联合推广。

三、案例实施

（一）案例实施措施、时间、阶段与实施重点和成效

1. 以展览项目立项策划为目标，科学进行任务分解

本模块 16 课时，全班 24 名学生，分为 6 组，以各小组完成一个行业展览立项策划为目标，以展览项目策划书撰写和汇报为总任务，以内容策划为主体框架，科学分解项目任务，将任务划分为“项目选题—内容策划—策划案撰写汇报”三个阶段、八个分任务，每个任务 2 课时。全班 6 组分别完成不同主题的展览项目立项策划，并以校级“第七届会展策划大赛”形式进行了项目立项策划书分组撰写和汇报各个阶段实施重点。

2. 以创新、服务、劳动精神引领开展教学

课程思政元素与项目任务三个阶段有机融入，在项目选题阶段，以使命担当、服务国家区域发展、创新创意为素养元素；在内容策划阶段，融入团队协作、服务意识、劳动精神、会展新技术、新业态探索精神；在作品呈现阶段，以诚信为基础，融入追求卓越、争创一流、求真务实等素养。

3. 企业资源运用贯穿始终，提升课堂教学生命力

企业教师带来丰富真实案例资源，为课堂注入鲜活元素，学生完成展览项目主题具有时代性、创新性、真实性，结果具有可行性，提升了课堂教学生命力。依托“会 E 人”产业学院，丰富真实项目拓展训练环节，学生实操能力大大提升，凸显了职业教育特点，学生敬业合作、吃苦耐劳的劳动精神等教学目标有效达成。

教学实施过程与阶段实施的重点

企业教学资源运用

4. 运用信息技术手段搭平台、解难点、辅教学、助评价

（1）运用信息技术手段搭建教学平台。利用超星云课程平台建立《展览策划与组织》SPOC，利用高校邦课程平台自建《会展项目策划与管理》MOOC以及其他手段搭建丰富资源平台。

（2）引入企业真实信息化管理系统解决教学重难点。

①“苦瓜”会展管理系统。采用“苦瓜”会展管理软件进行目标参展商数据库、目标观众数据库的建立、导入、管理、修改、导出等基本操作，让学生掌握数据库实战技能，解决本模块教学重难点教学实施。

②“会E人产业学院”、“妙行”任务沟通管理系统。展览项目立项策划书撰写、相关活动策划等阶段，引入“妙行”任务沟通管理系统及其自带模块化教学资源，解决学生文案撰写过程中的难点，实施全过程任务管理。

（3）采用智慧课堂、学习通数据跟踪等辅助教学实施提升课堂管理。教师有针对性地制作大量视频、文档、测试等资源并上传平台，要求学生课前预习，发布学习任务，通过SPOC平台评价诊断效果，使用智慧课堂进行监管跟踪、有针对性督促，开展平台评价，掌握学生元认知能力；课中设计随堂诊断、翻转课堂、个人作业、小组作业、小组讨论、教师提问、教师总结和项目分组任务（PBL）等教学活动，辅助教学实施，提升课堂管理。

（4）采用信息技术手段，实现多种手段评价多维度内容。最后通过信息技术手段全过程多元化评价方式对学生任务成果进行评价，并记录评价结果，同时考核学生自主学习协作探究以及综合素养是否得到提升。

信息技术手段运用

（二）阶段性成效

1. 知展览立项：知识目标有效达成，展览立项知识水平明显提升

通过信息技术手段实施教师评价、小组互评、自我评价、平台评价，对学习内容、线上自主学习、讨论、互动、任务分配及课后任务完成情况等方面多维度综合评价，得出客观真实评价结果。

在教师进行任务分解指引学生解决任务的过程中，通过过程性、形成性等评价可以看出学生对展览项目立项策划相关知识掌握较好，各任务平均分达到80分以上，本模块有接近80%的学生最后综合加权成绩达到80分以上，与2018级学生相比，平均分提高近10分，可见展览立项知识目标有效达成。

2. 能项目策划：职业能力逐一掌握，达到项目策划岗位工作要求

在本模块学习中，学生熟练掌握展览基本框架策划、招展、招商、宣传推广和相关活动以及线上展览新技术新模式应用等基本内容，将所学运用到一个专业展览项目立项策划中，基本具备了个体探究、团队协作、口头表达、实操实践以及自主学习等职业能力。对接课程举办“第七届会展策划大赛”，促进学生自主学习能力、个体探究能力、文案撰写能力、口头汇报能力、团队协作能力提升。个性化指导部分优秀同学参加第四届国际商务会展策划大赛中国地区选拔赛暨2020年全国高校商业精英挑战赛第十四届全国会展专业创新创业实践竞赛获得1个一等奖、1个二等奖。

3. 有职业素养：课程思政有机融入，学生各项素养能力显著提高

课程思政元素贯穿项目策划全过程。学生创新创意能力、团队协作能力、动手动脑劳动精神和诚信素养、精益求精劳模精神等方面都得到了显著提升。

（三）不足及改进

（1）产业学院校企融合模式下，企业为课程建设引入丰富真实会展项目，让学生能够实现工学结合的教学模式，但受限于现实的展览项目的办展时间不能与教学周期完美对接，对于教学效果达成有一定影响。未来通过校企深度融合，规划共建联合品牌的真实展览项目，可以根据教学内容周期来自主规划安排策划展览的时间和周期，以更好地实现产教融合下的课程教学效果。

（2）展览行业发展迅速，线上展览教学中，由于参与的真实案例还不多，对于这部分内容的授课效果有一定影响。未来在产业学院模式下校企共同继续

建设更丰富的云展览资源项目库，加快更新速度，以引领学生掌握最新行业发展技术和动态。

四、案例成效或经验总结

（一）实施总体效果与成果经验总结

本课程学生评教、同行评价、教学督导和教学规范评价四维评价结果均为优秀。在创新教学过程中，课程思政教学达到了“如盐入水，如花在春”“润物无声”的教学效果。学生个体探究、团队协作、口头表达、实操实践、自主学习等职业能力以及创新创意能力、团队协作能力、动手动脑劳动精神、诚信素养、精益求精劳模精神等方面都得到了显著提升。

此外，思政教学成效还获得媒体报道。如学校联合北京地区开设会展专业的 10 家学校共同主办、学院会展专业承办的“北京市会展专业人才交流会”，近 50 家企业参加，获得圆满成功，被《中国教育报》《北京考试报》报道。

本课程获 2021 年北京市职业院校技能大赛教学能力比赛一等奖、校级课程思政“最美课堂”荣誉称号；课程负责人在 2020 年文化和旅游部全国旅游职业教育“课程思政”在线展示活动中入选课堂教学优秀案例；2021 年立项院级课程思政教改项目 1 项；建设课程思政案例库 1 个，供师生参考选用；团队成员立项省部级科研课题 1 项、校级科研课题 4 项，发表课程思政论文 1 篇，获中国国际商业行业商会商科教育教学成果一等奖 1 项、二等奖 1 项。

2021 年 7 月自建在线课被评为校级精品在线课以及超星“示范教学包”并发布于高校邦和智慧职教 MOOC 平台，52 个微课共计 570 余分钟以及题库、案例库等其他资源供同行引用借鉴，合计已有近 60 位同行教师选用和借鉴，按照利用 SPOC 建课的同行教师平均授课 1~2 个教学班、每班 30 人常规规模估计，有近 2000 学生从中受益，在同类院校中起到示范辐射作用。

（二）改进思路与注意事项

（1）信息技术融入课程思政教学深度不够，还处在探索阶段，需进一步深入。在原有基础上，不断改进线上线下混合式教学技术手段，同时继续完善新科技新动态在会展行业中呈现出的线上展览、双线结合展览相关知识，更新教学资源，补充 MOOC 内容。

（2）制定本课程建设规划，分步骤设定目标和实施方法途径，继续加强以思政引领展览项目策划过程，培养未来会展职业人优秀思想道德价值观。

（3）与企业合作，在已有MOOC资源基础上，开发以课程思政为引领的《会展项目策划与管理》活页式新形态一体化教材，继续挖掘课程思政元素，开发课程资源，建立案例库。

慎思善辨，确权明责

——《旅游法应用》课程思政案例

所属专业：旅游管理

案例主题：职业素质养成

负 责 人：邢剑飞

工作单位：杭州职业技术学院

参 与 人：杨强、孙丽、潘丽云、李晓

工作单位：杭州职业技术学院

一、案例简介

（一）案例实施背景

1. 落实课程思政实现育人功能的政策要求

习近平总书记指出，要坚持把立德树人作为中心关节，把思想政治工作贯穿教育教学全过程，努力开创我国高等教育事业发展新局面。课程思政成为建设新时代社会主义事业新局面所需具备的重要命题。

习近平总书记强调要用好课堂教学这个主渠道。所有课堂都有育人功能，不能把思想政治工作只当作思想政治理论课的事，其他各门课要守好一段渠，种好责任田，要把做人做事的基本道理、把社会主义核心价值观的要求、把实现民族复兴的理想和责任融入各类课程教学之中，使各类课程与思想政治课同向同行，形成协同效应。

课程思政是立德树人的根本举措，是教书育人的深化拓展，高校教师既要授业解惑，更要以传道为责任和使命。

2. 进行从文件内容转化为教学实践的探索

上述关于课程思政的文件在给老师带来压力的同时，实际上也明确了前行的方向，给了老师深入挖掘课程的契机，使老师的育人要求更加明确，教学行为变得更加规范。

《旅游法应用》是杭州职业技术学院旅游管理专业导游和领队方向的必修课程，已经连续开设了20年。多年来，课程不断深化改革，逐渐探索出课程思政为引领，集专业性、知识性、人文性于一体的课程体系，将理论与实践有机结合，将思政育人与技能学习、知识传授有机结合，探索政治性和学理性、理论性和实践性相统一的课程建设路径，致力于实现“知识传授与价值创造相结合”的育人目标。

在《旅游法应用》课程建设的探索过程中，认识到课程思政既不是增开一门课，也不是“课程思政化”或“课程去知识化”，而是对专业课内容和方法的重新梳理和认识，通过梳理专业课程中落实的思政元素，融入课堂教学各环节，实现立德树人、润物无声。

（二）案例相关理论研究及实践探索综述

为了较好地实现《旅游法应用》课程思政教学的效果，在教学中根据时事热点、行业动态等挖掘思政元素，实时更新教学内容、调整教学重点，以实现职业匹配、行业所需。

1. 更新教学内容

采用案例导入的方式增强教学内容的可读性。一方面，根据高职学生理论学习能力不足、实践动手能力较强的学习认知的特点，尽力做到理论知识逻辑清晰，重难点突出；同时教学内容中配备大量来源于行业企业实际的案例分析和知识链接。另一方面，由于《旅游政策与法律法规》教材内容的相对滞后性难以避免，教师同时进行校本教材或者配套的教学资料的开发，不断地丰富和完善教材内容。

2. 调整教学重点

为了避免由任课教师先入为主地确定教学重点，采用了倒推法、专家认证法、调查法等方法较科学地确定《旅游法应用》课程的教学重点。

采用倒推法，即充分利用旅游大数据平台、司法平台、媒体平台，明确哪些方面的旅游纠纷、旅游争议和旅游诉讼最多最频繁，造成的社会影响最大最深远，涉及这些旅游纠纷、旅游争议和旅游诉讼的内容就应该作为教学重点。

采用专家论证法，即聘请文旅行业的专家和法律方面的专家，共同商讨关于高职高专类旅游人才培养所需的法律知识体系，确立重点和难点。

采用调查法，即调查旅行社、旅游饭店、旅游景区经营管理人员及从业人员（尤其是旅行社经营管理人员及从业人员）渴望掌握的旅游法律知识；同时组织调查旅行社、旅游饭店、旅游景区人力资源管理部门希望员工掌握的旅游法律知识。

（三）本案例所解决的教学问题

伴随经济全球化的进程，西方价值观在中国得到强势传播，给人们的价值观带来空前冲击，学生们也不例外地受到拜金主义、利己主义、享乐主义等的影响。《旅游法应用》课程也应该承担起培育和践行社会主义核心价值观的重任，引导学生关注旅游业发展，感受社会进步和祖国富强带来的幸福感和自豪感，在课堂教学中有机融入爱国情怀、文化自信、法律意识、社会责任等要素。

二、案例设计

（一）教学理念

“选取典型案例，接轨旅游岗位，服务旅游经营，提升行业形象”是本案例设计的教学理念。在教学中甄选符合课程思政要求的案例，请学生模拟导游、旅游酒店管理人员、旅游景区管理人员、旅游行政执法人员、小法官等角色，充分地理解案例，能够举一反三，力求体现做人做事的基本道理、社会主义核心价值观的要求、实现民族复兴的理想和责任，在提升学生法律意识、培养学生法律精神的同时，切实提升学生的职业道德、服务意识、家国情怀。

（二）课程教学目标

众所周知，《旅游政策与法律法规》是导游资格证考证的必考科目之一。各高职高专院校旅游管理专业几乎无一例外地把《旅游政策与法律法规》课程作为专业必修课程加以开设。该课程是一门应用性和实践性极强的学科，通过该课程的学习，培养学生的法律思维，使学生掌握旅游行业从业人员所应具备的旅游法律法规和政策知识，使学生具备用所学知识理解、判断与解决实际旅游法律问题的能力，切实做好旅游经营管理工作与旅游服务工作。

在七个教学项目中分别有机融入课程思政目标，包括爱国意识、社会责任感、职业生涯规划、文明旅游，吃苦耐劳、勇于攀登、文明旅游，持证上岗、爱岗敬业，安全第一、张弛有度，互相尊重、互相学习，君子爱财、取之有道，权利意识、义务观念、责任感、契约精神，定分止争等。

（三）思政育人目标体系

《旅游法应用》课程思政育人目标体系可以分解为知识目标、能力目标和素质目标，具体阐释如下：

其一，知识目标。除了旅游法律法规的学习，重点强调从哲学整体与部分的关系来理解旅游法律法规与其他法律之间的关系，强调法律条文的深入理解，强调法律知识的灵活应用，充分发挥法律的预测作用和教育作用。

其二，能力目标。注重旅游服务能力的培养，提升职业判断能力，强调法律后果和责任意识，防范违法行为和犯罪行为发生，注重理解旅游从业的法律风险。

其三，素质目标。引导学生树立正确的人生观、价值观，培养学生爱岗敬业、任劳任怨、恪守职责的职业观。培养学生具有良好的沟通表达、职业协调、合作学习的精神，具有较强的抗压素质、礼仪修养、诚信品格和社会责任感，具有踏实肯干的工作作风和主动、热情、耐心的服务意识。

（四）课程思政与专业教学内容的融合方式

《旅游法应用》课程思政主要融入点一览

序号	教学内容	教学切入点	育人元素	实施路径
1	项目一：认知从业岗位，了解旅游服务	任务一：说说导游分类	爱国意识、社会责任感、职业生涯规划、文明旅游	问卷调查、案例教学
2		任务二：聊聊导游苦乐	吃苦耐劳、勇于攀登、文明旅游	参观实践（“重走立宪路”红旅参观教学）
3		任务三：导游职业素养之我见	持证上岗、爱岗敬业，安全第一、张弛有度，互相尊重、互相学习，君子爱财、取之有道	案例教学、小论文创作比赛
4	项目二：就职旅游企业，提供旅游服务	任务四：法眼看旅游饭店	权利意识、义务观念、责任感、契约精神	中国裁判文书网7个真实案例剖析、“我是饭店经理”情景演练

续表

序号	教学内容	教学切入点	育人元素	实施路径
5	项目二：就职旅游企业，提供旅游服务	任务五：法眼看景区	权益意识、义务观念、责任感、契约精神	中国裁判文书网5个真实案例剖析、“我是景区负责人”情景演练
6		任务六：法眼看旅行社	权益意识、义务观念、责任感、契约精神	中国裁判文书网5个真实案例剖析、旅行社设立模拟、“我是旅行社经理”情景演练
7	项目三：保护合法权益，解决旅游纠纷	任务七：旅游投诉之我见	定分止争	模拟法庭、小组辩论

（五）特色与创新

本课程在建设中积极思考法律课程与思政课程的关系，充分挖掘课程教学中的思政元素，采用案例教学、任务驱动教学，启发学生思考，让思政元素有机融入课程教学，启发学生思考，让思政元素与专业知识传授密切结合，以社会主义核心价值观作引领，以旅游行业职业素养作基石，架设法律与思政学习的桥梁。

三、案例实施

本案例实施可以概括为“一个中心两个抓手三个阶段”。一个中心即以典型案例为中心，两个抓手即《〈旅游法应用〉工作页》和《〈旅游法应用〉习题册》，三个阶段即准备阶段、实施阶段和拓展阶段。准备阶段的主要工作是通过调查研究、文献学习、同行借鉴等方式获取《旅游法应用》课程思政建设的思路。实施阶段的主要工作是确立工作任务、查找典型案例、建设《〈旅游法应用〉工作页》和《〈旅游法应用〉习题册》等。拓展阶段的主要工作是拍摄课程视频、以赛促教和第二课程建设。通过该案例的实施，使学生以旅游从业人员的视角关注、认识旅游业中的法律问题，能够举一反三予以运用，使《旅游法》像一束光照亮学生未来的路。

《旅游法应用》作为旅游管理专业学生必须学习的专业课，对于掌握我国旅游行业基本政策，了解旅游行业基本法律法规，严格按照国家法律、法规进行操作，维护自身权益十分必要。旅游从业人员不仅需要精湛的技能，更需要诚信勤勉、客观公正的职业道德和社会公德。为此要在专业课程中融入思政元素，确定本课程在知识、能力和素质层面上的建设目标，实现育才与育人协同并进。培养“学法、知法、懂法、守法”的旅游人，践行“游客至上、服务至诚”的旅游行业核心价值观、“文明旅游、从我做起”的示范是贯彻始终的主线。

其一，以社会主义核心价值观作引领。本课程积极发挥社会主义核心价值观对高等教育的引领作用，将“富强、民主、文明、和谐、自由、平等、公正、法治、爱国、敬业、诚信、友善”等元素有机融入课堂教学中，增强学生的文化自信和道德自律。

其二，以旅游行业职业素养作基石。本课程积极探索旅游行业职业素养在课程教学中的有机融入。积极挖掘旅游行业职业素养中的思政元素，以导游职业道德与修养为例，挖掘如下思政元素：爱国爱企、自尊自强，遵纪守法、敬业爱岗，公私分明、诚实善良，克勤克俭、游客至上，热情大方、清洁端庄，不卑不亢、一视同仁，耐心细致、文明礼貌，团结协作、顾全大局，优质服务、好学向上。

其三，架设法律与思政学习的桥梁。本课程的思政建设强调思政元素有机融入课堂教学，积极探索架设法律学习与思政学习的桥梁，以认知从业岗位，理解旅游服务模块为例，任务三“导游职业素养之我见”就是让学生紧密结合《中华人民共和国旅游法》条文梳理导游职业素养的内涵。

（一）第一阶段：准备阶段

《旅游法应用》课程思政建设准备阶段

序号	实施的措施	实施的重点	阶段性成效	不足	改进
1	调查需求	学习需求和岗位需求的调查	明确了学生对《旅游法应用》课程的学习需求、企业对学生职业能力的学习需求	不同省份的学生之间、普高生与职高生之间的学习基础和学习能力存在较大差异，如何面对不同的学生提供不同的课程内容供给存在较大的难度，有时感觉难以兼顾	鼓励同学们组成小组进行小组讨论和学习，充分发挥同伴互助的作用

续表

序号	实施的措施	实施的重点	阶段性成效	不足	改进
2	文献学习	梳理关于课程思政、任务型课程建设的文献	学习了同行在课程思政建设、任务型课程建设中的思路	可供借鉴的《政策与法律法规》思政建设、任务型课程建设的素材很少	努力从其他课程中借鉴合理的元素，以期在《旅游法应用》课程思政实践中加以运用
3	借鉴网络课程资源	寻找优质网络课程资源	重点学习了北京联合大学郑晶老师的《旅游中的法律》课程和苏州信息职业技术学院张昊与赵孟娅老师的《政策与法律法规》课程	在导游证考证和学生从业实际需求之间需要找到一个平衡点	努力使教学符合学生导游证考证和学生从业的双重需求，让学生以旅游从业人员的视角去关注旅游中的法律问题
4	咨询校内思政教师	设计课程思政融入点	寻找课程思政巧妙的融入点	思政课教师对于复合型课程的思政融入建设经验有所不足，并不能对《旅游法应用》课程思政的建设提供明确的建议	再次进行文献学习，深入思考思政教师的建议，加深对课程思政的理解，明确课程思政建设的方向和路径
5	利用课程思政学习机会	借鉴成功经验	认真学习了兄弟院校优秀教师思政建设的经验，听取了专家们宝贵的点评意见	可供学习的相同性质的课程资源极少	总结优秀教师实施课程思政的共同特点，竭力借鉴优秀教师的经验
备注：课堂思政学习的内容包括旅游专业“学党史，迎百年”课程思政案例学习、全国职业院校旅游大类课程思政案例备课会					

（二）第二阶段：实施阶段

《旅游法应用》课程思政建设实施阶段

序号	实施的措施	实施的重点	阶段性成效	不足	改进
1	重构教学理念、教学目标	修正教学理念、教学目标	重构了教学目标，使思政融入水到渠成	《旅游法应用》课程是旅游管理专业和法律专业复合的课程，思政目标如何有机、自然地融入课程教学存在较大的难度，刚开始实施时感觉难以找到有效的抓手	通过阅读大量文献，反思教学目标，修正教学目标

续表

序号	实施的措施	实施的重点	阶段性成效	不足	改进
2	搜索典型案例	精选案例	精选了 22 个典型案例	案例是否具有典型性有待考证	不断优化、精选案例，尽最大努力保证案例的典型性
3	梳理工作任务	梳理项目和任务	构建了 3 个项目 7 个工作任务	工作任务与学生今后从业之间的相关性有待考证	不断修正与完善工作任务
4	编写工作页	确定项目和任务	编写完成《〈旅游法应用〉工作页》	工作页结构安排的合理性有待考证	不断优化、完善工作页
5	梳理习题	比较习题质量	梳理《〈旅游法应用〉习题册》	习题的重点和难点有待进一步考量	明确习题的重点和难点
备注：3 个项目分别为认知从业岗位，了解旅游服务（包括说说导游分类、聊聊导游苦乐、导游职业素养之我见 3 个工作任务）；就职旅游企业，提供旅游服务（包括法眼看旅游饭店、法眼看景区、法眼看旅行社 3 个工作任务）；保护合法权益，解决旅游纠纷（包括旅游投诉之我见 1 个工作任务）					

（三）第三阶段：拓展阶段

《旅游法应用》课程思政建设拓展阶段

序号	实施的措施	实施的重点	阶段性成效	不足	改进
1	以赛促教	指导学生参加第 17 届挑战杯比赛	作品《杭州市中小学生诗词学习调查与分析》荣获浙江省第 17 届挑战杯省赛三等奖	和其他院校尤其是本科院校的学生相比，学生对旅游大政方针的把握有所欠缺	引导学生密切关注与旅游密切相关的大政方针，审视旅游服务满足人民群众美好生活需求的功能定位
2	准备拍摄视频	拍摄视频	完成 22 个视频拍摄的资料准备工作	22 个视频是否能较好地契合《旅游法应用》课程的教学目标	优化教学环节的设计，分为情境导入、教学目标、教学内容、教学总结四大环节
3	第二课堂拓展	指导学生参加浙江省第二届、第三届红旅大赛	夏娟带队的“重走立宪路”和郭云天带队的“青山访竹”项目都斩获了优胜奖	本校选手和兄弟院校的选手之间仍然存在一定差距，旅游文创产品创意设计思路不够活跃，红色主题的把握有所欠缺	提高学生对红色研学旅行相关理论的敏感性，能把红色旅游与研学旅游、生态旅游等有机结合

备注：22 个视频的拍摄材料，分别是导游职业制度、导游的权利、导游的义务、导游违法行为的处罚、旅行社法律制度认知、旅行社分支机构法律制度认知、旅行社的经营规则、旅行社的权利、旅行社的义务、旅行社的违约责任、违约之诉与侵权之诉的选择、旅游饭店法认知、旅游饭店的权利、旅游饭店的义务、旅游饭店的违约责任、旅游饭店违反安保义务的责任、风景名胜区保护法律制度、旅游景区的权利、旅游景区的义务、旅游景区的违约责任、旅游景区违反安保义务的责任、旅游纠纷认知及解决

通过“从案例中来，到实践中去”的《旅游法应用》课程思政的教学改革，试图找到一些“小而精”的切入口，探索较好的任务型课程建设的路径，切实发挥法律作为工具应有的指引功能，在一定程度上改变“教师教得苦不堪言，学生学得痛苦不堪，考试考得不明所以，考后忘得一干二净”的课程教学面貌，一定程度上实现“教师教得意犹未尽，学生学得恍然大悟，考试考得从容淡定，从业能够信手拈来”的课程教学效果。

四、案例成效或经验总结

（一）实施总体效果与成果

实施总体效果较好，取得了一系列的成果。

课内教学成果如下：

首先，《旅游法应用》的 22 个典型案例已经收集完成，并编辑成册，供学生使用。

其次，《〈旅游法应用〉工作页》已经完成编制，并投入使用，学生反馈效果较好。

再次，《〈旅游法应用〉习题册》已经梳理完成，并投入使用，学生反馈效果较好。

最后，《旅游法应用》的 22 个视频已经完成拍摄，相关的资料已经准备完成。

课外教学成果如下：

第一，2021 年 5 月指导学生夏娟等获得浙江省第十七届“挑战杯”交通银行大学生课外学术科技作品竞赛三等奖。

第二，2020 年 7 月、2021 年 8 月组织学生参加了浙江省第二届和第三届红旅大赛，作品“重走立宪路”和“青山访竹”取得了优胜奖。

（二）经验总结

《旅游法应用》课程的建设是一个循序渐进但又渐趋明朗的过程。这门课程担负着提高学生导游资格证考证通过率的任务，但同时这门课程也担负着让学生知法懂法守法用法的重任。如何在上述两个目标之间实现平衡，是《旅游法应用》任课教师必须面对并敢于解决的问题。让法律不再束之高阁，让法律不再遥远，让法律离学生的职业生涯更近一些，是任课老师的责任担当。如何化繁为简、化难为易，是任课老师的教学追求。找到旅游行业、旅游企业的典型案例（而不是一味地进行假设或者使用陈旧的、不具备借鉴意义和现实价值的案例）并和学生分享、讨论，能在一定程度上助力任课教师实现“法律为职业服务”的教学目标。

（三）今后的改进思路和注意事项

第一，构建课程知识图谱。考虑使用思维导图、知识树等方式强化法律术语之间的联系，构建更加清晰的《旅游法应用》课程知识图谱。针对《旅游法应用》课程理论性极强的实际，在通过引入案例帮助学生加深理解的基础上，进一步引导学生自行绘制思维导图和知识树，强化对法律术语的理解，真正实现“从案例中来，到实践中去”的教学效果。

第二，服务地方旅游发展。我国区域旅游发展的整体格局是“东强西弱、南强北弱”，东部旅游目的地的接待能力、旅游产品和线路的丰富程度、旅游服务水平明显优于西部地区。《旅游法应用》课程的教学考虑纳入浙江地方立法的相应内容，体现地方特色，为地方旅游业发展提供人才支撑，切实服务地方旅游业发展的需要。

第三，尝试分层教学方式。随着《旅游法应用》课程思政建设的逐步推进，尝试针对不同学习基础、学习能力的学生提供差异化的学习模块，使学生能找到适合自己的学习内容和学习方法，进一步增强学生学习《旅游法应用》课程的信心，进一步提升学生学习《旅游法应用》课程的效果。

其他主题

编者按

这部分案例一共有4个，主要是前面四个主题以外难以直接归类的案例，这几个案例主要在以下方面做了一些探索：

一是通过经典作品挖掘思政元素。《语文思政+智慧教学，助力学生人生成长——中职〈语文〉课程思政案例》通过文学作品如散文、诗词歌赋等经典名篇，传递积极向上的人生观和价值观。《创意民宿产品，感受美好生活——〈民宿开发与运营〉课程思政案例》通过任务驱动，将传统文化、工匠精神、劳模精神等课程思政元素融合在教学过程中。

二是结合案例挖掘课程思政元素。《责任化解危机，担当彰显作为——〈酒店经营管理案例分析〉课程思政案例》通过经典案例挖掘红色育人（爱国主义等）、金色育人（时间意识等）、蓝色育人（职业素养等）、绿色育人（环保意识等）四大思政内容。

三是在作品创作过程中，结合时事热点渗透思政元素。如《寓情于景、增色添香——〈前厅客房服务与管理〉课程思政案例》。

语文思政+智慧教学，助力学生人生成长
——中职《语文》课程思政案例

所属专业：旅游服务与管理
案例主题：其他主题
负 责 人：张思淼
工作单位：沈阳市旅游学校
参 与 人：梁悦秋、高阳、王宁
工作单位：沈阳市旅游学校

一、案例简介

（一）案例实施背景

“课程思政”理念首次由上海市委、市政府于2014年提出。在2016年12月7日至8日北京召开的全国学校思想政治工作会议上，习近平主席强调，“思想政治工作要坚持把立德树人作为中心环节，把思想政治工作贯穿教育教学全过程，实现全程育人、全方位育人”。基于此指导思想，教师在教学过程中，不仅要传授知识，更应该将立德树人融入教育教学中，实现显性教育与隐性教育相结合。

近年来从多位研究者的研究发现，语文课程与思政教育融合是大势所趋，但目前多数研究是基于德育专业思想品德课中的世界观、人生观、价值观的教学研究，本案例从语文教学中的文学作品出发，尝试将思政教育贯穿于中职学生课堂中去，特别是对学生的人生观加以正确的引导。

（二）案例相关理论研究

1. 课程思政与思政教学

“课程思政指以构建全员、全程、全课程育人格局的形式，将各类课程与

思想政治理论课同向同行，形成协同效应，把‘立德树人’作为教育的根本任务的一种综合教育理念。”① 课程思政体现了“立德”与“树人”的根本特征和要求，课程思政的价值追求就是实现“立德树人”。总的来说，课程思政的实施过程就是“立德树人”的过程，也是实现全方位教育的过程。

课程思政是在深入把握思政课程内涵的基础上提出来的，两者的核心内涵都是育人，共同承担着“立德树人”的根本任务。“不同的是思政课程是课程德育中系统进行思想政治教育的课程，是课程德育的主渠道。而课程思政是课程德育的升级版，是对课程德育的政治提升，课程思政定位在‘大德育’（包括思想教育、政治教育、道德教育、人文素质教育、爱国主义教育等内容）的育人体系，最重要的是具有明确的政治要求和战略意义。”②

总之，课程思政就是要牢牢把握思政课程的核心课程地位，又充分发挥其他所有课程的育人价值，形成思政课程与课程思政同向同行，最终实现“立德树人”根本任务。

2. 语文思政教学

语文课程思政指的是在语文课程中树立一种思政教育理念。它不是增设一门专业课，也不是增设一项活动，而是通过将思想政治教育融入语文课程教学过程中，充分挖掘其中的隐性思想政治教育元素。它包含着语文课程中蕴含的家国情怀、人文情怀、法制意识、责任意识、科学精神等思政教育元素，以此来激发学生的情感共鸣，达到教育的目的。总的来说，语文课程思政的目的是在语文专业课程中以潜移默化的方式宣传和渗透我国的主流意识形态，使学生在语文课堂学习中自然接受这种主流价值观的影响和熏陶。从而加强学生思想价值引领，增强学生政治意识，最终在潜移默化中达到育人目的，实现语文课程与思想政治课程同向同行，从真正意义上落实“立德树人”的根本教育目标。

现阶段有关“课程思政 + 教学”的探讨，主要关注思政教学的现状，从课堂教学模式上看没有摆脱传统教学模式的影响，过分强调了思政的意义而忽

---

① 高德毅，宗爱东．课程思政：有效发挥课堂育人主渠道作用的必然选择［J］．思想理论教育刊，2017（1）：31-34.

② 石书臣．正确把握“课程思政”与思政课程的关系［J］．思想理论教育，2018（11）：57-61.

略了教学效果；要求任课教师具备较高的思政素质，结合教学主旨融合思政内容，引导学生学习；从学生角度来看，开展语文课程思政可以培养学生的德育精神，帮助学生树立正确的价值观。

（三）案例实践探索综述

探索语文课程思政，在语文教学活动中渗透课程思政的思想，担负起课程思政所应该有的光荣使命。在案例实践过程中，首先要了解学生的思想动态和现状，在调查分析的基础上确定教学的目标；其次要根据内容的需要，整合语文教材中大量的优秀的教学资源，依据德育目标的不同，重新规划教学顺序和侧重点；最后在教学设计的时候，选择逆向教学设计，在课堂上使用雨课堂软件进行教学辅助，让学生感受正能量，树立正确的典范，帮助他们形成正确的世界观、人生观和价值观。案例具体研究探索步骤如下：

（1）了解学生的人生观，特别是爱情观的现状。通过访谈调研，填写调查问卷等多种方式，收集一手的数据，在数据分析的基础上形成调研报告。

（2）通过对教材内容的重新解读和编排，对课文内容重新思考和构建，在设置教学目标的时候，把帮助学生树立正确的人生观，特别是爱情观的内容作为教学的一部分，在语文教学中进行渗透，设置问题，让学生进行深入的思考和研究，形成规范的教案。

（3）在语文课堂教学中，帮助学生在文学作品中寻找力量，形成示范课，参加国家、省、市级教学能力大赛，形成课堂实录视频，在教研活动中进行推广。语文课就能达到以文化人、立德树人的目的，把学生培养成德智体美劳全面发展的社会主义接班人和建设者。

（4）在课堂教学的基础上，形成突出的、有推广性和借鉴经验的教科研成果，以论文的形式发表在学术期刊上。

（四）本案例所解决的教学问题

1. 关注中职学生特殊群体，积极协助解决问题

在语文教学和班主任工作的过程中，教师们发现“00后”学生价值观混乱的现状。中职学生是一群特殊的群体，他们中大部分学生来自农村，父母离异较多，生活中由父母一方或者长辈照顾，学习能力不足，课余时间丰富且容易受到网络不良思想的诱惑。中职学生又处于15~18岁的青春期阶段，对爱情产

生了懵懂的印象，加之远离家乡得不到父母长辈的耐心指导，容易形成一些错误的价值观，特别是爱情观的问题，这值得中职生班主任和任课教师的注意。

2. 关注语文课思政性，发挥课程协同效应

在教学计划中，有思想品德课的设置，帮助学生树立正确的人生观、世界观和价值观，但根据教育部的文件精神，培养学生良好的道德品质和职业情操不仅仅依赖于德育课堂，也要将思想政治教育工作贯穿于教育教学全过程中。让思想政治理论课与文化课形成相互辅助的协同效应，让各类担负着教学任务的学校有更多的机会实现人才的培养，也为改革教学奠定了基础并指明了重要方向，推动了课程思政教学层次的发展。

二、案例设计

（一）教学理念

1. 中职语文教学模式多元化，增强思政教育实效性

传统教学模式枯燥乏味，不仅无法促进学生个性化成长，也不利于学生自主学习能力和创新能力的提升，导致思政教育实效性较弱。教师要不断促进中职语文教学多元化发展，增加教学灵活性，这样才能使教学趣味性提升，促进学生积极主动参与到学习中。教师可以通过微信、QQ、抖音等方式，与学生展开平等互动，通过互动加强对学生个性特点的了解，并根据学生的个性特点，对学生展开针对性培养。同时，语文教师应加强对热点话题的利用，这不仅能促进语文课程思政的实施，而且也能提升学生的思想水平和政治能力。例如，军事战争片《平津湖》热度较高，也深受学生喜爱，教师可以通过电影帮助学生产生民族自豪感，促进学生爱国意识和爱国情怀的培养。并且中职语文学科本身属于多元化学科，教材内容具有思政教育性质，这也为语文课程思政的落实奠定了基础。教师需要根据学生个性化特点展开分层式教学，促进教学模式多元化，这样才能符合新课程标准，促进中职语文教学积极有效革新，增强思政教育实效性。

2. 线上线下混合式教学，多渠道落实语文课程思政

互联网的不断普及和发展，为线上线下混合式教学开展奠定了基础。案例中教师积极利用互联网展开教学，不仅能促进中职语文教学信息化发展，而且

能利用网络促进课程思政发展，通过积极占领网络教育阵地，加强对高素质劳动者和技术技能人才的培养。任课教师充分利用网络教学资源，打破传统教学局限性，以此摆脱对教材的依赖，提升学生的自主学习能力和信息技术掌握能力，线上线下混合式教学，多渠道落实语文课程思政，从而培养具有现代化眼光的优秀人才。

（二）课程教学目标

《语文》是旅游服务与管理专业的一门公共基础课必修课，本课程响应《中等职业学校语文课程标准（2020 年版）》中“三观”教育与学科教育、通识性教育与职教特色、目标导向和问题导向相结合的要求，从旅游服务与管理专业人才培养目标和培养规格出发，在常规教学中融入单元主题、单元任务，并将“阅读与欣赏”与“表达与交流”“语文综合实践活动”有机融合，构建了基于新课标的主题单元结构，采用“问题驱动 + 拓展阅读 + 情景再现”的教学模式，学生在完成单元学习的学习过程中提升了语文核心素养的四个核心方面。

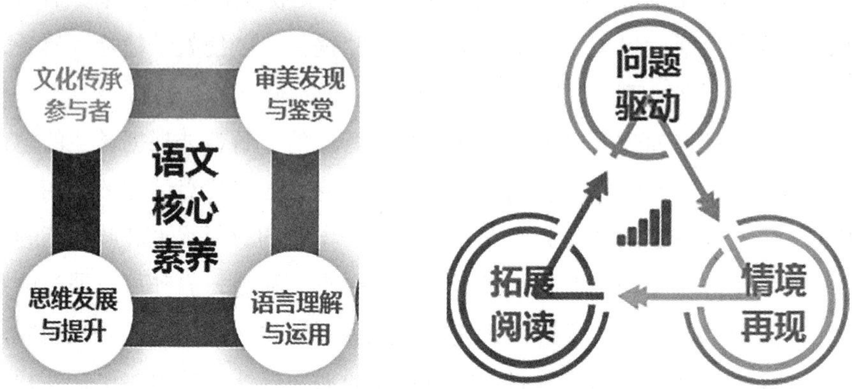

教学目标与教学模式

根据《旅游服务与管理专业人才培养方案》的培养目标中“良好的人文素养”“较强的就业能力和可持续发展的能力”等要求，结合《中等职业学校语文课程标准（2020 年版）》坚持以“立德树人”为根本，以服务发展为宗旨，以促进就业为导向，着力提升语文课程的思想性、科学性、时代性、系统性和指导性。在教学中，突出继承和弘扬中华优秀传统文化，注重以文化育人；坚持“五育”并举，课程中加强劳动教育；注重语文课程与专业课程融通配合，融入职业道德、职业精神教育，彰显职教特色。

（三）思政育人目标体系

中职语文课程的教学本身有利于学生思政素养的提升，中职教师需要将语文教材与思政教育内容进行充分融合。通过对教材内容进行优化升级，不仅能树立明确的思政教学目标，也能根据新课程标准，调整教学思路，提升教学效果。同时，由于新课程标准制订的教学目标本身符合课程思政内容，因此教师在融合过程中要加强对新课程标准的借鉴，这样才能促进融合的科学化及合理化。中职语文教材本身具有很强的育人功能，教师应根据思政教育和语文课程的共同点展开语文教学，促进思政课程、课程思政同向同行。

本案例从人生观的角度出发，从人生态度、人生目的和人生价值三个维度对教材的内容进行整合和提升。力求在教学的过程中，逐步帮助学生培养爱国主义情怀，弘扬中华优秀传统文化，树立求知务实、乐观豁达、尊师重道的意识，学习在逆境中成长，拥有独立自主的精神，能够调节情绪与他人建立良好的人际关系。

（四）特色与创新

1. 突出语文教学的思政性，助力三全育人教育体系

本案例的创新点在于，紧跟教育部对课程思政的要求，探究在语文教学中借助现有教材中的文学作品，在赏析文章、体味情感的同时，也进行德育的渗透，帮助学生树立正确的人生观，特别是爱情观，指导他们未来人生的选择和择偶，让语文课堂成为课程思政的重要阵地。

2. 开展语文智慧教学，提升课堂教学效能

在教学手段上将语文教学同信息化教学相结合，利用雨课堂教学软件，发挥其易用性、便捷性和连接性的优势。在教学模式上探求逆向教学设计，改变传统的课堂教学模式，以学生为主体，教学评价优先。通过教学手段的改革和教学模式的更新，更好地开展语文智慧教学，达到培育德智体美劳全方位人才的育人目的。

三、案例实施

（一）案例研究思路

本案例研究采用文献法、调查法、行动研究法等方法，通过“思考—实践—再思考—再实践”的循序渐进过程不断深入研究、提高认识，以此为基础提炼和总结出语文学科课程思政的创新思路，如期完成案例研究。

研究过程如图所示：

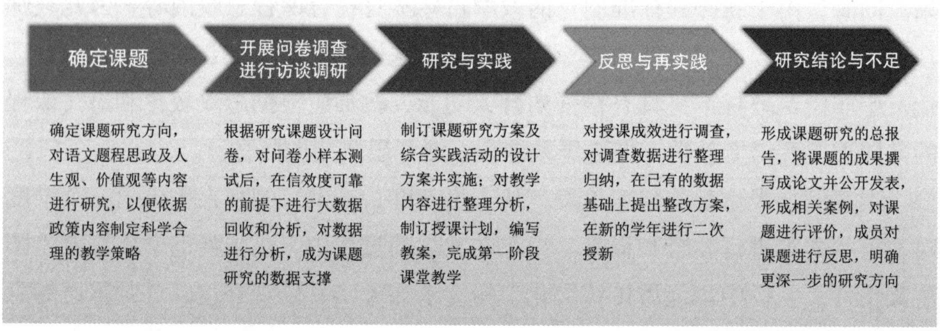

研究思路

（二）案例实施总体步骤

本案例研究计划分三个阶段：

1. 前期准备研究阶段（2021 年 3—4 月）

确定研究方向，制订课题研究计划；落实分工和研究内容；广泛收集整理省内外相关资料，开展理论学习与研究。

2. 研究及践行阶段（2021 年 4—10 月）

（1）初期研究阶段（2021 年 4—5 月）：编制学生调查问卷和提纲，对所授课班级进行实地访谈。汇总调查数据和访谈资料，撰写调查报告。

（2）中期研究阶段（2021 年 5—7 月）：制订研究方案及综合实践活动的设计方案并实施；收集、整理和分析资料，并进行必要的实证研究。对教学内容进行整理分析，制订授课计划，编写教案，完成第一阶段课堂教学。

（3）后期研究阶段（2021 年 7—10 月）：对授课成效进行调查，对调查数据进行整理归纳，在已有的数据基础上提出整改方案，在新的学年进行二次授新。

3. 结题及成果推广阶段（2021 年 11—12 月）

讨论研究报告，形成课题案例研究的总报告，将研究成果撰写成论文并公开发表，形成相关案例。

（三）案例实施具体研究过程

1. 调查研究

在理论学习的基础上，制订了研究计划，收集整理资料，编制学生调查问卷和提纲，对所授课班级进行实地访谈。共发放调查问卷 100 份，有效回收了 92 份，汇总了调查数据和访谈资料，撰写了《中职生爱情观存在的主要问题及原因》的调查报告。在数据分析中我们发现，中职生爱情观主要存在的问题有四项：一是恋爱中的盲目性，二是恋爱与责任分离，三是择偶的功利性，四是恋爱结果的消极性。通过对问卷数据的分析我们发现，中职生爱情观存在问题的原因主要有社会不良风气的影响、学校爱情教育的缺失、学生自身主观因素三方面。

针对这样的现状以及原因分析，课题组经过研究讨论，利用语文课堂教学，借助文学作品的示范力量，帮助学生形成正确的人生观，用正确的人生观来引领对爱情的思考，并指导学生今后的人生。通过对文学作品的欣赏和体味，不仅能对学生的爱情观做到有效的引导，而且帮助学生树立正确的人生观，在正确人生观的指引下，学生的学业、爱情、事业才能有更长足的进步和发展。

2. 制订课程内容人生观价值维度分解表

学校语文课程使用的教材是语文教育出版社赵大鹏主编的《语文》，其中基础模块分为上下两册，加上拓展模块和服务类模块一共四册教材。根据研究的内容我们对教材内容进行了有效的整合，特别是针对精读的阅读课文的内容，有效地提取出人生观的价值内容，然后进行有效延展。根据一个学期的实践后，又对拓展内容进行了调整，形成了中职语文课程内容人生观价值维度分解表，具体如下：

中职语文课程内容人生观价值维度分解表

人生价值	勤恳奋斗	【小说】《项链》
	女性独立自主精神	【诗歌】《静女》《氓》《孔雀东南飞》《一剪梅》《鹊桥仙》《致橡树》 【小说】《林黛玉进贾府》 【戏剧】《雷雨》
	人际关系	【小说】《群英会蒋干中计》 【文言文】《邹忌讽齐王纳谏》
人生目的	爱国主义情怀	【诗歌】《沁园春·长沙》《虞美人》《炉中煤》《兵车行》 【散文】《荷塘月色》《故都的秋》 【小说】《药》《荷花淀》
	以史为鉴、兴衰轮回	【诗歌】《石头城》《过华清宫》 【文言文】《谏太宗十思疏》《过秦论》《六国论》《阿房宫赋》《滕王阁序》
	优秀传统文化	【散文】《胡同文化》《中国园林风格》
人生态度	探求真知、不懈追求	【文言文】《劝学》《石钟山记》《游褒禅山记》
	乐观豁达	【诗歌】《登高》《山居秋暝》《永遇乐·京口北固亭怀古》《梦游天姥吟留别》 【文言文】《赤壁怀古》《赤壁赋》
	尊师重道	【文言文】《师说》
	共情能力	【诗歌】《闻乐天左降江州司马》《再别康桥》
	逆境中成长	【诗歌】《越中览古》 【文言文】《鸿门宴》 【小说】《林教头风雪山神庙》 【戏剧】《威尼斯商人》

3. 寻求现代化教学手段的助力

教学模式上，充分借助信息化教学手段，利用雨课堂教学软件。雨课堂教学软件是基于微信公众平台开发的一款智能学习平台，不仅仅在微信上可以使用这个平台，教师也可以在电脑上进行操作，它可以嵌入到PPT中，作为一个小插件，帮助教师在教学中进行统计，掌握学生的学习情况。具体结构如下：

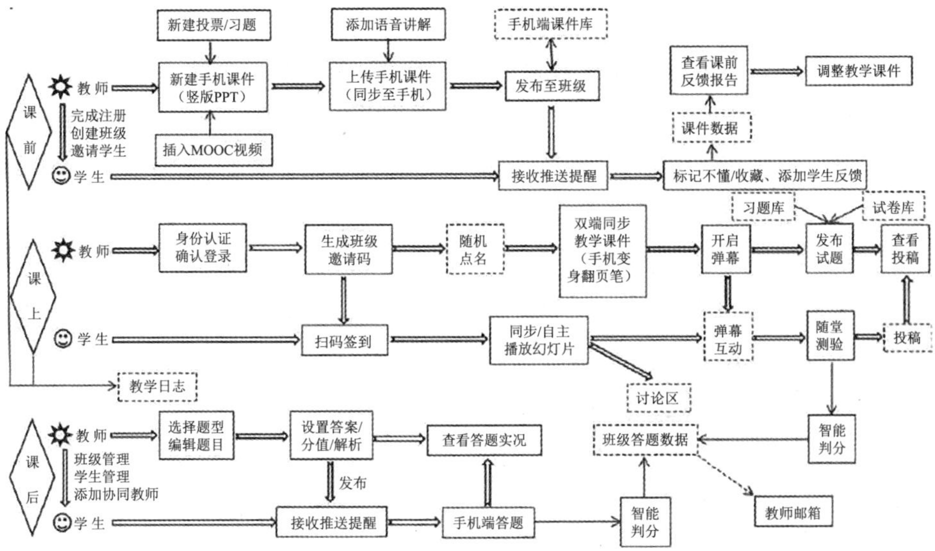

雨课堂主要结构功能

雨课堂的优势是具有易用性，可以作为一个插件安装到PPT上；具有便捷性，可以通过雨课堂在课堂上完成查看教师PPT、进行考试、回答问题、收集数据的环节；具有连接性，学生可以通过雨课堂对上课不懂的知识点进行复习，如果无法理解可以按不懂按键，这样有助于教师随时掌握学生的学情；具备数据的分析与反馈功能，雨课堂可以把学生的情况进行反馈，既可以让学生对自己学习的情况进行反思，又能够帮助教师对学生的学习情况予以掌握，进而更好调整教学内容。借助雨课堂软件，可以更好实现“课前预习—课中讲解—课后复习巩固”中各个教学环节的反馈，助力教学效果的提升。

4. 改革传统教学模式，探求逆向教学设计

根据研究的需要，在借助雨课堂的基础上，采用逆向教学设计的方式。逆向教学设计有以下几点优势：

（1）以学生为主体。教师在从事教学活动的时候，不应以教师自己的观点按固有的程序进行教学，而应站在学生的角度上，坚持启发式引导，这也是以教师为引导的核心特征，使教师的“教”与学生的“学”相结合，学生才能亲其师信其道，在教学中不断加强挖掘学习者的个人潜能。

（2）教学评价优先。评价先于课程的实施这是逆向教学设计突出的特征，不论是实践性较强的操作性行为的形成还是相关课本习得性知识的学习都这样设计。传统教学设计一般把教学评价放在教学活动结束后，不在教学设计的文案中呈现，在传统的教学设计模式里教学评价通常置于末尾甚至无此环节。此外，教学评价一般是概括性评价，终结性评价是其常见的形式，语言是按既定的套路走，检查学习者对学科知识与技能的把握，不及时反映学习过程当中学习者的参与状态、学习方式等，目标的导向较弱，也难起到促进学习活动的作用。逆向设计首先采用评价制定，确定教学目标后，然后制定相应的措施和标准，以证明学生是否达到了预期结果，最后安排教学活动。根据教学目标设计评估任务、内容和方法，收集学习目标实现的证据，评估和判断学习者在学习活动中的障碍。评价结果的呈现与反馈为教师调整教学决策和优化课堂效果提供了参考与依据。

（3）不依赖教材。传统的教学设计对教材的依赖性很高，通过笔者的调查，市面上流通的语文教学设计案例的书籍都明确标明了其依据的教材版本。各个版本的语文教材编制者是以个人对语文课程标准的解读来编制教材的，不同版本的教科书对课程标准解读的深度、广度和教学思路皆是不同的，且大部分教材是给学生提供了一个概括性观点，注重的是结果不是过程。如果教师依据教材照本宣科地教学，学生依据课本学习，不论是教师还是学生都会被框定在教材的思维桎梏中，思路无法变通。而逆向教学设计不以教材为中心，而是直接围绕课程标准来设计，大大减轻了对教科书的依赖，也增强了教学的灵活性和针对性。

逆向设计模式具有丰富的理论基础，虽然逆向设计是“逆向”的，但是整个教学设计的逻辑依然是通的，将学生的需求提前，反对教师依据教材照本宣科，是一种比较科学的教学模式。逆向教学设计模式下的教学本身不是对传统教学的颠覆，也不需要大量的财力物力，实践操作性强，因而在教学中推广阻力较小，对于长期采用传统教学设计的一线教师而言，接受度普遍较高，因此将逆向教学设计模式运用于实践中，调查该模式下的教师教学效果和学生学习的成果以及教师与学生的评价而言较为简单，目前在多门学科均有实践。

在实践中，研究制定了基于雨课堂的逆向教学设计，主要分为三个步骤，具体流程如下：

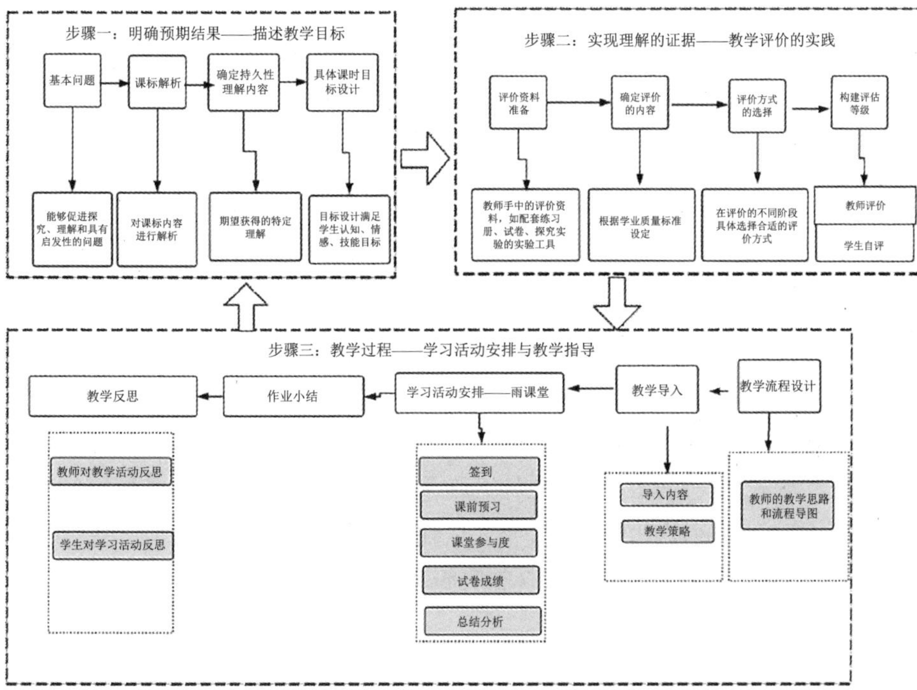

逆向教学设计流程

四、案例成效或经验总结

（一）案例成效

1. 丰富了语文课思政课程领域的文化内涵

制定了中职语文课程内容人生观价值维度分解表，表格中同一个价值态度中会涉及不同类型的课文，教师可以根据授课学生的不同对教材内容进行整合，采用循序渐进的方式或针对一个主题集中讲解的方式，让教学更加具有针对性和灵活性。

2. 形成思想政治理论课与文化课相互辅助的协同效应

语文课程内容中蕴含着大量的思政教育资源，这些资源包括小说、散文和诗词歌赋等，很多课文是经典名篇，这些课文不仅是优秀的学习资料，更体现了作者的家国情怀和先人后己的优秀传统文化。语文课文无一例外都向青少年传输着积极向上的人生观和价值观：不论在生活中遇到何种困难，都要以积极乐观的心态去面对，并坚定向前。这些文章为学生们提供了遇到困难积极向上克服的动力。学生们终将走向社会，而坚定的信念、不困于心的勇气对于学生们来说是非常重要的。这些文学作品能为培养学生坚韧的精神发挥一定的潜在作用，并为学生们的未来奠定坚实的根基。充分利用这些丰富的资源，将语文课堂打造成为思政的主要阵地，体现将思想政治教育工作贯穿于教育教学全过程的精神。

3. 打造语文思政课堂+智慧教学的课程模式

在实施语文思政课堂的过程中，案例不仅从教学目标、价值维度来组织设计教学，更是从智慧教学的实施层面对语文思政课堂进行了把控。运用逆向教学的设计方式，坚持以学生为主体、教学评价优先、不完全依赖教材的固有内容，助力语文思政课程的教学效果。依托雨课堂教学软件的优势，更好实现“课前预习—课中讲解—课后复习巩固”中各个教学环节的反馈。

（二）经验总结

现阶段思政课堂不是仅仅局限于思想政治学科了，在大思政教学模式下，教师更应该探索思政课堂的智慧教学，在已有的教学目标清晰的前提下，如何将教学效果达到最大化，是教师应该研究和实施的课题。

中职学生的家庭情况较为复杂，德育教育任务较重。在语文课堂上，更应该帮助学生树立积极向上的人生观和价值观：不论在生活中遇到何种困难，都要以积极乐观的心态去面对，并坚定向前。

创意民宿产品，感受美好生活

——《民宿开发与运营》课程思政案例

所属专业：民宿运营与管理

案例主题：其他主题

负 责 人：乔海燕

工作单位：嘉兴职业技术学院

参 与 人：张国丽、章郑程、林冰洁

工作单位：嘉兴职业技术学院

一、案例简介

（一）案例实施背景

习近平总书记对高校各门课程任课教师提出的要求是："要用好课堂教学主渠道，使各类课程与思想政治理论课同向同行，形成协同效应。"以"课程思政"为目标，积极进行课程教学改革，将思想政治教育融入专业课教学之中，推动高校实现立德树人的根本目标，成为目前面临的重要课题。旅游管理、酒店管理专业教师必须积极进行"专业＋思政"的课程教学改革，将思政教育因子融入专业教学，在全员育人、全过程育人、全方位育人的原则之下，致力于实现教育与教学的双重作用。构建专业课程思政的教学模式很有必要性，不仅有助于培养学生的正确价值取向、爱国主义情怀、爱岗敬业精神和专业荣誉感等，还有助于最终将学生培养成为具有政治认同、家国情怀、文化素养、法治意识、道德修养且德智体美劳全面发展的文旅人才。

《民宿运营与管理》至今已经开设了 4 年，授课对象主要为酒店管理与数字化运营专业（含休闲方向）学生和旅游管理专业选修学生，并在酒店管理

（扩招）等成人教育和社会扩招生中作为必修课开设，累计授课人数超过700人次。课程建设负责人作为主要成员参与的《"订单式"人才培养模式下高职学生职业能力培养研究—以酒店管理专业为例》获得浙江省人力资源和社会保障科学研究课题立项，完成教学论文4篇。研究成果获得学院首届教学成果三等奖，组织学生参加全省"中餐、西餐主题宴会设计"大赛，获得省级二等奖2项、三等奖9项。课程教学取得良好的效果，学生课程评价满意度均在9.4分以上。

（二）案例相关的理论研究及实践探索综述

1. 国外研究现状

国外没有"课程思政"这个概念，有类似含义的概念是德育，国外的德育具体分为公民（包括权利与义务）、国民精神、道德、法制，还有历史、宗教等方面的思政教育。国外高校德育教学的相关研究主要集中在教学内容和教学方式两个方面，主要包括公民教育、道德教育、爱国和价值观教育。比如国外高校德育教学方式的研究，主要体现在把课堂教学作为高校德育的主要渠道：第一，注重德育课程的实施。John Dewey提出道德教育不应体现在具体的一门课程之中，应该要求所有课程均要存在德育的意义。赫尔巴特（2002）认为课堂教学要注重结合知识与经验，为此开办了相应的研究班，改善了枯燥的教学方式，让课堂更具有生命力，对学生的行为更为积极，有助于学生养成坚定的意志和乐观的性格。第二，各学科教学应充分融合道德教育。第三，提高实践活动的重视程度。通过实践，学生获得更为直接的体验，从而对道德有着更深的感悟。

2. 国内研究现状

2014年，"课程思政"概念被首次提出，近几年来迅速地成为一个研究热点，通过在知网上对"课程思政"关键词的搜索，学术期刊共有2.35万篇，学位论文有235篇。根据统计分析，目前国内关于课程思政的相关研究主要集中在四个研究领域。

（1）课程思政必要性的研究。学者们主要从学生、高校、国家三个层面提出实施课程思政的必要性。

（2）“课程思政”内涵的研究。针对“课程思政”内在意义的探索，学者们依据适用课程的不同，持两种不同的观点：一种认为除了正式的思政课以外的课程，“课程思政”都适用。例如，赵继伟（2019）将“课程思政”定义为：将思想政治教育全面地深入专业课和通识课的教育实践活动中，凭借这两种课的平台进行一系列活动。另一种则持相反的观点，认为其适用于所有的课程。例如，邱伟光（2017）认为课堂教学是主导地位，高校所有课程都要体现出思政教育的作用。解岩（2019）指出“课程思政”是一种教学理念，要在每一个课程中都能体现出思政教育的元素，使立德树人思想贯穿任何的教学活动。虽然学者们对课程思政内涵的理解有所不同，但是比较一致的观点是课程思政作为一种“大思政”的思想政治教育观念，致力于育人育德，也就是要将传授知识和注重价值引领相结合，这是对高校教师的要求。

（3）“课程思政”与“思政课程”关系的研究。高锡文（2017）提出高校要树立协同育人的教学理念，建立协同的育人机制，形成协同效应，即别的课程也可以与思政课程同方向并行发展，达到全程、全方位育人的效果。张正光（2018）认为“思政课程”和“课程思政”二者同方向并行、相辅相成、不可或缺，共同达到育人的目的。

（4）专业课融合思政元素的教学路径的研究。大多数专家学者对专业课与思政元素相结合的研究主要体现在二者的实践路径、教学分析等方面。多数篇章是通过某一专业或者某一门课程开展与思政元素的融合，以及二者相融合的路径、措施、有效性等的相关实践探讨。

（三）本案例所解决的教学问题

（1）解决思政元素融入教学的力度掌握不够的问题。专业课教师将思政元素融入教学的力度掌握不够，主要体现在有的顾此失彼，有的过犹不及，有的就思政讲思政，脱离专业课的教学内容，使“课程思政”的教育教学效果大打折扣。通过《民宿运营与管理》这门课程，我们结合民宿课程的特点，恰如其分地将在地的乡村传统文化、祖国的美好河山、乡村振兴中的特色以及共同富裕所体现的精神内涵融入课程内容中，让学生在学习专业知识的同时感受美好生活，以及文化自信、职业精神的传承，不经意间促进学生道德素养的养成。

（2）解决“学而不思”和“思而不学”的问题。专业教师需要充分调动学生的学习积极性和主动性，以克服学生“思而不学”和“学而不思”的问题。现在的大学生读书不多却想得太多，这是“思而不学”的典型表现。给学生提供适当的学习“资料”以便作为学生思考的基础，是推进“课程思政”的重要一环。所谓“适当”，一方面是说其内容要与课程目标相匹配，另一方面也是指其数量、难度在学生承受范围之内。这就要求教师在遴选教材、阅读资料、讨论素材等方面下功夫，选择那些既契合课程教学目标，又贴近学生年龄、经验特点的材料。“学而不思”问题，则可以通过运用适当的教学形式来加以化解。教师可以根据课程目标、课程内容进度，设计师生、生生互动环节，以引发思维的碰撞，推动学生（不只是个体的，更是群体的）思考。此外，布置必要的书面作业及实践性作业，也有助于学习内容在学生头脑里“酝酿”“发酵”，从而实现课程思政入脑入心的目标。与此同时，通过课程让学生树立正确的“三观”，培养学生的家国情怀、人文精神，对于自己专业的社会意义和自己的职业使命更加明确，有助于提高酒店人才的综合素质，促进文旅城行业的全面发展。

（3）达到三全育人的最终目的。习近平总书记在全国高校思想政治工作会议上强调:“要坚持把立德树人作为中心环节，把思想政治工作贯穿教育教学全过程，实现全程育人、全方位育人，努力开创我国高等教育事业发展新局面。”“全方位”育人要求从空间上达到保证学生全方面发展的程度，从时间的角度要求育人贯穿在学生成长的整个过程，从课程的课前、课中、课后进行，在每一个环节都恰当地融入思政的元素，通过“课程思政”达到“三全育人”的目的。

二、案例设计

（一）赓续传统文化，对接行业标准，重构课程内容

对接酒店管理专业人才培养方案，课程组选用“十三五”高等学校重点教材《民宿运营与管理》，突破传统授课内容，在结构上做了尝试性的创新，将传统文化融入每一个模块中，依据学生的专业特性、兴趣喜好，将课程内容重构为三大模块。第一模块从走进民宿开始，帮助学生建立基本概念；第二模

块从民宿的类型着手，选用四种不同的民宿类型提升学生的学习兴趣；第三模块选取蕴含我国优秀文化的精品民宿进行赏析，提升学生的审美能力和人文素养。

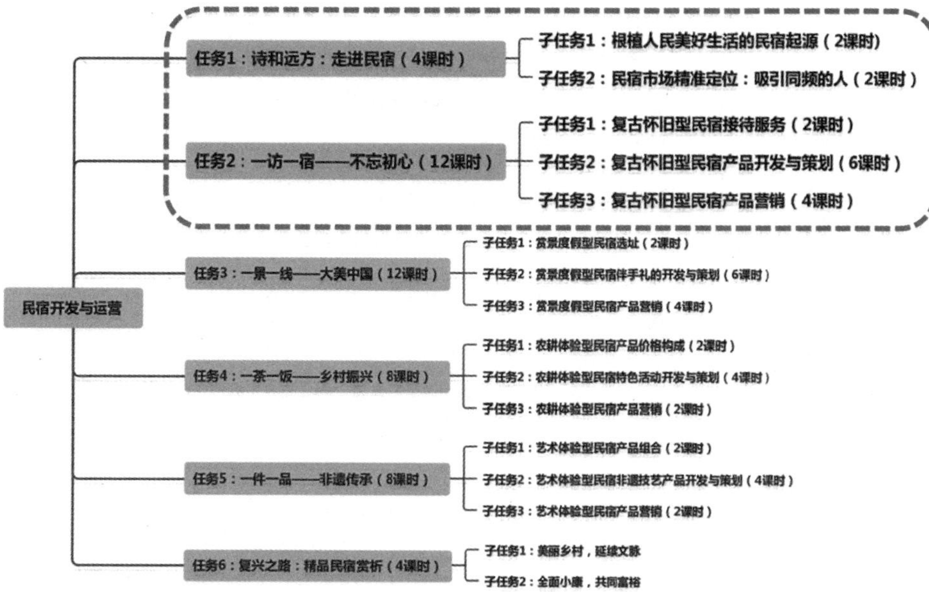

教学内容框架

（二）依据行业标准，结合学情分析，制定教学目标

授课对象为酒店管理专业、旅游管理专业 2019 级学生，作为“00 后”学生，信息技术应用能力较强、思维活跃，有酒店专业的知识基础，但对中国传统文化的了解较少，缺乏在产品开发和设计过程中运用传统文化、呈现文化原色的能力。疫情常态化带来的变化：学生感受到消费者出现“井喷式”出游热情，对民宿的预订出现了“狂热”的局面，这一点提高了学生的学习热情；结合学情分析，设定模块 1 及模块 2 为教学目标和重难点。

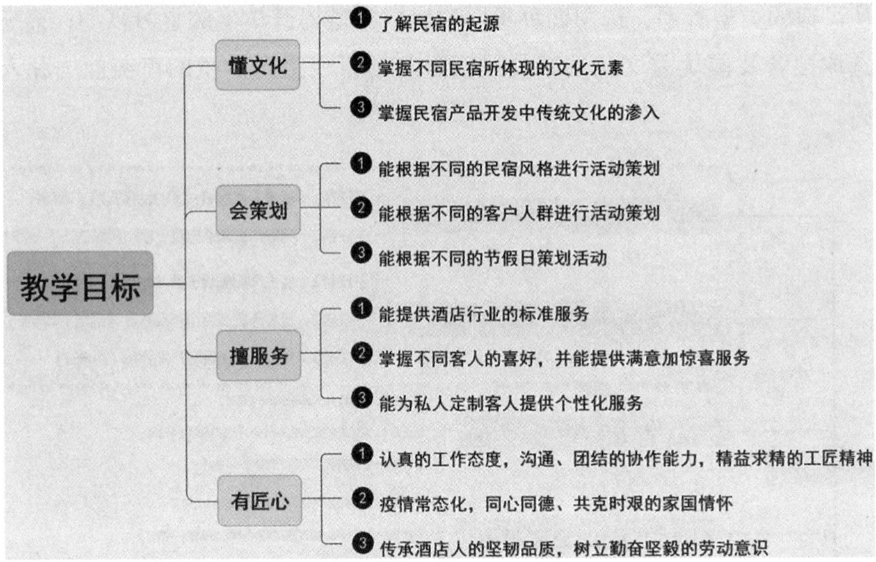

教学目标

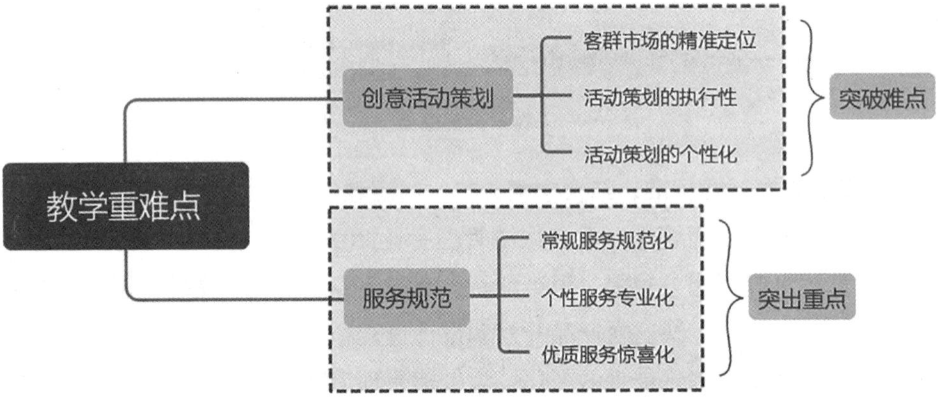

教学重难点

（三）立足乡村振兴，坚持学生导向，优化教学过程

在课程教学中，采用“三段”——课前探学环节、课中导学环节与课后拓学环节的教学流程，培养学生的自主学习能力。在课中导学环节，通过“五境”进阶式教学引导学生在完成任务中获取知识：企业导师引入任务“身临其境”、师生与生生互动学习“带入情境”、小组分工协作“渐入佳境”、团队集

体汇报展示“深入其境”与校企双师总结反思“学无止境”。最终实现“五化”目标：课前学习兴趣化、实训流程规范化、过程评价数字化、立德树人无声化、课后拓学多元化。促进教学目标的达成，落实课程思政，用工匠精神、劳模精神融渗教学全过程，用劳动教育筑牢立德树人基石。

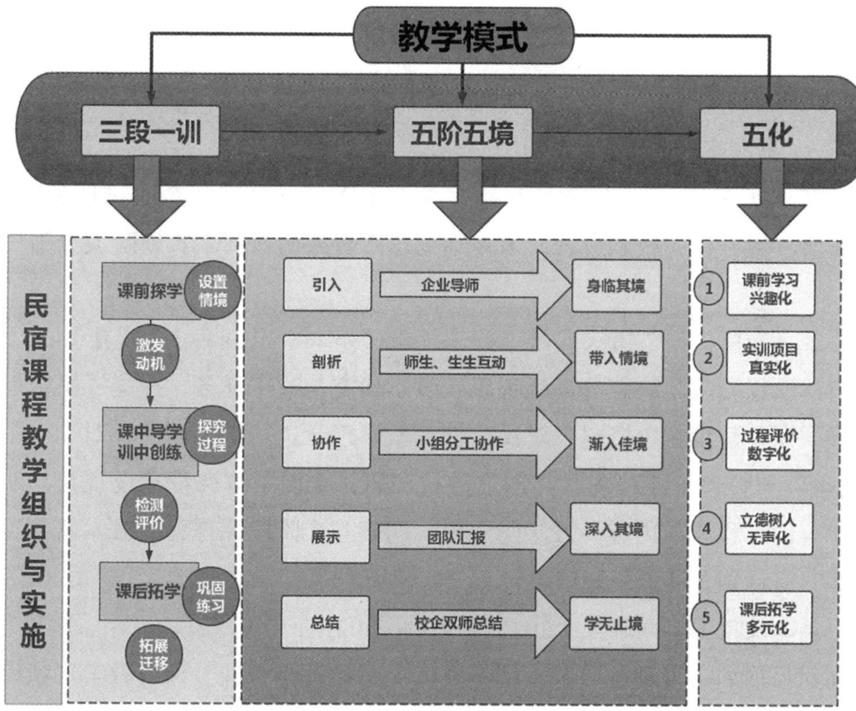

教学模式

（四）聚焦职业能力，优化测评体系，设计评价方法

聚焦民宿管家的职业能力，借助信息技术，全过程采集教与学的数据，根据反馈结果调整教学策略、组织形式和教学资源。采用过程性考核与终结性评价相结合的方式，得分最多的项目小组不仅可以获得校企双导师颁发的最佳项目奖，还可直接到企业导师所在民宿参与经营管理。

（五）传承工匠精神，强化劳动意识，落实立德树人

工匠精神是把劳动和精益求精结合在一起的典范，鼓励项目小组团结协作，传承工匠精神。挖掘课程中的思政元素：在民宿产品开发和活动策划过程中，通过不同的产品和活动载体，呈现大美中国、不忘初心、非遗传承、乡村振兴和共同富裕及文化自信，展现出了疫情常态化下，酒店人众志成城，全力支持文旅行业复苏的“中国力量”。通过激发学生的专业学习热情，树立酒店人勤奋坚毅的劳动意识，锤炼精益求精的工匠精神，加深对学习使命、家国情怀及青年担当的理解。

三、案例实施

（一）案例实施的情况

本案例实施从2020年9月开始，为期1年，主要措施是通过任务驱动，实现三段五境五化的教学过程，最终达到思政育人的目标。实施阶段分为三部分：

1. 第一阶段：整合团队资源，并进行合理分工（2020年3—6月）

组建课程团队，统筹分工课程思政教学研究与改革任务，搜集《民宿运营与管理》课程建设相关资料，对民宿课程教学现状进行深入调研，对学生学习《民宿运营与管理》课程现状和需求进行调研，全面了解课程建设现状，明确思政融合的课程改革内容、方法与手段，明确各个阶段课程思政教学研究目标和步骤，有计划开展课程思政融合。

2. 第二阶段：实践阶段（2020年9月—2021年7月）

在对目前酒店管理、旅游管理专业《民宿运营与管理》课程教学现状以及学生学习现状充分调研的基础上，对课程教学进行思政融合教学改革与研究。在这一阶段，课程团队将以“课程思政”融合为目标，重新制定更为科学合理的课程大纲，明确课程性质与基本理念，明确课程核心素养与课程目标，科学合理设计课程结构，选取思政特色鲜明的教学内容，设计具有思政特色的专题式教学单元，制订合理的教学进度，统一教学课时，确定教学模块和教学任务，进一步完善教学方法，制订与课程思政更为紧密融合的教学评价体系，建设并积累课程教学资源，同时对教学资源进行优化，进行课程思政建设与改革，形成课程思政案例。

3. 第三阶段：总结梳理阶段（2021年8—12月）

对《民宿运营与管理》课程实践过程中的经验和成果进行梳理和总结，为进一步推动和完善课程教学改革提供有力依据和条件。

（二）案例实施的过程

1. 通过任务驱动，将课程思政元素融合在教学过程中

以学生为中心，以工作单任务驱动，以学习结果为导向，整合校内外实训资源，虚实结合，理实一体，优化教学过程，以多种形式将课堂教学与真实工作场景相融合。聘请民宿联盟负责人和金宿级民宿主担任企业导师，引入民宿真实的工作内容，发布任务，总结评价，解读酒店民宿行业热点问题。

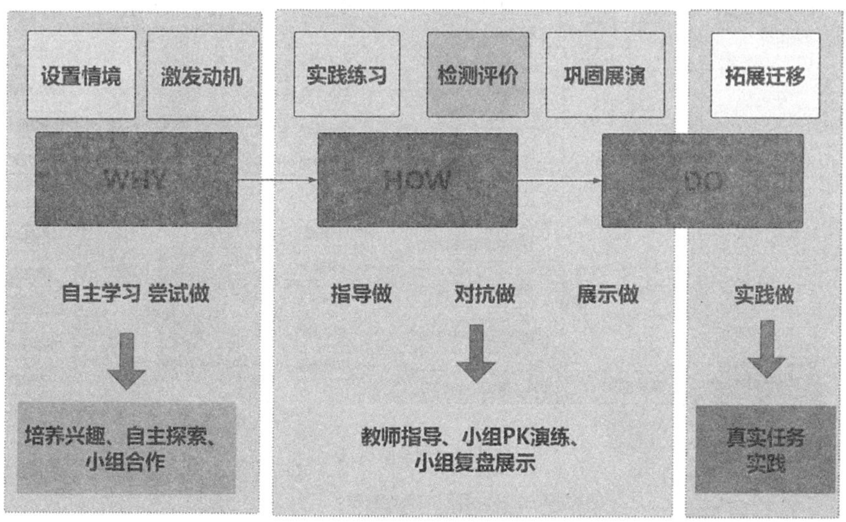

任务驱动模式

2. 运用“虚”“实”教学资源，解决教学重难点

利用基于工作过程的“虚”“仿”“实”三种形态教学资源，以民宿管家的职业能力培养为导向，通过酒店教学系统、VR体验系统、主题设计系统增强学生对于民宿产品开发全过程的理解；通过仿真实训，完成产品开发和活动策划等典型工程任务的训练，提升学生对民宿产品开发和策划的能力；通过校外实训基地的真实体验，让学生感受民宿的工作氛围，感悟民宿的工作内涵。

3. 运用信息化平台，实施多元多维测评

通过课程平台，采集学生在课前、课中、课后的评分数据信息，运用信息化统计分析方法，对全过程的评分结果进行科学分析。课前，云班课平台采集

学生学习数据和测试结果，通过反馈数据，教师可以调整教学策略、改善教学管理；课中，通过多元化的任务训练，包括虚拟仿真软件、思维导图、项目训练及成果汇报的形式，以及“自我评价、生生评价、教师评价、导师评价”的多元化评价方式，从“知识、能力、素质”多维度对学生各阶段工作任务的表现进行点评，实现项目落地与学习评价之间的有机结合；课后，在线测试提交成绩，教师给予评价。

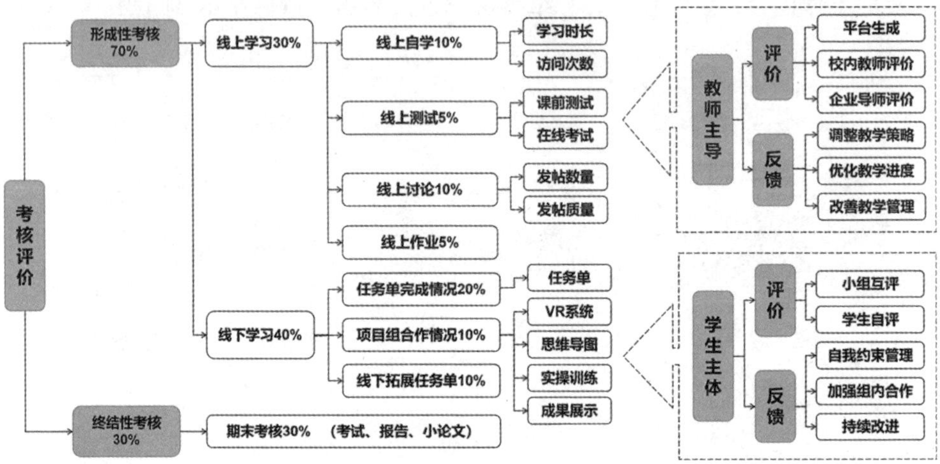

多维考核评价体系

4. 引入行企激励，营造“匠心”氛围

引入行业、企业的实际需求，以真实任务引入课堂，激发学生以真实项目作为实践作业，调动学生自主学习的自觉性和动力。每个项目由组长牵头，分配工作，成员间充分沟通协作，完成企业所需的产品设计和活动策划方案，课后由企业导师，行业协会导师为每组进行打分。根据各小组的任务完成情况，给予一定的作业分奖励。同时，根据各项目最终的落地和游客反馈情况，发放奖杯进行奖励。随着教学过程的有序展开，使学生潜移默化地领悟到酒店人“精益求精、追求极致”的工匠精神。

5. 突破时空限制，融入课程思政

以赓续文化为主线，结合课程所体现的大美中国、乡村振兴、共同富裕、文化自信等内容，从专业特点出发，做好课程思政的系统设计，突破课前、课中、课后，线上线下教学等的时空限制，有机融入劳动精神、工匠精神、劳模精神等育人新要求，实现润物无声的育人效果。优化实践教学体系，实训教学内容体现真实工作任务、项目及工作流程和过程等。

四、案例成效或经验总结

（一）化抽象为具体，知识结构得到优化

按照“有德、有用、有趣、有效”的四有原则准备教学资源，对学生来说是学有所用、学有所乐、学有所获、学有所思。通过多种教学资源，让复古型民宿从客源分析、接待服务设计到活动策划全过程入脑入心，使抽象理论的符号化身为真实可认知、可操作、可思考的命题，围绕知识点和技能点策划方案。相比传统课堂，课程期末考试成绩显著提高，及格率 100%，良好及以上比例提高到 72.4%。线上线下混合式教学和因疫情未能返校的线上教学学生成绩均比传统教学有所提高，知识点的掌握程度也比传统课堂有了显著提升。

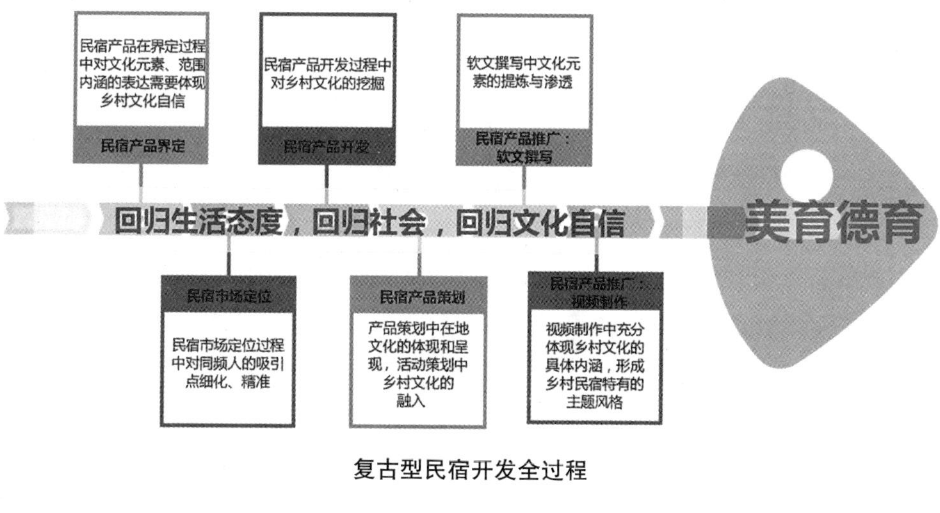

复古型民宿开发全过程

（二）以实践为导向，岗位技能熟练掌握

创设民宿管家的工作情境，以“任务”贯穿始终，让学生在讨论任务、分析任务、策划任务、完成任务的过程中顺利建构起知识结构。提升学习兴趣的同时，掌握工作岗位技能。学生对关键技能和产品策划的要点更加清晰，如产

品组合策略中的“宽度、深度、长度”“单一和多样、标准和差异化”等。项目小组分工明确，结合组内、组间互评，有效提高学生实践参与度。

（三）融育人于教学，职业素养获得提升

牢牢把握课堂教学这个育人的“主渠道”，在课堂教学的内容和各个环节中有机地融入价值塑造和思政的要素，通过核心素养的建构来优化人才培养质量，促进学生的全面发展。如在讲述接待服务时融入友好互助的待人态度，在活动策划中培养以顾客为导向的市场意识，在活动组织中强调安全意识，特别是疫情常态化时期，更要在活动的执行中规范服务的标准以及供客产品的安全，将有情怀的民宿管家的担当、创新、奉献以及团队合作的精神融入其中，学生的市场思维、顾客导向和安全意识明显提升。

（四）渗美育于实践，学生兴趣显著提高

在教学过程中，让学生从感受美、发现美到鉴赏美，再到创造美，让“美”得到层层递进；在产品开发和活动策划中，进行创意表达和呈现，让“美”得到了层层升华。学生在坚定文化自信的基础上，将传统文化元素植入活动策划的环节中，不仅对传统文化的美有了更加深入的了解和理解，也逐步建立了追求“美”的文化价值观，为客人提供更加愉悦和美的产品，让游客亲身感受乡村生活的美好，感受大美祖国。

责任化解危机，担当彰显作为

——《酒店经营管理案例分析》课程思政案例

所属专业：酒店管理与数字化运营

案例主题：其他主题

负 责 人：陈金

工作单位：长春职业技术学院

参 与 人：庞志有、安宁

工作单位：长春职业技术学院

一、案例简介

（一）课程概述

《酒店经营管理案例分析》是酒店管理专业的理实一体课，开设在第四学期，是一门综合分析课，对学生综合运用专业知识分析和解决企业实际问题具有重要作用。本课程结合教学目标，围绕红色育人（政治认同与家国情怀）、绿色育人（绿色低碳与节能环保）、金色育人（金钥匙服务理念）和蓝色育人（工匠精神）等优化课程思政内容供给，形成了“敬畏生命　安全第一——安全管理案例”“匠人匠心　优质服务——服务管理案例”“没有规矩　不成方圆——制度与流程管理案例”和“家国情怀　民族自信——营销管理案例”四个模块的教学内容。创设“四步课程思政教学法”，将价值引领和知识传授紧密结合。

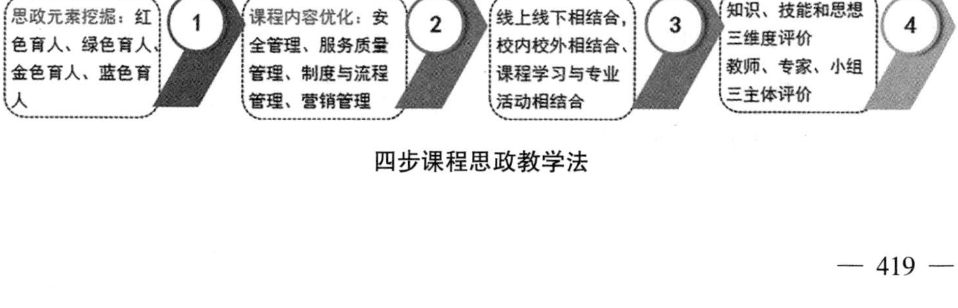

四步课程思政教学法

（二）案例实施背景

《酒店经营管理案例分析》课程一直在探索课程思政的改革，突发的疫情危机为本课的课程思政提供了重要案例。专业教师紧紧围绕疫情下中国政府、中国企业、中国民众等全社会上下抗击疫情所采取的应急措施、展现的职业精神、凸显的制度和道路自信等案例，将这些思政元素有机融入课堂教学之中。

本部分内容采用的案例是“中国应对新冠疫情危机”，是课程第四个模块的第三个项目。主要采用三个层面的案例：宏观层面（政府）、中观层面（企业）和微观层面（个人），从三个层面案例中挖掘三个层次的思政教育元素（思政点），即大到爱国情怀和民族自信、社会责任、职业道德，小到学习习惯、时间意识等。从中国政府应对新冠疫情的充分准备、高度重视、果断行动、协作配合、执行到位等措施，到企业积极自救、奉献爱心全力抗疫，再到个人义无反顾、职业坚守等，让学生从中国“自上而下的疫情阻击战”中寻找、总结、归纳出酒店企业应对危机的措施，并由此引发学生由衷的民族自豪感、家国情怀，深度挖掘社会责任、敬业精神、职业道德等思政元素。

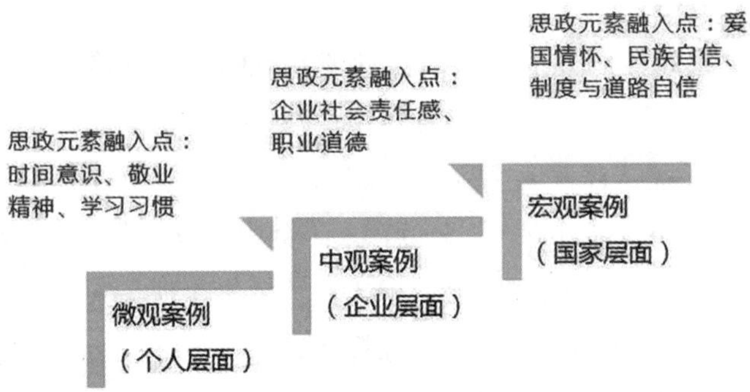

“三层多元”价值目标引领架构

本课案例的选择十分自然而不刻意，案例的做法和行业企业的做法有共同及可借鉴之处。在专业教学过程中比较自然流畅地对学生进行“思政点”的教育，显得水到渠成，而没有刻意地把一堂“专业课”讲成了“思政课”。学生通过这样一堂课的学习，做到了“专业成才”与“精神成人”两不误。

（三）案例理论与实践研究

近年来，我国学者对课程思政改革的研究逐渐增多，通过对知网“课程思政改革”关键词搜索发现，相关研究文献已经多达1.24万篇，涵盖了基础教育、中职、高职、职业本科和普通高等教育等各个教育类型和教育层次。而关于高职旅游类专业课程思政改革方面的研究也日渐增多。宋爽（2021）提出要从三全育人的理念，通过整合思政育人资源、构建校企协同育人模式等方面探索高职旅游类专业课程思政改革的途径。江瑞等（2021）提出，在立德树人根本目标下，要坚持理论和实践结合、教书和育人结合，从项目化教学角度出发探索课程思政改革路径和措施。陈金（2021）以“酒店危机管理”内容为例，探索疫情下高职酒店管理专业线上课程思政改革的具体措施。

（四）本案例所解决的教学问题

1. 解决了课程思政改革教学方法不清晰的问题

本案例通过创新四步课程思政教学法，结合课程特点和教学内容实际，明确了进行课程思政改革的具体实施方法，为相关专业教师进行课程思政改革提供了一定的借鉴和依据。

2. 解决了课程思政教学目标不明确的问题

本案例结合专业特点和实际，提出了“四色育人”价值引领目标体系，在课程乃至专业范围内确定了红色育人、绿色育人、金色育人和蓝色育人的思政教学目标，使课程思政教学目标具体落地、可评可测。

3. 解决了课程思政教学资源不丰富的问题

本案例在教学实施过程中，搜集整理了一批与专业知识和思政改革相关的典型案例、英雄人物、名人传记、创业故事等。如“在抗疫中坚守的酒店人”“中国抗疫纪实”等，这些案例等资源是下一步建设课程乃至专业课程思政教学资源的重要基础，为专业教师开展课程思政教学改革提供了丰富的资源保障。

二、案例设计

（一）确定目标

结合课程原有教学目标，课程从“四色育人”价值引领目标体系出发，重构了课程教学目标，具体为：

1. 知识目标

理解酒店危机管理的重要性，清楚酒店职业经理人应对危机应该具备的素质能力，通过经典案例分析掌握应对酒店危机的措施和办法。

2. 能力目标

能根据应对酒店危机的措施和办法，在实际工作中，结合酒店企业的实际情况，采取合理措施有效应对企业危机。

3. 价值引领目标

（1）红色育人：具有崇高的爱国主义情怀和强烈的民族自豪感，具备坚定的制度自信和道路自信心。

（2）绿色育人：具备节能环保意识和可持续发展理念。

（3）金色育人：养成勤于思考、温故知新的学习习惯和遵守时间的时间意识。

（4）蓝色育人：具备团队精神和忧患意识；具备临危不乱、沉着冷静的职业素养；具有崇高的职业道德和敬业精神。

（二）优化教学内容

依据课程目标，对原有内容进行分解、重构、优化、组合，形成了新的课程内容架构，共 4 个模块，24 课时。本案例所用的是第四个模块第三个项目——酒店危机管理案例的内容，共 2 课时。

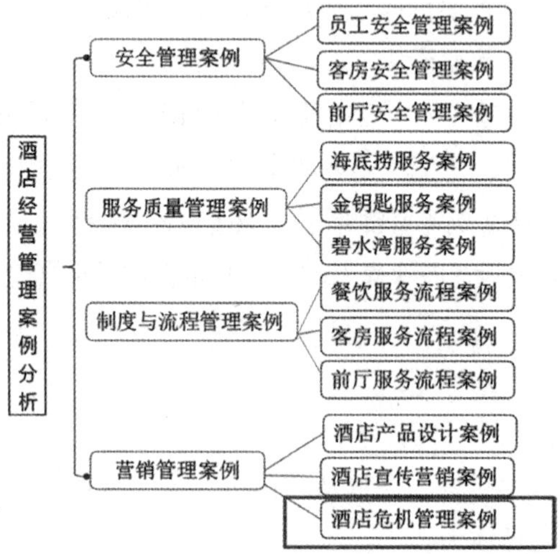

课程内容架构

（三）课程思政与专业教学内容的融合方式

课程思政与专业教学内容的融合情况

课次	授课内容	课程思政切入点	实施策略	课程思政 教学成效
1	员工安全管理案例	员工上班期间受到顾客威胁、辱骂，甚至挨打，员工人身安全和尊严受到挑战	德育故事、经典案例、亲身体验	通过对员工安全的保护措施，凸显人文关怀和自我保护意识（金色育人）
2	客房安全管理案例	针对连续 24 小时请勿打扰的客人，客房部工作人员要引起警觉和注意	亲身经历、德育故事	通过保护顾客安全，关爱顾客生命，唤起对顾客生命和隐私的尊重（金色育人）
3	前厅安全管理案例	按照国家反恐法规定，顾客入住登记必须保证一人一证，部分酒店明知故犯	主题活动、经典案例	通过大量实际案例，让同学们懂得知法、懂法、守法的重要性，做遵守法律要求的好公民（红色育人）
4	海底捞服务案例	海底捞员工尽职尽责为顾客提供“宇宙无敌”的超级服务，彰显了“干一行爱一行”的工匠精神与品质	经典案例、德育故事、亲身经历	通过海底捞经典服务案例，教育学生具备认真、专注、细心、严谨的工匠精神（蓝色育人）
5	金钥匙服务案例	酒店金钥匙竭尽所能、全力以赴的服务精神，为每一位顾客和同事提供帮助	经典案例、名人传记	通过酒店金钥匙经典服务案例，培养学生具备爱岗敬业、勇于奉献的金钥匙品质（金色育人）
6	碧水湾服务案例	碧水湾温泉度假酒店以优质服务理念为基础，设计独特的服务积分制度，形成了以服务质量高著称的“碧水湾现象”	经典案例、亲身经历	通过碧水湾服务案例，培养学生具备爱岗敬业、勇于奉献的工匠品质（蓝色育人）
7	餐饮服务流程案例	酒店餐饮部员工为外宾详细介绍中餐名菜和中国著名白酒，得到了外宾的一致夸赞和认可	经典案例、亲身体验、德育故事	中国菜和中国酒是中国传统文化的重要组成部分，向外宾介绍中国饮食文化也是讲好中国故事的重要渠道，这个过程增强了学生的民族自豪感（红色育人）
8	客房服务流程案例	优化客房服务流程，根据顾客需求创新夜床服务内容、环保卡设计等服务内容，倡导节能环保、节水节电	实践活动、亲身经历	把握市场需求，关注行业热点，激发学生的节能环保意识和创新精神（绿色育人）
9	前厅服务流程案例	分享案例——小官巨贪：酒店前台员工虚开发票“助纣为虐”，间接助长了“小官”贪腐行为	经典案例、德育故事	通过大量实际案例，让同学们懂得知法、懂法、守法的重要性，做遵守法律要求的好公民（红色育人）

续表

课次	授课内容	课程思政切入点	实施策略	课程思政教学成效
10	酒店产品设计案例	酒店企业创建绿色酒店，重点围绕节能、环保、绿色、低碳等进行绿色酒店产品设计	实践活动、亲身体验	通过让学生学习、参与绿色酒店创建相关知识，感受可持续发展理念下环境保护的重要意义，为实现“碳中和”目标而努力（绿色育人）
11	酒店宣传营销案例	部分酒店使用的宣传语、宣传口号等违反国家《广告法》的相关规定，违规使用“最强”“独家”“最优”等词汇	经典案例、德育故事、名人传记	通过大量实际案例，让同学们懂得知法、懂法、守法的重要性，做遵守法律要求的好公民（红色育人）
12	酒店危机管理案例	中国政府和社会应对新冠疫情危机的成功经验，对酒店企业应对危机具有值得学习和借鉴之处。通过学习了解中国的抗疫实践，引发对酒店危机管理的思考	身边故事、亲身经历、经典案例	通过案例分享，激发学生的爱国热情，产生强烈的民族自豪感，使学生对国家的道路自信、文化自信、制度自信等具有深刻的体会与认识（红色育人）

（四）制定教学策略

按照教学目标和优化的教学内容，根据现有学情分析，制定以下的教学策略：

1. 在教学手段方面

采用线上线下混合式教学方式。充分利用线上教学平台，使用信息化教学手段，降低课堂理论讲授的时间，把理论讲授转移到线上进行，线下更多的时间进行案例分析、学生展示和师生互动研讨。

2. 在教学资源方面

由于是案例类的课程，教师通过企业、行业协会、毕业生、自身经历、网络资源、图书馆等各种渠道，搜集整理了大量丰富的课程案例。形式包括图片、视频、微课、动画、文本、二维码等，丰富多彩。类型主要包括反腐案例、名人传记、抗疫纪实、企业案例、工作视频、媒体报道、毕业生真实工作经历等。

3. 在教学方法方面

上述案例除能带给学生专业知识的熏陶外，更蕴含着丰富的思政内涵。教师在课堂上根据不同部分的教学内容，运用头脑风暴、小组讨论、线上抢答、展示汇报、情景模拟、心得分享等方式，引发学生深度思考，触动学生内心深处的思政之弦。

4. 在教学环境和载体方面

本课程思政改革不仅体现在线上线下的教学中，更体现在丰富多彩的专业性第二课堂活动、专业实习实践和专业公益劳动中。如专业性的辩论赛、演讲赛引发学生对职业道德的思考，训练了学生的思辨意识。学生依托课程积极参加专业技能大赛，全面提升了心理素质和沟通能力。赴企业完成的专业公益劳动，增强了学生吃苦耐劳的品质，提高了学生服务社会、融小我于大我的意识。

（五）特色与创新

1. 内容创新

疫情危机（课程思政）与酒店危机（教学内容）有机融合。教学组织中选取的案例极具代表性，与课程的教学内容十分吻合。从宏观、中观、微观三个层面的案例分别去实现大、中、小三个层面的思政目标，同时实现了课程的知识技能目标与思政目标。

2. 方法创新

本次课乃至本门课采用的都是以案例教学法为主，创新使用“确定目标—优化内容—制定策略—考核评价”的四步课程思政改革教学法实施教学。通过加入价值引领目标来重构教学目标，然后优化相关教学内容，采取适合的教学策略组织教学，最终运用全面、多元、立体化评价方法实施教学评价。

3. 资源创新

开发课程思政立体化教学资源。在课程授课中搜集的案例（文本案例、视频案例等）、教师录制的微课视频、教师的授课课件、学生完成的作业报告等都建设成为课程思政方面的立体化教学资源，对帮助其他课程开展思政改革以及整个专业思政改革起到推动作用。

三、案例实施

（一）实施策略

围绕社会主义核心价值观，本课程将课程内容与课程思政有机融合，深入挖掘疫情危机下一些典型案例背后的思政元素。针对抗疫过程中展现出的感人事迹、典型人物等，通过教师启发引导、学生小组讨论、师生头脑风暴等方式，提炼专业知识的同时，挖掘案例所蕴含的思政点。由此有效培养学生的爱国情怀、敬业精神、社会责任感等，从而实现课程的思政教学目标。

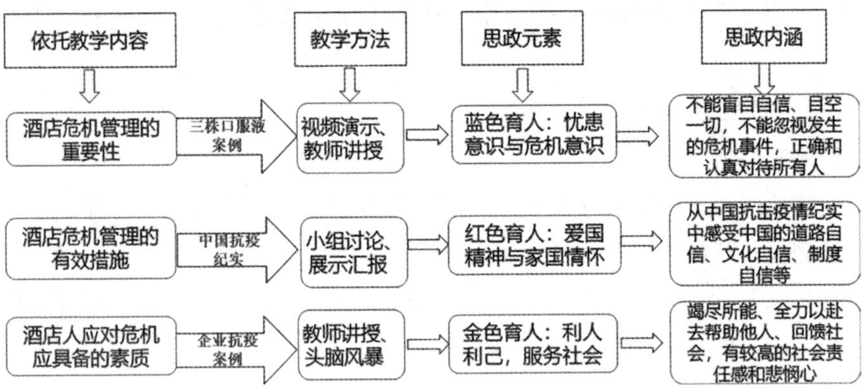

课程思政实施策略

（二）方法手段

因疫情原因，本次课在网上进行授课，主要采用“确定目标—优化内容—制定策略—考核评价”的四步课程思政改革教学法实施教学。在课前，主要让学生通过自主了解学习抗击疫情相关的材料，阅读抗疫经典案例、英雄人物的典型事迹及寻找身边的抗疫英雄等。在课上，采用超星学习通平台，教师直播授课，学生在线上分组进行案例阅读、小组案例分析、小组完成任务和师生主题讨论与头脑风暴。教师对小组任务进行评价和总结。在课后，布置作业，让学生对学习内容进一步反思与总结。

（三）实施过程

在教学实施中，本课程按照“课前导学、课中研讨、课后实践”三个阶段，全过程实施课程教学，全方位推进课程思政改革。在课前，利用超星学习通平台发布微课学习任务和相关案例，进行基础知识自测，考查学生基础理论知识的掌握情况，并把部分理论知识在课前前置和铺垫，使学生养成自主学习、善于学习、温故知新的良好习惯。课上，根据不同的课程内容运用案例分析、主题讨论、头脑风暴、小组情景模拟、角色扮演、主题演讲等方式进行课中研讨。充分发挥学生的学习主体和教师的学习主导作用，让课程思政元素和内涵如盐溶于水般渗透进学生的内心和头脑深处，促进学生对家国情怀、环保理念、劳模精神、团队协作等有更加深刻的认识，有效实现课程的价值引领目标。在课后，通过社区服务、企业调研、志愿活动、行业帮扶等实践活动，将所学专业知识进行进一步内化和应用，有效培养学生的吃苦耐劳意识、热爱公益服务社会的品质。

现以第四个模块第三个项目——酒店危机管理案例的内容为例，具体介绍教学实施过程。

酒店危机管理案例教学实施过程

教学环节	教学内容	教学活动	思政点 / 德育点	时间	教学资源
课前导学	课前微课学习；课前基础知识测试；关注中国各界抗击疫情实况	教师发布专业术语，掌握学情；发布课前微课任务，让学生提前掌握基础知识	具备自主学习能力，关注时事，关心国家大事		
考勤签到	教师考查并记录学生出勤情况	教师发布签到任务，学生完成线上签到，严查迟到现象	金色育人：具备遵时守时意识	2 分钟	
复习提问	1. 新时期，酒店企业与OTA该如何共生共进 2. 酒店客房产品在进行创新设计时应注意哪些问题	摇一摇选人答题，教师根据学生答题情况记录成绩	金色育人：养成温故知新的学习习惯	5 分钟	
导入新课	阅读案例“北京和颐酒店女顾客遇袭事件”，请谈一谈酒店危机管理工作的重要性	教师发布案例二维码，学生观看案例后，发表讨论观点	金色育人：学会思考、勤于思考	8 分钟	北京和颐酒店女顾客遇袭事件

续表

教学环节	教学内容	教学活动	思政点 / 德育点	时间	教学资源
实施新课	一、酒店危机管理的重要性 1. 保障顾客权益，提升顾客满意度 2. 维护酒店口碑，树立良好形象 3. 彰显酒店责任感，承担应有的社会责任 4. 保持酒店收入稳定，避免企业陷入经营困境	教师讲授，学生倾听、记录	蓝色育人：人人要有危机和忧患意识，要时刻保持居安思危的警醒状态	10 分钟	
	二、酒店企业面临的危机 1. 安全事件危机：顾客病亡、食物中毒、财物丢失、信息泄露、火灾等 2. 公共卫生突发事件："非典"、新冠、埃博拉等事件 3. 黄赌毒等治安事件 4. 暴力恐怖袭击事件 5. 员工关系危机：工伤、欠薪、工作超时等	教师讲授，学生倾听、记录；教师提问，启发引导，学生回答		5 分钟	
	三、阅读观看案例：中国政府全方位、多视角应对新冠疫情危机	教师发布案例，学生阅读观看案例	红色育人：培养学生爱国情怀和民族自豪感	10 分钟	中国抗击新冠疫情纪实
	四、从中国政府应对新冠疫情的案例，提炼归纳酒店企业危机管理的有效措施	教师发布小组任务，随机分组。学生分小组根据阅读的案例、搜索的资料，进行思考、研讨，归纳中国应对新冠疫情危机的启示下，酒店危机管理的有效措施	红色育人：培养学生的爱国情怀和民族自豪感；培养团队协作意识和自主学习能力	25 分钟	

续表

<table>
<tr><th>教学环节</th><th>教学内容</th><th>教学活动</th><th>思政点 / 德育点</th><th>时间</th><th>教学资源</th></tr>
<tr><td rowspan="2">实施新课</td><td>五、从中国应对新冠疫情谈酒店危机管理的有效措施
1. 要有应急预案，防重于控，做到防患于未然
2. 危机发生后，要高度重视，果断采取应对措施
3. 酒店一盘棋有效配合
4. 做好舆论宣传，避免谣言扩散导致舆论发酵
5. 做好员工宣传教育工作
6. 做好与同行、政府、媒体、社区之间的合作
7. 做好危机后管理</td><td>教师点评学生小组作业，进行总结归纳和提升</td><td>蓝色育人：培养学生知识迁移能力</td><td>10 分钟</td><td></td></tr>
<tr><td>六、酒店人应对危机应该具备的素质能力
1. 强烈的社会责任感
2. 崇高的职业道德和敬业精神
3. 敏锐的危机意识
4. 灵活的应变能力
5. 处变不惊的职业素养
6. 果断雷厉的行事风格</td><td>教师发布两则典型案例：中观层面的企业案例和微观层面的酒店员工案例，学生认真阅读两则案例，讨论酒店人应对危机管理应该具备的素质能力；教师根据学生讨论情况进行总结归纳</td><td>蓝色育人：具备强烈的社会责任感，崇高的职业道德和敬业精神</td><td>10 分钟</td><td>企业“抗疫”五大亮点
坚守抗疫岗位的亚朵酒店人</td></tr>
<tr><td>课堂小结</td><td>在这场人类空前的疫情危机下，中国政府、企业和个人全方位的应对措施展现了超强的中国智慧，体现了中国制度、中国道路和中国文化的先进。善于总结这些优秀的做法，学习可贵品质，为酒店企业的危机管理带来启发和灵感</td><td>教师讲授，学生倾听</td><td>红色育人：培养学生的爱国情怀、民族自豪感</td><td>3 分钟</td><td></td></tr>
</table>

续表

教学环节	教学内容	教学活动	思政点 / 德育点	时间	教学资源
布置作业	阅读“疫情之下的酒店业爱心善举”和“亚朵酒店疫情危机管理”案例，并结合课上所学的各个案例，谈一谈你对酒店危机管理的认识与感受	教师发布作业	红色育人：培养学生的爱国情怀、民族自豪感、职业道德、敬业精神与社会责任感	2分钟	亚朵酒店危机管理
课后实践	根据课程所学，分小组赴实习合作企业进行调研，调研该企业所遇到过的危机及处理措施（若因疫情防控原因，可改为线上调研）	形成调研报告，并上传至超星学习通	蓝色育人：通过校外实践活动，培养学生的吃苦耐劳精神		

（四）考核评价

不同于以往单一对知识和技能的考核评价，本课程增加了对价值维度的评价。同时运用企业专家、教师和小组成员进行多元主体评价，更能保持对学生学习评价的客观性。具体而言，就是本次课对学生的考核评价主要坚持三个统一，即坚持对知识技能和思政考核评价相统一，坚持对学习结果与学习过程评价相统一，坚持将课前、课中和课后学习评价相统一。

课程考核评价表

班级： 学号： 姓名：

序号	评价内容	评价标准	分值	评价主体	得分
1	课前让学生查找阅读抗疫故事、案例等，谈个人心得与感受	表述流畅，格式规范，渗透家国情怀、民族自信、企业社会责任感等情感	10分	师评、互评	
2	课上学习纪律、出勤、参与讨论的次数与质量、小组团队配合情况、完成小组任务等	课堂纪律，课堂活跃度，上课懂规矩、讲礼貌	20分	师评	
		小组任务完成情况，完成任务有协作、懂配合	50分	师评、企评	

续表

序号	评价内容	评价标准	分值	评价主体	得分
3	课后按时保质完成作业与实践活动	按时完成课程学习心得体会；小组保质保量完成企业调研实践。学习心得感悟深，完成任务不怕苦	20 分	师评、自评	
合 计			100 分		

小组任务评价表

班级：　　　　　　学号：　　　　　　姓名：

评价维度	评价内容	分值	评价主体	得分
知识维度	对专业知识理解和把握的准确度	15 分	师评	
技能维度	对专业理论知识在实践应用方面的思考与创新度	20 分	师评	
	PPT 制作美观度	5 分	企评	
	汇报语言表达的流利度	15 分	企评	
	评价他人的客观度与准确度	10 分	师评	
	职业仪表的符合度	5 分	企评	
价值维度	小组团队成员的配合度	10 分	互评	
	做事的认真度	10 分	企评	
	对“四个自信”的坚持度	10 分	师评	
总 分		100 分		

（五）阶段性成效

从 2020 年年初本课程探索课程思政改革至今，课程团队深入研究，将课程思政建设成果不断深化和拓展，已经取得了丰硕的成果和显著的成效。

（1）本课程的思政改革案例屡获殊荣。2020 年 7 月，获得由教育部文化素质委员会组织的全国职业院校战役课堂课程思政典型案例三等奖，基于课程案例拍摄的课程思政改革的视频，在全国职业院校德育网进行展播。2021 年 12 月，获得由长春市教育局评选的长春市职业教育课程思政教育案例培育项目。

（2）本课程的课程思政改革也给其他课程的思政改革提供了借鉴和依据，

借鉴本课程的成功经验，我校《酒店管理概论》课程思政改革典型案例，于2021年7月入选全国旅游职业院校“学党史　迎百年”课程思政典型案例展示活动。

（3）依据本课程采取的四色育人理念，我校酒店管理专业进一步研究和引申，开创了高职酒店管理专业“435”思政育人培养路径。即从理念方面的四色育人，到行动层面的3H学习法则（Hand、Head、Heart），再到结果层面的5C核心职业素养（Core-value、Cooperation、Communication、Confidence、Creativity）的完整思政育人路径，促进全专业的课程思政改革全面开展与提升。

四、案例成效或经验总结

（一）案例实施成效

通过课程思政，结合国家应对疫情危机的一系列果断举措，学生能学习到酒店企业应对危机的一些做法。在这个过程中，学生不仅仅学到了“酒店危机管理”方面的理论知识，更是对“伟大的中国共产党、中国政府、中国人民、中国文化”产生了浓厚的自豪感。同时也对抗疫中酒店人、医护人员等的职业素养和敬业精神产生由衷敬佩。在课后学生纷纷表示，感觉不仅仅上了一堂酒店管理的专业课，更像是一堂涤荡心灵的爱国教育课。这样的一堂课程思政教育，就完成了“培养什么人、为谁培养人和怎样培养人”的任务。

（二）案例实施经验

课程思政的改革重点在于要找到思政教育与专业教育的完美契合点，在这个完美契合点上进行巧妙设计，做到顺其自然、恰到好处，让学生感到一切都很正常和自然。本次课就是非常自然贴切地利用“社会热点事件——应对新冠疫情危机”作为案例，同时案例的“危机管理”又与课程教学内容的“危机管理”有共通之处。这样就可以水到渠成、自然而然地把“应对新冠疫情危机”作为授课的主体案例来学习专业知识，又在获取专业知识的过程中受到思想教育。

（三）今后改进措施

根据本次课的实施情况总结和反思，发现在思政改革方面还有需要完善的环节，未来还应该进一步改进和提高，具体如下：

1. 加强课程思政理论研究

理论能够指导实践，只有把握正确的理论方向和原则，才能进行合理有效的课程思政改革。下一步将采用“请进来、走出去”和“线上、线下”相结合的方式，加强课程思政理论方面的学习与研究，向课程思政改革的专家、典型高校和优秀教师学习。

2. 坚持将“一、二、三”课堂课程思政有机融合

课程思政改革不仅是第一课堂（课堂教学）的任务，同时也是第二课堂（课外活动）和第三课堂（校外实践教学）的任务。下一步，要进行科学设计，与学管部门、实习企业加强合作，促进三方面课堂课程思政的有机融合，以“三全育人”理念为指导，实现课程思政“课上课下一体化、校内校外一体化”。

寓情于景、增色添香

——《前厅客房服务与管理》课程思政案例

所属专业：酒店管理与数字化运营
案例主题：其他主题
负 责 人：佟安娜
工作单位：辽宁现代服务职业技术学院
参 与 人：丛悦、吴素君、盛婷婷、樊祥富
工作单位：辽宁现代服务职业技术学院

一、案例简介

（一）案例实施背景

进入新时代，培养什么人、怎样培养人、为谁培养人成为中国高等教育必须回答的根本问题。党的十八大以来，课程思政在高校思想政治工作中的地位和作用得到进一步明确和加强。习近平总书记指出："要用好课堂教学这个主渠道，思想政治理论课要坚持在改进中加强，提升思想政治教育亲和力和针对性，满足学生成长发展需求和期待，其他各门课都要守好一段渠、种好责任田，使各类课程与思想政治理论课同向同行，形成协同效应。"专业课程蕴含着丰富的思政元素。一方面，专业知识本身具有明显的价值倾向、家国情怀等；另一方面，教师可以通过深度挖掘，在已有思政元素的基础上实现进一步拓展和开发。

案例所属课程《前厅客房服务与管理》是酒店管理与数字化运营专业的核心课程，立足辽宁现代服务职业技术学院建设"职业化、创新型、省内一流、国内知名、特色鲜明"的高等职业技术学院的办学定位，依托酒店管理与数字化运营专业"中央财政支持重点建设专业、辽宁省对接产业集群职业教育示范专业、省级示范专业、省级创新型实训基地"的专业特色，以为旅游行业发展

和东北全面全方位振兴培养“文化创意设计赋能、数字智慧技术增值”的复合型技术技能人才为落脚点，依循以行业需求为引领，职业能力为本位，融课程思政入专业课程的建设模式。

课程建立了“匠心筑梦，德技并修”的课程思政建设目标。以岗位对思政切入点，以服务对教学技术面，用价值核心连技艺匠心。通过有效的教学艺术，积极利用现代教学手段，引入互联网思维，通过不断的创新和有机更新充分发挥了《前厅客房服务与管理》课程的育人功效，将课程思政融入人才培养全过程。

课程分析

《前厅客房服务与管理》课程是高职酒店管理与数字化运营专业核心课程。该课程是培养饭店房务部服务员和基层管理人员必需的岗位能力课程。该课程系统而全面地阐述了房务部服务、客房清洁卫生服务、房务部管理等的一般规律、基础知识、基本原理和方法，侧重于房务部服务的基本技能培养。

“浴巾创意折叠”是项目十一客房清洁卫生服务的任务三，它安排在中式铺床之后、夜床服务之前，既是一种独立的操作技能，又是客房服务与整理等其他技能表现的一部分，它既可以美化房间，又可以铺垫夜床服务，在章节中起着承上启下的作用。

课程分析

（二）案例相关理论研究及实践探索综述

本案例是按照 OBE 教育理念（即成果导向的教学理念）来进行教学设计的。每个任务的教学实施按照反向设计的原则，遵循如下 4 个层次来设计：明确学生取得什么样的学习成果，为什么要让学生取得这样的学习成果，如何有效地帮助学生取得这些学习成果，如何知道学生已经取得了这些学习成果。该理论强调教学过程中的知识掌握、实践能力、价值观与情感因素，强调教学与生活经验的结合、将学生所学内化到其心灵深处的过程，同时对成果评价时并非先前学习结果的累计或平均，而是学生完成所有学习过程后获得的最终结果。因此，本课程在每个学习任务实施时，首先，让学生明确知识目标、技能目标与蕴含课程思政元素的价值目标。其次，让学生知道这些知识和技能在今后的职业生涯中的作用，知道课程思政在今后的社会生活中的意义。再次，优化教学方法，采用演示教学法让学生掌握基本技能，然后再采取行动导向法、任务驱动法、团队合作教学法等让学生完成一个包含专业技能和课程思政元素的学习任务，通过学生间对完成任务的点评，让学生加深对专业技能和课程思政元素的理解，做到内化于心。最后，在学习效果评价层面，弱化每个任务完成效果对总成绩的影响，注重对学生纵向成长进步程度的激励与评价，在学期末时，着重考查学生在专业知识、专业技能、思想品德三个方面是否能通过课下复习消化、自修醒悟而不断增进，根据学生有所增进与达到目标的程度来确定成绩。

（三）本案例所解决的教学问题

（1）解决了培养目标由“高技术技能”人才向“高素质技术技能”人才的转变，培养实用酒店行业人才，铸就中国酒店行业未来。运用“三全育人”的理念，将思政元素有效融入专业知识中，提升学生团队协作、敬业精神、职业道德、政治意识、文化自信、民族自豪感等的教育，让学生真正做到从“专业成才”到“精神成人”，为酒店行业、企业培养更多高素质技术技能人才、能工巧匠、大国工匠。

（2）解决了教学目标缺失问题，实现了知识传授、能力培养与价值引领的有机统一。以专业知识教育为载体，深入挖掘提炼课程所蕴含的思政要素和德育功能，在原有知识目标、能力目标的基础上，加入育人目标，实现思政教育与专业教育协同推进，实现知识传授、能力培养与价值引领的有机统一，达到了“匠心筑梦，德技并修”。

（3）解决了学生由要我学到我要学的转变，优化了教学内容和教学活动。根据课程教学内容和特点，积极寻找思政教育与专业教育的完美契合点，运用多种方式和手段开展教学活动。通过课前预习、创意设计和主题阐述等环节激发学生的学习兴趣，调动学生的学习热情，从而培养学生搜集处理信息的能力、获取新知识的能力、分析和解决问题的能力、交流与合作的能力，进而变被动学习为主动学习。

（4）解决了教学评价单一的问题，建立促进学生全面发展的多元化评价体系。评价内容多元化：着重考核学生在掌握了专业知识和技能的同时，是否树立了正确的“三观”，是否具备良好的人文素养和职业素养。

评价方法多元化：技能操作、创意设计、主题阐述多种方法评价，有利于准确、清晰、客观公正地描述学生的发展情况。

评价主体多元化：采用学生自评、互评、教师评价相结合的方式，强调被评价者主动参与评价，强调自我评价。

二、案例设计

（一）教学理念

秉承立德树人的教学理念，将专业知识和课程思政有机统一，在专业课讲授中，潜移默化地融入课程思政要素，激发学生的担当意识和爱国情怀，对树立正确的人生观和价值观起到了引领作用。案例围绕“浴巾创意折叠——熊猫”这个主题，把一个普通的浴巾造型升华成具有“大熊猫文化”内涵的主题创意，展开教学设计。在完成本次课教学目标的同时，“润物细无声”地融入职业素养教育、理想信念教育、奥运精神、抗疫精神等思政育人元素，使学生能够运用专业技能满足客人个性化的服务需求，又能通过创意服务传递中国文化，更能培养学生的家国情怀和传承中华优秀传统文化的使命担当，实现价值引领和专业知识、技能同向同行。

（二）课程教学目标

1. 知识目标

（1）归纳浴巾折叠卷的基本技法的技巧和要领。

（2）应用浴巾折叠卷的基本技法折叠“熊猫”。

2. 能力目标

（1）设计以“熊猫”为主题的创意造型，培养学生创新能力、实践操作能力、规范应用能力、项目实施能力。

（2）阐述主题创意造型的设计理念，培养学生逻辑思维能力、语言表达能力、文化传承能力。

（3）建立优质服务意识，培养学生实施客房个性化服务的能力。

3. 价值目标

（1）引导学生发现美、感受美、创造美，进而养成为客人创造美好生活体验的服务意识，以及干一行爱一行精一行的劳动精神。

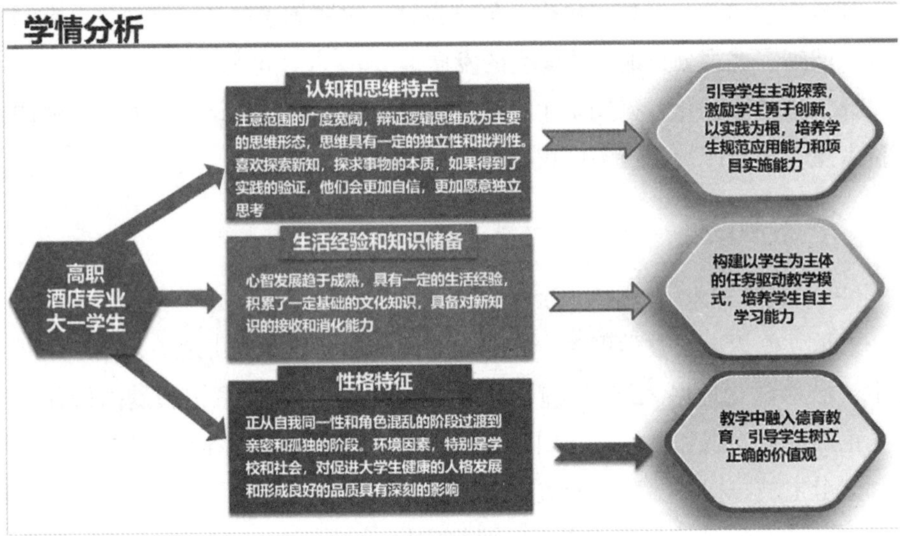

学情分析

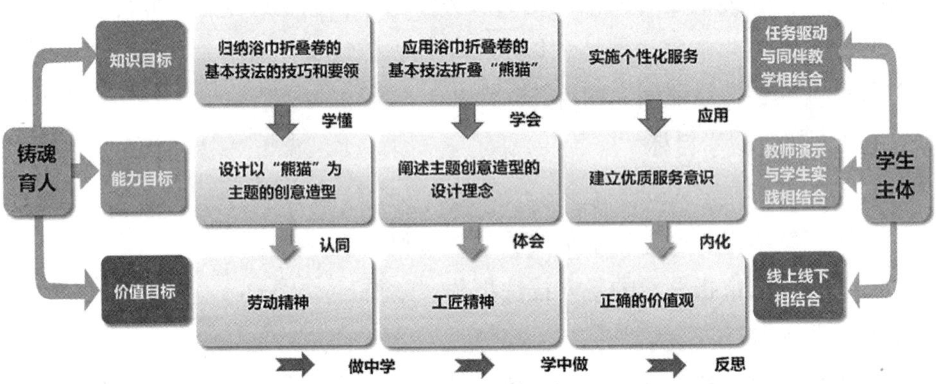

教学目标逻辑

（2）引导学生树立正确的价值观，厚植爱国主义情怀，传承中国精神，培养学生强烈的爱国精神、奉献精神、工匠精神和团队精神。

（三）课程思政与专业教学内容的融合方式

（1）任务驱动与同伴教学相结合。教师将浴巾折叠“熊猫”的视频上传到学习通，学生提前预习、练习。以团队的方式让学生之间合作探究，调动了学生学习的主动性，提升了学生学习的效率，并教会学生如何学习与思考。

思政元素切入点

教学内容	思政元素切入点	育人目标
以酒店欢迎支援湖北医疗队英雄凯旋所提供的客房床面布置为例，导入新课，引起学生兴趣	1. 爱国精神 2. 爱岗敬业	1. 通过酒店对英雄房间床面的布置，培养学生发现问题、解决问题的能力 2. 通过酒店员工为欢迎援鄂医务工作者的精心设计和服务，培养学生强烈的爱国精神，使学生更加热爱自己所学的专业，培养他们爱岗敬业的思想素质
学生分成四个小组以熊猫为主题进行创意设计并对主题设计进行阐述	1. 抗美援朝精神 2. 抗疫精神 3. 民族精神 4. 奥运精神	通过学生的主动性练习培养学生的实践动手操作能力，使学生具备良好的审美能力和创造能力；通过主题创意设计和阐述，培养学生勤于动脑的习惯及思维能力、创新能力、语言表达能力；通过竞赛的合作探究方式，培养学生的合作意识及团队能力。通过四个主题的设计和讲解，引导学生树立正确的世界观、价值观、道德观，厚植爱国主义情怀，传承中华优秀传统文化，增强学生的民族自信心和自豪感，激发青年学生的爱国热情，培养立志献身祖国的远大理想，坚定“四个自信”、树牢“四个意识”

（2）教师演示与学生实践相结合。教师在演示的同时引导学生观察浴巾折叠卷这一重难点，启发提问，调动学生积极性。学生参与实践，不仅得到正确操作规范的指导，还能加深“熊猫”浴巾创意折叠制作流程的记忆，弘扬工匠精神。实操过程中，从学生观摩到试做，从教师指导到学生自主，实现了多维度、多角度的递进式教学模式贯穿；课堂以学生为中心，适当“留白”，引发学生的认知和情感体验，留给学生创作空间，进而促使学生反思，给予其深刻的学习与实践体验，提升创新能力。

（3）线上线下相结合。改变传统的教学模式，课前教师把“熊猫”浴巾折叠视频发布在学习通平台，让学生预习、练习；课中，教师示范讲解、答疑解惑，学生通过学习教师传授的技艺，掌握浴巾折叠“熊猫”的制作方法。从抗美援朝精神、抗疫精神、民族精神、奥运精神等主题的设计和阐述，让学生们在实操中切身感受中华民族伟大奋进的深刻内涵。课后，将主题创意作品拍摄成视频上传平台，并在平台上复习梳理、查漏补缺，夯实基础，让学生在知识学习链上实现无缝衔接。

（四）特色与创新

（1）教学理念创新：教学设计结合任务内涵扩展了价值观目标。把一个普通的浴巾造型升华成具有“大熊猫文化”内涵的主题创意，既使学生学会了制作工艺，又使学生思想上得到升华，实现了价值引领和专业知识、技能同向同行。

（2）教学方法创新：本节课采用任务驱动与同伴教学、教师演示与学生实践、线上线下相结合的教学方法，充分调动培育学生自主学习能力、营造同伴互助教学氛围，以求教学实效。

（3）教学路径创新：找准思政点精准有效育人，体现职教特征。通过挖掘蕴含于专业知识中的思政元素，主动贴近时代、贴近社会现实、贴近行业动态，突出培育学生的职业认同感、社会责任感、创新精神和团队意识，引导学生树立正确的职业价值观，使课堂具备深度和厚度的同时，也亲切有温度，提升学生的学习主动性和积极性，实现了专业知识教学与思政育人的有效融合。

三、案例实施

（一）案例具体实施

1. 案例主题

运用“四心”：用心+贴心+匠心+创新，以卷的技法用浴巾折叠“熊猫”，并以“熊猫”为主题进行浴巾折叠创意设计和主题阐述。

2. 案例所属章节

项目十一“客房清洁卫生服务”任务三“浴巾创意折叠”。

3. 主要教学内容

（1）运用卷的技法将浴巾折叠成“熊猫”造型（教学重点）。

（2）以“熊猫”为主题进行浴巾折叠创意设计和主题阐述（教学难点）。

4. 案例实施

本案例通过“八个教学环节”以“递进式教学模式”展开教学。以抗疫素材作为导入部分，根植学生爱国主义情怀，激发学生传承中国精神的责任担当。教学过程中，从抗美援朝精神、抗疫精神、民族精神、奥运精神等主题的设计和阐述，让学生们在实操中切身感受中华民族伟大奋进的深刻内涵。

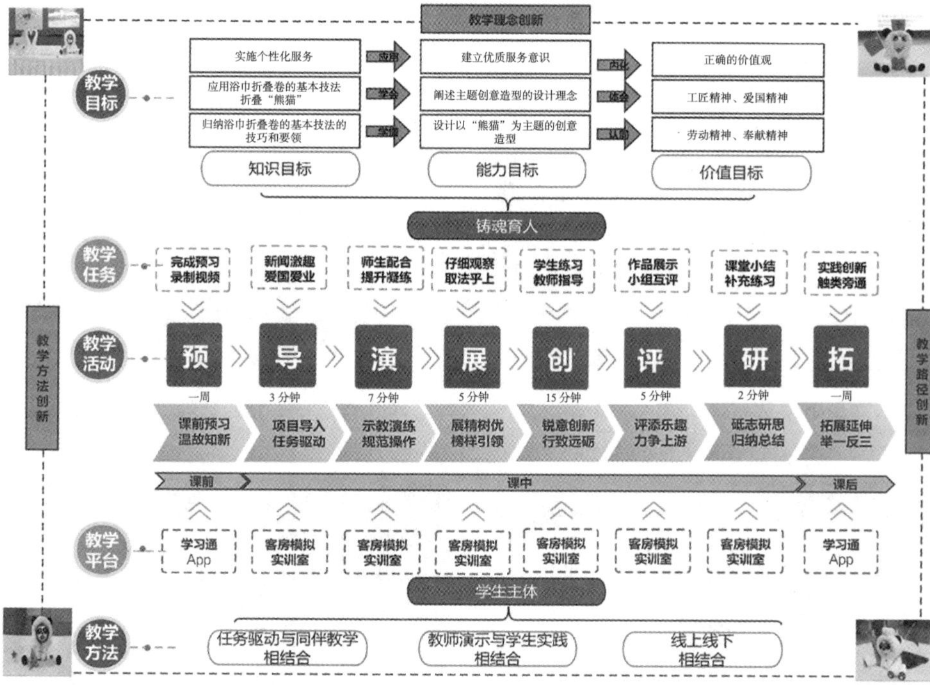

案例教学设计与实施

（二）案例阶段性成效

1. 创新之处

（1）以课程中的知识点为载体，落实立德树人根本任务，充分挖掘出蕴含的德育元素，将德育渗透、贯穿教育和教学的全过程，助力学生的全面发展。

（2）在注入思政元素的过程中能够体现润物细无声、自然且有说服力，注重贴近实际、贴近生活、贴近学生。

（3）在教育过程中强调价值观的同频共振，使课程教学的过程不仅是引导学生学习知识，培养学生发现问题、解决问题能力的过程，更是锤炼心志和养成品行的过程。

2. 案例阶段性成效——学生作品展示

学生作品——天鹅、冰墩墩

学生作品——众志成城　春暖花开

学生作品——英雄

学生作品——必胜

学生作品——吹响新时代的号角

学生作品——灯塔守候，晚舟归航

四、案例成效或经验总结

（一）教学效果及评价

实现思政与专业的融合，教学目标达成度高，教学效果好。主要从学生反馈、督导反馈、兄弟院校反馈、企业反馈四个方面进行教学效果评价反馈。

（1）学生反馈。课中通过学生创意设计和主题理念的阐述，课后通过学生的作品视频和作品步骤总结的反馈，了解到本次课程思政育人和专业教学融合的成效较好。2020 级酒店 2 班刘雨婷这样分享学习心得：通过本次课的学习，我不仅能够将一块普通的浴巾折叠成熊猫，还了解了“大熊猫文化”。作为当代大学生，更要以英雄事迹为镜、以英雄精神为魂，坚定理想信念，在学习中感怀英雄事迹，在行动中弘扬英雄精神。

（2）督导反馈。校教学督导组成员张虹薇教授评价：通过采用多种教学方法和手段，把思政内容与专业课“巧妙”地融合在一起，潜移默化地给学生以正能量的启迪，获得了学生们的好评。思路有突破、模式有创新、方法能落地、经验可推广。

（3）兄弟院校反馈。本教学案例在 2021 年辽宁省职业院校酒店管理与数字化运营专业骨干教师素质提升班培训上作为课程思政典型案例展现，在场来自省内 17 所院校的 37 名教师给予了本课程高度的评价。沈阳工学院李薇薇老师这样评价“茅塞顿开、豁然开朗，对立德树人、课程思政与育人有了更深入、更直观的认识和理解”。

（4）企业反馈。沈阳香格里拉酒店人力资源部总监马宾评价 2019 级酒店 4 班马铭翊同学在酒店客房部实习期间，综合素质高，业务能力强，服务态度好，技能过硬，创新能力强，床面创意设计深受客人好评。

（二）案例所获成果

（1）2020 年辽宁现代服务职业技术学院第二届课程思政教学竞赛一等奖。

（2）2021 年辽宁现代服务职业技术学院课程思政教学典型案例一等奖。

（3）辽宁省 2021 年高职院校课程思政教学典型案例第 4 名（一共选出 98 个案例）。

（4）该案例所属课程入选学校课程思政示范课程，授课教师入选课程思政教学名师和教学团队。

（三）案例意义

（1）实践“以学生为主体”的理念，使学生的潜能得以挖掘。采用PBL任务驱动式的教学方法，使学生主动地参与到知识构建形成、技能训练和价值育化的整个过程。激发学生的学习热情，调动学生学习积极性，激发学生的专业认同感。

（2）落实立德树人根本任务，帮助学生塑造正确的价值观。通过民族精神、工匠精神、创新精神、抗疫精神等中国精神与专业技能的融入，让“思政理念”真正融入课堂教学，使思政教育与专业知识相得益彰，育人成效与课程质量双向提升，形成协同效应。

（3）具有引领、示范、推广作用。经过前期开展校级精品课建设，本课程已自觉开展课程思政建设，形成专业教育与思政教育的紧密结合，已成为校级课程思政示范课程建设项目，在学校范围内形成了示范效应。

（四）改进措施

（1）进一步增强“教育者先受教育”的自觉。提升对科学理论掌握的系统性，强化育心铸魂的主动性、责任感，将思政教育体系与知识教育体系相贯通，知识传授与价值引领相协同。

（2）建设本课程教学资源库。拓宽学生视野，提升学生的综合素质，提升信息化教学手段的教学成效，提升育人质量。